강력한 러스트 매크로 작성법

Write Powerful Rust Macros (9781633437494)

© 2025 by J-Pub Co., Ltd. Authorized translation of the English edition.
© 2024 Manning Publications.
This translation is published and sold by permission of Manning Publications,
the owner of all rights to publish and sell the same.

이 책의 한국어판 저작권은 대니홍 에이전시를 통한 저작권사와의 독점 계약으로 제이펍에 있습니다.
저작권법에 의해 한국 내에서 보호를 받는 저작물이므로 무단 전재와 무단 복제를 금합니다.

강력한 러스트 매크로 작성법

1쇄 발행 2025년 12월 4일

지은이 샘 밴 오버마이어
옮긴이 김찬빈
펴낸이 장성두
펴낸곳 주식회사 제이펍

출판신고 2009년 11월 10일 제406-2009-000087호
주소 경기도 파주시 회동길 159 3층 / **전화** 070-8201-9010 / **팩스** 02-6280-0405
홈페이지 www.jpub.kr / **투고** submit@jpub.kr / **독자문의** help@jpub.kr / **교재문의** textbook@jpub.kr

소통기획부 김정준, 이상복, 안수정, 박재인, 박새미, 송영화, 김은미, 권유라, 나준섭
소통지원부 민지환, 이승환, 김정미, 박예은 / **디자인부** 이민숙, 최병찬

진행 김정준 / **교정·교열** 김경희 / **내지 및 표지 디자인** 이민숙 / **내지 편집** 최병찬
용지 타라유통 / **인쇄** 해외정판사 / **제본** 일진제책사

ISBN 979-11-94587-35-4 (93000)
책값은 뒤표지에 있습니다.

※ 이 책은 저작권법에 따라 보호를 받는 저작물이므로 무단 전재와 무단 복제를 금지하며,
  이 책 내용의 전부 또는 일부를 이용하려면 반드시 저작권자와 제이펍의 서면 동의를 받아야 합니다.
※ 잘못된 책은 구입하신 서점에서 바꾸어드립니다.

제이펍은 여러분의 아이디어와 원고를 기다리고 있습니다. 책으로 펴내고자 하는 아이디어나 원고가 있는 분께서는
책의 간단한 개요와 차례, 구성과 지은이/옮긴이 약력 등을 메일(submit@jpub.kr)로 보내주세요.

Write Powerful Rust Macros
강력한 러스트 매크로 작성법

샘 밴 오버마이어 지음 / 김찬빈 옮김

제이펍

※ 드리는 말씀

- 이 책에 기재된 내용을 기반으로 한 운용 결과에 대해 지은이/옮긴이, 소프트웨어 개발자 및 제공자, 제이펍 출판사는 일체의 책임을 지지 않으므로 양해 바랍니다.
- 이 책에 등장하는 회사명, 제품명은 일반적으로 각 회사의 등록상표 또는 상표입니다. 본문 중에는 ™, ©, ® 등의 기호를 생략했습니다.
- 이 책에서 소개한 URL 등은 시간이 지나면 변경될 수 있습니다.
- 책의 내용과 관련된 문의사항은 옮긴이나 출판사로 연락해 주시기를 바랍니다.
  - 옮긴이: kesuskim@gmail.com
  - 출판사: help@jpub.kr

차 례

옮긴이 머리말	x
베타리더 후기	xii
시작하며	xiv
감사의 글	xvi
이 책에 대하여	xvii
표지에 대하여	xx

CHAPTER 1 메타프로그래밍의 세계로   1

1.1 러스트 개발자의 하루 — 2
1.2 메타프로그래밍이란 무엇인가? — 3
1.3 러스트에서의 메타프로그래밍 — 4
1.3.1 매크로의 다양성 6 / 1.3.2 적절한 사용 사례 8
1.3.3 부적절한 용도: 매크로를 사용하지 말아야 할 때 12
1.4 이 책의 접근 방식 — 13
1.5 연습문제 — 14
1.6 요약 — 14

CHAPTER 2 선언적 매크로   15

2.1 벡터 생성하기 — 16
2.1.1 기본 구문 17 / 2.1.2 선언적 매크로 선언 및 내보내기 17
2.1.3 첫 번째 매처 설명 18 / 2.1.4 비어 있지 않은 매처 19
2.2 사용 사례 — 24
2.2.1 가변 인자와 기본 인자 24 / 2.2.2 코드를 확장하는 여러 방법 26
2.2.3 뉴타입 29 / 2.2.4 DSL 36 / 2.2.5 구성하기는 쉽습니다 39
2.2.6 반면에 커링은… 43 / 2.2.7 위생도 고려해야 할 사항입니다 45
2.3 실제 사례 — 46
2.4 연습문제 — 48
2.5 요약 — 49

CHAPTER 3 "Hello, World" 절차적 매크로   51

3.1 절차적 매크로 프로젝트의 기본 설정 — 52
3.2 절차적 매크로 설정 분석 — 55

차례 V

- 3.3 출력 생성하기 ── 58
- 3.4 코드 실험하기 ── 61
- 3.5 cargo expand ── 62
- 3.6 syn과 quote를 사용하지 않는 동일한 매크로 ── 64
- 3.7 실제 사례 ── 66
- 3.8 연습문제 ── 67
- 3.9 요약 ── 68

CHAPTER 4 속성형 매크로를 활용한 필드 공개화　69

- 4.1 속성형 매크로 프로젝트 설정 ── 70
- 4.2 속성형 매크로와 파생 매크로의 비교 ── 71
- 4.3 공개 가시성의 첫 단계 ── 73
- 4.4 필드 가져오기 및 사용하기 ── 74
- 4.5 가능한 확장 ── 80
- 4.6 토큰 스트림을 파싱하는 여러 방법 ── 81
  - **4.6.1** 사용자 정의 구조체에 작업 위임하기 81 / **4.6.2** Parse 트레이트 구현하기 84
  - **4.6.3** 커서를 활용한 세밀한 제어 86
- 4.7 개발과 디버깅을 위한 추가 방법 ── 88
- 4.8 실제 사례 ── 89
- 4.9 연습문제 ── 94
- 4.10 요약 ── 95

CHAPTER 5 함수형 매크로를 이용한 정보 은닉과 미니 DSL 작성　96

- 5.1 정보 은닉 ── 96
  - **5.1.1** 정보 은닉 매크로 구성 97 / **5.1.2** 구조체 다시 생성하기 100
  - **5.1.3** 헬퍼 메서드 생성하기 102
- 5.2 일반 코드 작성을 통한 디버깅 ── 107
- 5.3 함수 합성 ── 109
- 5.4 매크로별 고유 장점 ── 114
- 5.5 실제 사례 ── 115
- 5.6 연습문제 ── 116
- 5.7 요약 ── 117

CHAPTER 6 빌더 매크로 테스트   118

6.1 빌더 매크로 프로젝트 구성   120

6.2 프로젝트 구조의 구체화   122

6.3 화이트박스 단위 테스트 추가하기   124

6.4 블랙박스 단위 테스트   127

    6.4.1 정상 경로 테스트 128 / 6.4.2 실제 프로퍼티 값이 있는 정상 경로 테스트 130
    6.4.3 리팩터링을 위한 테스트 136 / 6.4.4 추가 개선과 테스트 141
    6.4.5 새로운 접근 방식 145 / 6.4.6 예외 경로 테스트 148

6.5 단위 테스트의 필요성과 범위   150

6.6 단위 테스트를 넘어서   151

6.7 실제 사례   153

6.8 연습문제   154

6.9 요약   155

CHAPTER 7 패닉을 Result로, 우아한 오류 처리   156

7.1 오류와 제어 흐름   157

7.2 순수 함수와 비순수 함수   158

7.3 예외 처리의 대안   161

7.4 러스트의 Result와 패닉   165

7.5 패닉 프로젝트 구성   167

7.6 가변성과 불변성 반환   169

7.7 결과 얻기   171

7.8 패닉 제거하기   177

    7.8.1 패닉을 Result로 변경하기 177 / 7.8.2 디버깅 과정에서의 발견 180

7.9 오류 처리 방식   181

    7.9.1 syn을 활용한 오류 처리 183
    7.9.2 오류 처리를 위한 proc_macro_error 사용하기 188
    7.9.3 syn과 proc_macro_error 중 선택하기 193

7.10 실제 사례   193

7.11 연습문제   197

7.12 요약   197

CHAPTER 8 속성을 활용한 빌더 패턴   198

8.1 이름 변경 속성   199

    8.1.1 새로운 속성 테스트하기 199 / 8.1.2 속성의 작동 구현하기 200

        8.1.3 파싱의 여러 구현 방식　205
  8.2 속성의 대체 이름 지정 — 206
  8.3 적절한 기본값 — 210
  8.4 기본값에 대한 더 나은 오류 메시지 — 214
  8.5 더 나은 빌드 구현 — 217
        8.5.1 잘못된 상태를 방지하고 타입 상태 패턴 사용하기　218
        8.5.2 빌더 패턴과 타입 상태의 결합　220
  8.6 조건문 분산 방지 — 230
  8.7 속성 토큰과 속성 — 232
  8.8 기타 속성들 — 239
  8.9 실제 사례 — 241
  8.10 연습문제 — 244
  8.11 요약 — 244

CHAPTER 9 인프라스트럭처 DSL 작성　245

  9.1 IaC와 AWS란 무엇인가? — 246
  9.2 DSL의 작동 방식 — 247
  9.3 입력값 파싱하기 — 249
        9.3.1 프로젝트 구성과 사용 예시　249
        9.3.2 Parse 트레이트 구현하기　251
  9.4 구문 분석의 대안적 접근법 — 258
        9.4.1 사용자 정의 구조체와 함께 Punctuated 활용하기　258
        9.4.2 사용자 정의 열거형과 빌더를 활용한 Punctuated 사용하기　261
  9.5 실제 서비스 생성하기 — 265
  9.6 2개의 AWS 클라이언트 — 270
  9.7 오류와 선언적 매크로 — 274
  9.8 올바른 테스트 방법 — 277
  9.9 실제 사례 — 277
  9.10 연습문제 — 281
  9.11 요약 — 281

CHAPTER 10 매크로의 실전 활용　282

  10.1 함수형 설정 매크로 — 283
        10.1.1 매크로 프로젝트 구조　283 / **10.1.2** 코드 개요　285
        10.1.3 전체 경로 사용하기　288

10.2 매크로 추가하기	290
10.3 Feature 플래그 시스템	293
10.4 매크로 문서화하기	299
10.5 매크로 배포하기	303
10.6 실제 사례	304
10.7 다음 단계로의 여정	311
10.8 연습문제	312
10.9 요약	312

APPENDIX A 연습문제 해답 313

찾아보기 351

옮긴이 머리말

러스트는 참 매혹적인 언어입니다. 오랜 기간 짝사랑을 해온 언어이기도 합니다. 10여년 전 처음으로 Go 언어를 접하고 사랑에 빠진 뒤 실무에서 사용하며 더더욱 좋았지만 항상 마음 한편에 아쉬운 마음이 있었습니다. Go 언어의 가비지 컬렉션은 매우 효율적이지만, 완전히 없앨 수는 없는 것일까? 이상주의자로서 완벽한 것을 추구했고, 인간의 불완전함이라는 요소와 유한한 시간 속에서 Go 언어는 최적의 선택이었지만, 최고의 선택은 아니라는 아쉬운 마음이 있었습니다.

제게 있어서 러스트는 그 아쉬운 마음을 채워주는 존재입니다. 'zero-cost abstraction, compile-time memory-safety-guaranteed language'라니, 얼마나 듣기 좋은 단어인가요? 러스트는 (종종 어마어마한) 컴파일 오버헤드를 대가로, 폰 노이만처럼 기계어로 프로그램을 작성할 정도의 능력은 안 되는 우리들에게 그와 유사한 능력을 허락해 줍니다. Go 언어가 최선의 선택이라면, 러스트는 최고의 선택입니다.

물론, 러스트로 프로그램을 작성하는 것은 굉장히 어려운 일입니다. C++로 잘 만드는 것보다는 쉽고 심지어 컴파일러가 안전함을 어느 정도 보장해 주기도 합니다. 기본적으로 언어 자체도 어렵고, 컴파일러가 강제하는 것이 많아서 불편합니다. 러스트 컴파일러는 마치 엄격한 선생님 같습니다. 메모리 안정성을 위해 쉬운 길을 두고 돌아가야 하기도 합니다. 하지만 한번 러스트로 프로그램이 작성되고 나면, 대부분 그 코드는 건들 일이 없게 됩니다.

러스트 매크로는 러스트 프로그램 작성에 있어서 엄청난 부스터 역할을 해줍니다. 컴파일러가 엄격하게 요구하는 안전성 규칙들 때문에 자주 번거롭고 지루한 코드를 작성해야 하는데, 매크로는 이런 반복적인 패턴들을 자동화해 줍니다. `derive` 매크로로 간단히 `Debug`나 `Clone` 같은 트레이트를 자동 구현하는 것처럼 말이죠. 러스트 매크로는 복잡하지만, 그 복잡함마저 러스트다운 아름다움입니다.

올해 국내외적으로 너무 격변의 시기여서 많은 분이 고생하셨을 것 같습니다. 이 격변의 시기에 개인적으로는 아이가 태어나며 엄청난 감사와 기쁨을 느꼈지만, 한편으로 부모님의 위대함도 많이 느꼈습니다. 이런 시기에 정말 많은 분의 도움을 받아서 성공적으로 책이 나올 수 있었습니다.

항상 배려해 주시는 제이펍 장성두 대표님과 김정준 부장님 외 모든 임직원분께, 그리고 제가 부족한 만큼 육아의 책임을 더 많이 져야 했던 아내에게 깊은 감사와 미안함을 전합니다.

김찬빈

베타리더 후기

김용현(Microsoft MVP)

이 책은 러스트의 핵심 무기인 매크로를 제대로 배우고 싶은 개발자에게 꼭 필요한 책입니다. 선언형부터 절차형 매크로까지, 실전 예제를 중심으로 단계별로 설명하여 쉽게 실무에 적용할 수 있는 실력을 배양해 줍니다. 오픈소스 예시와 함께 실전 감각을 익힐 수 있으며, 코드 자동 생성, DSL 구현 등 고급 기술까지 다루고 있습니다. 러스트 실력을 한 단계 끌어올리고 싶다면 반드시 읽어야 할 최고의 필드 실전서입니다. 러스트를 다양한 분야에 적용 중인 요즘, 개발자들에게 꼭 필요한 서적이 될 것 같습니다.

김호준(씨큐엔에이)

매크로는 문법이 어렵기로 유명한 러스트에서도 특히나 다루기 어려운 주제입니다. 그래서 책의 난이도가 상당하지만 제대로만 익힌다면 그 뛰어난 확장성과 러스트 특유의 안전성이 맞물려 강력한 무기를 손에 넣을 수 있습니다. 러스트 표준 라이브러리와 유명한 크레이트에서도 매크로는 자주 사용되므로 라이브러리의 내부 작동을 분석하려고 한다면 이 책에서 많은 도움을 얻을 수 있습니다.

윤병조(소프트웨어 개발자)

러스트로 개발을 진행할 때 매크로는 빠질 수 없는 기능입니다. 이 책에서는 자주 쓰는 코드가 너무 많이 반복된다든지, 코드를 작성할 때 컴파일 단계에서 미리 오류를 발견하는 등의 예시를 통해 매크로 작성에 대해 기본적인 내용부터 차근차근 설명해 언젠가 필요한 기능을 매크로로 구현해 보고 싶게끔 합니다.

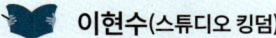 **이현수(스튜디오 킹덤)**

러스트 매크로를 이용한 메타프로그래밍을 핸즈온 코드 실습을 통해 배울 수 있는 좋은 기회였습니다. 평소에 자주 사용하던 매크로 애너테이션의 구현이 어떻게 이루어지는지를 잘 이해할 수 있었습니다.

제이펍은 책에 대한 애정과 기술에 대한 열정이 뜨거운 베타리더의 도움으로
출간되는 모든 IT 전문서에 사전 검증을 시행하고 있습니다.

시작하며

> 당신은 당신 자신의 선구자이며, 당신이 쌓은 탑들은 당신이라는 거대한 자아의 토대일 뿐입니다. 그리고 그 자아도 토대가 될 것입니다.
>
> — 칼릴 지브란(Kahlil Gibran)

많은 개발자가 그렇듯 저도 러스트 언어에 애착을 갖게 되었습니다. 언어의 뛰어난 성능 특성 때문만이 아니라 견고한 기본 원칙, 강력한 타입 시스템, 그리고 훌륭한 도구 때문입니다. 비록 배우기 어려운 언어일 수도 있지만, 많은 책과 튜토리얼, 영상 등 다양한 가이드가 있습니다. 하지만 절차적 매크로와 관련된 공부를 하려고 보니 약간 막막함을 느꼈습니다. 관련 주제에 대한 소개 내용이나 튜토리얼은 짧거나 일부분만 존재했습니다. 놀랍게도 수많은 라이브러리들이 온갖 놀라운 기능을 위해 매크로를 사용하고 있었음에도 말이에요.

매크로를 다양하게 실험하고 연구하는 과정에서 제가 그동안 습득한 지식과 경험을 하나의 책으로 집대성하면 좋겠다는 생각이 들었습니다. 가장 기본적인 절차적 매크로의 예제부터 시작하여 실제 애플리케이션에서도 충분히 활용할 수 있는 수준의 고급 기술까지 독자들을 차근차근 안내하는 여정을 담고 싶었습니다. 이러한 생각으로 집필을 시작했고, 약 100페이지 분량의 초안을 완성한 후 매닝 출판사에 연락하여 이 주제에 대한 출판 의향을 타진해 보았습니다. 다행히 출판사 측에서도 이 주제가 한 권의 책으로 다룰 만한 가치가 있다고 판단했고, 저에게 집필 기회를 주었습니다. 이후 추가적인 아이디어 탐구와 제안사항 검토, 그리고 여러 차례의 피드백과 수정 과정을 거쳐, 지금 여러분이 보고 계신 이 책이 완성되었습니다.

매크로는 분명 도전적인 과제를 안고 있습니다. 특히 러스트를 처음 접하는 개발자에게는 매크로를 작성하고 이해하는 것이 상당히 까다로울 수 있습니다. 또한 매크로는 코드의 복잡성을 증가시키고, 개발자가 항상 우려하는 컴파일 시간이 증가한다는 문제점도 갖고 있습니다. 그러나 이러한 단점에도 불구하고 러스트 개발자들은 매크로의 진정한 가치를 입증하는 다양한 활용 사례를 끊임없이 발견해 왔습니다.

"인간이 서로를 돕는 것은 신성한 일이다."라고 플리니우스가 말했듯, 이 책과 그 안에 담긴 여정을 통해 여러분이 러스트의 매크로를 두려움 없이 활용할 수 있게 되기를 바랍니다.

감사의 글

먼저 사랑과 지지를 보내준 아내 Annelies, 그리고 아버지 Marc와 어머니 Marleen에게 감사드리며, 영원한 사랑을 약속드립니다. 또한 두 형제와 자매, 할머니 Rafaella Otte를 비롯한 가족들, 그리고 특별히 Joost Barclay, Thomas Wijnendaele, Bernard Vanderhaeghen을 포함한 모든 친구에게도 감사드립니다.

제가 몸담았던 모든 회사에서는 재능과 친절함을 겸비한 즐거운 동료들과 함께할 수 있는 행운이 따랐습니다. 다른 언어와 비교하며 러스트가 더 낫다고 끊임없이 지적하는 제 성가신 습관도 모두가 너그럽게 이해해 주었습니다.

매닝 출판사의 모든 분들은 시작부터 끝까지 따뜻한 마음으로 도움을 주었습니다. 특히 개발 편집을 맡아준 Karen Miller, 기술 편집을 담당한 Andrew Lilley Brinker, 리뷰 편집자 Kishor Rit, 제작 책임자 Aleksandar Dragosavljević, 제작 편집자 Andy Marinkovich, 교정 담당자 Kari Lucke, 교열을 맡아준 Katie Tennant에게 깊은 감사를 드립니다.

마지막으로 소중한 리뷰어들에게 감사의 말씀을 전합니다. Alessandro Campeis, David Jacobs, David Li, Etienne de Maricourt, Guillaume Schmid, Horaci Macias, Irach Ramos, Jakub Guzikowski, Jaume López, Jonathan Reeves, Lev Veyde, Mehmet Yilmaz, Nick Keers, Olivier Stas, Rui Liu, Sandeep Sandhu, Scott Ling, Simone Sguazza, Vojta Tuma, William E. Wheeler. 여러분의 따뜻하고 통찰력 있는 피드백이 있었기에 이 책이 한층 더 깊이 있고 완성도 높은 책으로 거듭날 수 있었습니다.

이 책에 대하여

이 책의 목표는 러스트 매크로의 장단점과 일반적인 사용 사례를 안내하는 것입니다. 독자들은 `#[derive(Debug)]`가 어떻게 작동하는지, `tokio`가 어떻게 비동기 `main` 함수를 변환하는지, 또는 `yew`가 어떻게 HTML 오류를 검사하는지를 배우게 될 것입니다. 매크로를 활용하면 반복적인 보일러플레이트 코드를 제거할 수 있으며, 다른 개발자의 작업을 더욱 편리하고 안전하게 만드는 도메인 특화 언어(Domain-Specific Language, DSL)를 구현할 수 있습니다. 이는 러스트가 추구하는 안전성과도 부합합니다. 테스트를 통해 매크로의 정확한 작동을 보장할 수 있으며, 명확한 오류 메시지는 사용자가 정상적인 경로를 벗어났을 때 무엇이 잘못되었는지 파악하는 데 도움이 됩니다. 디버깅 관련 문제는 자주 발생하지만, 이러한 경험을 통해 다른 개발자가 작성한 매크로의 문제를 더 잘 다룰 수 있게 됩니다. 부가적으로 독자는 다양한 프로그래밍 주제에 대한 추가 지식도 얻을 수 있을 것입니다.

이 책의 대상 독자

> "Hello, World!"가 정상적으로 출력되었다면 축하드립니다. … 이제 당신은 러스트 프로그래머입니다.

"Hello, World!" 프로그램이 화면에 출력된 것을 보고 러스트 프로그래머가 되었다고 생각한다면 안타깝게도 이 책을 읽기에는 아직 이릅니다. 러스트 공식 문서에서는 간단한 "Hello, World" 예제만으로도 당신을 러스트 프로그래머라고 환영하지만, 이 책은 그것보다 더 많은 기초 지식을 필요로 합니다.

이 책을 제대로 이해하려면 러스트의 핵심 개념을 먼저 알아야 합니다. 구조체, 함수, 모듈, 트레이트, 제어문 같은 기본적인 프로그래밍 구성 요소를 이해하고 있어야 합니다. 구체적으로는 스티브 클라브닉(Steve Klabnik)과 캐럴 니컬스(Carol Nichols)가 쓴 《러스트 프로그래밍 공식 가이드》(제이펍, 2024)의 앞부분 10개 장 정도는 읽어본 상태여야 합니다. 여기에 더해 `macro_rules!`로 작성하는 선언적 매크로('예시를 통한 매크로'라고도 합니다)에 대한 기본적인 이해도 필요합니다.

만약 이런 기초가 아직 부족할지라도 걱정하지 마세요. 먼저 러스트 입문서를 통해 기초를 다지는 것을 추천드립니다. 팀 맥나마라(Tim McNamara)의 《한 줄 한 줄 짜면서 익히는 러스트 프로그래밍》(인사이트, 2022)이나 데이비드 매클라우드(David MacLeod)의 《Learn Rust in a Month of Lunches》(매닝 출판사, 2024) 같은 책이 좋은 시작점이 될 수 있습니다.

이 책의 구성과 학습 로드맵

이 책은 총 10개의 장으로 구성되어 있으며, 각 장의 내용은 다음과 같습니다.

- 1장에서는 메타프로그래밍을 소개합니다. 매크로를 사용해야 하는 상황과 함께, 함수나 구조체 같은 러스트의 기본 구성 요소를 대신 사용하는 것이 더 적절한 경우도 다룹니다.
- 2장에서는 선언적 매크로를 다룹니다. 기본 개념부터 시작하여 실제 예시와 활용 사례까지 살펴봅니다.
- 3장부터는 절차적 매크로를 살펴봅니다. 간단한 "Hello, World" 메서드를 생성하는 첫 파생 매크로를 작성해 볼 것입니다.
- 4장에서는 속성형 매크로를 사용하여 구조체의 필드를 변경하는 방법을 배웁니다.
- 5장에서는 절차적 매크로의 마지막 유형인 함수형 매크로의 유연하고 강력한 기능을 실제 예시를 통해 살펴봅니다.
- 6장에서는 매크로의 단위 테스트를 다룹니다. 빌더 패턴을 생성하는 파생 매크로를 주요 예시로 사용합니다.
- 7장에서는 오류 처리와 사용자에게 오류 피드백을 제공하는 방법을 배웁니다.
- 8장에서는 6장의 빌더 예시로 돌아가 속성을 사용해 매크로를 더 유연하게 만드는 방법을 알아봅니다.
- 9장에서는 실제 클라우드 인프라를 생성할 수 있는 도메인 특화 언어를 작성해 봅니다.
- 10장에서는 기능 플래그, 문서화, 배포 방법과 함께 앞으로의 학습 방향을 다룹니다.

이 책은 순차적으로 학습하도록 구성되어 있습니다. 다만, 절차적 매크로만 배우고 싶은 독자라면 2장은 건너뛸 수 있습니다. 그 외의 모든 장은 이전 장에서 배운 내용을 기반으로 합니다. 각 장의 연습문제는 해당 장의 내용을 복습하는 성격을 띠고 있어, 필수는 아니지만 풀어보면 도움이 됩니다. 본문에서 다루지 않은 내용이 연습문제에 포함되어 있더라도, 그 내용은 이후의 장에서 다시 다루게 됩니다. 모든 연습문제의 해답은 부록에서 찾을 수 있습니다.

소스 코드 관련 안내

이 책에서는 많은 소스 코드 예시가 번호가 매겨진 코드나 본문 텍스트 안에 포함되어 있습니다. 모든 소스 코드는 일반 텍스트와 구분하기 위해 고정폭 글꼴로 표시됩니다.

일부 소스 코드는 가독성을 위해 원본에서 형식이 조정되었습니다. 책의 페이지 공간에 맞추기 위해 줄바꿈을 추가하고 들여쓰기를 수정했습니다. 또한 중요한 개념을 강조하기 위해 많은 코드에 주석이 포함되어 있습니다.

실행 가능한 코드 조각은 이 책의 liveBook(온라인) 버전(https://livebook.manning.com/book/write-powerful-rust-macros)에서 확인할 수 있습니다. 책에서 사용된 모든 예제의 전체 코드는 매닝 웹사이트(www.manning.com)와 깃허브(https://github.com/VanOvermeire/rust-macros-book)에서 다운로드 할 수 있습니다. 저장소의 도구 체인을 보면 모든 코드가 안정 버전인 러스트 1.75.0(2021 에디션)으로 작성되었음을 알 수 있습니다. `quote`와 `syn` 같은 라이브러리는 집필 당시 기준 최신 버전이 사용되었으며, 해당 버전 정보는 본문에 명시되어 있습니다.

표지에 대하여

이 책의 표지 그림은 '크라스노야르스크의 점술가(Devineresse de Krasnoyarsk)'라는 제목의 삽화입니다. 이 그림은 자크 그라세 드 생소뵈르(Jacques Grasset de Saint-Sauveur)가 1797년에 출간한 컬렉션에서 발췌한 것으로, 섬세한 선화에 수작업으로 채색되어 있습니다.

당시 사람들은 어디에 살고 있으며, 무엇을 사고파는지, 어떤 계층에 속하는지를 단지 옷차림만으로도 쉽게 확인할 수 있었습니다. 매닝 출판사는 몇 세기 전 여러 지역의 다채로운 생활상을 보여주는 이러한 그림을 표지에 실어 IT 업계의 독창성과 진취성을 기리고자 합니다.

CHAPTER 1

메타프로그래밍의 세계로

이번 장에서 다루는 내용
- 메타프로그래밍이란 무엇인가
- 러스트에서의 메타프로그래밍
- 매크로를 사용해야 할 때
- 이 책에서 배우게 될 내용

매크로(macro)는 러스트(Rust)가 제공하는 가장 중요하고 강력한 도구 중 하나입니다. 일반적인 함수와 같은 기본적인 도구들이 해결하지 못하는 상황에서도 매크로는 마치 '어둠 속의 한 줄기 빛'처럼 문제 해결의 실마리를 제공합니다. 이것만으로도 매크로가 이 책의 핵심 주제가 되기에는 충분하지만, 매크로에는 또 다른 흥미로운 특징이 있습니다. 바로 다른 프로그래밍 기술을 배우는 통로가 된다는 점입니다. 매크로를 작성하려면 테스트와 디버깅에 대한 지식이 필요합니다. **절차적 매크로**(procedural macro)는 라이브러리를 만들지 않고서는 작성할 수 없기 때문에 라이브러리 설정 방법도 알아야 합니다. 여기에 러스트의 내부 작동 방식, 컴파일 과정, 타입 시스템, 코드 구조화, 패턴 매칭, 구문 분석에 대한 이해도 필요합니다. 따라서 매크로를 가르치면서 자연스럽게 다양한 프로그래밍 주제를 함께 다룰 수 있습니다. 우리는 러스트의 매크로를 배우면서 이러한 다양한 주제도 함께 살펴볼 것입니다.

하지만 너무 앞서 나가지 맙시다. 이제 처음으로 돌아가 차근차근 시작해 보겠습니다.

1.1 러스트 개발자의 하루

러스트 개발자로서 여러분은 지금 JSON 요청을 처리하는 새로운 러스트 애플리케이션을 개발하기 시작했습니다. 이 애플리케이션은 사용자의 이름, 성(姓)씨와 같은 데이터를 받아서 전체 이름과 같은 유용한 정보를 출력하는 기능을 가지고 있습니다. 먼저 `format!` 매크로를 사용해 이름과 성을 조합하여 전체 이름을 생성하는 간단한 함수를 작성했습니다. JSON 데이터를 구조체로 변환하기 위해 `Request` 구조체에 `#[derive(Deserialize)]` 속성을 추가했죠. 여러분은 항상 테스트를 작성하는 개발자이기 때문에, `#[test]` 속성을 사용하여 테스트 함수도 추가했습니다. 모든 것이 예상대로 작동하는지 확인하기 위해 `assert_eq!` 매크로를 사용했고, 문제가 발생했을 때는 디버거를 사용하거나 `dbg!` 매크로로 로깅을 추가하여 문제를 해결했습니다.

코드 1.1 방금 작성한 프로그램

```rust
use serde::Deserialize;

#[derive(Deserialize)]  ◀── 절차적 매크로
struct Request {
    given_name: String,
    last_name: String,
}

fn full_name(given: &str, last: &str) -> String {
    format!("{} {}", given, last)
}

fn main() {
    let r = Request {
        given_name: "Sam".to_string(),
        last_name: "Hall".to_string(),
    };
    dbg!(full_name(&r.given_name, &r.last_name));
}

#[cfg(test)]
mod tests {
    use super::*;

    #[test]
    fn test_deserialize() {
        let actual: Request = serde_json::from_str("{
            \"given_name\": \"Test\", \"last_name\": \"McTest\" }")
            .expect("deserialize to work");
```

이 코드 조각에도 여러 개의 절차적 매크로가 포함되어 있습니다.

```
        assert_eq!(actual.given_name, "Test".to_string());
        assert_eq!(actual.last_name, "McTest".to_string());
    }
}
```

> 이 코드 조각에도 여러 개의 절차적 매크로가 포함되어 있습니다.

그리고 문득 깨닫게 됩니다. 아무리 간단한 러스트 코드를 작성하더라도, 어떻게든 매크로를 사용하게 될 수밖에 없다는 사실을요. 우리는 이미 러스트의 **메타프로그래밍**이 만들어 낸 결과물들에 둘러싸여 있었던 겁니다.

1.2 메타프로그래밍이란 무엇인가?

메타프로그래밍(metaprogramming)이란 다른 코드를 마치 데이터처럼 입력으로 사용해서 작동하는 코드를 만드는 것을 말합니다. 이를 통해 기존 코드를 조작하거나, 추가 코드를 생성하거나, 애플리케이션에 새로운 기능을 추가할 수 있습니다. 러스트에서는 이러한 메타프로그래밍을 위해 매크로라는 특별한 형태의 도구를 제공합니다. 러스트의 매크로는 컴파일 타임에 실행되어 '일반적인' 코드(구조체, 함수 등)로 확장됩니다. 이 과정이 완료되면 코드는 린트(lint) 검사나 타입 검사(`cargo check`)를 한다든지, `rustc`를 사용해 링크 가능한 라이브러리로 컴파일 혹은 `rustc`를 통해 실행 가능한 바이너리로 변환하는 작업을 수행할 수 있습니다(그림 1.1 참고).

러스트만이 유일하게 메타프로그래밍 기능을 제공하는 것은 아닙니다. C 언어와 Clojure[1]도 강력한 매크로를 가지고 있으며, C++ 언어는 템플릿도 제공합니다. 자바(Java)는 클래스를 조작하기 위한 리플렉션이라는 기능이 있는데, 특히 Spring 프레임워크가 이 기능을 활용하여 의존성 주입을 위한 애너테이션 같은 인상적인 기능들을 개발한 것으로 잘 알려져 있습니다. 자바스크립트(JavaScript)에는 런타임에 문자열로 된 코드를 평가하여 실행할 수 있는 `eval`이라는 함수가 있습니다. 파이썬(Python)은 `eval` 외에도 더 강력한 도구들을 제공하는데, 메타클래스와 함께 클래스와 함수를 모두 조작할 수 있는 데코레이터(decorator)라는 매우 유용한 기능을 갖추고 있습니다.

---

1 [옮긴이] Clojure란 JVM과 .NET(CLR) 런타임에서 실행되는 현대적인 Lisp 계열의 함수형 프로그래밍 언어입니다.

```
                                            struct Request {
                                                given_name: String,
                                                last_name: String,
                                            }
                                            #[doc(hidden)]
                                            #[allow(non_upper_case_globals, unused_attributes, unused_qualifications)]
                                            const _: () = {
                                                #[allow(unused_extern_crates, clippy::useless_attribute)]
                                                extern crate serde as _serde;
                                                #[automatically_derived]
                                                impl<'de> _serde::Deserialize<'de> for Request {
                                                    fn deserialize<__D>(__deserializer: __D) -> _serde::__private::Result<Self, __D::Error>
                                                    where __D: _serde::Deserializer<'de> {
                                                        struct __FieldVisitor;
                                                        impl<'de> _serde::de::Visitor<'de> for __FieldVisitor {
                                                            type Value = __Field;
                                                            fn expecting(
                                                                &self,
                                                                __formatter: &mut _serde::__private::Formatter,
                                                            ) -> _serde::__private::fmt::Result {
                                                                _serde::__private::Formatter::write_str(__formatter, "field identifier")
                                                            }
                                                            fn visit_u64<__E>(self, __value: u64) -> _serde::__private::Result<Self::Value, __E>
                                                            where
                                                                __E: _serde::de::Error,
                                                            {
                                                                match __value {
                                                                    0u64 => _serde::__private::Ok(__Field::__field0),
#[derive(Deserialize)]                                                              1u64 => _serde::__private::Ok(__Field::__field1),
struct Request {                                                                    _ => _serde::__private::Ok(__Field::__ignore),
    given_name: String,        다음과 같이 확장됨                                  }
    last_name: String,         ─────────────▶                                   }
}                                                           fn visit_str<__E>(
                                                                self,
                                                                __value: &str,
                                                            ) -> _serde::__private::Result<Self::Value, __E>
                                                            where __E: _serde::de::Error {
                                                                match __value {
                                                                    "given_name" => _serde::__private::Ok(__Field::__field0),
                                                                    "last_name" => _serde::__private::Ok(__Field::__field1),
                                                                    _ => _serde::__private::Ok(__Field::__ignore),
                                                                }
                                                            }
                                                            fn visit_bytes<__E>(
                                                                self,
                                                                __value: &[u8],
                                                            ) -> _serde::__private::Result<Self::Value, __E>
                                                            where __E: _serde::de::Error {
                                                                match __value {
                                                                    b"given_name" => _serde::__private::Ok(__Field::__field0),
                                                                    b"last_name" => _serde::__private::Ok(__Field::__field1),
                                                                    _ => _serde::__private::Ok(__Field::__ignore),
                                                                }
                                                            }
                                                        }
                                                        // 170+ lines hidden!
                                                    }
                                                }
                                            };
```

그림 1.1 참 많은 것이 포함된 코드네요! 단순한 예시 코드에도 매크로에 의해 이렇게 많은 코드가 생성됩니다.

1.3 러스트에서의 메타프로그래밍

개발자라면 누구나 커리어의 특정 시점에서 메타프로그래밍을 마주하게 됩니다. 보통은 일반적인 프로그래밍 도구로는 해결하기 어려운 문제를 다룰 때입니다. 하지만 매크로가 널리 사용되는 Common Lisp나 Clojure를 주로 다루지 않는다면, 이런 경험은 상당히 제한적일 수밖에 없습니다.[2] 그렇다면 러스트에서는 왜 메타프로그래밍이 특별히 중요할까요? 이는 러스트가 여타 언어들

---

2 옮긴이 국내에서는 Spring 프레임워크의 영향으로 이미 메타프로그래밍을 자주 접하고 있습니다.

과는 매우 **다른** 특성을 지니고 있기 때문입니다. 이미 많이 들어보셨을 수도 있지만, 제 설명도 한 번 들어보시죠!

러스트가 여타 언어들과 다른 첫 번째 차이점은, Clojure에서와 마찬가지로 러스트에서도 역시 매크로가 없는 코드를 상상하기 어렵다는 점에 있습니다. 매크로는 어디서든 볼 수 있는 `dbg!`와 `println!` 같은 표준 라이브러리부터 사용자 정의 크레이트 모두에서 정말 광범위하게 사용됩니다. 2024년 중반 기준으로, crates.io의 상위 10개 다운로드 패키지 중 3개(`syn`, `quote`, `proc-macro2`)는 절차적 매크로를 만들기 위한 크레이트입니다. 다른 하나인 `serde`는 절차적 매크로를 통해 직렬화 작업을 쉽게 해줍니다. 패키지가 매크로를 가지고 있음을 나타내는 'derive'라는 키워드를 검색해 보세요. 무려 10,661개의 결과가 나옵니다. 이는 전체 패키지의 약 7%에 해당합니다. 즉, 간단히 말해서 러스트에서 매크로는 단순히 문법적 설탕(syntactic sugar)[3]이 아니라, 정말로 핵심적인 기능입니다.

왜 이렇게 많은 사람이 매크로를 작성할까요? 러스트에서 매크로는 매우 강력한 형태의 메타프로그래밍을 제공하면서도, **상대적으로 사용하기 쉽고 안전**하기 때문입니다. 이러한 안정성 중 일부는 러스트 자체가 컴파일 언어이기 때문에 가능합니다.[4] 제 생각에 꽤나 어려운 언어인 Clojure와 한번 비교해 보세요. Clojure에서도 매크로를 쉽게 사용할 수 있지만, Clojure에는 컴파일 타임에 검사하는 기능은 전혀 없습니다. 자바스크립트와 파이썬도 마찬가지입니다. 자바스크립트의 경우 Mozilla 문서에서 '절대로 직접 `eval()`을 사용하지 말라'는 조언을 하는 중요한 이유도 바로 안전성과 보안성 때문입니다(http://mng.bz/4JMv).

반면에 러스트의 모든 매크로는 컴파일 타임에 평가(evaluation)되며, 코드를 검증하기 위해 프로그래밍 언어가 거치는 모든 절차를 지켜야 합니다. 이는 매크로로 인해 생성된 코드는 일반적인 프로그래밍 언어로 작성된 코드와 동일한 절차를 거쳐서 처리되어 그만큼 안전하다는 뜻이며, 컴파일러가 정확하게 어떤 부분이 잘못되었는지 알려준다는 이점도 누릴 수 있습니다. 특히 **선언적 매크로**(declarative macro)에서는 **위생**(hygiene)[5]이라는 개념 덕분에, 매크로 안에서 사용하는 이름이 코드의 다른 부분과 충돌하지 않아 안전하게 사용할 수 있습니다. 이는 러스트의 매크로가 C

---

3 [옮긴이] 문법적 설탕이란 프로그래밍 언어에서 사람이 더 쉽게 읽고 표현할 수 있도록 설계된 문법을 의미합니다.
4 [옮긴이] 저는 개인적으로 러스트가 어떤 프로젝트를 하는 데 있어 간단하게 선택하기는 부담스러운 언어이지만, 컴파일러에 의한 강제적인 신뢰성이 필요한 순간에는 러스트만 한 언어가 없다고 생각합니다.
5 [옮긴이] 위생(hygiene)이란 매크로 시스템에서 매우 중요한 개념으로, 매크로가 정의된 환경과 매크로가 사용되는 환경 사이의 이름 충돌을 방지하는 기능을 말합니다. 예를 들어, 매크로 내부에서 사용하는 변수 이름이 매크로를 사용하는 코드의 변수 이름과 우연히 같더라도 서로 간섭하지 않도록 보장합니다.

언어의 매크로보다도 더욱 안전함을 의미합니다. C 언어의 매크로는 비위생적(unhygienic)이어서 의도치 않게 다른 코드의 심볼을 참조하거나 캡처할 수 있기 때문입니다. 또한 C 언어의 매크로는 타입 정보가 없는 상태에서 확장되기 때문에 상대적으로 안전하지 않습니다. 비록 C++ 언어의 템플릿은 더 안전하긴 하지만, 발생하는 오류 메시지를 이해하기가 더 어려울 수 있습니다.

컴파일 타임에 모든 것을 처리하는 것의 또 다른 장점은, 대부분의 경우에 최종적으로 빌드되는 바이너리의 성능에 미치는 영향이 무시할 만하다는 것입니다. 단지 컴파일 타임에 약간의 코드를 더하여 컴파일하는 것이니까요. 그것 때문에 잠을 못 이룰 정도로 걱정할 일은 아닙니다[6](한편, 컴파일 시간이 길어진다는 명백한 영향이 있기는 하지만, 매크로를 사용하든 사용하지 않든 컴파일 시간은 짜증 날 정도로 깁니다). 이를 자바와 비교해 보세요. 앞서 언급한 Spring 프레임워크는 의존성 주입을 위해 애플리케이션 시작 시에 **많은** 리플렉션을 수행합니다. 이는 성능에 많은 영향을 주며, 또다시 같은 말을 반복하게 되었지만, 메타프로그래밍이 덜 안전해지게 됩니다. 왜냐하면 모든 것이 제대로 작동하는지 아닌지를 런타임, 심지어는 아마도 운영 환경에 배포될 때까지 알 수 없기 때문입니다.

마지막으로, 제가 봤을 때 메타프로그래밍은 때때로 너무 '마법 같은'[7] 면이 있습니다. 예를 들어 Spring에서는 애플리케이션의 한 부분에 있는 Bean이 완전히 다른 부분의 작동을 변경할 수 있죠. 러스트의 매크로도 마법처럼 **보일 수** 있지만, 아인슈타인의 말을 빌려 표현하자면 Spring의 '런타임에서의 섬뜩한 작용'[8]과 같은 특성은 덜합니다. 이는 러스트의 매크로가 더 지역화되어 있고 컴파일 타임에 실행되어 쉽게 검사하고 더 잘 검증할 수 있기 때문입니다.

1.3.1 매크로의 다양성

지역화된 특성을 더 구체적으로 설명하기 위해, 이 책의 주요 주인공 중 하나인 절차적 매크로를 소개하겠습니다. 절차적 매크로는 **여러분의 코드를 토큰 스트림으로 받아서 다른 토큰 스트림을 반환**하며, 이는 컴파일러에 의해 나머지 코드와 함께 처리됩니다. 이러한 저수준 조작 방식은 더 잘 알려진 선언적 매크로(다음 장에서 다룰 예정)의 접근 방식과는 대조적입니다. 선언적 매크로는 더 높은

---

6 (옮긴이) 사실 '올바르게 작성된 프로그램'이라면, 컴파일러의 성능이 개선될수록 최종 바이너리도 그에 따라 최적의 성능을 발휘하게 됩니다.

7 (옮긴이) Spring의 '마법 같은' 특성이란, Spring 프레임워크가 의존성 주입이나 AOP(관점 지향 프로그래밍) 같은 기능을 통해 프로그램의 실행 흐름을 런타임에 동적으로 변경할 수 있는 것을 의미합니다. 이는 강력하지만 때로는 코드의 실행 흐름을 추적하기 어렵게 만들 수 있습니다.

8 (옮긴이) '섬뜩한 작용(spooky action)'은 아인슈타인이 양자 얽힘 현상을 설명할 때 사용한 'spooky action at a distance(먼 거리에서의 섬뜩한 작용)'라는 표현을 패러디한 것입니다. 여기서는 Spring 프레임워크에서 한 컴포넌트의 변경이 예상치 못한 방식으로 다른 컴포넌트에 영향을 미치는 현상을 빗대어 표현했습니다.

수준의('선언적인') 추상화를 사용하여 코드를 생성할 수 있게 해줍니다. 따라서 선언적 매크로는 절차적 매크로만큼 강력한 기능을 제공하지는 않지만, 시작하기에 더 안전하고 쉬운 선택이 될 수 있습니다.

NOTE 이미 짐작하셨겠지만 토큰 스트림과 매크로 확장은 이후의 장에서 더욱 깊게 다룰 예정입니다.

절차적 매크로에는 세 가지 종류가 있습니다(그림 1.2 참고). 첫 번째는 **파생 매크로**(derive macro)입니다. 구조체(struct), 열거형(enum) 또는 유니온(union)에 `#[derive]` 속성을 추가하여 사용합니다. 이 속성이 추가되면 해당 구조체/열거형/유니온의 코드가 매크로에 입력으로 전달됩니다. 이때 입력 코드는 수정되지 않고, 대신 새로운 코드가 출력으로 생성됩니다. 파생 매크로는 함수를 추가하거나 트레이트를 구현함으로써 타입의 기능을 확장하는 데 사용됩니다. 따라서 구조체에 `#[derive]`가 장식되어 있다면, 이는 **해당 구조체에** 특정한 추가 기능이 있음을 의미합니다. 애플리케이션의 임의의 부분에 기능이 추가되지 않으며, 구조체 자체도 어떤 방식으로든 수정되지 않습니다. 이러한 제한에도 불구하고(혹은 아마도 이러한 제한 때문에), 파생 매크로는 아마도 러스트에서 가장 널리 사용되는 절차적 매크로일 것입니다.

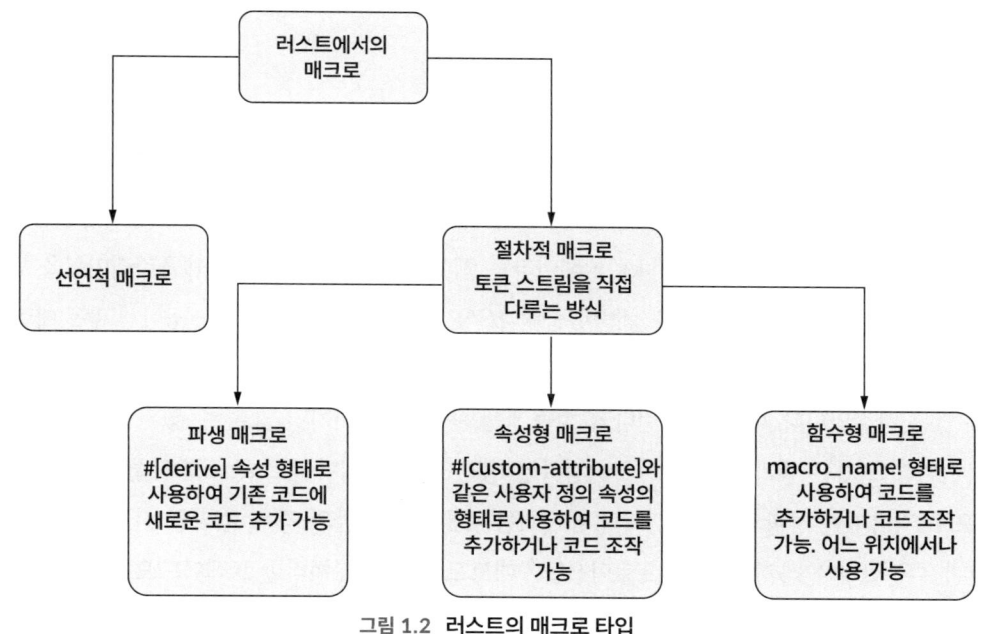

그림 1.2 **러스트의 매크로 타입**

속성형 매크로(attribute macro)는 두 번째 유형으로, 구조체, 열거형, 유니온뿐만 아니라 트레이트(trait) 정의와 함수에도 사용될 수 있습니다. 이들은 새로운 사용자 정의 속성을 정의한다는 점에서 속성형 매크로라는 이름을 갖습니다(잘 알려진 예시로는 `#[tokio::main]`이 있습니다). 반면에 파생 매크로는 반드시 `#[derive]`를 사용해야 합니다. 속성형 매크로는 더 강력하며 그렇기 때문에 더 위험한데, 장식하고 있는 대상 항목을 변환하기 때문입니다. 속성형 매크로가 생성하는 출력은 입력을 대체합니다. 파생 매크로가 단순히 추가적인 기능만 제공하는 반면, 속성형 매크로에서는 타입의 정의 자체가 변경될 수 있습니다. 하지만 최소한 애너테이션이 어떤 구조체가 변환되고 있는지 알려주며, 다른 코드나 다른 파일을 변경하지는 않습니다.

세 번째 종류의 절차적 매크로는 **함수형 매크로**(function-like macro)입니다. 이 매크로는 ! 연산자를 사용하여 호출되며, 개발자가 전달하는 어떤 입력이든 처리할 수 있습니다. 속성형 매크로와 비슷하게, 입력으로 받은 코드는 매크로가 생성한 새로운 출력으로 완전히 대체됩니다. 하지만 여타 매크로들과는 달리, 함수형 매크로는 구조체나 함수 같은 특정 항목에서만 적용할 수 있는 것은 아닙니다. 코드의 거의 모든 곳에서 자유롭게 호출할 수 있습니다. 앞으로 보게 되겠지만, 이러한 특성으로 인해 매우 강력한 마법 같은 기능을 구현할 수 있습니다. 하지만 (아마 여러분도 예상하시겠지만) 이 마법의 입력은 여러분이 전달하기로 결정한 것으로 제한됩니다. 여기서도 러스트는 기존 프로그래밍 개념을 가져와 더 안전하게 사용할 수 있는 방법을 찾아낸 것으로 보입니다.

1.3.2 적절한 사용 사례

"**좋아요, 매크로가 이렇게 훌륭하고 안전하다면 모든 곳에 매크로를 사용해야겠네요.**" 잠깐만요, 그렇게 성급하게 결론 내리지 마세요! 분명한 것은 어떤 애플리케이션을 개발하든 처음에는 **사용자 정의 매크로 없이 시작해야 한다**는 점입니다. 《제로부터 시작하는 러스트 백엔드 프로그래밍》(제이펍, 2024, https://www.zero2prod.com/index.html)이라는 책에서는 전체 뉴스레터 애플리케이션을 단 하나의 매크로도 직접 작성하지 않고 개발했습니다(물론 언어와 라이브러리에서 제공하는 많은 매크로는 사용했지만요). 구조체, 열거형, 함수는 매크로보다 이해하고 사용하기가 훨씬 쉽습니다. 이는 부인할 수 없는 사실입니다. 매크로가 런타임 성능에는 큰 영향을 미치지 않을 수 있지만, 컴파일 시간과 바이너리 크기는 증가시킵니다. 특히 컴파일 시간 증가는 이미 러스트 개발자들이 가장 큰 문제점으로 지적하는 사항입니다. 이 책의 예제처럼 작은 매크로들의 경우, 컴파일 시간 증가는 무시할 만한 수준입니다. 하지만 많은 '프로덕션급'[9] 매크로들의 경우 이러한 트레이드오프는 실제로 발생합니다. 물론 그만한 가치가 있기를 바라지만요.

---

9 [옮긴이] 프로덕션급이란 실제 서비스에서 사용될 수 있을 만큼 안정적이고 기능이 풍부한 수준을 의미합니다. 이러한 매크로들은 더 복잡하고 광범위한 기능을 제공하기 때문에 컴파일 시간과 바이너리 크기에 더 큰 영향을 미칠 수 있습니다.

매크로를 언제, 왜 사용해야 할까요? 대규모 애플리케이션에서는 보일러플레이트(boilerplate) 코드를 줄이기 위해 매크로를 사용하는 것이 매력적으로 보이기도 합니다. 하지만 이는 프로젝트에 익숙하지 않은 사람들이 코드를 이해하기 어렵게 만들 수 있습니다. 함수와 달리 매크로의 시그니처(signature)는 실제로 어떤 일이 일어나는지에 대한 통찰을 제공하지 않기 때문입니다. 게다가 대부분의 개발자들은 러스트의 일반적인 코드를 분석하는 일이 더 많습니다. 따라서 함수 정의를 '파고들어' 핵심을 파악하는 것이 더 적은 시간이 걸립니다. 또한 제네릭 함수는 코드 중복을 피하는 훌륭한 도구이므로 매크로의 적절한 대안이 될 수 있습니다. 비슷한 맥락에서, 제네릭 구현 블록이나 포괄 구현(blanket implementation)[10] 또한 매우 강력합니다. 코드 1.2의 흥미로운 코드를 살펴보면, '확장 트레이트' 패턴의 예시를 볼 수 있습니다. 이는 사용자 정의 트레이트와 포괄 구현을 결합한 것입니다. Copy를 구현하는 모든 것에 대해 트레이트를 구현하면, 숫자, 문자, 불리언 등에 갑자기 새로운 함수를 사용할 수 있게 됩니다. 이러한 포괄 구현도 매크로와 마찬가지로 신중하게 사용해야 할 것입니다.

코드 1.2 제네릭의 장점과 한계

```rust
trait Hello {
    fn hello(&self);
}

impl<T: Copy> Hello for T {
    fn hello(&self) {
        println!("Hello world");
    }
}

fn main() {
    2.hello();
    true.hello();
    'c'.hello();
}
```

따라서 첫 번째 교훈은 다음과 같습니다. 보일러플레이트 코드와 중복을 피하는 것은 매크로를 사용하는 좋은 이유가 될 수 있지만, 이는 코드의 이해도를 떨어뜨리지 않는 선에서만 사용해야 합니다. 만약 개발자들이 매크로를 사용하기 위해 그 내부 구현을 자주 들여다봐야 한다면, 이는 좋지

---

[10] (옮긴이) '포괄 구현'이란 특정 조건을 만족시키는 모든 타입에 대해 한 번에 트레이트를 구현하는 것을 의미합니다. 이는 매우 강력한 기능이지만, 예상치 못한 작동을 일으킬 수 있어 신중하게 사용해야 합니다.

않은 설계입니다. 표준 라이브러리가 제공하는 매크로들을 살펴보겠습니다. `Debug`, `Clone`, `Default` 등의 매크로들은 모두 잘 정의된 반복적인 작업을 처리합니다. 예를 들어, `Clone`은 단 하나의 작업만 수행합니다. 객체를 복제 가능하게 만드는 것입니다. 게다가 개발자들은 `#[derive(Clone)]` 속성을 볼 때 즉시 그 의도를 파악할 수 있습니다. 또한 대부분의 경우 이것이 어떻게 구현되었는지 세부 사항에는 신경 쓰지 않을 것입니다. 이는 코드를 자세히 살펴봐야 하는 추가적인 정신적 부담을 피할 수 있어 완벽한 사례입니다. 이러한 중복 방지 접근 방식은 일부 프로그래밍 언어들이 제공하는 자동 코드 생성보다 훨씬 더 효과적입니다. 물론 코드 생성이 유용한 보일러플레이트 코드를 애플리케이션에 추가함으로써 코드 작성에 도움이 될 수는 있습니다. 하지만 이는 불필요한 잡음[11]을 추가하고 코드 **가독성을 떨어뜨립니다**. 프로그래밍에서 어려운 부분은 코드를 작성하는 것이 아닙니다. 후임자들이 이해할 수 있도록 만드는 것이 진정한 과제입니다.

> **NOTE** sqlx의 `Decode` 트레이트에 대해 읽어보면서 직감적으로 이렇게 생각했습니다. '이런 트레이트는 아마도 파생 매크로가 있을 것 같은데, 딱 맞는 사용 사례로 보이는군.' 예상대로 파생 매크로가 실제로 존재했습니다.

추상적인 관점에서 쉽게 설명할 수 있고('이것을 복제하고, 저것을 복사하고, 출력하라'), 예측 가능한 결과를 만드는(구조체의 **모든** 프로퍼티에 대한 디버그 출력) 반복적인 작업들을 찾아보세요. 이러한 작업들은 보통 보편적인 매력이 있어서, 많은 애플리케이션에서 유용하고 이해하기도 쉽습니다. 예를 들어, 어떤 것을 동일한 종류의 다른 것들과 비교할 수 있게 만드는 것(`PartialEq`)은 대부분의 개발자들이 마주치는 일반적인 작업입니다. 함수도 중복을 줄이는 데 도움이 될 수 있지만, 구조체를 조작하거나 헬퍼 메서드를 추가할 수는 없습니다(포괄 구현은 가능하지만, 트레이트를 통해서만 작동한다는 제약이 있습니다). 표준 라이브러리 외에도, 중복과 보일러플레이트 코드를 피하면서도 쉽게 설명할 수 있고 예측 가능한 결과를 만드는 많은 예시를 찾을 수 있습니다. Serde는 구조체의 손쉬운 직렬화/역직렬화를 가능하게 합니다. Tokio는 `async main`을 만드는 데 필요한 보일러플레이트 코드를 관리해 줍니다.

사용 편의성은 매크로를 선택하는 또 다른 중요한 이유입니다. 개발자들이 애플리케이션을 작성할 때 알 필요가 없는 기술적 세부 사항을 감추고자 할 때 매크로가 유용합니다. Serde와 Tokio는 직렬화와 비동기 작동의 세부 사항을 숨기기 때문에 이 범주에 속한다고 할 수 있습니다. 이러한 매크로들의 내부 작동을 살펴봐야 하는 경우는 매우 드물며, 대부분의 경우 그냥 작동합니다. 작동

---

11 [옮긴이] 여기서 '잡음(noise)'이란 코드의 본질적인 의미나 목적을 파악하는 데 방해가 되는 불필요한 요소들을 의미합니다. 이는 코드의 가독성과 유지보수성을 저해할 수 있습니다.

방식은 중요하지 않으며, 이는 코드를 읽는 사람과 작성하는 사람 모두에게 이점이 됩니다. 명령줄 인자 파싱의 세부 사항과 보일러플레이트 코드를 감추는 Clap과 REST 애플리케이션의 복잡성을 감추는 Rocket도 주목할 만합니다.

매크로의 마지막 활용 사례는 러스트에서 기본적으로 제공하지 않는 기능을 구현하는 것입니다. 다음 장에서는 선언적 매크로를 통해 언어에 가변 인자를 추가하는 예시를 살펴보겠습니다. 핵심 언어 기능 외에도 Tokio를 주목할 만한데, 이는 비동기 `main` 함수를 사용할 수 있게 해줍니다. 이 외에도 많은 예시가 있습니다. 정적 단언(static assertion)은 코드를 실행하지 않고도 구조체가 특정 트레이트를 구현하는지 등을 검증할 수 있습니다. SQLx는 SQL 문자열을 작성하고 컴파일 타임에 유효성을 검사하며, 결과를 구조체로 변환합니다. Yew와 Leptos는 러스트 내에서 타입이 검사된 HTML을 작성할 수 있게 해줍니다. Shuttle은 속성을 기반으로 클라우드 인프라를 자동으로 설정합니다. 이러한 기능들은 대부분 컴파일 타임에 검증을 수행합니다. 매크로가 실행되는 시점이 바로 컴파일 타임이기 때문입니다. 단위 테스트, 통합 테스트, 종단 간 테스트, 프로덕션 환경에서의 테스트와 같은 시간과 비용이 많이 드는 검증 단계 이전에 문제를 발견할 수 있다는 점에서 매우 유용합니다(그림 1.3 참고). 물론 현대 애플리케이션 개발에서 이러한 테스트 방식들은 모두 중요한 역할을 합니다. 하지만 단순한 `cargo check`[12] 명령으로 테스트 실행 전에 오류를 발견할 수 있다면 많은 시간과 노력을 절약할 수 있습니다. 더불어 컴파일 타임에 수행되는 모든 작업은 사용자에게 성능상의 이점을 제공합니다.

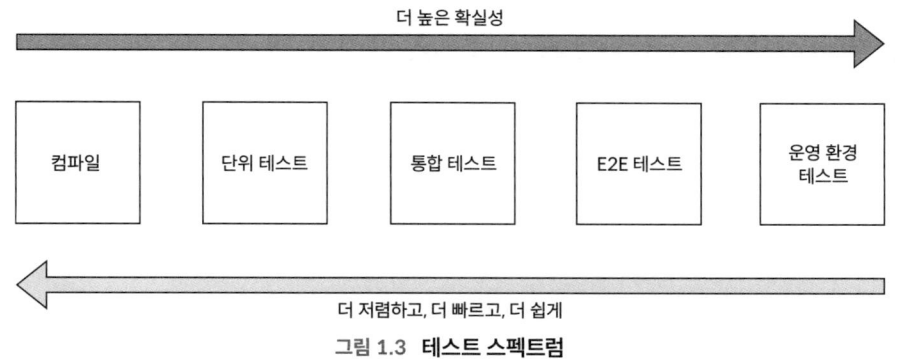

그림 1.3 **테스트 스펙트럼**

검증 외에도, 이 범주의 매크로들은 **도메인 특화 언어**(Domain-Specific Language, DSL) 기능을 추가하여 기본 러스트보다 더 쉽고 우아한 방식으로 코드를 작성할 수 있게 합니다. DSL을 위한 매크

---

[12] 옮긴이 `cargo check`: 러스트의 컴파일러를 통해 코드의 타입 검사와 기본적인 오류를 검사하는 명령입니다.

로 사용은 비즈니스 전문가들의 언어에 더 가까운 방식으로 아이디어를 쉽게 표현하고자 하는 애플리케이션 개발자들에게도 흥미로운 옵션입니다. 잘 설계된 경우, 이러한 유형도 사용 편의성 범주에 속합니다.

> **DEFINITION** 도메인 특화 언어란 무엇일까요? 프로그래머들에게 가장 친숙한 프로그래밍 언어들은 거의 모든 도메인에 적용 가능한 범용 언어입니다. 자바스크립트를 예로 들면, 어떤 분야에서 일하든 상관없이 코드를 작성하는 데 사용할 수 있습니다. 반면 DSL은 특정 도메인을 염두에 두고 작성됩니다. 데이터베이스와의 상호작용을 위해 특별히 설계된 SQL을 생각해 보세요. DSL을 사용하면 비즈니스 개념을 더 쉽게 표현할 수 있도록 집중할 수 있습니다. 예를 들어, 은행용 언어를 작성한다면 개발자(또는 최종 사용자)가 계좌 간 자금 이체를 하는 코드를 매우 쉽게 작성할 수 있게 만들 수 있습니다. DSL은 최적화도 가능하게 합니다. DNA 작업을 위한 DSL을 만든다면, 데이터 표현에 네 글자(A, C, G, T)만 필요하다고 가정할 수 있어 더 나은 압축이 가능할 것입니다(그리고 A는 항상 T와 쌍을 이루고 G는 C와 쌍을 이루므로 두 가지 옵션만 필요할 수도 있습니다). DSL에는 두 가지 종류가 있습니다. 완전히 처음부터 만드는 것과 러스트 같은 범용 언어를 기반으로 만드는 것입니다. 이 책에서는 후자에 관심이 있습니다.

요약하자면, 매크로는 예측 가능한 출력이 있고, 대부분의 세부 사항이 개발자와 무관하며, 자주 수행해야 하는 작업에 매우 적합합니다. 또한 매크로는 언어를 확장하고 우아하거나 복잡한 DSL을 작성하는 데 가장 좋거나 유일한 선택입니다. 다른 경우에는 함수, 구조체, 열거형을 사용하는 것이 좋습니다. 예를 들어, 두세 군데에서 들어오는 데이터를 필터링하고 매핑하는 중복을 피하려면 새로운 매크로가 아닌 함수가 필요합니다.

> **NOTE** 절차적 매크로나 선언적 매크로에 대한 좋은 사용 사례를 발견했다면, 코딩을 시작하기 전에 먼저 구글 검색을 해보세요. 이미 누군가가 먼저 만들었을 수 있습니다.

1.3.3 부적절한 용도: 매크로를 사용하지 말아야 할 때

매크로의 부적절한 사용은 크게 두 가지로 나눌 수 있습니다. 첫 번째는 앞서 언급했듯이 함수로도 충분히 해결할 수 있는 작업들입니다. 이런 경우에는 먼저 함수로 구현을 시작하고, 나중에 코드가 복잡해지거나 보일러플레이트 코드가 많아질 때 매크로로 전환하는 것이 바람직합니다. 과도한 설계는 지양해야 합니다. 두 번째는 비즈니스 로직과 관련된 경우입니다. 비즈니스 코드는 각 애플리케이션과 사용 사례에 특화되어 있기 때문에, 대부분의 공개 매크로는 처음부터 적합하지 않습니다. 사내에서 사용할 매크로를 만드는 것은 가능하지만, 마이크로서비스 환경에서는 서비스와 팀 간에 비즈니스 코드를 공유하는 것이 바람직하지 않은 경우가 많습니다. 한 마이크로서비스에서 정의하는 '사용자', '항공기', '장바구니', '공장' 등의 개념은 다른 마이크로서비스의 개념과 차이가 있기 마련입니다. 좋은 의도로 시작하더라도 혼란과 버그를 야기하거나, 이미 커스터마이징된 매크로를 다시 수정해야 하는 상황으로 이어질 수 있습니다. 다만 이런 경우에도 예외는 있습니다.

대규모 코드베이스에서는 매크로가 반복적으로 발생하는 비즈니스 보일러플레이트 코드를 줄이는 데 도움이 될 수 있습니다. 또한 앞서 언급했듯이, 복잡한 도메인에서는 DSL이 애플리케이션 개발자의 생산성을 높일 수 있으며, 매크로는 DSL을 구현하는 데 탁월한 도구가 될 수 있습니다.

다음 주제로 넘어가기 전에 작지만 중요한 점을 짚고 넘어가겠습니다. 매크로에 대한 **IDE**(integrated development environment) 지원은 일반적인 프로그래밍보다 항상 제한적일 수밖에 없습니다. 이는 불가피한 한계입니다. 더 강력한 도구는 더 많은 옵션을 제공하지만, 이는 컴퓨터가 실제로 수행할 수 있는 것과 없는 것을 판단하기 어렵게 만듭니다. 예를 들어, `2 + 2 = 4`만이 유효한 문장인 프로그래밍 언어를 생각해 보면, IDE는 오류를 지적하고("b - @? !를 입력하셨는데, 2 + 2 = 4를 의도하셨나요?") 코드 자동 완성을 제공하는 데 **매우** 효과적일 것입니다. 반면 모든 것이 허용되는 언어에서는 `struvt Example {}`가 오타인지 아닌지 판단하기 어렵습니다. 이는 IDE가 동적 언어를 다룰 때 적절한 도움을 주기 어려운 이유이기도 합니다. 타입은 기계에도 도움이 된다는 점을 알 수 있습니다. 타입 시스템이 옵션을 제한하면서 언어의 표현력이 제한될 수 있지만, 그 대신 더 나은 안전성과 성능, 사용성을 얻을 수 있습니다.

절차적 매크로의 경우 IDE가 러스트 컴파일러와 동일한 방식으로 코드를 확장해야 한다는 추가적인 복잡성이 있습니다. 이는 매크로가 생성할 것으로 **예상**되는 필드나 메서드가 실제로 존재하는지 확인하기 위해 필요합니다. IntelliJ[13], RustRover, Visual Studio Code(일부 제한적이지만)가 이러한 기능을 제공하며, 이에 대해서는 이후의 장에서 간단히 다룰 예정입니다. 하지만 코드 확장이 실패할 경우 IDE가 문제를 정확히 진단하고 사용자에게 상세히 설명하는 것이 쉽지 않습니다. 예를 들어, 오류가 발생했을 때 정확히 어느 부분을 지적해야 할지 판단하기 어렵습니다.

1.4 이 책의 접근 방식

이 책은 예제를 중심으로 단계적인 학습을 진행합니다. 각 장에서는 하나의 애플리케이션을 통해 매크로와 관련된 러스트의 다양한 주제를 살펴봅니다. 기초적인 "Hello, World"부터 시작해서 점진적으로 지식을 쌓아가며, 구문 분석 방법, 테스트 방법, 오류 처리 방법 등을 다룹니다. 또한 자주 발생하는 오류들과 디버깅 방법도 소개합니다. 각 장의 마무리에서는 이 장에서 언급한 크레이트들을 포함하여, 인기 있는 크레이트들이 어떻게 해당 기술을 활용하는지, 또는 특정 기능을 어떻게 구현하는지 살펴봅니다. 이를 통해 배운 내용을 실제로 적용하는 방법을 이해할 수 있습니다.

---

[13] 옮긴이 현재는 IntelliJ의 러스트 플러그인이 deprecated된 상태이기 때문에 IntelliJ 대신에 RustRover 사용을 권장합니다.

다음 장에서는 선언적 매크로에 대해 전반적인 내용을 다루지만, 이후에는 절차적 매크로에 초점을 맞춥니다. 절차적 매크로가 상대적으로 사용하기 어렵고, 선언적 매크로에 대해서는 이미 좋은 자료가 많이 있기 때문입니다.

1.5 연습문제

최근에 작성한 애플리케이션을 떠올려 보세요. 코드 중복이나 보일러플레이트를 어쩔 수 없이 사용했던 부분이 있나요? 애플리케이션을 더 편리하게 만들 도구가 필요하다고 느낀 적은 없나요? 혹시 언어의 제약 때문에 구현하지 못한 기능이 있었나요? 이 책을 읽고 나면 이러한 문제들을 해결하기 위한 도구로 매크로를 활용할 수 있게 될 것입니다.

1.6 요약

- 메타프로그래밍은 더 많은 코드를 생성하는 코드를 작성할 수 있게 해줍니다.
- 많은 언어가 메타프로그래밍을 할 수 있는 방법을 제공하지만, 이러한 도구들은 종종 사용하기 어렵고 언어에 잘 통합되어 있지 않아 이해하기 어렵거나 버그가 있는 코드로 이어질 수 있습니다.
- 러스트의 매크로는 강력하면서도 이러한 단점들을 피하며, 안전성에 초점을 맞추고 런타임 성능에 실질적인 영향을 주지 않습니다.
- 러스트의 매크로는 컴파일러가 검사하는 코드로 '확장'됩니다.
- 러스트에는 고수준의 선언적 매크로와 세 가지 종류의 절차적 매크로(파생 매크로, 속성형 매크로, 함수형 매크로)가 있으며, 이들은 코드를 토큰 스트림으로 처리합니다.
- 메타프로그래밍은 문제를 해결할 때 첫 번째 선택이 되어서는 안 되지만, 보일러플레이트와 중복을 피하고, 애플리케이션을 더 쉽게 사용할 수 있게 만들거나, '일반적인' 러스트로는 하기 어려운 일을 수행하는 데 도움을 줄 수 있습니다.
- 이 책은 예제 중심의 접근 방식을 통해 매크로를 탐구하면서 동시에 다른 고급 주제에 대해 논의할 것입니다.

CHAPTER 2

선언적 매크로

....

이번 장에서 다루는 내용
- 선언적 매크로 작성하기
- 보일러플레이트 코드와 중복 피하기, 새로운 타입 구현하기, 간단한 도메인 특화 언어 작성하기, 함수 합성하기
- `lazy_static` 크레이트 이해하기

....

먼저 간단한 선언적 매크로를 작성해 봅시다. 이 선언적 매크로들은 패턴 매칭과 유사한 구문을 가지고 있으며, **매처**(matcher)와 **전사기**(transcriber)[1]의 조합으로 이루어져 있습니다. 매처에는 매칭하고자 하는 내용이 포함되어 있고, 전사기에는 매칭을 찾았을 때 생성할 코드가 있습니다. 정말 간단합니다.

> **NOTE** 이번 장은 선언적 매크로의 전반적인 개요와 그 활용에 초점을 맞추고 있습니다. 이는 특정 주제와 제한된 예제들을 중점적으로 다룰 이 책의 나머지 부분과는 다소 다른 접근 방식을 취하고 있습니다. 이러한 구성을 선택한 이유는 두 가지입니다. 첫째, 선언적 매크로는 이 책의 주요 주제가 아닙니다. 둘째, 독자들이 절차적 매크로보다 선언적 매크로에 대해 더 많은 사전지식을 가지고 있을 것이라고 예상했기 때문입니다. 따라서 이번 장의 주제를 좀 더 신속하게 다룰 수 있을 것으로 판단했습니다.

---

[1] 옮긴이 https://terms.tta.or.kr/dictionary/dictionaryView.do?word_seq=058457-1
어떤 데이터 매체에서 다른 데이터 매체로, 필요에 따라 받는 측의 매체에 적합한 형식이나 부호로 변환하여 데이터를 전송하여 기록함으로써 복사하는 데 사용되는 장치 또는 컴퓨터 프로그램

2.1 벡터 생성하기

잠시만요, 이 책은 실제 예제를 통해 개념을 설명하는 것을 지향하고 있습니다. 그러나 바로 구체적인 예제를 살펴보는 것이 좋겠네요. 많은 러스트 입문서에서 선언적 매크로를 설명할 때 `vec!` 매크로를 자주 예시로 들곤 하는데, 우리도 이를 활용하여 `vec!` 매크로의 **단순화된** 구현을 통해 앞서 언급한 매처와 전사기가 어떻게 함께 작동하여 주어진 상황에 맞는 올바른 코드 출력을 생성하는지 살펴볼 것입니다.

코드 2.1 `my_vec`, 첫 번째 선언적 매크로

```
macro_rules! my_vec {         ← my_vec이라는 새로운 매크로를 선언합니다.
    () => [                   ← ()는 첫 번째 매처입니다. 비어 있으므로 인자 없이 호출된 매크로와 일치합니다.
        Vec::new()
    ];                        ← 대괄호 쌍 사이의 모든 것은 첫 번째 전사기입니다. 이는 매크로의 빈 호출에 대해
    (make an empty vec) => (       생성할 내용입니다. 끝에 세미콜론이 있음을 주목하세요.
        Vec::new()
    );                        (make an empty vec)는 두 번째 매처입니다. 이는 입력이
    {$x:expr} => {            문자 그대로 "make an empty vec"와 일치할 때 매칭됩니다.
        {
            let mut v = Vec::new();
            v.push($x);       이는 두 번째 전사기로, 이번에는 괄호 사이에 있습니다.
            v                 첫 번째 전사기와 같은 출력을 생성합니다.
        }
    };
    [$($x:expr),+] => (       다음 2개의 매처-전사기 쌍입니다. 첫 번째는
        {                     하나의 표현식(expr)을 받아들이고 이를 x에
            let mut v = Vec::new();    바인딩합니다. 두 번째는 쉼표로 구분된 여러
            $(                표현식을 받아들입니다. 이들 역시 마찬가지로
                v.push($x);   x에 바인딩됩니다.
            )+
            v
        }
    );
}

fn main() {
    let empty: Vec<i32> = my_vec!();
    println!("{:?}", empty);
                                          ← 이 2개는 [ ]를 출력합니다.
    let also_empty: Vec<i32> = my_vec!(make an empty vec);
    println!("{:?}", also_empty);

    let three_numbers = my_vec![1, 2, 3];
    println!("{:?}", three_numbers);   ← 이것은 [1, 2, 3]을 출력합니다.
}
```

2.1.1 기본 구문

선언적 매크로는 `macro_rules!`로 시작하며, `fn` 다음에 함수 이름이 오는 것처럼 매크로로 사용하고자 하는 이름이 그 뒤를 따릅니다. 중괄호 안에는 원하는 매처와 전사기를 넣습니다. 매처와 그에 해당하는 전사기는 패턴 매칭의 문법과 유사하게 화살표로 구분됩니다.

(매처) => (전사기)

코드 2.1의 경우, 네 쌍의 매처와 전사기를 가지고 있습니다. 첫 번째 쌍은 빈 괄호로 표현된 빈 매처와 대괄호로 감싸인 전사기로 구성됩니다. 하지만 대괄호가 반드시 필요한 것은 아닙니다. 매처와 전사기 모두에서 `()`, `{}`, `[]`의 세 가지 괄호를 선택해서 사용할 수 있습니다. 다만 이 세 가지 중 하나는 반드시 선택해야 합니다. 괄호를 완전히 제거하면(예: `() => Vec::new()`) 러스트 컴파일러는 정상적으로 코드를 이해할 수 없게 됩니다. 이중 콜론(double colon)이 도대체 무엇인지 어떻게 해석해야 하는지 알지 못하는 컴파일러는 ``no rules expected the token `::` ``(`::` 토큰에 관한 규칙이 없습니다)과 같은 오류를 발생시키며 불평할 것입니다. 이중 콜론을 제거하고 나면, '매크로의 우측은 반드시 구분자로 감싸주세요'라는 조금 더 이해가 되는 오류를 발생시킵니다. 이 말은 곧 괄호를 사용하라는 의미입니다.

> **NOTE** 주의 깊은 독자라면 예제의 각 쌍이 서로 다른 구문을 사용하고 있음을 알아챘을 것입니다. 이는 단지 괄호에 대한 옵션을 보여주기 위한 것입니다. 코드를 더 깔끔하게 만들려면 이 중 **하나의** 옵션으로 통일하는 것이 좋습니다. 어떤 것을 선택해야 할까요? 중괄호를 사용하면 전사기 내에 코드 블록이 있을 때 코드가 약간 덜 명확해질 수 있습니다(코드 2.1의 두 번째 쌍 참고). 그리고 대괄호는 덜 인기 있는 선택인 것 같습니다. 따라서 괄호가 아마도 좋은 기본 선택일 것입니다.

또 하나 중요한 점은, 매크로에서 각 '매처-전사기(pair)'는 세미콜론(;)으로 구분되어야 한다는 것입니다. 만약 이를 빼먹으면 러스트 컴파일러는 다음과 같은 오류를 냅니다.

```
5 |         {$x:expr} => {
  |         ^ no rules expected this token in macro call
```

이 오류는 세미콜론 없이 매처-전사기 쌍을 끝내면, 더 이상 사용할 수 있는 규칙이 없다고 판단하기 때문에 발생합니다. 따라서 매크로에 여러 개의 매처-전사기 쌍을 작성할 경우, 각 쌍 뒤에 세미콜론을 꼭 붙이세요. 단, 마지막 쌍 뒤의 세미콜론은 생략해도 괜찮습니다.

2.1.2 선언적 매크로 선언 및 내보내기

선언적 매크로에서 한 가지 고려해야 할 제한사항이 있는데, 선언적 매크로는 반드시 먼저 선언되어야만 사용 가능하다는 점입니다. 만일 매크로를 `main` 함수 끝부분에 선언하면 러스트는 다음과 같이 불평합니다.

```
error: cannot find macro `my_vec` in this scope
 --> src/main.rs:5:25
  |
5 |     let three_numbers = my_vec!(1, 2, 3);
  |                         ^^^^^^
  |
  = help: have you added the `#[macro_use]` on the module/import?
```

이 문제는 매크로를 내보내어(exporting) 해결할 수 있습니다. 모듈 선언부나 가져오기 구문 상단에 `#[macro_use]`를 추가하면(예: `#[macro_use] mod some_module;`) 매크로가 'macro_use 프렐류드'에 추가됩니다. 프로그래밍에서 **프렐류드**(prelude)는 전역적으로 코딩에서 사용할 수 있는 언어 요소들의 모음을 의미합니다. 예를 들어, `Clone`(`#[derive(Clone)]`)은 러스트의 프렐류드에 포함되어 있기 때문에 따로 가져오지 않아도 사용 가능합니다. `#[macro_use]`를 추가하면 매크로를 가져오지 않고도 사용할 수 있습니다. 따라서 러스트의 오류 메시지를 잘 읽어보면 이를 이용하여 오류를 해결할 수 있습니다. 이렇게 내보내는 것이 비교적 과한 방법이긴 하지만요. 또한 이 방법은 **매크로를 내보내는 '오래된 방식'이며, 더 이상 권장되는 방식은 아닙니다.** 이와 관련해서는 나중에 다뤄봅니다.

매크로를 호출해야 할 때는 매크로 이름 뒤에 느낌표를 붙이고 괄호 안에 인자를 넣습니다. 매크로 자체와 마찬가지로 매크로 호출 시에도 일반 괄호, 중괄호, 대괄호 중 어떤 것이든 사용할 수 있습니다. 아마도 `vec![]`가 자주 사용되는 것을 보셨겠지만, `vec!()`와 `vec!{}`도 문법적으로 유효합니다. 다만 중괄호는 간단한 호출에는 그다지 인기가 없는 것 같습니다. 이 책에서는 여러 줄의 `quote!` 호출에 중괄호를 사용합니다.

2.1.3 첫 번째 매처 설명

이제 기본적인 구문을 살펴봤으니, 다시 첫 번째 매처를 보겠습니다.

```
() => [
    Vec::new()
];
```

매처가 비어 있으므로, 매크로의 빈 호출과 매칭될 것입니다. 따라서 `main` 함수에서 `let empty:`

Vec<i32> = my_vec!();를 호출했을 때, 이 매처가 선택된 것입니다. 그 이유는 첫 번째로 러스트가 매처들을 위에서 아래로 검사하고, 두 번째로 대괄호 안에 아무것도 전달하지 않았기 때문입니다. 전사기의 내용은 괄호(이 경우 대괄호) 사이에 위치한다고 했으므로, 매칭이 발생했을 때 러스트가 생성할 코드는 Vec::new()입니다. 즉, 이 경우에는 벡터 구조체의 new 메서드를 호출하도록 지시하는 것입니다. 이 코드 조각은 매크로가 호출된 위치에 추가될 것입니다.

이제 main의 첫 번째 호출로 돌아가 보겠습니다. 러스트는 my_vec!()를 보고 '느낌표가 있으니 이 것은 매크로 호출이겠구나'라고 판단합니다. 그리고 파일에 가져오기 구문이 없으므로, 이는 표준 라이브러리의 매크로이거나 사용자 정의 매크로일 것입니다. 러스트는 같은 파일에서 이 매크로를 발견하고, 사용자 정의 매크로임을 확인합니다. 매크로를 발견한 러스트는 첫 번째 매처부터 검사를 시작하는데, 이 경우 첫 번째 매처가 올바른 것으로 판명됩니다. 이제 러스트는 my_vec!()를 전사기의 내용인 Vec::new()로 대체할 수 있습니다. 따라서 코드에 대해 어떤 작업(검사, 린트, 실행 등)을 수행하기 전에, let empty: Vec<i32> = my_vec!();는 이미 let empty: Vec<i32> = Vec::new();로 변경되어 있습니다. 여기서 작지만 중요한 세부 사항이 있습니다. my_vec!()만 대체되므로, 문장 끝의 세미콜론은 그대로 유지됩니다. 이러한 이유로 전사기에 세미콜론을 추가할 필요가 없었던 것입니다.

2.1.4 비어 있지 않은 매처

두 번째 매처를 살펴봅시다.

```
(make an empty vec) => (
    Vec::new()
);
```

이 매처는 **리터럴 값**(literal value)[2]을 포함하고 있습니다. 이는 매크로의 이 특정 '분기(arm)'[3]와 매칭되기 위해서는 매크로를 호출할 때 대괄호 사이에 정확히 그 리터럴 값을 넣어야 한다는 의미입니다. main 함수의 두 번째 예시에서 이렇게 사용했습니다.

```
let also_empty: Vec<i32> = my_vec!(make an empty vec);
```

---

2 [옮긴이] 소스 코드에 직접 작성된 고정된 값을 의미합니다. 예를 들어 'make an empty vec'와 같은 텍스트가 리터럴입니다.
3 [옮긴이] 매크로의 각 패턴 매칭 규칙을 의미합니다. 여러 개의 매칭 규칙이 있을 때 각각을 분기라고 부릅니다.

전사기는 변경되지 않았으므로 출력은 여전히 `Vec::new()`이며, 코드는 `let also_empty: Vec<i32> = Vec::new();`가 됩니다. 이 예시에서 리터럴은 특별히 흥미로운 기능을 추가하지는 않습니다. 하지만 앞으로 더 유용한 사례들을 살펴보게 될 것입니다.

다음 매처는 볼 것이 좀 더 많습니다.

```
{$x:expr} => {
    {
        let mut v = Vec::new();
        v.push($x);
        v
    }
};
```

이번에는 우리가 러스트에게 **단일 러스트 표현식**(expr)**과 일치**시키고 이를 `x`라는 값에 **바인딩**하고 싶다고 말하고 있습니다. `x` 앞의 달러 기호는 중요한데, 이는 이것이 **매크로 변수**(macro variable)임을 나타내기 때문입니다. 달러 기호가 없으면 러스트는 이를 또 다른 리터럴로 간주합니다. 그 경우 정확히 하나, 즉 `my_vec![x:expr]`만 일치할 것입니다. 표현식 외에도, 식별자, 리터럴, 타입 등과 일치시킬 수 있습니다.

> ### 메타변수
>
> 러스트에서 `expr`은 **메타변수**(metavariable) 또는 **프래그먼트 지정자**(fragment specifier)라고 불립니다. 이러한 메타변수들 중 가장 강력한 것은 `tt(TokenTree)`[4]인데, 이는 거의 모든 입력을 받아들일 수 있습니다. 하지만 이러한 포괄성은 때로는 단점이 될 수도 있습니다. 더 단순한 타입의 경우, 러스트는 매크로가 `ident`만 매칭하는데 `literal`을 전달하는 것과 같은 실수를 감지할 수 있습니다. 또한 `tt`를 사용하면 매처가 "무엇이든 다 가져와!"라고 외치는 것과 같아서, 세밀한 제어가 어려워집니다. 바로 이러한 이유로 `tt`는 때때로 지나치게 적극적일 수 있으며, 토큰 트리와 매칭되는 요소가 매우 많습니다. 이는 정규 표현식과 유사한 면이 있습니다. `\d+`는 하나 이상의 숫자만을 캡처하므로 모든 것을 캡처하는 `.*`보다는 덜 강력합니다. 하지만 이러한 제한은 오히려 장점이 될 수 있습니다. `\d`가 더 예측 가능하고 관리하기 쉽기 때문입니다. 따라서 메타변수를 사용할 때는 더 구체적인 타입으로 시작하여, 필요한 경우에만 `tt`와 같은 범용적인 타입으로 이동하는 것이 바람직합니다. 그리고 `tt`를 사용해야 할 경우에는 신중하게 생각하고 테스트해야 합니다.
>
> 아래는 모든 프래그먼트 지정자의 목록입니다. 이 장에서는 이 중 일부만 사용할 것이므로, 전체를 이해할 필요는 없습니다.
>
> - `block`: 중괄호로 둘러싸인 러스트 코드 블록을 매칭합니다. 여러 개의 명령문을 포함할 수 있습니다.
> - `expr`: 하나의 러스트 표현식과 매칭됩니다. 예를 들어 함수 호출, 산술 연산, 변수 참조 등이 이에 해당합니다.

---

[4] 옮긴이 러스트의 구문 분석 단계에서 사용되는 데이터 구조로, 코드의 모든 요소를 포함할 수 있습니다.

- `ident`: 식별자와 매칭됩니다. 변수명, 함수명, 구조체명 등이 이에 해당합니다. 예를 들어 함수 선언의 시작 (`fn hello`)은 키워드 다음에 식별자가 오며, `ident`를 두 번 사용하여 둘 다 캡처할 수 있습니다.
- `item`: 구조체, 열거형, `import` 문('use 선언') 등 러스트의 주요 구성 요소를 매칭합니다. 예를 들어, 구조체를 정의하거나 외부 모듈을 가져올 때 사용됩니다.
- `lifetime`: 러스트의 라이프타임(`'a`)을 매칭합니다. 라이프타임은 참조의 유효 기간을 나타내는 중요한 개념입니다.
- `literal`: 숫자나 문자 같은 리터럴 값을 매칭합니다. 이는 코드에 직접 작성된 고정된 값을 의미합니다.
- `meta`: 속성의 내용을 매칭합니다. 예를 들어, `Clone`이나 `rename = "true"` 같은 형태입니다. 이후의 장에서 속성이 포함할 수 있는 내용에 대해 자세히 다룰 것입니다.
- `pat`: 패턴을 매칭합니다. 예를 들어, `1 | 2 | 3`과 같은 패턴이 여기에 해당합니다.
- `pat_param`: `pat`와 유사하지만 구분자로 `|`를 사용할 수 있다는 차이가 있습니다. (`$first:pat_param | $second:ident`)는 작동하지만, (`$first:pat | $second:ident`)는 `pat` 뒤에 `|`가 허용되지 않는다는 오류를 발생시킵니다. 이는 `pat_param`으로 `1 | 2 | 3`을 파싱할 때 추가 작업이 필요함을 의미합니다.
- `path`: `::A::B::C`나 `Self::method` 같은 경로를 매칭합니다. 이는 모듈이나 타입의 계층 구조를 나타내는 데 사용됩니다.
- `stmt`: `let foo = "bar"`와 같은 문장을 매칭합니다. 이는 실행 가능한 독립적인 코드 단위를 의미합니다.
- `tt`: `TokenTree`를 매칭하며, 앞서 설명한 대로 가장 포괄적인 매칭 기능을 제공합니다.
- `ty`: `String`과 같은 타입을 매칭합니다. 이는 변수나 함수의 타입을 지정할 때 사용됩니다.
- `vis`: `pub`과 같은 가시성 수정자를 매칭합니다. 이는 코드 요소의 접근 범위를 제어하는 데 사용됩니다.

전사기 내에서는 새로운 벡터를 생성하고, 입력된 표현식을 추가한 후, 해당 표현식을 유일한 요소로 포함하는 벡터를 반환합니다. 이는 기본적인 러스트 코드이지만, 두 가지 주목할 만한 사항이 있습니다. 첫 번째로, 전사기 내에서도 달러 기호를 사용해야 한다는 점입니다. 따라서 러스트에게 이 변수(입력값에 바인딩된)를 벡터에 추가하라고 지시하고 있는 것입니다. 달러 기호가 없다면 러스트는 `cannot find value x in this scope`(이 스코프에서 x 값을 찾을 수 없습니다)라고 알려줄 것입니다. 왜냐하면 실제로 `x`는 존재하지 않고 `$x`만 존재하기 때문입니다.

두 번째는 추가적인 중괄호 쌍입니다. 이 중괄호가 없으면 러스트는 `expected expression, found let statement`(표현식이 예상되었으나, `let` 문이 발견됨)라는 오류를 반환합니다. 그 이유는 매크로 호출이 어떻게 출력으로 대체되는지를 생각해 보면 꽤나 명확해집니다. 예를 들어 `let a_number_vec = my_vec!(1);`이라는 코드가 있다고 가정해 봅시다. 여기서 `my_vec!(1)`은 전사기의 내용으로 대체되는데, 문제는 전사기가 여러 줄의 코드를 생성한다는 점입니다. 하지만 `let` 문은 오른쪽에 단 하나의 값만 받을 수 있습니다. 즉, `let x = (여러 줄의 코드);`와 같은 형태는 러스트에서 허용되지 않습니다.

이 오류 메시지가 처음에는 모호해 보였지만, 실제로는 매우 타당한 지적입니다. 해결책은 간단히 우리의 출력을 하나의 표현식으로 만드는 것입니다. 중괄호가 바로 이 역할을 수행합니다.

```
let a_number_vec = {
    let mut v = Vec::new();
    v.push(1);
    v
}
```

러스트 매크로를 작성하는 것은 확실히 많은 생각과 상당한 시행착오가 필요한 작업입니다. 하지만 여러분은 러스트 개발자로서 이러한 심도 있는 사고 과정이 필수적이라는 점을 이미 알고 계실 것입니다.

이제 기본적인 내용을 거의 다 다뤘습니다. 마지막 매처-전사기 쌍은 다음과 같습니다.

```
$[($x:expr),+] => (
    {
        let mut v = Vec::new();
        $(
            v.push($x);
        )+
        v
    }
)
```

이전과 기본 구조는 같지만 달러 기호($)와 플러스 기호(+)가 추가된 형태입니다. 매처 내부를 살펴보면, `$x:expr`이 `$( ),+`로 둘러싸여 있는데, 이는 러스트에게 쉼표로 구분된 표현식을 하나 이상 받아들이라는 의미입니다. 프로그래밍에 익숙하신 분들은 아시겠지만, 이러한 패턴에서는 `+`뿐만 아니라 `*` 기호(0회 이상 반복)나 `?` 기호(0회 또는 1회 발생)도 사용할 수 있습니다. 이는 매크로나 정규 표현식에서 흔히 볼 수 있는 패턴입니다. 다만 한 가지 제약사항이 있는데, 이 패턴으로는 끝에 쉼표가 있는 입력을 처리할 수 없습니다. 즉, `my_vec![1,2,3]`은 정상적으로 작동하지만 `my_vec![1,2,3,]`은 오류가 발생합니다. 이런 경우를 처리하려면 별도의 규칙이 필요합니다(자세한 내용은 이 장의 연습문제를 참고하시기 바랍니다).

전사기 부분에서는 `push` 구문이 비슷한 달러-괄호-플러스 조합으로 감싸져 있다는 점만 달라졌는데, 이번에는 쉼표가 없습니다. 이 역시 반복을 의미하는 것으로, 매처에서 찾아낸 각각의 표현식마다 괄호 안의 내용을 반복 실행하라는 뜻입니다. 예를 들어 `my_vec![1,2,3]`을 입력하면 `push` 구문이 세 번 생성되는 식입니다.

> **NOTE** 세 번째 매처-전사기 쌍이 이 새로운 패턴으로 완벽하게 구현 가능하다는 점을 이제 아셨을 겁니다. 하지만 이전의 더 단순한 매처-전사기 쌍을 먼저 소개한 것은 개념을 더 쉽게 이해할 수 있도록 하기 위한 의도적인 선택이었습니다.

컴파일되지 **않는** 여러 대안들이 존재합니다. 예를 들어, 러스트 컴파일러가 벡터에 모든 표현식을 푸시하고자 하는 의도를 스스로 파악할 만큼 똑똑하지 않을까 기대해 볼 수 있습니다. 그래서 `$(v.push($x))+`에서 `$()+`를 제거해 보면 `variable x is still repeating at this depth`(변수 `x`가 이 수준에서 여전히 반복되고 있습니다)라는 오류 메시지를 마주하게 됩니다. 여기서 '반복(repeating)'이란 컴파일러가 `x`에 여러 표현식이 포함되어 있음을 알려주는 것입니다. 이는 `Vec`에 단일 표현식만 푸시한다고 가정한 코드와 충돌을 일으키는 문제가 됩니다.

이 코드를 여러 방식으로 시험해 보면 재미있는 특이점을 발견할 수 있습니다. 매처에서 어떤 반복 연산자를 사용했든 상관없이, 전사기 부분에서는 원하는 아무 반복 연산자나 마음대로 사용할 수 있다는 점입니다. 예를 들어, 매처에서는 `+`를 쓰고, 전사기의 `push` 문에서는 `?`나 `*`를 사용해도 현재 버전에서는 정상적으로 작동합니다. 하지만 이는 사실 러스트의 버그로 확인된 상태입니다(https://github.com/rust-lang/rust/issues/61053).[5] 따라서 미래의 러스트 버전에서 이 코드가 갑자기 작동하지 않을 수 있습니다. 만약 이런 위험을 미리 방지하고 싶다면 파일에 `#![deny(meta_variable_misuse)]` 린트를 추가하면 됩니다. 다만 이 린트는 거짓 양성(false positive)[6] 결과가 발생할 수 있으니 주의해야 합니다.

이번 절을 마치기 전에 알아둘 한 가지 중요한 사항이 있습니다. 매크로 내에서 허용되지 않는 작업을 시도하면 어떻게 될까요? 예를 들어, `Vec`가 수용할 수 없는 정수와 문자열을 혼합하여 입력으로 사용하려고 하면 어떻게 될까요? 통합 개발 환경(IDE)에서는 이러한 문제를 감지하지 못할 수 있습니다. 결국 모두 유효한 표현식으로 전달되고 있기 때문입니다. 하지만 러스트는 매크로의 '규칙'으로부터 '일반' 코드를 생성하기 때문에 이런 실수를 놓치지 않습니다. 생성된 코드는 반드시 러스트의 컴파일 규칙을 따라야 합니다. 따라서 서로 다른 타입을 혼합하여 사용하려고 하면 `expecting x, found y`와 같은 오류가 발생하게 됩니다(여기서 `x`와 `y`는 처음 전달한 값의 타입에 따라 달라집니다).

---

5 옮긴이 이슈가 닫힌 상태이긴 하지만 문제의 원인이 없어졌기 때문에 닫힌 것은 아니고 `meta_variable_misuse` 린트를 도입하며 닫힌 것으로 보입니다.
6 옮긴이 실제로는 문제가 없는데 문제가 있다고 잘못 판단하는 경우

이제 기본적인 내용을 살펴봤으니, 더 흥미로운 주제로 넘어가 보겠습니다.

2.2 사용 사례

이번 절에서는 선언적 매크로가 애플리케이션의 기능을 향상하는 일반적인 방법을 살펴보겠습니다. 매크로를 활용하는 것이 매우 유용한 경우가 있습니다. 예를 들어, **뉴타입**(newtype) 예제에서는 매크로를 사용하여 반복적인 보일러플레이트 코드 작성을 하지 않아도 됩니다. 한편 다른 예제에서는 매크로를 통해 특정 분야에 특화된 도메인 특화 언어(DSL)를 만들거나, 함수들을 자연스럽게 연결하여 사용하는 방법, 또는 기존 함수에 새로운 기능을 추가하는 것과 같은 일반적인 방법으로는 구현하기 어렵거나 불가능한 작업들을 수행하는 방법을 알아보려 합니다.

2.2.1 가변 인자와 기본 인자

먼저 함수가 가진 제약사항을 살펴보겠습니다. 자바나 C#과는 달리 러스트의 함수는 가변 인자(variadic argument)를 허용하지 않습니다. 이는 가변 인자가 컴파일러의 작업을 더 복잡하게 만들기 때문일 수도 있고, 또는 이 기능의 중요도가 충분하지 않다고 판단했기 때문일 수도 있습니다. 실제로 러스트 언어에 가변 인자를 추가하는 것에 대한 논의는 매우 오래되었고 극도로 논란이 많은 주제입니다. 기본 인자에 대한 논의도 마찬가지 상황입니다. 하지만 가변 인자가 필요한 경우에도 해결책은 있습니다. 바로 매크로를 사용하는 것입니다. 벡터 매크로가 바로 이러한 방식을 사용하는 좋은 예시입니다. 원하는 수의 인자를 전달하면 러스트가 이를 처리하는 코드를 자동으로 생성합니다.

함수 오버로딩이나 기본 인자를 지원하는 다른 프로그래밍 언어를 사용하다가 러스트로 넘어오신 경우, 매크로를 통해 이러한 기능을 구현할 수 있습니다. 예를 들어, 인사말을 출력하는 함수가 있고 기본값으로는 "Hello"를 사용하면서도 필요한 경우 다른 인사말도 사용하고 싶다고 가정해 보겠습니다. 이를 위해 각기 다른 이름을 출력하는 여러 개의 함수를 만들 수도 있지만, 거의 동일한 기능의 함수를 여러 개 만드는 것은 굉장히 비효율적이죠. 코드 2.2의 `greeting` 매크로 예시를 살펴봅시다.

코드 2.2 기본 인자를 사용한 인사하기 예제(파일명: greeting.rs)

```
pub fn base_greeting_fn(name: &str, greeting: &str) -> String {
    format!("{}, {}!", greeting, name)
}

macro_rules! greeting {
```

```
    ($name:literal) => {
        base_greeting_fn($name, "Hello")
    };
    ($name:literal, $greeting:literal) => {
        base_greeting_fn($name, $greeting)
    };
}
```

이번에는 처음으로 구현부를 `main` 함수와 분리하여 greeting.rs라는 별도의 파일에 작성했습니다. 이렇게 정의된 매크로를 해당 파일 외부에서 사용하려면 main 파일의 모듈 선언부 위에 `#[macro_use]` 속성을 추가해야 합니다.

코드 2.3 이전에 작성한 `greeting` 매크로를 사용하는 main.rs 예시

```
use crate::greeting::base_greeting_fn;   ◀── base_greeting_fn을 가져옵니다.

#[macro_use]
mod greeting;   ◀── 매크로가 정의된 모듈을 가져옵니다. #[macro_use] 속성을 사용하면
                    해당 파일에 정의된 매크로를 사용할 수 있도록 러스트에게 지시하는 것입니다.

fn main() {
    let greet = greeting!("Sam", "Heya");
    println!("{}", greet);   ◀── Heya, Sam!을 출력합니다.

    let greet_with_default = greeting!("Sam");
    println!("{}", greet_with_default);   ◀── Hello, Sam!을 출력합니다.
}
```

더 복잡한 구조에서는 mod.rs 파일이 여러 모듈을 가져와서 다시 내보내는 경우가 있습니다. 이런 경우에는 '루트'(main.rs 파일)와 모듈을 다시 내보내는 모든 mod.rs 파일에 `#[macro_use]` 속성을 추가해야 합니다. 다행히도 러스트는 모든 필요한 위치에 `#[macro_use]`를 추가할 때까지 have you added the #[macro_use] on the module/import?(모듈이나 가져오기 구문에 `#[macro_use]`를 추가했나요?)라는 오류 메시지를 계속 표시합니다. 이러한 방식이 때로는 번거로울 수 있지만, 명시적으로 공개하지 않는 한 모든 것을 비공개로 유지하는 이러한 접근 방식은 정보 은닉에 대해 더 깊이 생각하게 만듭니다. 하지만 앞서 언급했듯이, 이는 매크로를 노출하는 오래된 방법입니다. 대신 매크로를 다시 내보내기 위해 'use 선언'을 사용하는 것이 좋습니다. 예를 들어 `pub(crate) use greeting`[7]과 같은 방식입니다. 이것이 최신 러스트 코드에서 볼 수 있는 접근 방식입니다.

---

[7] (옮긴이) `pub(crate)`는 현재 크레이트 내에서만 접근 가능하도록 제한하는 가시성 수정자입니다.

`base_greeting_fn` 함수를 공개(public)로 설정하고 main.rs에 가져와야 했던 이유에 주목할 필요가 있습니다. 그 이유는 다시 한번 명확합니다. 선언적 매크로는 `main` **함수에서 확장**되기 때문입니다. 이전 절에서 전사기의 내용이 호출 부분을 대체한다는 것을 이미 배웠습니다. 이 경우 `greeting!("Sam", "Heya")`는 `base_greeting_fn`으로 대체됩니다. 만약 `base_greeting_fn`이 공개되어 있지 않다면, 알 수 없는 함수를 호출하려는 시도가 되는 것입니다. 이런 작동이 원하는 것이 아닐 수도 있습니다(매크로가 모든 인사말 기능의 진입점이 되기를 원할 수 있으므로). 하지만 이는 러스트에서 매크로와 가시성이 작동하는 방식의 논리적인 결과입니다.

2.2.2 코드를 확장하는 여러 방법

여기서 잠시 매크로 확장(expanding)에 대해 이야기해 보겠습니다. 매크로 확장은 '전사기의 내용으로 대체하는 것'을 의미하는 공식 용어입니다. 머릿속으로 내용을 대체하는 것도 좋지만, 때로는 실제로 어떤 일이 일어나는지 직접 확인하고 싶을 수도 있습니다. 이를 위해 러스트는 **트레이스 매크로**(trace macro)라는 유용한 기능을 제공합니다. 트레이스 매크로 자체도 선언적 매크로입니다(마치 재귀적으로 계속되는 것과 같습니다). 이 기능은 이 책을 쓰는 시점의 최신 버전인 러스트 1.77.2에서도 아직 불안정 상태입니다.[8] 따라서 이 기능을 사용하려면 먼저 이를 활성화하고 나이틀리(nightly) 빌드에서 코드를 실행해야 합니다. `rustup default nightly` 명령을 사용하여 나이틀리를 기본값으로 설정할 수 있습니다. 만약 안정 버전의 러스트를 계속 사용하고 싶다면, `cargo +nightly your-command`와 같이 특정 명령만 나이틀리로 실행하도록 Cargo에 지시할 수도 있습니다.

코드 2.4는 트레이스 매크로 기능을 활성화하고 비활성화하는 방법을 보여줍니다.

코드 2.4 트레이스 매크로 기능 사용하기

```rust
#![feature(trace_macros)]  ◀── 불안정한 트레이스 매크로 기능을 추가합니다.

use crate::greeting::base_greeting_fn;

#[macro_use]
mod greeting;

fn main() {
    trace_macros!(true);  ◀── 트레이스 매크로를 활성화합니다.
    let _greet = greeting!("Sam", "Heya");
```

---

8 〔옮긴이〕 이 책이 번역되는 시점의 최신 버전인 1.83.0에서도 동일합니다. 다음의 이슈를 참조해 주세요. https://github.com/rust-lang/rust/issues/29598

```
    let _greet_with_default = greeting!("Sam");
    trace_macros!(false);   ◀──── 트레이스 매크로를 비활성화합니다.
}
```

이전 코드에서 `println!` 구문을 제거하고 대신 `trace_macros!` 호출을 추가했습니다. `true`를 전달하면 트레이스가 활성화되고, `false`를 전달하면 비활성화됩니다. 이 경우에는 프로그램이 어차피 끝나기 때문에 비활성화가 꼭 필요하지는 않습니다. 이 코드를 실행하면 다음과 같은 출력을 볼 수 있습니다.

```
--> ch2-trace-macros/src/main.rs:9:18
  |
9 |     let _greet = greeting!("Sam", "Heya");
  |                  ^^^^^^^^^^^^^^^^^^^^^^^^
  |
  = note: expanding `greeting! { "Sam", "Heya" }`
  = note: to `greeting("Sam", "Heya")`

--> ch2-trace-macros/src/main.rs:10:31
  |
10|     let _greet_with_default = greeting!("Sam");
  |                               ^^^^^^^^^^^^^^^^
  |
  = note: expanding `greeting! { "Sam" }`
  = note: to `greeting("Sam", "Hello")`
```

로그를 보면 기본값이 어떻게 작동하는지 알 수 있습니다. `greeting!("Sam")`은 `greeting("Sam", "Hello")`로 변환됩니다. 매우 기발하지 않나요? 트레이스 매크로 기능은 이제 모든 대체 작업(substitution)을 수행해 주므로, 많은 정신력을 절약할 수 있습니다.

또 다른 유용한 도구로는 `log_syntax!` 매크로가 있습니다(이 역시 1.77.2 버전에서는 불안정한 상태입니다).[9] 이 매크로를 사용하면 컴파일 타임에 로그를 출력할 수 있습니다. 매크로를 작성해 본 적이 없다면 이것이 왜 중요한지 이해하기 어려울 수 있습니다. 간단한 예시로, `greeting` 매크로에 세 번째 옵션을 추가해 보겠습니다. 이 세 번째 옵션은 `log_syntax`를 사용하여 받은 인자를 사용자에게 알려주고, `println!`을 사용하여 기본 인사말이 반환되었음을 알려준 다음, `greeting` 함수를 호출합니다. 이 모든 것은 추가적인 중괄호 쌍으로 감싸져 있습니다. 이는 매크로가 `let`에 바인딩

---

9 [옮긴이] 이것도 `trace_macros!`처럼 이 책이 번역되는 시점의 최신 버전인 1.83.0에서도 동일하게 불안정합니다. 다음의 이슈를 참조해 주세요. https://github.com/rust-lang/rust/issues/29598

하기 위해 **단일 표현식**을 반환해야 하기 때문입니다. 두 번째 중괄호 쌍을 추가함으로써 2개의 구문과 하나의 표현식을 하나의 블록 표현식으로 만들 수 있습니다.

코드 2.5 `log_syntax` 사용하기

```
macro_rules! greeting {
    ($name:literal) => {
        base_greeting_fn($name, "Hello")
    };

    ($name:literal, $greeting:literal) => {
        base_greeting_fn($name, $greeting)
    };

    (test $name:literal) => {{
        log_syntax!("The name passed to test is ", $name);
        println!("Returning default greeting");
        base_greeting_fn($name, "Hello")
    }};
}
```

> log_syntax! 매크로는 입력값을 로그로 기록하는 데 사용됩니다.
> 두 쌍의 중괄호를 사용하는 이유는 생성된 코드를 {}로 감싸서 단일 표현식으로 출력하기 위해서입니다.

main 파일에서는 큰 변화가 없습니다. 다만 새로운 기능을 추가했고, 세 번째 매처에서 처리될 매크로 호출을 추가했습니다.

```
#![feature(trace_macros)]
#![feature(log_syntax)]

use crate::greeting::base_greeting_fn;
#[macro_use]
mod greeting;

fn main() {
    trace_macros!(true);

    let _greet = greeting!("Sam", "Heya");
    let _greet_with_default = greeting!("Sam");
    let _greet_with_default_test = greeting!(test "Sam");

    trace_macros!(false);
}
```

> log_syntax는 아직 안정화되지 않은 기능이므로 feature[1]를 활성화해야 합니다.
> 새로 작성한 greeting 매크로의 분기를 호출합니다.

`cargo +nightly check`를 실행하면 컴파일 타임에 실행되는 `log_syntax!` 출력(The name passed to

---

10 [옮긴이] feature는 러스트의 실험적 기능을 활성화할 수 있는 플래그입니다.

test is Sam)을 확인할 수 있습니다. 반면 `cargo +nightly run`을 실행해야만 `log_syntax` 출력과 매크로 내부에 추가한 `println!` 구문을 모두 볼 수 있습니다. 이러한 차이점은 컴파일 타임에 발생하는 일을 디버깅하는 개발자에게 매우 중요한 의미를 지닙니다. 전자의 방식을 사용하면 출력문을 통해 선언적 매크로를 디버깅할 수 있습니다(객관적으로 가장 뛰어난 디버깅 방식입니다). 이러한 도구들을 함께 활용하면 매크로가 러스트 코드로 확장되는 전체 과정을 추적할 수 있습니다. 실제 디버거의 기능에는 미치지 못하지만, 아무것도 없는 것보다는 확실히 낫습니다. 다만 나이틀리 버전의 러스트를 사용해야 한다는 점이 아쉽습니다. 이후에 안정 버전의 러스트에서도 작동하는 도구들을 살펴볼 예정입니다.

2.2.3 뉴타입

선언적 매크로는 보일러플레이트 코드와 중복을 제거하는 데도 도움이 됩니다. 이와 관련하여 **뉴타입**(newtype) 개념을 소개하고자 합니다. 뉴타입은 함수형 프로그래밍 세계에서 유래한 개념으로, 기존 값을 감싸는 '래퍼(wrapper)'입니다. 이를 통해 타입 시스템이 버그를 방지하도록 유도할 수 있습니다. 예를 들어, 급여 인상을 계산하는 함수가 있다고 가정해 보겠습니다. 이 함수의 문제점은 4개의 매개변수가 필요할 뿐만 아니라, 첫 번째와 두 번째 매개변수의 타입이 세 번째와 네 번째 매개변수의 타입과 동일하다는 점입니다. 이로 인해 사소한 실수가 발생하기 쉽습니다.

코드 2.6 의도적으로 실수하기

```rust
fn calculate_raise(first_name: String, _last_name: String, _age: i32, current_pay: i32) -> i32 {
    if first_name == "Sam" {           // Sam이라는 이름을 가진 사람만이 임금 인상을 받을 수 있습니다.
        current_pay + 1000
    } else {
        current_pay
    }
}

fn main() {
    let first_raise = calculate_raise(
        "Smith".to_string(),           // 성과 이름의 순서를 바꿔 입력했습니다.
        "Sam".to_string(),             // 결과적으로 임금 인상을 받지 못했습니다.
        20,
        1000,
    );
    println!("{}", first_raise);       // ← 1000이 출력됩니다.

    let second_raise = calculate_raise(
        "Sam".to_string(),
        "Smith".to_string(),
```

```
        1000,    | 이번에는 적어도 이름 순서가 올바르게 되어 임금 인상을 받을 수 있습니다.
        20,      | 하지만 천 살(!)이나 되었음에도 불구하고, 임금 인상액은 고작 20달러에 불과합니다.
    );
    println!("{}", second_raise);  ◀── 1020이 출력됩니다.
}
```

매개변수마다 고유한 래퍼(`FirstName`, `LastName`, `Age`, `CurrentPay`)를 생성하면 타입 시스템을 통해 이러한 실수를 방지할 수 있습니다. 또한 모든 것을 더 명시적으로 표현하기 때문에 코드의 가독성도 향상됩니다. 이러한 장점들 덕분에 **클린 코드**(clean code)와 **도메인 주도 설계**(Domain-Driven Design, 2.2.4절 참고)를 지지하는 사람들 사이에서 이 패턴이 널리 사용되고 있습니다. 매개변수의 '실젯값'을 숨기고 도메인 내에서 더 의미 있는 타입을 부여함으로써, 뉴타입은 공개 API를 더 이해하기 쉽고 발전시키기 쉽게 만드는 데도 이상적입니다.

> **NOTE** 러스트는 선택한 타입에 대한 대체 이름(별칭)을 만드는 타입 별칭 기능도 제공합니다. `FirstName`의 경우 `type FirstName = String;`과 같이 작성할 수 있습니다. 이를 통해 다른 개발자들이 특정 `String`이 실제로는 이름을 의미한다는 것을 더 쉽게 이해할 수 있어 코드의 가독성이 향상됩니다. 타입 별칭은 복잡한 타입을 더 읽기 쉽고 사용하기 쉽게 만들고자 할 때 자주 사용됩니다. 많은 크레이트에서는 하나의 사용자 정의 오류 타입을 전체적으로 사용하는데, 예를 들어 syn 크레이트는 `syn::Error`를 사용합니다. 이러한 이유로 크레이트의 기본 오류 타입이 이미 지정된 `Result`에 대한 타입 별칭을 제공하는 것이 편리합니다. 예를 들면 `type Result<T> = std::result::Result<T, syn::Error>`와 같은 방식입니다. 이렇게 하면 패키지 내의 코드에서 반환 타입으로 `Result<T>`를 사용할 수 있습니다. 하지만 타입 별칭은 타입 시스템을 더 똑똑하게 만들지는 못합니다. `FirstName` 타입 별칭이 필요한 함수에 여전히 `String`을 전달할 수 있기 때문입니다.

코드 2.7에서 `FirstName` 뉴타입의 예시를 확인할 수 있습니다. 래퍼의 내부 값은 비공개로 유지하면서 애플리케이션의 나머지 부분에는 `new` 메서드를 제공합니다. 이 메서드에서는 유효한 값이 전달되었는지 추가로 검사할 수 있으며, 그렇지 않은 경우 오류를 반환합니다. 이러한 방식을 사용하는 이유는 다른 함수들이 이 검증을 기반으로 추가적인 가정을 할 수 있어 타입 사용이 더욱 용이하기 때문입니다. 이러한 래퍼를 생성하는 방법이 단 하나뿐이라면, **뉴타입이 모든 검증을 통과했다는 것을 확신**할 수 있습니다. `FirstName`의 경우, 이제 값이 비어 있지 않다는 것을 알 수 있습니다. `Age`의 경우, 함수들은 검증 과정에서 양수이면서 150 미만인 숫자인지 확인한다고 가정할 수 있습니다. 하지만 이러한 안전장치가 없더라도 뉴타입은 타입 시스템을 더 강력하게 만들고 전달하는 값에 대해 신중하게 생각하도록 유도하기 때문에 여전히 가치가 있습니다. 함수가 `FirstName`을 요구하고 `String`을 수동으로 래핑해야 한다면, `last_name`이라는 `String`을 실수로 전달하는 것을 방지할 수 있습니다.

> **NOTE** 뉴타입을 사용하지 않고도 age와 pay 매개변수 혼동 문제를 완화하는 간단한 방법이 있습니다. age 매개변수의 타입을 u8로 지정하면 256 미만의 양수만을 보장할 수 있습니다.

생성자 외에도 '내부 값'에 대한 불변 참조를 반환하는 get_value 메서드를 제공하여 코드의 다른 부분에서 안전하게 사용할 수 있도록 했습니다. AsRef와 AsRefMut 트레이트 구현 같은 편의 기능을 추가할 수도 있지만, 이는 이 예시의 범위를 벗어납니다.

코드 2.7 FirstName 뉴타입

```rust
struct FirstName {
    value: String,
}

impl FirstName {
    pub fn new(name: &str) -> Result<FirstName, String> {
        if name.len() < 2 {
            Err("Name should be at least two characters".to_string())
        } else {
            Ok(FirstName {
                value: name.to_string(),
            })
        }
    }
    pub fn get_value(&self) -> &String {
        &self.value
    }
}

// 다른 3개의 뉴타입에 대한 코드

fn calculate_raise(
    first_name: FirstName,
    _last_name: LastName,
    _age: Age,
    current_pay: Pay,
) -> Pay {
    // 급여 인상 관련 로직 작성(플레이스홀더)
}
```

> 사용 예시에서는 내장 타입 대신 뉴타입을 전달합니다. 만약 첫 번째와 두 번째 인자, 또는 세 번째와 네 번째 인자의 순서를 실수로 바꾸게 되면 컴파일러가 오류를 발생시킵니다.

프로그래밍에서는 어떤 선택을 하든 장단점이 존재하기 마련입니다. 이번 접근 방식의 가장 큰 단점은 코드가 지나치게 비대해졌다는 것입니다. 단순히 뉴타입 하나를 만들기 위해 무려 18줄이나 되는 추가 코드가 필요했기 때문입니다. 다행히 이런 번거로움은 매크로를 사용하여 해결할 수 있습니다. 우선 FirstName 구조체의 get_value 메서드를 어떻게 개선할 수 있는지 살펴보겠습니다.

코드 2.8 뉴타입의 `get_value` 메서드를 위한 매크로

```
struct FirstName {
    value: String,
}

struct LastName {
    value: String,
}

macro_rules! generate_get_value {
    ($struct_type:ident) => {      ◀── 입력 인자는 하나의 식별자만 필요합니다.
        impl $struct_type {    ◀── 해당 구조체에 대해 get_value 메서드를 구현하는 데 이 인자를 사용합니다.
            pub fn get_value(&self) -> &String {
                &self.value
            }
        }
    };
}

generate_get_value!(FirstName);
generate_get_value!(LastName);    ◀── 이렇게 하면 FirstName과 LastName 구조체에 새로운 메서드가 구현됩니다.
```

이제는 이 코드를 쉽게 읽을 수 있습니다. `macro_rules!`로 새로운 매크로를 선언하고 매처-전사기 쌍을 하나만 작성했습니다. 구조체의 이름만 전달받으면 되므로, `ident`(식별자) 타입이 가장 적절한 입력 형식입니다. 이 이름을 제외한 모든 것은 전사기에 하드코딩되어 있습니다. 구조체에 대해 여러 개의 `impl` 블록을 가질 수 있다는 점도 주목할 만합니다. 만약 하나의 구조체에서 여러 `impl` 블록을 사용할 수 없었다면, 사용자가 작성한 매크로에서 직접 자신만의 메서드를 구현할 수 없게 됩니다.

이것으로 충분할까요? 아쉽게도 그렇지 않습니다. `Age`와 `Pay` 구조체에 대해 이 매크로를 사용하려고 하면 `mismatched types: expected reference &String found reference &i32`라는 컴파일 오류가 발생합니다. 러스트의 지적이 맞습니다! 반환 타입이 항상 `String`일 것이라고 가정하여 단순하게 작성했지만, 실제로는 그렇지 않은 것입니다. 이 문제를 해결하는 한 가지 방법은 매크로가 추가 인자로 반환 타입 재정의를 받도록 하는 것입니다. `ident`를 사용할 수도 있지만, 'Type'의 약자인 `ty`가 더 적절합니다. 식별자 하나만 받을 때는 `String`이 기본값이 되므로 기존 코드는 계속 작동할 것입니다. 이렇게 재정의를 추가하면 `Age`와 `Pay`에도 이 매크로를 사용할 수 있습니다.

코드 2.9 `String` 이외의 타입에 대해 작동하도록 만들기

```
struct Age {
    value: i32,
```

```rust
}
struct Pay {
    value: i32,
}

macro_rules! generate_get_value {
    ($struct_type:ident) => {
        impl $struct_type {
            pub fn get_value(&self) -> &String {
                &self.value
            }
        }
    };
    ($struct_type:ident, $return_type:ty) => {
        impl $struct_type {
            pub fn get_value(&self) -> &$return_type {
                &self.value
            }
        }
    };
}

generate_get_value!(FirstName);
generate_get_value!(LastName);
generate_get_value!(Age, i32);
generate_get_value!(Pay, i32);
```

> 이 매크로는 구조체 이름과 반환 타입을 받아, 그 구조체에 맞는 get_value 메서드를 만들어 줍니다.
> get_value 메서드는 self.value를 참조로 반환하며, 반환 타입은 우리가 매크로에 입력한 타입입니다.

18줄의 보일러플레이트 코드를 20줄로 바꾼 것만으로는 큰 개선이 아닌 것 같습니다. 하지만 매크로의 또 다른 강력한 기능을 활용하면 코드를 더욱 효율적으로 만들 수 있습니다. 그것은 바로 매크로가 **자기 자신을 호출**할 수 있다는 점입니다. 지금까지 작성한 코드를 보면 두 가지 경우의 코드가 상당 부분 비슷합니다. 하나는 `String` 타입만을 처리하는 경우이고, 다른 하나는 모든 타입을 처리할 수 있는 일반적인 경우입니다. `String` 타입을 처리하는 코드는 사실 모든 타입을 처리하는 코드의 특별한 경우라고 볼 수 있습니다. 따라서 `String` 타입을 처리하는 코드에서 굳이 새로운 구현을 하지 않고, 이미 작성된 일반적인 버전의 매크로를 재사용할 수 있습니다. 구체적으로는, `String` 타입용 매처에서 입력값과 함께 `String`을 두 번째 인자로 전달하여 일반적인 버전의 매크로를 호출하면 됩니다. 러스트는 2개의 식별자(입력값과 `String`)를 받았을 때 자동으로 두 번째 매처로 이동하여 처리합니다. 이런 방식으로 코드 중복을 제거하고 더 효율적인 구현이 가능합니다 (그림 2.1 참고).

코드 2.10 `get_value` 매크로의 최종 버전

```
macro_rules! generate_get_value {
    ($struct_type:ident) => {
        generate_get_value!($struct_type, String);
    };
    ($struct_type:ident, $return_type:ty) => {
        impl $struct_type {
            pub fn get_value(&self) -> &$return_type {
                &self.value
            }
        }
    };
}
```

첫 번째 전사기 내부에서는 2개의 식별자를 사용하여 자신의 매크로를 호출하게 됩니다.

이렇게 하면 2개의 식별자를 받아들이는 이 매처로 처리가 이동하게 됩니다.

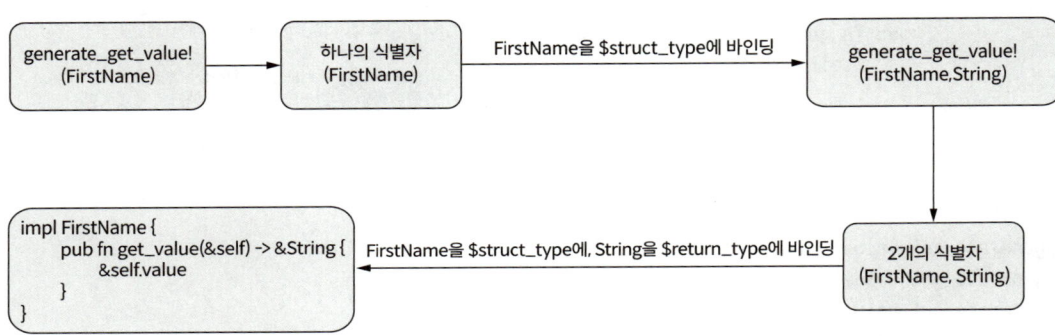

그림 2.1 하나의 식별자로 `generate_get_value`를 호출할 때 일어나는 일

이전보다 보일러플레이트 코드가 줄어들었고, `get_value` 메서드를 생성하는 모든 로직이 한곳에 모여 있게 되었습니다. 뉴타입을 더 많이 사용할수록 이 매크로의 이점도 더욱 커집니다. 대규모 프로젝트에서는 추가적인 편의성 메서드[11]를 위한 매크로를 더 만들 수 있고, 심지어 이 모든 매크로를 한꺼번에 호출하는 또 다른 매크로를 만들 수도 있습니다. 이러한 확장 가능성은 독자의 연습문제로 남겨두겠습니다.

NOTE `derive_more` 크레이트(https://docs.rs/derive_more/latest/derive_more/)를 소개하지 않을 수 없습니다. 이 크레이트는 이러한 래퍼 타입에 대해 기본적인 트레이트들을 자동으로 구현해 줍니다. 다만 이는 선언적 매크로가 아닌 절차적 매크로를 사용합니다.

이번 절을 마치기 전에 러스트가 뉴타입(newtype)을 사용하는 특별한 이유 중 하나인 **고아 규칙**(orphan rule)에 대해 설명하겠습니다. 러스트에서 특정 트레이트를 구현하려면 해당 트레이트나

---

11 [옮긴이] '편의성 메서드(convenience method)'는 개발자의 편의를 위해 제공되는 보조적인 메서드를 의미합니다.

타입(예: 구조체), 또는 둘 다 로컬 코드에 있어야 합니다. 이는 여러 문제를 방지하기 위한 것입니다. 예를 들어, `String`에 대해 `Clone`을 재구현하려고 한다면 러스트는 어떤 구현을 선호해야 할까요? 애플리케이션에서는 로컬 구현을 선호하는 것이 합리적일 수 있습니다. 하지만 라이브러리에서 새로운 구현을 작성한다면 어떨까요? 러스트가 표준 라이브러리의 `Clone` 구현을 선호해야 할까요? 아니면 라이브러리 A, B, ..., X의 구현을 선호해야 할까요?

하지만 때로는 이러한 규칙들이 유용한 기능 구현을 막기도 합니다. 이런 경우의 해결책은 비지역적 타입(`String`)을 뉴타입(`MyString`)으로 감싸는 것입니다. 이 뉴타입은 지역적이므로 `MyString`에 대해 자유롭게 `Clone`을 구현할 수 있습니다. 다양한 내장 매크로와 사용자 정의 매크로를 사용하면 이로 인해 발생하는 보일러플레이트 코드를 더 쉽게 다룰 수 있습니다. 앞서 살펴본 것처럼 선언적 매크로를 사용하면 이러한 부담을 더욱 줄일 수 있습니다. 게다가 뉴타입은 컴파일러가 최적화 과정에서 이를 제거하기 때문에 **런타임**(runtime) 오버헤드가 발생하지 않는 제로 비용 추상화입니다.

마지막으로, 매크로가 자기 자신을 호출할 수 있다는 점을 살펴봤지만 선언적 매크로의 재귀적 작동이 함수나 메서드의 재귀와 항상 동일하지는 않다는 점을 언급할 필요가 있습니다. 코드 2.11을 예시로 살펴보겠습니다.

코드 2.11 재귀적 매크로 사용에서 흔히 발생 가능한 실수나 주의할 점

```
macro_rules! count {
    ($val:expr) => {
        if $val == 1 {
            1
        } else {
            count!($val - 1)
        }
    };
}
```

이것이 함수였다면 모든 호출(예: `count!(1)`, `count!(5)`, ...)이 1을 반환할 것으로 예상할 수 있습니다. 하지만 안타깝게도 컴파일 타임에 `recursion limit reached`(재귀 제한 초과) 오류가 발생하게 됩니다. 트레이스 매크로를 추가하고 결과 출력을 보면 상황이 명확해집니다. 다음은 출력의 처음 몇 줄입니다.

```
= note: expanding `count! { 5 }`
= note: to `if 5 == 1 { 1 } else { count! (5 - 1) }`
= note: expanding `count! { 5 - 1 }`
= note: to `if 5 - 1 == 1 { 1 } else { count! (5 - 1 - 1) }`
```

```
= note: expanding `count! { 5 - 1 - 1 }`
= note: to `if 5 - 1 - 1 == 1 { 1 } else { count! (5 - 1 - 1 - 1) }`
```

$val - 1이 평가되지 않기 때문에 종료 조건[12]에 도달하지 못합니다. 하지만 이는 인자 개수가 정해지지 않은 것이지 재귀가 불가능하다는 의미는 아닙니다. 이를 제대로 구현하는 방법은 2.2.5절에서 확인할 수 있습니다.

2.2.4 DSL

선언적 매크로는 도메인 특화 언어(DSL)를 만드는 데도 좋은 방식입니다. 1.3.2절에서 언급했듯이 DSL은 도메인 전문가로부터 개발자가 배운 도메인 지식을 애플리케이션에 담아냅니다. 이러한 도메인 지식 캡처의 개념은 도메인 주도 설계(Domain-Driven Design)에서 나온 유비쿼터스 언어와 관련이 있는데, 전문가와 개발자가 동일한 용어와 개념을 사용할 때 의사소통이 더 쉽다는 것을 주장합니다. 이는 더 나은 코드로 이어집니다.

DSL의 목표는 해당 도메인에 적합하면서도 불필요한 복잡성을 숨기는 특화된 언어를 만드는 것입니다. 이러한 복잡성에는 추가적인 유효성 검사나 특정 세부 사항을 처리하는 것과 같은 작업이 포함될 수 있습니다. 일부에서는 DSL이 비프로그래머도 이해할 수 있는 코드베이스를 만들 수 있다고 생각하며, Cucumber(https://github.com/cucumber-rs/cucumber)와 같은 테스트 프레임워크의 한 가지 아이디어는 도메인 전문가가 이해할 수 있는 언어로 테스트를 작성한다는 것입니다. 또 다른 아이디어는 전문가가 이러한 도구를 사용하여 직접 테스트를 추가할 수 있다는 것입니다. 러스트 생태계에는 미니 DSL(mini-DSL)이 풍부하며, 이들은 주로 매크로를 사용하여 만들어집니다. 표준 라이브러리의 간단한 예로는 `println!`과 `format!`이 있는데, 이들은 중괄호를 사용하여 지정된 변수를 어떻게 출력할지 결정하는 특별한 문법을 제공합니다.

예시로, 계좌 간 이체를 처리하는 DSL을 작성해 보겠습니다. 먼저 계좌의 잔액을 포함하는 `Account` 구조체를 만듭니다. 이 구조체는 계좌에서 `money`를 입금하고 출금하는 메서드도 가지고 있습니다. 양수 금액만 다루고자 하므로 `u32`를 사용하며, 계좌가 마이너스가 되는 경우는 이 예제의 범위를 벗어납니다. `Account`는 또한 `Debug`를 상속받습니다. 이는 일반적으로 좋은 방법이지만, 여기서는 단순히 결과를 출력하기 위한 목적입니다.

---

[12] 옮긴이 '종료 조건(terminal condition)'은 재귀가 멈추는 조건을 의미합니다.

코드 2.12 Account 구조체

```rust
use std::ops::{Add, Sub};    // Add와 Sub 트레이트를 사용하면 아래 Account 구현 내에서
                             // u32에 대해 add와 sub 메서드를 사용할 수 있습니다.
#[derive(Debug)]
struct Account {
    money: u32,
}

impl Account {
    fn add(&mut self, amount: u32) {
        self.money = self.money.add(amount);
    }

    fn subtract(&mut self, amount: u32) {
        self.money = self.money.sub(amount);
    }
}
```

코드 2.13의 exchange 매크로를 살펴보면, 사용자에게 미니 DSL을 제공하는 것을 볼 수 있습니다. 이 매크로는 외부인도 이해할 수 있는 자연어를 사용하여 작업을 설명합니다. 매크로가 명령을 이해하지 못하는 경우에는 컴파일 타임에 이를 알려줍니다. 또한 두 계좌 간에 돈을 이체할 때(세 번째 쌍)는 DSL 사용자로부터 트랜잭션의 복잡성을 숨기고 있습니다.

코드 2.13 돈을 이체 및 송금하기 위한 미니 DSL을 구현하는 매크로

```rust
macro_rules! exchange {
    (Give $amount:literal to $name:ident) => {
        $name.add($amount);
    };

    (Take $amount:literal from $name:ident) => {
        $name.subtract($amount);
    };

    (Give $amount:literal from $giver:ident to $receiver:ident) => {
        $giver.subtract($amount);    // $giver.subtract($amount) 뒤에 세미콜론을 붙여야 하는 이유는 전사기에
        $receiver.add($amount);      // 2개의 구문이 있어 컴파일러가 세미콜론을 요구하기 때문입니다.
    };
}

fn main() {
    let mut the_poor = Account {
        money: 0
    };
```

```
    let mut the_rich = Account {
        money: 200
    };

    exchange!(Give 20 to the_poor);
    exchange!(Take 10 from the_rich);
    exchange!(Give 30 from the_rich to the_poor);

    println!("Poor: {the_poor:?}, rich: {the_rich:?}");
}
```

이는 "Poor: Account { money: 50 }, rich: Account { money: 160 }"을 출력합니다.

트랜잭션을 지정하기 위해 자연어를 사용합니다.

여기서 그치지 않고 더 발전시킬 수도 있습니다. 통화 유형을 추가하고 환율에 따라 자동으로 해당 통화로 변환하거나, 마이너스 통장(overdraft)에 대한 특별한 규칙을 만들 수도 있습니다. 다만 매크로 시나리오가 서로 '충돌'(매처 X에 도달할 것이라 예상했지만 Y에 도달하는 경우)하지 않도록 철저한 테스트가 필요합니다. 간단한 예시로 다음에 살펴볼 매크로는 가난한 사람을 위한 기부를 처리하고, 기부하지 않는 경우 경고 메시지를 출력하도록 설계되었습니다. 하지만 실제로 매크로를 실행해 보면 기부금이 0원일 때도 칭찬 메시지가 출력되는 오류가 발생합니다. 이는 매크로의 첫 번째 패턴이 **0을 포함한** 모든 숫자 리터럴과 매칭되기 때문입니다. 매크로는 패턴을 순서대로 검사하면서 가장 먼저 매칭되는 패턴을 사용하므로, 0원을 검사하는 두 번째 패턴은 절대 실행되지 않는 것입니다.

코드 2.14 잘못 작성된 기부금 매크로

```
macro_rules! give_money_to_the_poor {
    (Give $example:literal) => {
        println!("How generous");
    };

    (Give 0) => {
        println!("Cheapskate");
    };
}

fn main() {
    give_money_to_the_poor!(Give 0);
}
```
"How generous"가 출력됩니다. 잘못된 결과죠.

이 경우의 해결책은 간단합니다. 단순히 패턴의 순서를 바꾸면 됩니다! 여기서 기본 규칙은 다음과 같습니다. **매크로 규칙이나 매처는 가장 구체적인 것부터 가장 일반적인 것 순으로 작성해야 합니다.** 이 규칙은 `match`를 사용한 패턴 매칭에도 적용되지만, 컴파일러는 이 순서를 강제하지 않고 경고만 출력합니다(다른 매치 패턴보다 캐치올(catchall) 패턴[13]인 '_'을 먼저 배치해 보면 알 수 있습니다). 더 우려스러운 점은 이 규칙을 무시하더라도 러스트는 이를 유효한 매크로 구현으로 간주하여 경고조차 출력하지 않는다는 것입니다. 따라서 정적 검사만으로는 이러한 버그를 찾아내기 불충분하며, 모든 '분기'를 테스트해야 합니다.

2.2.5 구성하기는 쉽습니다

매크로는 보일러플레이트를 피하는 것 외에도 일반적인 러스트로는 구현이 우아하지 않거나, 어렵거나, 심지어 불가능한 작업을 수행하는 데 도움이 됩니다(앞서 살펴본 DSL도 이러한 일반적인 범주의 구체적인 예시로 볼 수 있습니다). 함수형 프로그래밍의 일반적인 특징이자 **객체 지향 프로그래밍**(object-oriented programming)의 디자인 패턴인 **구성**(composition)을 살펴보겠습니다. 구성을 통해 간단한 함수들을 더 큰 함수로 결합할 수 있으며, 작은 구성 요소로부터 더 큰 기능을 만들어 낼 수 있습니다. 이는 함수를 단순하고, 이해하기 쉽고, 테스트하기 쉽게 유지하고자 할 때 매우 효과적인 애플리케이션 구축 방식입니다. 또한 객체 간 상호작용을 피하는 패러다임에서 컴포넌트를 결합하는 유용한 방법이기도 합니다. 더 구체적인 예시를 들어보겠습니다. 숫자를 증가시키는 함수, 숫자를 문자열로 변환하는 함수, 문자열에 접두사를 추가하는 함수가 있다고 가정해 보겠습니다. 코드 2.15에서 이 세 가지 함수를 보여드리겠습니다.

코드 2.15 간단한 세 가지 함수

```rust
fn add_one(x: i32) -> i32 {
    x + 1
}

fn stringify(x: i32) -> String {
    x.to_string()
}

fn prefix_with(prefix: &str) -> impl Fn(String) -> String + '_ {
    move |x| format!("{}{}", prefix, x)
}
```

> String + _은 반환 타입에 필요한 부분입니다. 이는 &str을 매개변수로 전달하고 있어 해당 라이프타임을 명시적으로 표현해야 하기 때문입니다.

다음의 의사 코드(pseudocode)는 다른 프로그래밍 언어에서처럼 이러한 함수들을 구성하는 방법을 보여줍니다. 3개의 함수를 `compose`에 전달하면 **하나의 입력을 받는 새로운 함수**가 반환됩니다. 이 입력의 타입은 전달한 첫 번째 함수의 매개변수 타입과 동일합니다. 이 예시에서는 `add_one` 함수가 첫 번째 함수이며, 이는 `i32` 타입을 입력으로 받습니다. 내부적으로 `composed` 함수는 이 인자를 `add_one`에 전달하여 증가된 숫자를 출력합니다. 이 증가된 숫자는 다음 함수인 `stringify`에 전달되어 문자열로 변환됩니다. 마지막으로 이 문자열은 `prefix_with`에 전달됩니다. 이 마지막 함수는 접두사와 입력 문자열, 2개의 인자가 필요하지만 접두사는 이미 전달되어 있습니다. 함수형 프로그래밍 용어로 이를 **부분 적용된**(partially applied) 함수라고 합니다.

```
fn main() {
    let composed = compose(
        add_one,
        stringify,
        prefix_with("Result: "),
    );

    println!("{}", composed(5)); ← "Result: 6"을 출력해야 합니다.
}
```

함수들의 개수에는 제한이 없습니다. 이전 함수의 출력과 매개변수 타입이 일치하고, 다음 함수가 받을 수 있는 값을 반환하기만 한다면 계속해서 함수를 추가할 수 있습니다.

NOTE 일부 구현에서는 `compose`가 함수들을 호출하는 순서가 반대일 수 있습니다(즉, 가장 오른쪽 인자부터 가장 왼쪽으로). 이 경우에는 마지막으로 호출할 함수를 먼저 전달하고 첫 번째로 호출할 함수를 마지막에 전달합니다.

그렇다면 이 `compose`는 어떻게 작성할 수 있을까요? 먼저 2개의 입력 함수만 다루는 간단한 경우부터 시작해 보겠습니다. 이를 구현하기 위해 매크로는 필요하지 않으며, 제네릭을 많이 사용하면 됩니다. `compose_two`(코드 2.16 참고)는 2개의 함수를 매개변수로 받으며, 각 함수는 하나의 매개변수를 받아 결과를 반환합니다. 두 번째 함수는 첫 번째 함수의 출력을 유일한 입력으로 받아야 합니다.

```
Fn(FIRST) -> SECOND
Fn(SECOND) -> THIRD
```

좀 더 쉽게 읽을 수 있도록 `where` 절에 F와 G 제네릭을 바인딩하여 다음과 같이 표현할 수 있습니다.

```
where F: Fn(FIRST) -> SECOND, G: Fn(SECOND) -> THIRD
```

또한 첫 번째 함수의 입력을 받아 두 번째 함수의 출력과 동일한 출력을 반환하는 함수를 반환합니다.

```
Fn(FIRST) -> THIRD
```

시그니처와 비교하면 구현 자체는 매우 단순합니다. 하나의 인자(제네릭 타입 `FIRST`)를 받는 클로저(closure)를 만들고, 이 인자를 첫 번째 함수에 전달한 다음, 그 출력값(`SECOND`)을 두 번째 함수에 전달하여 최종 결괏값(`THIRD`)을 생성합니다. 클로저를 사용하기 때문에 반환 타입에 `impl`을 추가해야 합니다. 각 클로저는 고유하며 일반적인 제네릭 함수 타입과 일치하지 않기 때문입니다.

코드 2.16 두 함수를 합성하는 함수

```rust
fn compose_two<FIRST, SECOND, THIRD, F, G>(f: F, g: G)
    -> impl Fn(FIRST) -> THIRD
    where F: Fn(FIRST) -> SECOND,
          G: Fn(SECOND) -> THIRD
{
    move |x| g(f(x))
}

fn main() {
    let two_composed_function = compose_two(
        compose_two(add_one, stringify),
        prefix_with("Result: "),
    );
}
```

- `compose_two`는 f와 g라는 2개의 제네릭 매개변수를 받고, 하나의 제네릭 인자를 받아 또 다른 제네릭 인자를 반환하는 함수(정확히는 함수를 구현하는 무언가)를 반환합니다.
- where 절의 이 부분에서는 f가 FIRST라는 제네릭 인자를 받아 SECOND라고 부르는 제네릭 결과를 반환하는 함수임을 정의합니다. FIRST는 compose_two의 입력이 됩니다.
- 마찬가지로 where 절에서 g는 SECOND를 받아 THIRD를 반환하도록 정의됩니다. THIRD는 compose_two의 출력이 됩니다.
- 인자가 주어지면 이를 먼저 받은 첫 번째 함수에 전달하고, 그 결과를 두 번째 함수에 전달합니다.
- compose_two를 반복적으로 호출하여 이전에 만든 3개의 함수를 합성합니다.

이는 첫 번째 단계입니다. 여러 함수에 대해서는 어떻게 구현할 수 있을까요? 다른 프로그래밍 언어에서 종종 볼 수 있는 한 가지 접근 방식은 가장 일반적으로 사용되는 인자 개수에 대해서만 구현하는 것입니다. `compose_three`, `compose_four` 등을 `compose_ten`까지 구현하는 것이죠. 이렇게 하면 전체 사용 사례의 90% 정도를 처리할 수 있습니다. 더 많은 함수가 필요한 경우에는 기존 구현을 중첩하여 사용할 수도 있습니다(`compose_ten` 안에 `compose_ten`을 사용하는 방식). 이는 그럭저럭 쓸 만한 해결책이며, 일반적인 러스트 도구만으로는 이보다 나은 방법을 찾기가 어렵습니다. 예를 들어, 함수들의 벡터를 매개변수로 받는 `compose`를 작성하려 한다고 가정해 보겠습니다. 코드가 컴파일되려면 벡터의 각 함수가 이전 함수의 출력을 입력으로 받는다는 것을 컴파일러에게 알려줄 방법이 필요합니다. 러스트에서 이를 표현하기는 쉽지 않습니다.

하지만 선언적 매크로를 사용하면 이 아이디어를 쉽게 표현할 수 있습니다(코드 2.17 참고). 단계별로 살펴보겠습니다. `compose` 매크로가 단일 표현식(함수)을 받으면 해당 표현식을 반환합니다. 이는 간단한 기본 케이스입니다. 매크로가 2개 이상의 인자와 함께 호출되면(`$tail` 뒤의 `+`는 `tail`에 둘 이상의 표현식이 있음을 나타냅니다), 재귀적인 방식이 필요합니다. `compose_two`를 호출하고 2개의 필수 인자를 전달합니다. 첫 번째는 받은 첫 번째 함수인 `head`이고, 두 번째는 나머지 인자들에 대해 `compose` 매크로를 다시 호출한 **결과**입니다. 이 두 번째 `compose` 호출이 단일 표현식을 받으면 첫 번째 매처에 해당하게 되어 단순히 `compose_two` 호출로 두 함수를 합성하면 됩니다. 그렇지 않은 경우에는 다시 두 번째 분기로 가서 `compose_two`의 결과로 함수를 반환합니다. 이는 사실 앞서 제안했던 수동 중첩 방식과 동일하지만, 이제는 매크로가 모든 것을 백그라운드에서 처리합니다 (그림 2.2 참고).

코드 2.17 `compose` 매크로

```
macro_rules! compose {
    ($last:expr) => {
        $last
    };

    ($head:expr, $($tail:expr),+) => {
        compose_two($head, compose!($($tail),+))
    };
}

fn main() {
    let composed = compose!(
        add_one,
        stringify,
        prefix_with("Result: ")
    );

    println!("{}", composed(5));  ← "Result: 6"을 출력합니다.
}
```

매크로에 전달하는 인자를 구분하는 방법은 쉼표만 있는 것이 아닙니다. 대괄호와 마찬가지로 몇 가지 대안이 있습니다. `expr` 타입의 경우 세미콜론이나 화살표를 사용할 수도 있습니다. 하지만 여러분이 하스켈(Haskell) 애호가라서 마침표를 사용하여 합성하고 싶다면 그것은 불가능합니다. `$head:expr is followed by '.', which is not allowed for expr fragments`($head:expr 다음에 '.' 이 왔는데, 이는 `expr` 프래그먼트에서 허용되지 않습니다)라는 오류가 발생할 것입니다. 다만 `tt` 같은 매크로 입력 타입은 더 많은 옵션을 제공합니다.

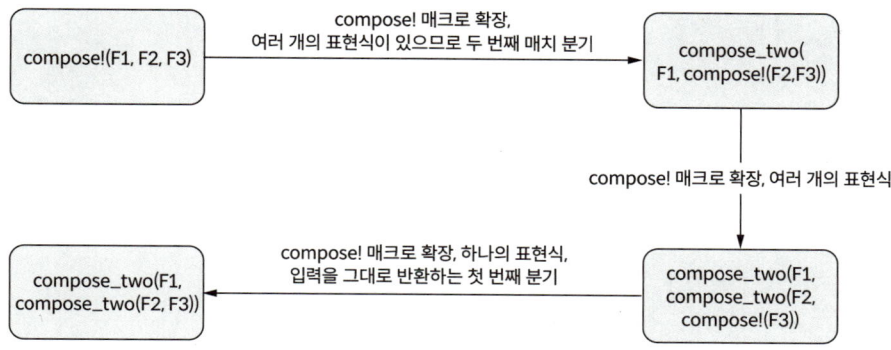

그림 2.2 3개의 함수 F1, F2, F3을 사용한 compose 매크로

코드 2.18 매크로 입력을 구분하는 화살표를 사용한 대안

```
macro_rules! compose_alt {
    ($last:expr) => {
        $last
    };

    ($head:expr => $($tail:expr) =>+) => {
        compose_two($head, compose_alt!($($tail) =>+))
    }; ◀── 두 번째 매처에서 쉼표 대신 화살표를 사용했습니다.
}

fn main() {
    let composed = compose_alt!(
        add_one => stringify => prefix_with("Result: ")
    ); ◀── 매크로 호출 시에도 마찬가지로 화살표를 사용합니다.

    println!("{}", composed(5));
}
```

2.2.6 반면에 커링은…

이제 함수형 스타일로 러스트 프로그래밍을 하다 보니 그 매력에 푹 빠졌다고 해봅시다. 그런데 한 가지 걸리는 점이 있습니다. `compose`가 '단일 입력'만을 받도록 제한되어 있다는 점입니다. 실제로 프로그래밍을 하다 보면 여러 매개변수를 한꺼번에 받아야 하는 함수를 자주 마주치게 되는데, 일반적인 함수 합성으로는 이런 상황을 다룰 수 없기 때문입니다. 다행히도 이런 상황에서 사용할 수 있는 기법이 있습니다. 바로 **커링**(currying)입니다. 커링은 여러 인자를 받는 함수를 변환해서, 인자를 하나씩 차례대로 받는 함수들의 연쇄로 만드는, 즉 재귀적 함수를 반환하는 방식의 기법입니다. 예를 들어, 커링은 다음과 같은 함수

```
Fn(i32, i32) -> i32
```

를

```
Fn(i32) -> Fn(i32) -> i32
```

로 바꿉니다.

함수의 **부분 적용**(partial application), 즉 함수가 필요로 하는 인자들 중 일부만을 제공하는 것은 함수 합성을 더욱 용이하게 만듭니다. 러스트에서도 이러한 기능을 구현하고자 하며, 함수 합성에서 얻은 긍정적인 경험을 토대로 선언적 매크로가 적절한 해결책이라 생각할 수 있습니다.

하지만 곧 선언적 매크로로 커링을 구현하는 것은 더 어렵다는 사실을 발견하게 됩니다. 한 가지 문제점은 함수 시그니처의 '가시성(visibility)' 부족입니다. 즉, 어떤 매개변수들이 필요하고 어떤 값을 반환하는지 알 수 없다는 뜻입니다. 이전 접근 방식으로 돌아가서, 2개의 인자를 가진 함수를 커리된 버전으로 변환하는 가장 간단한 케이스인 `curry2` 함수부터 시작할 수 있습니다. 이제 이 함수를 재귀적으로 호출하기만 하면 됩니다. 그러나 매크로가 이 함수를 몇 번이나 호출해야 할까요? 함수 합성에서는 인자로 전달된 함수들을 통해 필요한 호출 횟수를 알 수 있었지만, 시그니처에 접근할 수 없는 상황에서는 이를 파악하기 어렵습니다.

함수 합성은 간단하지만, 커링은 어렵습니다. 세부 사항을 명시적으로 전달하는 것이 도움이 되겠지만, 이는 꽤나 번거로운, 피하고 싶은 작업입니다. 클로저는 인자의 개수가 명시적이므로 더 쉽게 다룰 수 있습니다. 이에 따라 클로저를 위한 크레이트가 존재합니다(https://mng.bz/v8Pm). 해당 크레이트에서 가장 간단한 규칙을 살펴보겠습니다.

```
macro_rules! curry {
    (|$first_arg:ident $(, $arg:ident )*| $function_body:expr) => {
        move |$first_arg| {
            $(move |$arg|)* {
                $function_body
            }
        }
    };
    // ...
}
```

이 매처는 파이프(| |) 안에 하나 이상의 식별자가 있고, 그 뒤에 표현식이 오는 것을 기대합니다. curry!(|a, b| a + b);를 예시로 들어보겠습니다. 여기서 a와 b는 두 식별자이고, a + b가 표현식입니다. 전사기는 이러한 식별자들 각각에 move[14]를 추가하고 함수에 전달하면 됩니다. 위 예시는 move |a| move |b| a + b;로 변환됩니다. 이렇게 각각 하나의 인자를 받는 2개의 클로저가 생성됩니다. 하지만 이것이 가능한 이유는 필요한 모든 정보가 인자로 전달되기 때문입니다. 일반 함수는 이러한 정보가 시그니처에 있어서 불가능하지는 않겠지만 좋은 해결책을 찾기가 더욱 어렵습니다. 대신 절차적 매크로가 이 작업에 더 적합합니다. 관련 내용은 블로그 글 'Auto-currying Rust Functions'(https://oppi.li/posts/auto-currying_rust_functions/)를 확인해 보세요. 이 장에서 다룬 평균적인 선언적 매크로보다 더 복잡하고 코드 라인 수도 많지만, 실제 해결책은 여전히 100줄 미만으로 꽤 간단합니다.

2.2.7 위생도 고려해야 할 사항입니다

선언적 매크로는 식별자에 대한 위생(hygiene) 개념이 있기 때문에, 생성된 모든 코드가 그대로 추가되지는 않는다는 점을 알아야 합니다. 간단히 말해서, 매크로 내부의 식별자는 이름이 같더라도 매크로 외부 코드의 식별자와 **항상** 다르게 취급됩니다. 이로 인해 불가능한 작업들이 있습니다. 예를 들어, generate_x!()가 let x = 0을 출력하도록 한 뒤, 일반 코드에서 **해당 변수를 증가**시키는 것은 불가능합니다. 이를 시도하면 러스트는 cannot find value x in this scope(이 스코프에서 x 값을 찾을 수 없습니다)라는 오류를 발생시킵니다. 이는 매크로에서 초기화한 x가 애플리케이션에서 증가시키려는 x와 다르기 때문입니다.

이렇게 설명하면 위생이 단점처럼 들릴 수 있지만, 실제로는 오염을 방지하는 안전장치로서 유용합니다. 의도의 차이를 고려해 볼 필요가 있습니다. 입력을 통해 식별자를 받아 구현 블록을 작성하는 경우, **매크로 외부의 코드에 영향을 미치고자 하는 것**이 목적일 것입니다. 그렇지 않다면 그 구현이 무슨 의미가 있겠습니까? 반면, 매크로 내에서 생성된 식별자는 다른 목적을 가질 수 있습니다. 계산을 수행하거나 벡터에 항목을 추가하는 등의 작업은 매크로 외부에서 하는 작업과 독립적입니다. 개발자들은 종종 이해하기 쉬운 변수 이름을 선택하므로, 매크로 사용자의 코드에서도 동일한 변수 이름이 사용될 가능성이 있습니다. 따라서 매크로 코드와 관련된 '미해결' 또는 '알 수 없는' 식별자에 대한 컴파일러 오류를 보게 되면 이러한 작동을 기억하세요. 식별자에 영향을 미치고 싶다면 매크로의 인자로 전달하면 됩니다.

---

[14] [옮긴이] move 키워드는 러스트에서 클로저가 캡처한 값의 소유권을 가져오도록 하는 키워드입니다.

2.3 실제 사례

한때 러스트에는 지연 초기화된 `static` 값을 생성하는 적절한 내장 방법이 없었습니다. 하지만 지연 정적 값은 여러 가지 이유로 유용합니다. 우선, `static` 값 내부에 많은 계산이 필요할 수 있습니다. 만약 그 값이 전혀 필요하지 않다면 초기화 비용을 지불하지 않아도 됩니다. 또 다른 장점은 초기화가 런타임에 발생한다는 것입니다. 이는 컴파일 타임에서 사용할 수 있는 옵션 외에도 추가적인 선택지를 제공합니다(이는 이 책에서 자주 등장하는 컴파일 타임 작업 선호와는 모순되지만, 소프트웨어에서 늘 그렇듯 상황에 따라 다릅니다. 컴파일 타임 작업은 더 안전하고 빠르지만, 런타임에는 컴파일 중에는 할 수 없는 일들을 수행할 수 있습니다). 이러한 부족함을 보완하기 위해 `lazy_static`(https://docs.rs/lazy_static/latest/lazy_static/)이 등장하여 그 필요를 채웠습니다. 하지만 현재는 '전역 데이터의 초기화'를 위해 `once_cell`[15]을 사용할 수 있습니다. 따라서 `lazy_static`은 더 이상 이러한 기능을 위한 추천 크레이트가 아닙니다. 하지만 그렇다고 해서 그 코드가 더 이상 흥미롭지 않다는 뜻은 아닙니다!

코드 2.19 문서의 `lazy_static` 예시

```
lazy_static! {
    static ref EXAMPLE: u8 = 42;
}
```

크레이트의 가장 핵심에는 `lazy_static` 매크로가 있습니다. `#[macro_export]` 속성을 통해 이 파일 외부에서도 매크로를 사용할 수 있도록 보장합니다. 매처는 `meta`(즉, 메타데이터)를 선택적으로 입력받을 수 있으며(다음 코드에서 별표로 표시됨), `static ref`는 입력으로 **반드시** 필요합니다. `static`에는 식별자, 타입, 초기화 표현식이 있으며, 추가적인 선택적 정보(`TokenTree`로 통합됨)도 포함됩니다. 입력받은 변수의 대부분은 단순히 `__lazy_static_internal`이라는 내부 매크로로 전달됩니다. 다만 구문 분석의 모호성을 피하기 위해 `()`가 (기본) 가시성 수정자의 표시로 추가됩니다(매크로의 다른 매처들에서는 공개 가시성(public visibility)을 나타내기 위해 대신 `(pub)`이 전달됩니다).

코드 2.20 약간 단순화된 `lazy_static` 매크로 진입점

```
#[macro_export]
macro_rules! lazy_static {
    ($(#[$attr:meta])* static ref $N:ident : $T:ty = $e:expr; $($t:tt)*) => {
        __lazy_static_internal!($(#[$attr])* () static ref $N : $T = $e; $($t)*);
```

---

[15] 옮긴이 `once_cell`은 러스트의 표준 라이브러리에 포함된 기능으로, 스레드 안전한 지연 초기화를 제공합니다.

```
    };

    // 그 외 분기
}
```

대부분의 구현은 코드 2.21에 나와 있는 내부 매크로에 숨겨져 있습니다. `@MAKE TY`와 `@TAIL`을 미니 DSL(혹은 더더욱 작은 것을 강조하기 위해 나노 DSL)이라고 부를 수 있을 것입니다. 이는 매크로 내의 다른 매처-전사기 쌍이 호출되도록 보장하는 데 사용되며, 이러한 패턴은 《The Little Book of Rust Macros》(https://veykril.github.io/tlborm/)에서도 등장합니다. 이 두 추가 분기 중 첫 번째(`@MAKE TY`)는 이름에서 알 수 있듯이 타입을 생성하는 역할을 담당합니다. 이는 단순히 빈 내부 필드를 가진 구조체이며, 전달된 원래의 메타데이터로 장식됩니다(손실되지 않도록). 두 번째 분기(`@TAIL`)는 `Deref`와 초기화를 생성합니다. 바로 여기서 마법이 일어납니다. 코드의 어딘가에서 지연 초기화된 정적 값이 필요하다면, 사용하기 시작하는 순간 역참조하게 됩니다. 바로 그 시점에 제공한 초기화 표현식이 실행됩니다. `deref` 메서드 내에서 표현식(`$e`)이 `__static_ref_initialize` 함수로 전달되는 것을 볼 수 있습니다. 그 밑에서는 `spin` 라이브러리(https://docs.rs/spin/latest/spin)의 `Once`가 이 초기화가 단 한 번만 발생하도록 보장하는 데 사용됩니다. 이는 생성된 `deref` 내부에서 호출되는 `lazy_static_create` 매크로에서 수행됩니다.

코드 2.21 좀 더 단순화된 `lazy_static` 매크로의 내부

```
macro_rules! __lazy_static_internal {    ← lazy_static_internal이라는 선언적 매크로를 정의하는 선언부입니다.
    ($(#[$attr:meta])* ($($vis:tt)*)
    static ref $N:ident: $T:ty = $e:expr; $($t:tt)*) => {    ← 첫 번째 매처는 여러 요소를 입력받
        __lazy_static_internal!(                                   습니다. 선택적 속성들, 선택적 가시
            @MAKE TY,                                              성, 'static ref' 리터럴, 식별자, 타입,
            $(#[$attr])*,                                          표현식을 차례로 받으며, 마지막으로
            ($($vis)*),                                            TokenTree에 나머지 요소들을 선택
            $N,     ← 매크로 내부에서 자체적으로 호출이 발생하며, @MAKE TY    적으로 포함시킵니다.
        );              리터럴을 사용하여 반드시 마지막 분기에서 처리되도록 합니다.

        __lazy_static_internal!(@TAIL, $N : $T = $e);
    };                                                  ┐ 비슷한 방식으로, @TAIL을 통해
                                                        ┘ 그다음 분기로 이동하도록 보장합니다.
    (@TAIL, $N:ident : $T:ty = $e:expr) => {
        impl $crate::__Deref for $N {
            type Target = $T;
            fn deref(&self) -> &$T {                    ┐ 이 부분에는 lazy static의 핵심 기능이
                fn __static_ref_initialize() -> $T { $e }  포함되어 있으며, Deref를 활용하여
                                                        ┘ 정적 값의 초기화를 수행합니다.
```

```rust
            fn __stability() -> &'static $T {
                __lazy_static_create!(LAZY, $T);
                LAZY.get(__static_ref_initialize)
            }

            __stability()
        }
    }

    impl $crate::LazyStatic for $N {
        fn initialize(lazy: &Self) {
            let _ = &**lazy;
        }
    }
};

(@MAKE TY, $(#[$attr:meta])*, ($($vis:tt)*), $N:ident) => {
    $(#[$attr])*
    $($vis)*
    struct $N {
        __private_field: (),
    }
    $($vis)*
    static $N: $N = $N { __private_field: () };
};
}

macro_rules! __lazy_static_create {
    ($NAME:ident, $T:ty) => {
        static $NAME: $crate::lazy::Lazy<$T> = $crate::lazy::Lazy::INIT;
    };
}
```

- 이 부분에는 lazy static의 핵심 기능이 포함되어 있으며, Deref를 활용하여 정적 값의 초기화를 수행합니다.
- $crate를 사용하여 다른 곳에서 정의된 LazyStatic과의 이름 충돌을 방지합니다. 이를 통해 현재 크레이트에서 정의된 LazyStatic만을 참조하도록 합니다.
- 매크로 내부에서 자체적으로 호출이 발생하며, @MAKE TY 리터럴을 사용하여 반드시 마지막 분기에서 처리되도록 합니다.

이제 `lazy_static` 크레이트의 작동 방식에 대해 대충 80% 정도는 이해하게 되었습니다.

2.4 연습문제

해답은 부록을 참고하세요.

1. 다음의 선언적 매크로가 컴파일되도록 물음표(???)를 채워보세요.

```rust
macro_rules! ??? {
    ??? => {
```

```rust
        impl $something {
            fn hello_world(&self) {
                println!("Hello world")
            }
        }
    };
}

struct Example {}
hello_world!(Example);

fn main() {
    let e = Example {};
    e.hello_world(); // "Hello world"를 출력
}
```

2. 첫 번째 선언적 매크로 예제에서는 일부 매칭에 `expr`을 사용했습니다. 하지만 이것만이 유일한 선택지는 아닙니다. `literal`, `tt`, `ident`, `ty`로 바꿔보면서 어떤 것이 작동하고 어떤 것이 작동하지 않는지, 그리고 그 이유를 살펴보세요.

3. `my_vec` 매크로에서 후행 쉼표를 허용하도록 수정해 보세요. 새로운 매처를 작성하여 해결할 수도 있지만, 더 적은 코드로 해결할 수 있는 간단한 방법이 있습니다. 도움이 필요하다면 표준 라이브러리의 `vec` 매크로를 참고하세요.

4. 뉴타입에서 유용한 또 다른 기능은 편리한 `From` 트레이트 구현입니다. 4개의 뉴타입에 대해 `From`을 생성하는 매크로를 작성해 보세요. 또는 입력값 검증이 필요한 경우라면 `TryFrom`이 더 적절할 수 있습니다.

5. 이제 2개의 매크로가 있으니, 기존의 두 매크로를 내부적으로 호출하는 세 번째 매크로인 `generate_newtypes_methods`를 만들어 작업을 더욱 간단하게 만들 수 있습니다.

6. 코드 2.12와 2.13의 `Account` 예제를 달러와 유로 통화로 확장해 보세요. 1유로당 2달러의 고정 환율을 사용할 수 있습니다. 기존의 모든 명령에는 통화 타입이 필요합니다.

7. 앞으로 살펴볼 절차적 매크로 챕터를 학습하면서 다음을 고민해 보세요. 이것을 선언적 매크로로 구현할 수 있었을까요? 왜 안 되었을까요? 어떤 부분이 어려웠을까요?

2.5 요약

- 선언적 매크로는 러스트가 제공하는 첫 번째 유형의 매크로입니다.
- 선언적 매크로는 매처와 전사기가 하나 또는 그 이상의 쌍으로 구성됩니다.

- 매처는 매크로가 호출될 때 전달된 내용과 일치하는지를 확인해야 합니다.
- 일치하는 매처가 있다면, 전사기 내부의 코드가 매크로가 호출된 위치에 작성됩니다.
- 매처에서 입력의 일부를 캡처하여 전사기에서 활용할 수 있습니다.
- 매크로는 코드 중복을 피하고 더 복잡한 시나리오를 처리하기 위해 자기 자신을 호출할 수 있습니다.
- 매크로를 정의된 파일 외부에서 사용하려면 반드시 내보내기를 해야 합니다.
- 선언적 매크로는 위생 기능을 가지고 있어 지역 식별자가 외부 식별자와 충돌하지 않습니다.
- 선언적 매크로의 활용 사례는 다양합니다. 가장 중요한 것은 코드 중복과 보일러플레이트를 제거하는 것입니다. 또한 기본 인자, 가변 인자, DSL 같은 방법으로는 구현하기 어렵거나 불가능한 기능을 구현할 수 있습니다.
- 선언적 매크로로 해결하기 어려운 상황이 있다면, 더욱 강력한 도구인 절차적 매크로를 활용할 수 있습니다.

CHAPTER 3

"Hello, World" 절차적 매크로

> **이번 장에서 다루는 내용**
> - 절차적 매크로 설정하기
> - 토큰 스트림을 파싱하여 구조체 이름 가져오기
> - 하드코딩된 출력 생성하기
> - 생성된 코드에서 변수 사용하기
> - `cargo expand`로 생성된 코드 검사하기
> - `syn`과 `quote` 없이 매크로 작성하기
> - 러스트의 내부 매크로가 특별한 이유 이해하기

이제 이 책의 핵심 내용인 절차적 매크로를 다룹니다. 앞서 설명했듯이 절차적 매크로와 선언적 매크로는 모두 메타프로그래밍의 형태이며, 코드를 조작하고 확장할 수 있게 해줍니다. 하지만 두 가지는 서로 다른 방식으로 작동합니다. 선언적 매크로는 매처와 전사기를 조합하여 코드를 생성할 수 있는 도메인 특화 언어(DSL)를 제공합니다. 반면 절차적 매크로는 더 낮은 수준의 정보를 다룹니다. 작업하고자 하는 코드의 **모든 세부 사항**이 담긴 토큰 스트림을 입력으로 받습니다.

선언적 매크로와 절차적 매크로의 차이점과 각각의 적절한 사용 시점을 설명하자면, 데이터베이스 쿼리에서 SQL과 범용 프로그래밍 언어의 관계와 유사하다고 볼 수 있습니다. SQL은 강력하고 표현력이 뛰어나며 사용자 친화적이기 때문에 쿼리 작성 시 가장 먼저 고려해야 할 선택지입니다.

하지만 복잡도가 증가하고 특정 종류의 작업을 수행해야 할 때는 SQL의 한계에 부딪히게 됩니다. 코드가 복잡해지고 가독성이 떨어지며 확장이 어려워지는 것입니다. 이런 상황에서는 SQL 대신 범용 프로그래밍 언어를 사용하는 것이 더 나은 선택이 될 수 있습니다. 쿼리 작성에 더 많은 노력과 준비가 필요할 수는 있지만, 그만큼 더 많은 선택지와 기능을 활용할 수 있기 때문입니다.

따라서 매크로 작성 시에도 선언적 매크로를 우선적으로 고려하는 것이 좋습니다. 선언적 매크로는 단순하면서도 강력하고, 최소한의 설정만으로도 사용이 가능하며, IDE 지원도 더 잘되어 있습니다. 만약 기존 구조체를 조작하는 것과 같이 선언적 매크로로는 불가능한 작업을 수행해야 한다면, 그때 절차적 매크로를 사용하는 것이 바람직합니다.

3.1 절차적 매크로 프로젝트의 기본 설정

간단하게 시작해 보겠습니다. 구조체나 열거형에 "Hello, World" 출력 메서드를 추가하는 매크로를 만들어 봅시다. 프로젝트 설정은 그림 3.1을 참고해 주세요. 구조체에 새로운 기능을 추가하는 것은 **파생**(derive) 매크로의 좋은 사용 사례입니다. 반면 기존 코드를 **수정**하고 싶다면 다른 방법을 찾아야 합니다. 파생 매크로는 그런 작업을 할 수 없기 때문입니다. 파생 매크로는 코드에 `#[derive]` 애너테이션을 추가하고 괄호 안에 매크로 이름을 넣어서 활성화됩니다. `Debug`(`#[derive(Debug)]`)나 `Clone`(`#[derive(Clone)]`) 기능을 코드에 추가하고 싶을 때 이러한 애너테이션을 사용해 본 적이 있을 것입니다.

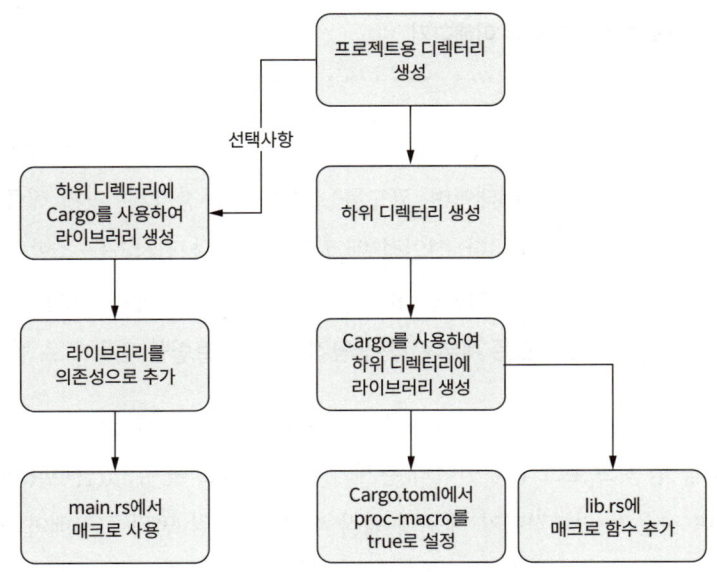

그림 3.1 절차적 매크로 프로젝트의 기본 설정

절차적 매크로를 만드는 데는 약간의 작업이 필요하므로, 설정 과정을 차근차근 살펴보겠습니다. 우선 hello-world 디렉터리가 필요하고, 그 안에 hello-world-macro라는 또 다른 디렉터리가 필요합니다. hello-world-macro 디렉터리에는 매크로 프로젝트를, 루트 디렉터리에는 애플리케이션을 추가할 것입니다(그림 3.2 참고).

일반적으로 새로운 러스트 프로젝트는 `cargo init`으로 생성하지만, 매크로의 경우 애플리케이션이 아닌 **라이브러리**가 필요합니다. 매크로를 사용하려는 개발자들은 라이브러리를 의존성으로 불러올 것이기 때문입니다. 따라서 프로젝트의 hello-world-macro 하위 디렉터리에서 `cargo init --lib`를 실행합니다.

생성된 Cargo.toml을 수정해야 합니다. 가장 중요한 변경사항은 `proc-macro` 프로퍼티를 `true`로 설정한 `lib` 섹션을 추가하는 것입니다. 이는 이 라이브러리가 하나 이상의 절차적 매크로를 제공할 것이며 특정 도구를 사용할 수 있게 된다는 것을 러스트에 알립니다. 또한 `quote`와 `syn`을 의존성으로 추가하고자 합니다. 이들은 반드시 필요한 것은 아니지만, 작업을 훨씬 쉽게 만들어 줄 것입니다.

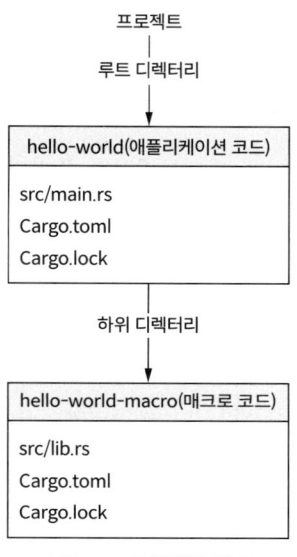

그림 3.2 **프로젝트 구조**

코드 3.1 hello-world-macro의 `lib` 섹션과 의존성

```
[package]
name = "hello-world-macro"
version = "0.1.0"
edition = "2021"

[dependencies]
quote = "1.0.33"
syn = "2.0.39"

[lib]
proc-macro = true
```

> **NOTE** 이 기능을 사용하기 위해 Cargo 워크스페이스가 반드시 필요한 것은 아닙니다. 이후에 관련된 설정 예시를 살펴볼 것입니다.

자동으로 생성된 lib.rs 파일 안에 아직 아무것도 하지 않는 기본적인 구현을 추가합니다. 다음 절에서 이 코드에 대해 설명하겠습니다. 우선 설정을 계속 진행해 보겠습니다.

코드 3.2 hello-world-macro 라이브러리의 초기 lib.rs 파일

```
use quote::quote;
use proc_macro::TokenStream;

#[proc_macro_derive(Hello)]
pub fn hello(_item: TokenStream) -> TokenStream {
    let add_hello_world = quote! {};
    add_hello_world.into()
}
```

이제 라이브러리가 준비되었습니다. 외부 hello-world 디렉터리에서 `cargo init`으로 러스트 예제 애플리케이션을 설정합니다. 이번에는 방금 만든 매크로 라이브러리를 상대 경로를 사용해 의존성으로 추가합니다. 의존성의 이름은 중요하며 불러올 패키지의 이름과 일치해야 합니다(경로와 디렉터리 이름은 다를 수 있습니다). 의존성 이름을 'foo-bar'로 바꾸고 `cargo run`을 실행해 보면 `error: no matching package named foo-bar found`('foo-bar'라는 이름의 패키지를 찾을 수 없습니다)와 같은 오류가 발생합니다. 애플리케이션이 매크로 디렉터리보다 한 단계 위인 프로젝트 루트에 있으므로 경로는 ./hello-world-macro입니다. 이후 일부 장에서는 애플리케이션과 라이브러리 모두를 위한 중첩된 디렉터리가 있을 것입니다. 그런 경우에는 한 단계 위로 올라가야 합니다(`path = "../매크로-이름"`).

코드 3.3 외부 러스트 애플리케이션의 Cargo.toml 파일

```
[package]
name = "hello-world"
version = "0.1.0"
edition = "2021"

[dependencies]
hello-world-macro = { path = "./hello-world-macro" }
```

마지막으로 기본 main.rs를 수정합니다. 이제 `cargo run`으로 애플리케이션을 컴파일하고 실행할 수 있습니다. 현재는 `Example`이 생성되지 않았다는 경고 외에는 아무것도 출력되지 않습니다.

코드 3.4 외부 애플리케이션의 초기 main.rs 파일

```
#[macro_use]
extern crate hello_world_macro;

#[derive(Hello)]
struct Example;

fn main() {}
```

> **NOTE** 이러한 설정이나 수동 작업이 번거롭다면 `cargo generate`(https://github.com/cargo-generate/cargo-generate)를 사용할 수 있습니다. 매크로 설정을 생성하기 위한 템플릿(https://github.com/waynr/proc-macro-template)이 있습니다. 학습 목적으로는 최소한 한 번은 수동으로 설정하는 것이 좋습니다. 하지만 익숙해진 후에는 코드 저장소(https://github.com/VanOvermeire/rust-macros-book)의 util/create_setup.sh 스크립트를 사용하여 이 책에서 사용되는 다양한 스타일의 프로젝트를 자동으로 설정할 수 있습니다.

3.2 절차적 매크로 설정 분석

이제 설정을 분석해 보겠습니다. lib.rs가 있는 중첩된 디렉터리가 실제로 필요한 유일한 코드입니다.

```
use quote::quote;
use proc_macro::TokenStream;

#[proc_macro_derive(Hello)]  ◀── 이 함수를 'Hello'라는 이름의 파생 매크로로 선언
pub fn hello(_item: TokenStream) -> TokenStream {
    let add_hello_world = quote! {};  ◀── quote 매크로를 사용하여 새로운(현재는 비어 있는) TokenStream 생성
    add_hello_world.into()  ◀── Into 트레이트를 사용하여 이 TokenStream을
}                              같은 이름의 일반/표준 라이브러리 TokenStream으로 변환
```

의존성 가져오기 구문 아래에는 `#[proc_macro_derive(Hello)]` 구문이 있습니다. 이는 러스트에게 특정 작동을 수행하도록 지시하는 메타데이터인 속성입니다. 이 예시에서는 해당 함수가 파생 매크로의 진입점임을 러스트에게 알려주는 역할을 합니다(그림 3.3 참고). 이 속성은 괄호 안에 반드시 이름을 지정해야 하는데, 이 예시에서는 'Hello'를 사용했으며 이 이름은 나중에 `#[derive(Hello)]`와 같이 매크로를 호출할 때 사용됩니다. 반면 함수의 이름은 외부에서 사용되지 않으므로 원하는 대로 지정할 수 있습니다.

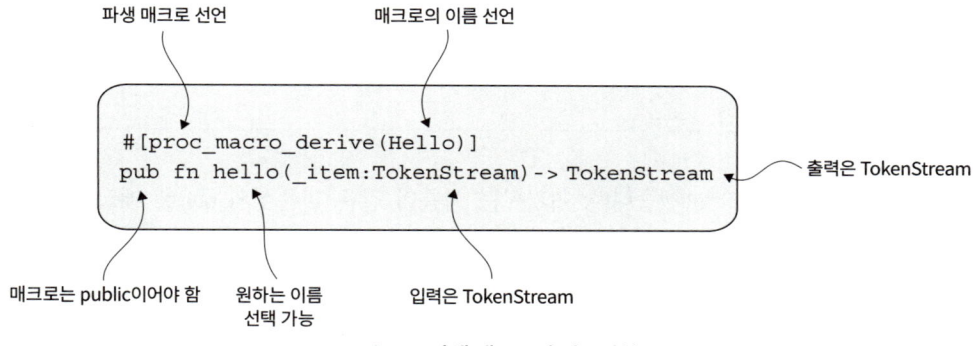

그림 3.3 파생 매크로의 시그니처

계속해서, 함수 시그니처를 살펴보겠습니다. `TokenStream` 타입의 단일 매개변수가 있는데, 아직 사용하지 않으므로 밑줄 접두사를 붙였습니다. 앞서 설명했듯이 프로시저 매크로는 토큰 스트림에 대해 작동하는데, 이는 수정하고자 하는 코드(예: 구조체)를 표현한 것입니다. 해당 구조체에 대한 모든 정보가 이 `TokenStream` 안에 포함됩니다. 반환하는 `TokenStream`은 러스트가 추가 코드를 생성하는 데 사용됩니다.

> **러스트의 컴파일 과정**
>
> 러스트의 컴파일 과정은 크게 두 단계로 구성됩니다. 첫 번째는 어휘 분석(토큰화)이고, 두 번째는 구문 분석입니다. 어휘 분석 단계에서는 코드의 원시 텍스트 스트림을 토큰 스트림으로 변환합니다. 예를 들어, 매크로에 `1 + 11`이라는 표현식을 전달하면 다음과 같은 토큰 스트림이 생성됩니다(스팬(span)과 접미사는 생략).
>
> ```
> TokenStream [Literal { kind: Integer, symbol: "1" }, Punct { ch: '+',
>              spacing: Alone }, Literal { kind: Integer, symbol: "11" }]
> ```
>
> 이처럼 원시 텍스트는 2개의 숫자와 하나의 더하기 기호, 총 3개의 토큰으로 변환됩니다.
>
> 이어지는 구문 분석 단계에서는 이 정보를 **추상 구문 트리**(abstract syntax tree, AST)로 변환합니다. AST는 프로그램의 모든 관련 데이터를 트리 형태로 표현한 것으로, 자세한 내용은 http://mng.bz/5IKZ 에서 확인할 수 있습니다. 앞선 예시에서 AST는 더하기 기호를 루트로 하고 2개의 숫자를 분기로 하는 트리 형태로 구성됩니다. AST는 러스트 컴파일러를 포함한 여러 컴파일러가 실행 파일을 생성하는 작업을 수행하는 데 도움을 줍니다. 한편 스팬 정보는 원본 텍스트와의 연결을 유지하여 오류 메시지 생성과 같은 작업에 활용됩니다. AST 구성이 완료되면 컴파일러는 매크로를 처리하기 시작합니다. 이러한 세부 과정을 이해하는 것은 흥미롭지만, 절차적 매크로를 작성하는 데 있어 필수적인 것은 아닙니다.
>
> 가장 중요한 점은 러스트가 파싱된 토큰 형태로 코드를 전달하고, 매크로는 동일한 형식으로 정보를 반환한다는 것입니다. 러스트는 이러한 토큰을 효과적으로 처리할 수 있습니다. 일반적인 코드도 토큰으로 변환되기 때문에, 매크로가 생성한 토큰도 추가적인 애플리케이션 코드로 쉽게 변환될 수 있는 것입니다.
>
> 더 자세한 내용은 다음 문서에서 확인할 수 있습니다.
>
> - 러스트 컴파일러 개발 가이드(https://rustc-dev-guide.rust-lang.org/)
> - 《The Little Book of Rust Macros》(https://veykril.github.io/tlborm/)
> - 러스트 레퍼런스(https://doc.rust-lang.org/stable/reference/)

이제 함수 본문으로 넘어가 보겠습니다. 여기서는 이름이 같은 의존성의 `quote` 매크로를 호출합니다. `quote`에 매개변수를 전달하지 않으므로 빈 `TokenStream`이 생성됩니다. `quote`가 실제로는 `proc_macro2 TokenStream`(내장 타입의 래퍼)을 사용하므로, `Into` 트레이트를 사용하여 `add_hello_world.into()`와 같은 일반적인 `proc_macro TokenStream`으로 변환해야 합니다. 따라서 최종 결과는 아무것도 생성하지 않는 매크로입니다. 이는 결과적으로 이 버전의 라이브러리가 '런타임 오버헤드가 전혀 발생하지 않는다'고 볼 수 있습니다. 하지만 매크로가 반드시 코드를 생성해야 하는 것은 아니므로 러스트에서는 이 또한 허용됩니다.

이제 main.rs를 살펴보겠습니다.

```
#[macro_use]
extern crate hello_world_macro;   ◄── hello_world_macro 디렉터리의 매크로를 사용할 수 있게 만듦

#[derive(Hello)]   ◄── 'Hello' 파생 매크로를 추가
struct Example;   ◄── 비어 있는 Example 구조체에

fn main() {}
```

처음 두 줄은 선언적 매크로를 불러오는 것과 비슷하게 이 의존성의 매크로를 사용하겠다고 러스트에 알립니다. 다만 이번에는 의존성을 명시할 때 밑줄을 사용해야 합니다(Cargo.toml에서는 하이픈을 사용했습니다). **이는 절차적 매크로를 불러오는 구식 방법입니다.** 현대의 러스트에서는 한 줄로 된 `use` 문을 사용하여 매크로를 불러오는 것을 권장합니다(예: `use hello_world_macro::Hello;`). 이 장에서는 아직도 많은 크레이트에서 사용되고 있어 알아둘 가치가 있는 구식 방법을 주로 다룹니다. 하지만 이후의 장에서는 새로운 방식(러스트 2018)으로 전환할 것입니다.

다음으로, `#[derive(Hello)]` 속성은 `Example` 구조체에 대해 'Hello'라는 파생 매크로를 실행하도록 러스트에 지시하며, 해당 구조체를 `TokenStream` 타입의 입력으로 전달합니다. (현재는 비어 있는) 출력 코드가 main.rs 파일에 추가됩니다.

앞서 외부 애플리케이션이 반드시 필요한 것은 아니라고 했습니다. 대신 이는 코드가 컴파일되는지 확인하는 데 도움이 되는 '소비자'라는 편의성을 제공합니다. 이는 러스트 컴파일러가 라이브러리가 생성한 코드의 오류를 잡지 못하기 때문에 유용합니다. 구체적인 예를 들어보겠습니다. 파생 매크로 함수의 매개변수를 추가할 때 오타가 나서 `TokenStrea`라고 작성했다고 가정해 봅시다. `cargo check`를 실행하면 러스트는 `TokenStrea`가 존재하지 않는다고 지적할 것입니다. 오류가 방지되었습니다. 하지만 가령 다음과 같이 `quote` 매크로 호출 **내에서** 잘못된 러스트를 작성했다고 해봅시다.

```
#[proc_macro_derive(Hello)]
pub fn hello(item: TokenStream) -> TokenStream {
    let add_hello_world = quote! {
        fn this should not work () {}
    };
```

```
        add_hello_world.into()
}
```

매크로 라이브러리 내에서 `cargo check`를 실행하면 여전히 성공합니다. 하지만 외부 애플리케이션에서 확인하면 오류가 발생합니다.

```
error: expected one of `(` or `<`, found `should`
 --> src/main.rs:4:10
  |
4 | #[derive(Hello)]
  |          ^^^^^ expected one of `(` or `<`
  |
  = note: this error originates in the derive macro `Hello`
```

이는 러스트가 `fn this`를 this라는 이름의 함수를 만들려는 시도로 해석했기 때문입니다. 함수와 그 이름 뒤에는 매개변수를 포함하는 괄호나, `< >`로 둘러싸인 제네릭이 와야 하는 대신 `should`라는 단어를 사용했습니다. 여기서 주의 깊게 볼 점은 절차적 매크로 라이브러리 내의 `cargo check`는 **라이브러리 코드**의 오류만 검사하고 **생성된 코드**의 오류는 검사하지 않는다는 점입니다.

이는 라이브러리 내에서 생성된 코드를 사용하지 않기 때문에 당연한 결과입니다. 러스트 입장에서는 함수의 반환 타입으로 `TokenStream`이 선언되어 있다는 것만 중요합니다. 따라서 유효하지 않은 토큰 스트림이라도 반환하기만 하면 문제가 되지 않습니다. 설령 컴파일러가 이를 검사하고 싶어도, 생성된 코드가 어떤 맥락에서 사용될지 알 수 없기 때문에 검사가 어렵습니다. 그래서 대신 기본적인 사용 예제가 포함된 간단한 애플리케이션을 사용하여 코드를 생성하고, 컴파일러가 제대로 된 검사를 수행하도록 합니다. 이후의 장에서는 매크로가 올바르게 작동하는지 확인하기 위해 테스트를 다룰 예정입니다.

3.3 출력 생성하기

이제 실제로 코드를 생성해 보겠습니다. 먼저 lib.rs에 다음 내용을 추가합니다.

코드 3.5 **입력 구문을 분석하고 하드코딩된 출력 생성하기**

```
use quote::quote;
use proc_macro::TokenStream;
```

```
#[proc_macro_derive(Hello)]
pub fn hello(_item: TokenStream) -> TokenStream {
    let add_hello_world = quote! {
        impl Example {
            fn hello_world(&self) {
                println!("Hello, World");   ◀ 하드코딩된 구현 블록을 반환합니다.
            }
        }
    };
    add_hello_world.into()
}
```

현재는 들어오는 토큰을 전혀 처리하지 않고 있습니다. 하지만 quote를 사용하여 새로운 코드를 생성하고 있습니다. 지금은 main.rs에 추가한 Example 구조체에 대해 하드코딩된 구현 블록을 생성합니다. 이제 이 메서드를 호출하면 다음 코드가 실행될 것입니다. cargo run의 대상이 애플리케이션이어야 한다는 점을 잊지 마십시오. 라이브러리는 실행할 수 없기 때문에 a bin target must be available for cargo run(bin 타깃이 cargo run에 사용 가능해야 합니다)이라는 오류가 발생할 것입니다.

코드 3.6 메인 파일에서 생성된 함수 호출하기

```
use quote::quote;
use proc_macro::TokenStream;

#[derive(Hello)]
struct Example;

fn main() {
    let e = Example {};    ◀ 실행하면 "Hello, World"가 출력됩니다.
    e.hello_world();
}
```

유일한 단점은 이 코드가 'Example'이라는 이름의 구조체에서만 작동한다는 것입니다. 구조체의 이름을 변경하면 러스트는 구현 블록을 기존 타입과 매칭할 수 없어서 cannot find type Example in this scope(이 스코프에서 Example 타입을 찾을 수 없습니다)라는 오류를 표시합니다. 해결책은 들어오는 토큰에서 구조체의 이름을 가져와서 생성하는 impl[1]에 사용하는 것입니다. 선언적 매크로와 절차적 매크로 모두에서 이 이름을 **식별자**(identifier)라고 합니다. 토큰이 데코레이터를 적용한 코드(구조체와 그 내용)를 나타내므로, 최상위 식별자가 필요합니다. 이름을 가져오면 quote와 결합하여 더 흥미로운 출력을 생성할 수 있습니다.

---

[1] (옮긴이) 러스트의 구현 블록을 의미하며, 특정 타입에 대한 메서드와 관련 기능을 정의하는 데 사용됩니다.

코드 3.7 입력 구문을 분석하고 출력에 활용하기

```
use quote::quote;
use proc_macro::TokenStream;
use syn::{parse_macro_input, DeriveInput};

#[proc_macro_derive(Hello)]
pub fn hello(item: TokenStream) -> TokenStream {
    let ast = parse_macro_input!(item as DeriveInput);  ◀── 들어오는 TokenStream을 더 사용하기 편리한 AST로 파싱합니다.
    let name = ast.ident;  ◀── 최상위 식별자를 가져옵니다. 이 경우에는 데코레이터가 적용된 구조체(Example)의 이름입니다.

    let add_hello_world = quote! {
        impl #name {  ◀── quote가 제공하는 특별한 문법을 사용하여 출력에 추가합니다.
            fn hello_world(&self) {
                println!("Hello, World");  ◀── 나머지는 하드코딩된 상태로 유지할 수 있습니다.
            }
        }
    };

    add_hello_world.into()
}
```

먼저 `syn` 크레이트가 제공하는 `parse_macro_input`을 사용하여 입력 토큰을 AST로 파싱합니다. `syn`은 러스트 토큰을 파싱하는 데 도움이 되는 많은 도구를 제공하며, 이 선언적 매크로는 그중 하나입니다. `as DeriveInput`은 특별한 문법적 설탕입니다. 내부적으로 `as` 뒤의 인자는 생성될 타입을 결정하는 데 사용됩니다. `DeriveInput`을 선택했는데, 이름에서 알 수 있듯이 이는 파생 매크로를 작성할 때 얻을 수 있는 모든 종류의 입력을 의미합니다. 즉, 열거형이나 구조체를 포함할 수 있습니다.

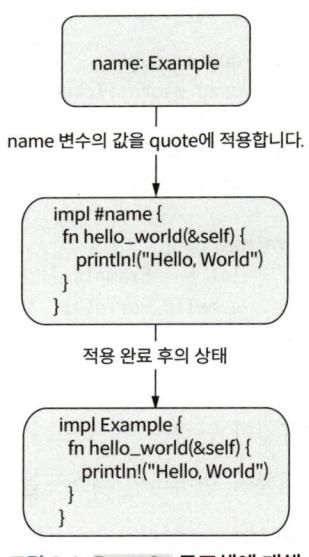

그림 3.4 Example 구조체에 대해 quote에서 name 변수 사용하기

`DeriveInput`을 타입으로 얻어오면, 최상위 식별자를 가져와서 `name`이라는 변수에 저장하여 구조체의 이름을 얻을 수 있습니다. 출력에서 `name`을 사용하려면 이것이 리터럴 값이 아니라 일치하는 이름을 가진 변수의 내용으로 대체되어야 한다는 것을 `quote`에 알려주는 특별한 문법이 필요합니다. 변수 이름 앞에 해시태그를 붙이면(`#name`) 우리의 경우 `Example`이라는 식별자로 대체됩니다. 보시다시피 `quote`로 출력을 생성하는 것은 매우 쉽습니다(그림 3.4 참고).

코드를 다시 실행하면 구조체의 이름을 변경하더라도 이전과 동일한 출력 메서드가 생성될 것입니다.

3.4 코드 실험하기

그럼 몇 가지 실험을 해보겠습니다. 이 매크로가 열거형에서도 작동할까요? 네, 작동합니다! main.rs에 다음 내용을 추가해 보세요.

코드 3.8 **열거형에 매크로 적용하기**

```
// 이전 코드

#[derive(Hello)]
enum Pet {
    Cat,
}

fn main() {
    // 이전 코드

    let p = Pet::Cat;
    p.hello_world();
}
```

그럼 함수는 어떨까요? 안타깝게도 이는 작동하지 않습니다. `impl`을 함수에 사용할 수 없다는 이유도 있지만, `derive`가 함수에 허용되지 않기 때문이기도 합니다. 오류 메시지가 이 점을 매우 명확하게 지적합니다. `derive may only be applied to structs, enums and unions`(derive는 구조체, 열거형, 공용체에만 적용될 수 있습니다.)

> **NOTE** 공용체도 `derive`의 대상이 될 수 있지만, 이 책에서는 다루지 않습니다. 주로 공용체가 구조체나 열거형에 비해 훨씬 덜 보편적이고, 거의 전적으로 외부 함수 인터페이스(foreign function interface, FFI)[2]를 통한 C 언어와의 호환성을 위해서만 존재하기 때문입니다.

생성된 코드가 기존 구현 블록을 덮어쓸까요? 다행히도 그렇지 않습니다. 앞 장에서 언급했듯이 러스트는 여러 개의 `impl` 블록을 지원합니다. 따라서 다음과 같은 코드가 가능합니다.

코드 3.9 **다중 구현 블록**

```
// 이전 코드

impl Example {
```

---

[2] 옮긴이 FFI는 한 프로그래밍 언어로 작성된 코드가 다른 언어로 작성된 코드를 호출할 수 있게 해주는 메커니즘입니다. 러스트에서는 주로 C 언어로 작성된 라이브러리를 사용할 때 활용됩니다.

```
    fn another_function(&self) {
        println!("Something else");
    }
}

fn main() {
    let e = Example {};
    e.hello_world();
    e.another_function();
    // 그 외 코드
}
```

매크로를 사용하다 보면 예상치 못한 문제가 발생할 수 있습니다. 가장 대표적인 예시로 `hello_world`라는 함수를 추가로 정의했을 때를 들 수 있습니다. 이 경우 `duplicate definitions for hello_world`(함수 `hello_world`가 중복 정의되었습니다)라는 오류가 발생하게 됩니다. 매크로를 사용하는 개발자가 같은 이름의 함수를 정의하지 않기를 기대할 수는 있지만, 이는 현실적인 해결책이 아닙니다. 이러한 이름 충돌 문제는 실제 개발 과정에서 자주 발생하는 위험 요소이며, 이에 대한 해결 방안은 이 책의 후반부에서 상세히 다루게 됩니다.

3.5 cargo expand

이전 장에서 매크로를 디버깅하고 확장된 결과를 보는 몇 가지 방법을 살펴봤는데, 매우 유용한 도구인 `cargo expand`(https://github.com/dtolnay/cargo-expand)를 아직 다루지 않았습니다. 이 도구는 한동안 실험 단계였지만, 이제는 안정 버전의 러스트에서도 사용할 수 있습니다. `cargo install cargo-expand`로 설치할 수 있으며, 설치 후에는 애플리케이션 디렉터리나 src 디렉터리의 루트에서 `cargo expand`를 실행할 수 있습니다. 이는 매크로 확장 후의 애플리케이션 코드를 출력합니다. 코드 3.10에서 볼 수 있듯이, 프로젝트 루트에서 `cargo expand`를 실행하면 `println!`을 포함한 모든 매크로가 확장됩니다(`format_args!`는 확장되지 않았는데, 이는 러스트의 문제이며(https://github.com/dtolnay/cargo-expand/issues/173) 현재 수정 작업이 진행 중입니다).

코드 3.10 `cargo expand` 출력 결과(형식 변경됨)

```
#![feature(prelude_import)]
#[prelude_import]
use std::prelude::rust_2021::*;    ◀── 앞서 보았듯이 프렐류드에는 전역에서 사용 가능한 함수, 트레이트 등이 포함되어
                                        있습니다. 러스트는 이들을 사용할 수 있도록 애너테이션과 import를 추가합니다.
// 모듈 가져오기 구문                      이것이 Clone을 import 없이도 사용할 수 있는 이유입니다.
```

```
struct Example;    ← derive 애너테이션이 제거되었습니다.

impl Example {
    fn hello_world(&self) {
#[derive
(Hello)]가       {
확장된              ::std::io::_print(format_args!("Hello, World\n"));    println! 매크로가 확장된 형태입니다.
코드입니다.      }
    }
}

// Pet 열거형과 확장된 코드

// main 함수
```

derive 애너테이션은 매크로 확장이 완료되어 더 이상 필요하지 않기 때문에 사라졌습니다. 대신 매크로가 생성한 코드가 추가되었습니다.

cargo expand는 코드를 시각적으로 검사하는 데 유용한 도구이며, 출력이 유효하지 않을 때도 실행되므로 컴파일 문제를 디버깅하는 데 유용합니다. 예를 들어 quote 매크로 호출에서 self를 잘못 입력했다면, 컴파일 오류가 발생하고 함수 매개변수에 문제가 있음을 보여주는 출력이 나타날 것입니다. 오류가 여전히 모호하다면 출력을 파일로 내보내고(cargo expand > somefile.rs), IDE의 도움을 받아 문제를 추적해 볼 수 있습니다. 또는 임시로 main.rs를 교체하고 cargo check를 사용하여 잘못된 줄을 찾을 수 있습니다.

```
impl ExampleStruct {
    fn hello_world(sel: ()) {
        {
            ::std::io::_print(format_args!("Hello, World\n"));
        }
    }
}
```

hello-world-macro 라이브러리 내에서도 expand를 사용할 수 있지만, 이는 다른 사람을 위해 만든 매크로가 아닌 사용 중인 매크로가 어떻게 확장되는지만 보여줍니다. check가 생성된 코드가 아닌 작성한 코드의 오류만 지적하는 것과 비슷합니다. 따라서 대부분의 경우 라이브러리와 매크로를 사용하는 애플리케이션에서 expand 명령을 사용하게 됩니다.

3.5 cargo expand

3.6 syn과 quote를 사용하지 않는 동일한 매크로

quote와 syn 라이브러리는 매우 유용하지만 매크로 작성에 반드시 필요한 것은 아닙니다. 코드 3.11은 이들을 사용하지 않은 동일한 애플리케이션입니다. 이름을 가져오기 위해 들어오는 스트림을 반복하고 nth(1)로 두 번째 요소를 가져옵니다. 이 항목은 구조체나 열거형의 이름을 포함하는 TokenTree입니다. nth(0)에 포함된 첫 번째 요소는 타입(즉, struct나 enum)이며 이 상황에서는 관련이 없으므로 건너뜁니다. ident_name 함수를 사용하여 트리에서 이름 식별자를 가져오거나, 찾을 수 없는 경우 오류를 발생시킵니다.

DEFINITION TokenTree는 TokenStream과 단순한 토큰의 중간 정도에 위치합니다. 기본적으로 TokenStream은 TokenTree의 시퀀스이며, TokenTree는 다시 더 많은 트리나 토큰으로 구성됩니다. 이것이 스트림을 반복하고, 요소를 선택하여 타입이 TokenTree임을 러스트에 확인시킬 수 있는 이유입니다. 이전 장에서 다룬 선언적 매크로의 tt 프래그먼트 지정자도 TokenTree입니다.

출력을 생성하기 위해 format 매크로를 사용하여 name 변수를 문자열에 삽입합니다. 문자열에서 TokenStream으로의 변환은 parse를 사용할 수 있습니다. 이는 정상적으로 기능하리라 예상되므로, 파싱이 반환하는 Result[3]에 unwrap을 사용합니다. 이 접근 방식은 매우 실용적으로 보일 수 있습니다. 약간의 추가 코드를 작성하는 대신 2개의 의존성을 제거했습니다. 하지만 이런 기본적인 예제에서도 식별자를 가져오고 새로운 코드를 출력하는 데 노력이 필요했습니다. 더 복잡한 예제에서는 복잡성과 추가 작업 부담이 더욱 커질 것입니다.

코드 3.11 syn과 quote를 사용하지 않는 버전

```
use proc_macro::{TokenStream, TokenTree};

#[proc_macro_derive(Hello)]
pub fn hello_alt(item: TokenStream) -> TokenStream {
    fn ident_name(item: TokenTree) -> String {
        match item {
            TokenTree::Ident(i) => i.to_string(),    ◀── 식별자를 포함하는 TokenTree가 있다면
            _ => panic!("no ident"),                      이를 문자열로 반환합니다.
        }
    }

    let name = ident_name(item.into_iter().nth(1).unwrap());  ◀── 앞선 함수의 입력으로
                                                                  TokenStream의 두 번째 요소를
                                                                  제공하는데, 이는 이름이어야 합니다.
```

---

3 (옮긴이) Result는 러스트의 오류 처리 타입으로, 성공(Ok)이나 실패(Err) 값을 포함할 수 있습니다. unwrap은 성공 값을 추출하되, 실패 시 프로그램을 중단시키는 메서드입니다.

```
format!("impl {} {{ fn hello_world(&self) \
    {{ println!(\"Hello, World\") }} }}", name
    ).parse()
        .unwrap()   ◀── format!을 사용하여 가져온 이름을 impl 블록의 문자열 표현에 추가합니다.
}                       그런 다음 parse를 사용하여 이를 TokenStream으로 변환합니다. 이 과정은 잘못된 코드를
                        작성한 경우에만 실패하므로, 이런 경우 unwrap으로 인한 패닉은 허용될 수 있습니다.
```

컴파일 속도 때문에라도 syn을 사용하고 싶지 않을 수 있습니다. syn은 분명히 기능이 많고 좋은 라이브러리이지만, 매우 거대하고 컴파일을 느리게 만듭니다. 따라서 이 예제가 실제 매크로이고 구조체/열거형의 이름만 필요하다면, 간단한 예제가 훨씬 바르게 컴파일될 것입니다. syn의 경량 대안을 제공하려는 여러 라이브러리가 있습니다. 예를 들면 venial(https://github.com/PoignardAzur/venial)이 있습니다.

코드 3.12는 해당 라이브러리를 사용한 매크로의 모습입니다. 따라 하고 있다면 의존성에 venial = "0.5.0"을 추가하는 것을 잊지 마세요. 코드는 이전과 매우 비슷해 보입니다. parse_declaration을 사용하여 Declaration 열거형을 반환받습니다. 패턴 매칭을 사용하여 해당 열거형에서 이름을 가져옵니다.

코드 3.12 venial과 같은 경량 파서 사용하기

```
use quote::quote;
use proc_macro::TokenStream;
use venial::{parse_declaration, Declaration, Struct, Enum};

#[proc_macro_derive(Hello)]
pub fn hello(item: TokenStream) -> TokenStream {
    let declaration = parse_declaration(item.into()).unwrap();

    let name = match declaration {
        Declaration::Struct(Struct { name, .. }) => name,      ─── 이 코드는 열거형이나 구조체를 입력받은
        Declaration::Enum(Enum { name, .. }) => name,              경우에 해당 이름을 가져오며, 다른 모든
        _ => panic!("only implemented for struct and enum"),       경우에는 패닉이 발생합니다.
    };

    let add_hello_world = quote! {
        impl #name {
            fn hello_world(&self) {
                println!("Hello, World");
            }
        }
    };

    add_hello_world.into()
}
```

이런 간단한 예제에서도 `cargo build --timings`로 측정한 빌드 시간이 제 컴퓨터에서 3.1초에서 1.8초로 감소했습니다. 하지만 이 책에서는 `syn`을 사용할 것입니다. `syn`이 잘 알려져 있기도 하고, 널리 사용되며, 매우 강력하기 때문입니다. 또한 `TokenStream` 파싱을 처리하는 방법에 익숙해지면 경량 대안으로 전환하는 것이 그리 어렵지 않을 것입니다. 파싱 개념의 많은 부분이 항상 동일하기 때문입니다.

3.7 실제 사례

이후의 장에서 라이브러리에 대해 더 자세하게 살펴볼 예정이므로, 지금은 몇 가지 중요한 관찰사항만 짚어보겠습니다. 우선, Rocket 프레임워크(https://rocket.rs/) 개발자들이 매크로를 가져오는 두 가지 방법(이번 장에서 다룬 내용)을 친절하게 설명해 주고 있다는 점이 눈에 띕니다.

```
//! And to import all macros, attributes, and derives via `#[macro_use]`
//! in the crate root:
//!
//! ```rust
//! #[macro_use] extern crate rocket;
//! # #[get("/")] fn hello() { }
//! # fn main() { rocket::build().mount("/", routes![hello]); }
//! ```
//!
//! Or, alternatively, selectively import from the top-level scope:
//!
//! ```rust
//! # extern crate rocket;
//!
//! use rocket::{get, routes};
//! # #[get("/")] fn hello() { }
//! # fn main() { rocket::build().mount("/", routes![hello]); }
//! ```
```

다음으로, 표준 라이브러리가 `syn`이나 `quote` 같은 외부 라이브러리를 사용할 수 없음에도 어떻게 매크로를 파싱하고 출력하는지 궁금할 수 있습니다. 표준 라이브러리는 이를 위해 유사한 개념과 이름을 가진 내장 기능을 사용합니다. 예를 들어, 러스트 추상 구문 트리인 `rustc_ast`는 입력 파싱에 사용됩니다. 코드 출력은 `rustc_expand`로 처리되며, `rustc_span`에는 `Ident`와 `Span` 같은 유틸리티가 포함되어 있습니다. `syn`과 `quote`에 익숙한 사용자에게는 친숙하면서도 낯설게 느껴질 수 있지만, 이러한 기능들은 외부 사용을 위한 것이 아닙니다.

마지막으로, 절차적 매크로는 반드시 라이브러리의 루트에 위치해야 합니다. 그렇지 않으면 functions tagged with #[proc_macro_derive] must currently reside in the root of the crate), lib.rs(#[proc_macro_derive]가 표시된 함수는 현재 크레이트의 루트에 있어야 합니다)라는 오류가 발생합니다. 따라서 다른 사람의 절차적 매크로 코드를 살펴볼 때는 먼저 lib.rs를 살펴보는 것이 좋습니다. 여기서 어떤 매크로들이 있는지 확인하고 필요할 때 더 자세히 살펴볼 수 있습니다.

3.8 연습문제

해답은 부록을 참고하세요.

1. 다음의 파생 매크로가 컴파일되도록 물음표(???)를 채워보세요.

   ```
   #[proc_macro_derive(???)]
   pub fn uppercase(item: TokenStream) -> ??? {
       let ast = parse_macro_input!(item as ???);
       let name = ast.ident;
       let uppercase_name = name.to_string().to_uppercase();

       let add_uppercase = quote! {
           impl ??? {
               fn uppercase(&self) {
                   println!("{}", #uppercase_name);
               }
           }
       };
       add_uppercase.into()
   }
   ```

   사용 예시는 다음과 같습니다.

   ```
   #[derive(UpperCaseName)]
   struct Example;

   fn main() {
       let e = Example {};
       e.uppercase(); // 'EXAMPLE'이 출력됩니다.
   }
   ```

2. lib.rs 파일에서 매크로의 이름을 변경하고 애플리케이션을 실행해 보세요. 어떤 오류가 발생하나요? 이를 해결하기 위해서는 어떻게 해야 할까요?

3. 매크로의 출력에 `testing_testing`이라는 함수를 추가해 보세요. 이는 `&self` 매개변수를 받지 않는 **연관** 함수입니다. 이 함수는 `"One two three"`를 콘솔에 출력해야 합니다.
4. 입력의 이름 앞에 인사말을 붙여 출력해 보세요(예: "Hello, Example"). 주의할 점이 있습니다. `#name`을 `print`에 직접 전달하는 것만으로는 충분하지 않습니다. 이는 식별자이기 때문에 문자열이 필요합니다. 따라서 식별자에 `to_string`을 호출하여 결과를 변수에 저장하거나, `stringify` 매크로를 사용하여 `#name`을 문자열로 변환해야 합니다.

3.9 요약

- 파생 매크로는 첫 번째 유형의 절차적 매크로로, 구조체와 열거형에 기능을 추가할 수 있게 해줍니다.
- 절차적 매크로를 작성하려면 `TokenStream` 입력을 받아 다른 `TokenStream`을 출력하는 함수가 포함된 라이브러리를 만들어야 합니다.
- 이 출력은 애플리케이션에 생성되어 추가될 코드입니다.
- 매크로를 검증할 때는 라이브러리 내에서 `cargo check`만으로는 충분하지 않습니다. 이는 라이브러리 자체의 코드만 검사할 뿐, 생성되는 코드는 검사하지 않기 때문입니다. 따라서 매크로를 사용하고 테스트하는 애플리케이션을 갖추는 것이 유용합니다. 최소한 생성된 코드가 컴파일되는지 확인할 수 있습니다.
- 표준 러스트 도구로도 절차적 매크로를 작성할 수 있지만, `syn`은 입력 파싱에 큰 도움이 되며, `quote`는 출력 생성을 위한 매크로를 제공합니다.
- 입력에서 값을 가져와 출력에 전달할 수 있습니다.
- `cargo expand`는 코드에서 매크로가 생성한 코드를 확인할 수 있게 해주는 유용한 도구입니다.

CHAPTER 4

속성형 매크로를 활용한 필드 공개화

이번 장에서 다루는 내용
- 파생 매크로와 속성형 매크로의 차이점 이해하기
- 추상 구문 트리에서 필드 정보를 찾는 방법
- 매칭을 통한 필드 검색
- 사용자 정의 구조체를 통한 필드 검색
- `Parse` 구현을 포함한 사용자 정의 구조체를 통한 필드 검색 방법
- `quote`에서 여러 출력을 추가하는 방법
- 로그 구문을 통한 매크로 디버깅
- `no-panic` 크레이트

러스트는 기본적으로 정보는 숨기고, 필요한 경우에만 드러내는 방식을 지향합니다. 함수, 구조체, 열거형은 물론 구조체의 필드도 모두 기본적으로 비공개로 설정됩니다. 이러한 설계는 대부분의 경우에 합리적이지만, 모든 필드를 공개해야 하는 구조체를 다룰 때는 다소 번거로울 수 있습니다. 대표적인 예시로는 **DTO**(Data Transfer Object, 데이터 전송 객체)가 있습니다. DTO는 여러 프로그래밍 언어에서 시스템 간 또는 시스템 내부의 서로 다른 부분 간에 정보를 주고받을 때 흔히 사용되는 패턴입니다. DTO는 단순히 데이터를 담는 용도로만 사용되며, 비즈니스 로직은 포함하지 않습니다. 그리고 DTO의 주된 목적이 데이터를 외부로 전달하는 것이기 때문에, 필드 정보를 숨기는 '정보 은닉' 개념은 크게 중요하지 않을 수 있습니다.

이러한 상황을 개선하기 위해, 간단한 코드를 작성해 보며 러스트의 기본 작동을 변경하는 방법을 살펴보겠습니다. 이를 위해 매크로 코드를 작성해 봅시다. 이 매크로는 구조체와 그 안의 모든 필드를 자동으로 공개(public)되도록 하는 기능을 갖습니다. 이는 지금까지 살펴본 내용과는 전혀 다른 접근 방식이 필요합니다. 이전에는 기존 코드에 새로운 기능을 추가하는 것이 목적이었지만, 이번에는 기존 코드 자체를 수정해야 합니다. 따라서 파생 매크로 대신 **속성형 매크로**(attribute macro)를 사용합니다.

속성형 매크로라는 이름은 새로운 속성을 정의한다는 특징에서 비롯되었습니다. 구조체나 열거형에 이러한 사용자 정의 속성을 적용하면 매크로가 작동하게 됩니다. 속성형 매크로를 위한 라이브러리와 코드 작성 방식은 파생 매크로와 비슷하지만, 몇 가지 중요한 차이점이 있습니다. 속성형 매크로는 추가 속성이 있다면 이를 포함하는 `TokenStream`도 함께 받으며, 이번 장에서 특히 중요한 점은 출력 토큰이 입력 토큰을 완전히 **대체**한다는 것입니다. 이러한 특성은 필요한 기능을 구현하는 데 매우 유용합니다.

4.1 속성형 매크로 프로젝트 설정

이전 장과 매우 유사한 이번 장의 설정 과정을 살펴보겠습니다.

- 새로운 디렉터리(make-public)를 만들고 그 안에 또 다른 디렉터리(make-public-macro)를 생성합니다.
- 중첩된 make-public-macro 디렉터리 내에서 `cargo init --lib`를 실행하여 매크로를 초기화합니다.
- `syn`과 `quote` 의존성을 추가하고(`cargo add syn quote` 사용) `lib`를 `proc-macro = true`로 설정합니다.
- 외부 make-public 디렉터리에서 `cargo init`을 실행하고 라이브러리를 의존성으로 추가합니다.

코드 4.1 **make-public-macro의 Cargo.toml 파일 일부**

```
[dependencies]
quote = "1.0.33"
syn = "2.0.39"

[lib]
proc-macro = true
```

코드 4.2 **make-public의 Cargo.toml 파일 일부**

```
[dependencies]
make-public-macro = { path = "./make-public-macro" }
```

4.2 속성형 매크로와 파생 매크로의 비교

이제 기본 설정은 마쳤으니, lib.rs 파일에 간단한 코드를 추가하는 것부터 시작하겠습니다. 중첩된 디렉터리 내에서 `TokenStream`을 생성하는 공개 함수를 정의합니다. 이 함수는 `item` 매개변수를 받아 추상 구문 트리(abstract syntax tree, AST)로 파싱합니다. 이를 통해 이전과 마찬가지로 원본 코드에서 필요한 모든 정보를 추출할 수 있습니다. 출력은 이전처럼 `quote!` 매크로를 사용하여 생성됩니다.

코드 4.3 **초기 설정**

```
extern crate core;

use quote::quote;
use proc_macro::TokenStream;
use syn::{parse_macro_input, DeriveInput};

#[proc_macro_attribute]
pub fn public(_attr: TokenStream, item: TokenStream) -> TokenStream {
    let _ast = parse_macro_input!(item as DeriveInput);

    let public_version = quote! {};

    public_version.into()
}
```

- `#[proc_macro_attribute]` 애너테이션은 이것이 속성형 매크로임을 러스트에 알립니다.
- 속성형 매크로의 이름은 함수의 이름('public')에 의해 결정됩니다. 이 매크로는 2개의 스트림을 매개변수로 받습니다.
- AST를 아직 사용하지 않기 때문에 여기서는 밑줄(_)[1]을 사용합니다.
- 이전과 마찬가지로, 초기 구현에서는 입력을 받아들이고 출력을 생성하지 않습니다.

이전 장의 코드와 비교해 보면 코드가 비슷한 듯 보이지만 몇 가지 차이점이 있습니다. 우선, `#[proc_macro_derive]` 대신 `#[proc_macro_attribute]`라는 다른 속성을 사용합니다. 그리고 이전과 달리 괄호 안에 매크로 이름을 지정하지 않습니다(`#[proc_macro_derive(Hello)]`와 같은 형태를 사용하지 않음). 대신 함수의 이름이 속성 이름을 결정합니다. 따라서 이 경우에, 이 매크로는 사용자 정의 속성인 `#[public]`을 생성합니다. 또한 현재는 사용 중이진 않지만 속성에 대한 정보를 포함하는 추가적인 `TokenStream`을 받는 것을 볼 수 있습니다(그림 4.1 참고).

---

1 〔옮긴이〕 밑줄(_)은 러스트에서 해당 변수는 사용되지 않음을 컴파일러에 알려주기 위한 관례적인 표기법입니다.

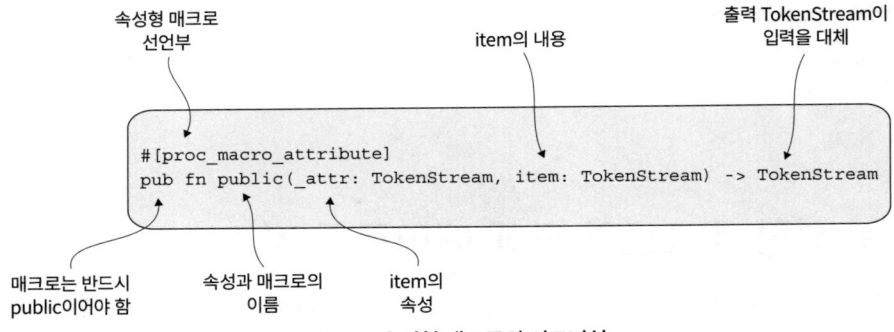

그림 4.1 속성형 매크로의 시그니처

이전 장과 마찬가지로 코드는 출력을 생성하지 않는 매크로로 시작합니다. 하지만 이번에는 아무것도 반환하지 않음으로써 기존 코드에 영향을 미치게 됩니다. 코드 4.4를 애플리케이션의 main.rs에 추가하고 `cargo expand`를 실행해 보겠습니다.

코드 4.4 main.rs로 cargo expand 실행하기

```
use make_public_macro::public;

#[public]
struct Example {}

fn main() {}
```

`Example` 구조체가 사라져버렸네요. 기이한 일이죠![2]

코드 4.5 사라지는 구조체의 마법[3]

```
#![feature(prelude_import)]
#[prelude_import]
use std::prelude::rust_2021::*;

#[macro_use]
extern crate std;

use make_public_macro::public;

fn main() {}
```

---

2 [옮긴이] 현재 매크로가 입력을 받아들이기만 하고 아무것도 반환하지 않기 때문에 발생하는 현상입니다. 매크로가 입력된 코드를 그대로 출력하지 않으면, 해당 코드는 최종 컴파일된 프로그램에 포함되지 않습니다.

3 [옮긴이] 원문은 'Our struct pulling a disappearing act'인데, 'disappearing act'는 마술에서 물체가 사라지는 것을 의미합니다. 여기서는 구조체가 컴파일 과정에서 최적화되어 사라지는 것을 의도합니다.

앞서 살펴봤듯이 러스트에서는 속성형 매크로의 출력이 입력을 대체해야 하기 때문에, 이전보다 상황이 다소 복잡해집니다.

4.3 공개 가시성의 첫 단계

다시 이전 작업으로 돌아와서, 이제 구조체에 속성들을 추가하여 더 구체적으로 만들어 봅시다.

코드 4.6 예제 구조체

```
#[public]
struct Example {
    first: String,
    pub second: u32,
}
```

이 매크로는 구조체에 다음 변경사항을 적용하여 출력할 것입니다. 구조체 자체를 `public`으로 변경하고, `first` 필드를 `public`으로 변경하며, `second` 필드는 현재의 `public` 상태를 유지합니다.

이전과 동일한 방식으로 이 문제에 접근할 수 있습니다. 따라서 가장 단순한 구현부터 시작합니다. 이 특정 구조체에 대해서만 작동하는 구현을 먼저 만들어 보겠습니다.

코드 4.7 하드코딩된 구현

```
extern crate core;

use quote::quote;
use proc_macro::TokenStream;
use syn::{parse_macro_input, DeriveInput};

#[proc_macro_attribute]
pub fn public(_attr: TokenStream, item: TokenStream) -> TokenStream {  // 아직 AST를 사용하지 않았습니다!
    let _ast = parse_macro_input!(item as DeriveInput);

    let public_version = quote! {
        pub struct Example {     // 앞서 정의했던 Example 구조체를
            pub first: String,   // 하드코딩된 응답으로 반환하고 있습니다.
            pub second: u32,
        }
    };

    public_version.into()
}
```

당연히 이 코드는 잘 작동합니다. 이전에 입력 구조체의 이름을 가져오는 방법을 배웠으니, 이제 그 지식을 여기에 적용해 볼 차례입니다. 이렇게 하면 예시와 동일한 필드를 가진 모든 종류의 구조체를 처리할 수 있게 됩니다.

코드 4.8 입력으로부터 구조체 이름을 가져오고 속성은 하드코딩한 예

```
#[proc_macro_attribute]
pub fn public(_attr: TokenStream, item: TokenStream) -> TokenStream {
    let ast = parse_macro_input!(item as DeriveInput);
    let name = ast.ident;

    let public_version = quote! {
        pub struct #name {
            pub first: String,
            pub second: u32,
        }
    };

    public_version.into()
}
```

이전에 배운 내용을 적용하여 구조체의 이름을 가져와서 `quote`에 전달했습니다. 이제 드디어 AST를 활용하기 시작했고, 구조체를 더 일반적으로 사용할 수 있도록 작은 발걸음을 내디뎠습니다. 다음 단계에서는 입력으로 들어오는 필드들을 가져와서 활용하고자 합니다. 이 필드들도 이름을 가져왔던 것과 마찬가지로 AST에서 추출할 수 있습니다.

4.4 필드 가져오기 및 사용하기

앞서 언급한 대로 매개변수 `item`에는 모든 관련 코드가 포함되어 있으므로, `ast` 변수를 통해 구조체 전체에 접근할 수 있습니다. 이 변수는 `DeriveInput` 타입으로, 파생 매크로로부터 받을 수 있는 입력을 표현한 것입니다. 현재 속성형 매크로를 작성하고 있지만, 이 타입을 사용할 수 있는 이유는 두 매크로가 중요한 입력 대상을 공유하기 때문입니다. 바로 구조체, 열거형, 그리고 공용체(union)[4]입니다. 속성형 매크로는 트레이트와 함수도 대상으로 할 수 있지만, 이번 구현에서는 해당 기능이 필요하지 않습니다. 만약 현재 상황에 더 적합한 타입을 사용하고 싶다면

---

4 [옮긴이] 공용체는 C 언어의 `union`과 같은 개념으로, 여러 멤버 변수가 메모리를 공유하는 데이터 타입입니다. 예를 들어 4바이트 정수형과 4바이트 실수형을 멤버로 가지는 공용체는 총 4바이트의 메모리만 사용하며, 같은 메모리 공간을 정수형으로도, 실수형으로도 해석할 수 있습니다.

syn::ItemStruct를 선택할 수 있습니다. 그러나 이 타입은 syn 크레이트의 'full' 기능을 활성화해야만 사용할 수 있습니다.

다음은 DeriveInput 구조체의 소스 코드입니다(https://docs.rs/syn/latest/src/syn/derive.rs.html#9-190).

```
pub struct DeriveInput {    ← DeriveInput은 파생 매크로 입력을 표현하기 위한 구조체입니다.
    pub attrs: Vec<Attribute>,    ← 항목의 속성들을 가지고 있습니다.
    pub vis: Visibility,    ← 가시성 수정자를 포함합니다.
    pub ident: Ident,    ← 식별자를 포함합니다.
    pub generics: Generics,    ← 제네릭 정보를 포함합니다.
    pub data: Data,    ← 기타 정보(내용)를 포함합니다.
}
```

러스트에 익숙하시다면 이러한 속성들의 의미를 대부분 추측하실 수 있을 것입니다.

- `attrs`는 구조체에 정의된 속성들을 포함합니다. 예를 들어 `#[derive(Debug)]`와 같은 것입니다.
- `vis`는 구조체의 가시성(공개, 크레이트 내 가시성, 또는 비공개, 즉 '상속된')을 가지고 있습니다.
- `ident`는 구조체의 이름(식별자)을 가지고 있습니다.
- `generics`는 구조체가 제네릭(`Example<T>`)인 경우의 정보를 포함합니다. 하지만 여기서는 해당되지 않습니다.
- `data`는 구조체 내부의 상세 정보를 찾을 수 있는 곳입니다.

`data`가 가장 유용해 보이는데요. `data`에는 무엇이 들어 있을까요? `syn`의 내부를 자세히 살펴보면, `Data`는 `Struct`, `Enum`, `Union`이라는 세 가지 옵션을 가진 열거형임을 알 수 있습니다. 이는 매우 자연스러운 구조입니다. `DeriveInput`이 특별히 파생 매크로를 위해 만들어졌고, 속성형 매크로와는 달리 파생 매크로는 이 세 가지 대상에만 사용할 수 있기 때문입니다.

```
pub enum Data {
    Struct(DataStruct),
    Enum(DataEnum),    ← Data는 세 가지 변형을 가진 열거형입니다.
    Union(DataUnion),
}
```

이제 `Struct`라는 변형 안에 들어 있는 `DataStruct`의 내부 구조를 살펴보겠습니다. `DataStruct`에는 `struct` 키워드를 포함하는 `struct_token`(크게 유용하지 않음), 선택적으로 존재하는 세미콜론인

semi_token(중요하지 않음), 그리고 구조체의 필드들이 포함되어 있음을 알 수 있습니다(그림 4.2 참고).

```
pub struct DataStruct {
    pub struct_token: Token![struct],
    pub fields: Fields,
    pub semi_token: Option<Token![;]>,
}
```

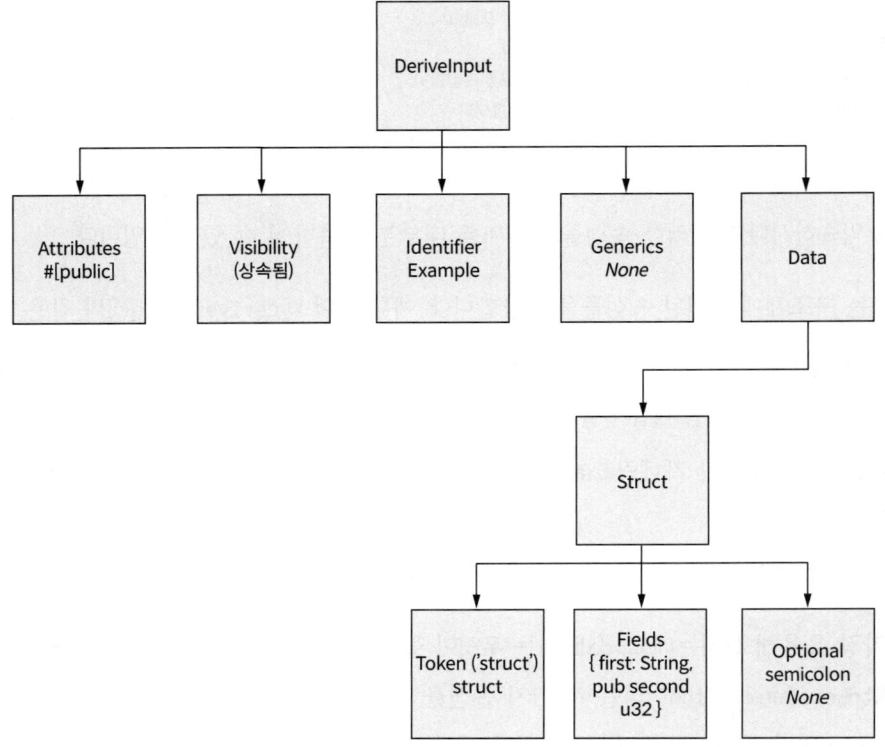

그림 4.2 DeriveInput에서 Fields까지 Example 구조체의 계층 구조 탐색

이제 필드들이 어디에 있는지 알았으니, 데이터에서 이를 추출해 보겠습니다. 일단은 구조체에 대해서만 작동하도록 만들 것이므로, 매칭 과정에서 열거형과 공용체는 무시하겠습니다. 또한 매칭을 사용해 이름이 있는 필드(named field)를 찾아내 보겠습니다. 이는 이름과 타입이 모두 있는 필드를 말하는데, 예를 들어 first: String과 같은 형태입니다. 다음 코드에서 사용된 '..'은 DataStruct와 FieldsNamed 내부에서 관심 없는 속성들을 무시하기 위한 것으로, 나중에 다룰 이름 없는 필드도 여기에 포함됩니다. 만약 이 점들을 빼먹으면 Struct pattern does not mention fields someField and anotherField(Struct 패턴이 someField와 anotherField를 언급하지 않습니다)

와 같은 오류가 발생합니다. 이는 러스트가 패턴을 매칭하는 과정에서 몇몇 필드가 빠졌다고 알려주는 것입니다.

```
let fields = match ast.data {
    Struct(
        DataStruct {
            fields: Named(FieldsNamed { ref named, .. }),
            ..
        }
    ) => named,       ◀── 매칭을 사용하면 입력에서 이름이 있는 필드만 쉽게 추출할 수 있습니다.

    _ => unimplemented!(
        "only works for structs with named fields"   이름이 있는 필드를 가진
    ),                                               구조체가 아닌 경우에는
};                                                   패닉이 발생합니다.
```

이제 필드에는 `Punctuated<Field, Token![,]>` 타입의 이름이 지정되었습니다. `Punctuated`는 구두점이 있는 모든 것을 나타낼 수 있습니다. 이 경우 제네릭 타입을 통해 `Field`들이 쉼표 `Token`으로 구분된다는 것을 알 수 있습니다. 실제로 구조체의 필드는 쉼표로 구분됩니다. 여기서 알아두면 좋을 점은 `Punctuated`가 `IntoIterator`를 구현한다는 것입니다. 따라서 반복문으로 순회할 수 있습니다. 자세히 살펴보면 첫 번째 제네릭인 `Field`를 순회하게 될 것입니다. 이는 타당한데, 쉼표를 순회하는 것은 별로 의미가 없기 때문입니다.

구조체의 모든 필드를 확보했으므로 이제 반복문으로 순회할 수 있습니다. 그렇다면 `Field`에는 무엇이 들어 있을까요? 소스 코드를 다시 살펴보면 이미 익숙한 여러 요소들이 포함되어 있습니다. `attrs`, `vis`, `ident`가 있고, 필드의 타입이 담긴 `ty`라는 프로퍼티도 있습니다(그림 4.3 참고).

이제 무엇을 해야 할까요? 목표는 무엇일까요? 구조체의 속성들을 다시 채워넣되, 이번에는 `public` 가시성 지시자를 앞에 붙이는 것입니다. `Example` 구조체를 예로 들면, `quote`를 사용해서 먼저 `pub first: String`을 추가하고자 합니다. 그다음에는 `pub second: u32`를 추가합니다. 따라서 이름과 타입만 가져오면 됩니다. 가시성을 포함한 그 밖의 정보는 무시해도 됩니다. 항상 `pub`으로 설정할 것이기 때문입니다.

> **NOTE** 구조체가 가지고 있을 수 있는 다른 속성들[5]은 무시하고 있습니다. 이는 다른 매크로들이 이 구조체에 대해 예상대로 작동하지 않을 수 있음을 의미합니다. 이 문제를 해결하는 방법은 추후에 살펴보겠습니다.

---

5 [옮긴이] 여기서 말하는 '다른 속성들'은 `#[derive(Debug)]`와 같은 구조체의 파생 매크로나 다른 속성형 매크로를 의미합니다.

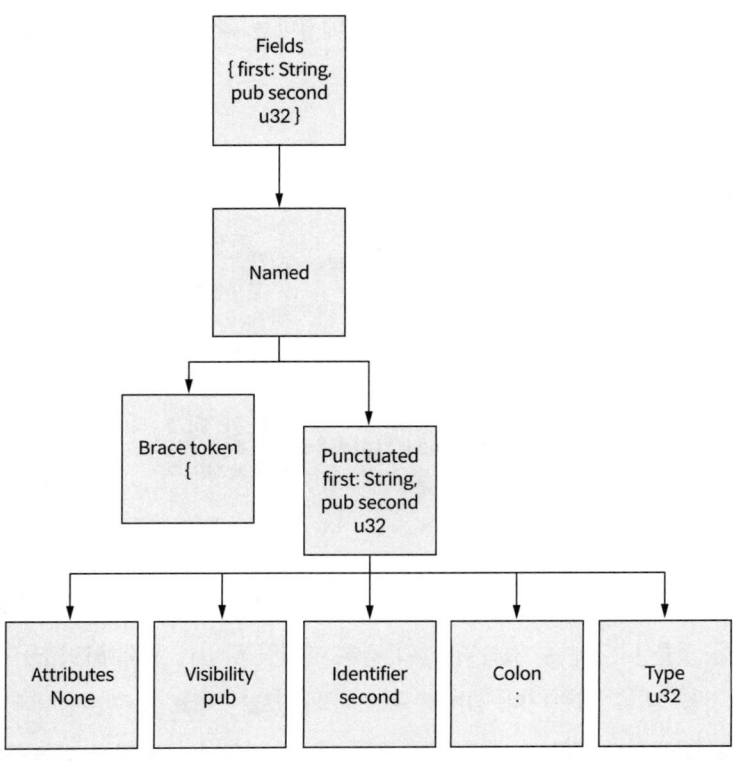

그림 4.3 Example 구조체의 두 번째 필드에 대한 Fields에서 Punctuated로의 변환 과정(단순화된 뷰)

다음 코드에서 이 아이디어의 구현을 확인할 수 있습니다. 필드들을 순회하면서 `map`을 사용해 식별자와 타입을 추출합니다. `quote`를 사용하여 `public` 접두사, 이름, 그리고 해당 필드의 타입이 포함된 `TokenStream`을 생성합니다.

```
let builder_fields = fields.iter().map(|f| {
    let name = &f.ident;        ← map 내에서 개별 필드에 접근하게 되면 이름을 가져올 수 있습니다.
    let ty = &f.ty;

    quote! { pub #name: #ty }   ← quote를 사용하여 입력값에 모든 필드에 대한
});                                pub 접두사를 추가한 TokenStream을 반환합니다.
```

이제 리터럴이 아닌 값은 출력 시 해시태그(#)를 접두사로 붙여야 한다는 것을 이해했을 것입니다. 이는 `quote!` 매크로 내에 주어진 값을 동일한 이름의 변수로 교체해야 한다는 의미입니다. 주의할 점은 `quote!`는 변수의 속성에 접근할 수 없습니다. 따라서 `quote! { pub#f.ident: #f.ty }`와 같이 작성하면 `#f`가 먼저 '해석'되고 리터럴 값 `.ident`가 출력에 추가되어 혼란스러운 오류가 발생하게 됩니다. 또 하나 흥미로운 점은 `map`의 출력 결과를 `collect` 할 필요가 없다는 것입니다.

quote!는 내부적으로 `TokenStream`을 생성하는 `map`을 처리하는 방법을 알고 있기 때문입니다. 물론 함수 시그니처를 더 단순화하고 싶다면, `collect()`를 호출하여 `Vec<TokenStream>`의 출력 결과를 얻을 수도 있습니다. 이에 대한 예시는 나중에 살펴보겠습니다.

이제 스트림의 `map`을 반환하는 구조체에 추가하기만 하면 됩니다. 러스트에게 이 스트림들이 쉼표로 구분된다는 것을 알려줘야만 하는데, 그렇지 않으면 러스트는 구문 오류를 발생시킬 것입니다. `quote`는 이를 위한 편리한 기능을 제공하는데, 선언적 매크로에서 여러 요소를 처리하는 방식과 매우 비슷한 `#(#변수-이름,)*` 형태로 작성할 수 있습니다. 이는 0개 이상의 값을 포함하는 변수를 가져와서 각 요소 뒤에 쉼표를 추가한다는 의미입니다. `quote`에서 반복을 사용할 때는 해시태그를 2개 사용해야만 하는데, 바깥쪽 해시태그를 빠뜨리면 `the trait ToTokens is not implemented for Map…`(ToTokens 트레이트가 Map에 대해 구현되어 있지 않습니다…)이라는 오류 메시지가 표시될 것입니다.

코드 4.9 공개 필드 매크로

```
use quote::quote;
use proc_macro::TokenStream;
use syn::{parse_macro_input, DeriveInput, DataStruct, FieldsNamed};
use syn::Data::Struct;
use syn::Fields::Named;

#[proc_macro_attribute]
pub fn public(_attr: TokenStream, item: TokenStream) -> TokenStream {
    let ast = parse_macro_input!(item as DeriveInput);
    let name = ast.ident;

    let fields = match ast.data {
        Struct(
            DataStruct {
                fields: Named(
                    FieldsNamed {
                        ref named, ..
                    }), ..
            }
        ) => named,
        _ => unimplemented!("only works for structs with named fields"),
    };

    let builder_fields = fields.iter().map(|f| {
        let name = &f.ident;
        let ty = &f.ty;
        quote! { pub #name: #ty }
```

> 이름이 있는 필드를 가진 구조체가 있다면 해당 필드들을 가져옵니다.

> 이 필드들로부터 이름과 타입을 가져와서 각 요소에 대해 pub, 이름, 타입이 포함된 TokenStream을 반환합니다.

```
    });

    let public_version = quote! {
        pub struct #name {
            #(#builder_fields,)*  ◀── 출력에서 quote에게 builder_fields가 쉼표로 구분되어
        }                              구조체에 추가되어야 하는 요소들의 리스트라고 알려줍니다.
    };

    public_version.into()
}
```

보시다시피 `quote`는 필요 이상으로 다재다능합니다. `#name`을 사용하여 간단한 단일 `TokenStream`을 추가할 수도 있고, 한 번에 여러 요소를 추가할 수도 있습니다. 더 복잡한 매크로에서는 출력이 종종 하나의 최종 출력으로 모아진 다양한 변수들로 구성됩니다. 그리고 이러한 변수들도 정해지지 않은 복잡도의 `quote` 조합의 결과일 수 있습니다. 어떤 경우든, 이전 코드 덕분에 `Example` 같은 단순한 구조체의 모든 필드가 `public`으로 설정됩니다. 이제 모든 정보는 공개됩니다!

4.5 가능한 확장

이제 매크로를 더 유용하게 만들기 위한 여러 가지 확장 방법이 있습니다. 예를 들어, 열거형을 입력받았을 때 패닉을 일으키는 대신 이를 처리하는 코드를 작성할 수 있습니다. 열거형 자체가 `public`일 때 그 변형들도 자동으로 `public`이 된다는 점을 기억하면, 사용자 정의 매크로를 사용하는 것보다 열거형에 `pub`을 추가하는 것이 더 간단할 것입니다.

지금까지는 `struct Example(u32, String);` 같은 구조체에서 볼 수 있는 이름 없는 필드[6]를 무시해 왔습니다. 만약 구조체를 이런 방식으로 작성했다면, 아직 구현되지 않은 `unimplemented` 분기에 도달하게 됩니다.[7] 그렇다면 이러한 구조체들은 어떻게 처리해야 할까요? 첫 번째 단계는 먼저 이름이 없는 필드들을 찾아내는 것입니다. 이는 앞서 이름이 있는 필드를 찾아냈던 방식과 매우 비슷한 방법으로 할 수 있습니다. 코드의 새로운 조건문을 추가하여 이를 처리할 수 있습니다.

일단 필드를 찾아냈다면, `pub struct Example(pub u32, pub String);`과 같이 올바른 형식으로 출력할 수 있습니다. 결국에는 이름이 있는 구조체와 이름이 없는 구조체를 구분하고 어떤 형태로 출력할지 결정해야 합니다. 다행히도 단순히 두 가지 경우에 대해서만 처리하면 됩니다. 구조체는

---

6 옮긴이 이름 없는 필드(unnamed field)란 필드 이름 대신 타입만 나열된 튜플형 구조체(tuple struct)의 필드를 의미합니다.
7 옮긴이 코드 4.9의 `unimplemented!("only works for structs with named fields")` 부분

이름이 있거나 없거나 두 가지 중 하나의 상태만 가질 수 있기 때문입니다.

사실 현재의 코드로도 비어 있는 구조체를 제대로 처리할 수는 있습니다. 단, 대괄호나 중괄호가 있는 경우에만 가능합니다. `struct Empty;`처럼 괄호가 없는 구조체는 필드가 전혀 없기 때문에, 구현되지 않은 `unimplemented` 분기에 도달하게 됩니다.

`Union`을 처리하지 않는 것 외에도 몇 가지 잠재적인 문제가 있습니다. 예를 들어, 현재 매크로는 중첩된 구조체의 필드를 `public`으로 만들지 않습니다. 다행히도 `public`을 만들기 위해서는 중첩된 항목에 `#[public]`을 추가하는 것만으로도 쉽게 가능합니다.

더 심각한 문제가 있습니다. 구조체에 다른 매크로 애너테이션이 있을 때 매크로가 이를 삭제해 버립니다. 현재 애너테이션 아래에 `#[derive(Debug)]`를 추가하고 `cargo expand`를 실행해 보면, 추가한 애너테이션이 마치 마법처럼 사라지는 것을 볼 수 있습니다. 매크로는 위에서 아래로 순차적으로 실행되기 때문에, 간단한 해결책은 `#[derive]`를 `#[public]` **위에** 놓는 것입니다. 이렇게 하면 모든 것이 예상대로 작동하긴 합니다. 하지만 이런 방식은 피해야 합니다. 대신 올바른 방법으로 모든 사용 가능한 속성을 찾아서 다시 붙여주어야 합니다.

게다가 이름이 있는 필드의 제네릭은 유지되고 있지만, 구조체의 시그니처를 새로 만들면서 구조체의 제네릭이 사라지고 있습니다. 이 문제를 해결하려면 `DeriveInput`에서 `generics` 필드를 가져와서 다시 추가해야 합니다. 이러한 여러 확장 기능은 나중에 연습문제에서 시도해 볼 수 있습니다.

4.6 토큰 스트림을 파싱하는 여러 방법

앞서 설명한 방식은 절차적 매크로를 만드는 한 가지 방법을 보여줍니다. 이 방식에서는 토큰을 파싱하기 위해 `syn`을 사용하고, 새로운 토큰을 생성하기 위해 `quote`를 사용하며, 그 사이의 모든 처리는 매칭과 함수를 통해 수행합니다. 하지만 함수로 여러 요소를 연결하는 방식이 마음에 들지 않는다면 다른 대안도 있습니다. 예를 들어 '구조체 중심' 접근 방식을 사용할 수 있습니다. 이를 설명하기 위해 `public` 매크로를 다시 살펴보면서 여러 옵션을 알아보겠습니다.

4.6.1 사용자 정의 구조체에 작업 위임하기

우선 필드를 가져오고 출력하는 작업을 `StructField`에 위임할 수 있습니다. 먼저 `proc-macro2` 의존성을 추가해 보겠습니다.

코드 4.10 라이브러리 toml 파일에 있는 2개의 익숙한 의존성과 하나의 새로운 의존성

```
[dependencies]
quote = "1.0.33"
syn = "2.0.39"
proc-macro2 = "1.0.69"
```

이제 새로운 구현을 살펴보겠습니다. 기존과 크게 다른 점이 두 가지 있습니다. `syn`의 기본 요소들을 직접 사용하는 대신, 구조체가 필요한 모든 정보(이름과 타입)를 수집하고 구성합니다. 관례상 구조체를 생성할 때는 `new` 메서드를 사용해야 하므로, 필드를 순회할 때 호출할 수 있는 `new` 메서드를 만듭니다. `map(StructField::new)`는 `map(|f| StructField::new(f))`의 간편한 축약형으로, 포인트 프리 스타일(point-free style)[8]이라고도 합니다.

코드 4.11 구조체를 사용하여 대부분의 연결 작업을 수행하는 구현

```
use proc_macro::TokenStream;
use quote::{quote, ToTokens};
use syn::{DeriveInput, Field, Ident, parse_macro_input, Type, DataStruct, FieldsNamed};
use syn::Data::Struct;
use syn::Fields::Named;

struct StructField {
    name: Ident,                    // 이 구조체는 구조체의 각 필드에 대해 필요한 데이터를 포함합니다.
    ty: Type,
}

impl StructField {
    fn new(field: &Field) -> Self {
        Self {
            name: field.ident.as_ref().unwrap().clone(),    // new에는 필드로부터
            ty: field.ty.clone(),                           // 이름과 타입을 검색하는
        }                                                   // 코드가 있습니다.
    }
}

impl ToTokens for StructField {
    fn to_tokens(&self, tokens: &mut proc_macro2::TokenStream) {
        let n = &self.name;                                 // ToTokens는 필드를 public으로 설정한
        let t = &self.ty;                                   // 토큰 스트림을 출력합니다.
        quote!(pub #n: #t).to_tokens(tokens);               // quote 라이브러리의 일부이므로
    }                                                       // proc_macro2::TokenStream을
}                                                           // 사용합니다.
```

---

[8] (옮긴이) 포인트 프리 스타일은 함수형 프로그래밍에서 '함수 참조 표기법'이라고도 부르는 기법입니다. 이는 람다 표현식을 사용하지 않고 함수를 직접 참조하는 방식을 의미합니다.

```
#[proc_macro_attribute]
pub fn public(_attr: TokenStream, item: TokenStream) -> TokenStream {
    // 필드 가져오기(변경되지 않음)
    let builder_fields = fields.iter().map(StructField::new);  ◄── iteration 도중에 new를 호출하여
    // 출력용 quote 생성(변경되지 않음)                              모든 Field를 StructField로 매핑합니다.
}
```

`builder_fields`는 사용자 정의 구조체들을 포함합니다. `quote`는 이것을 어떻게 `TokenStream`으로 변환할까요? 임의의 구조체를 토큰들로 변환하는 방법을 모르기 때문에 그럴 수 없습니다. 한 가지 해결책은 구조체를 `TokenStream`으로 변환하는 두 번째 메서드를 작성하여 순회하며 호출하는 것입니다. 또 다른 해결책으로, 이 목적을 위한 트레이트를 사용할 수 있습니다. `quote`의 `ToTokens`는 구현체를 `TokenStream`으로 변환하므로, 이 트레이트를 대신 사용하겠습니다.

`to_tokens` 내부의 코드는 이전의 매핑 작업과 비슷하지만, 한 가지 중요한 차이점이 있습니다. `to_tokens`는 새로 만든 모든 토큰을 `proc_macro2::TokenStream` 타입의 가변 매개변수에 전달해야 합니다. 이 `proc_macro2::TokenStream`은 러스트의 기본 토큰 스트림을 확장해서 추가 기능을 제공하는 커뮤니티 버전입니다. `quote` 크레이트가 내부적으로 이 `proc_macro2::TokenStream`을 사용하기 때문에, 토큰을 반환할 때마다 `quote`의 결과에 `into()`를 호출해야 했던 것입니다. 이제 `impl` 블록의 시그니처에서 이를 명시적으로 사용하려면 프로젝트의 의존성에 `proc-macro2`를 추가해야 합니다.

`quote::__private::TokenStream`을 사용하는 것도 가능하지만, 이보다는 더 깔끔한 방식인 `proc_macro2::TokenStream`을 사용하겠습니다. 이렇게 하면 `builder_fields`가 자동으로 `TokenStream`으로 변환되므로, 최종 `quote` 코드는 수정할 필요가 없습니다.

이전보다 코드의 양도 늘어나고 더 복잡해졌지만, 좋은 점도 있습니다. 관심사의 분리[9]가 이루어졌습니다. 필드의 검색과 출력만을 담당하는 구조체를 만들었습니다. 이를 통해 재사용이 가능하고 더 읽기 쉽고 구조화된 코드를 만들 수 있습니다. 이런 기본적인 예제 정도의 규모에서는 과도한 설계이지만, 더욱 큰 규모의 절차적 매크로에서는 데이터를 구조체로 구조화하는 것이 유용할 수 있습니다.

---

[9] (옮긴이) 관심사의 분리(separation of concerns)는 소프트웨어 설계의 기본 원칙 중 하나로, 프로그램의 각 부분이 서로 독립적인 하나의 기능만을 담당하도록 분리하는 것을 말합니다. 이는 SOLID 원칙 중 단일 책임 원칙(single responsibility principle)과도 밀접한 관련이 있습니다.

4.6.2 Parse 트레이트 구현하기

syn의 또 다른 내장 기능인 `Parse` 트레이트를 활용하여 한 단계 더 나아갈 수 있습니다. 이 트레이트는 `TokenStream`을 구조체나 열거형으로 변환하는 데 사용됩니다. 코드 4.12에서는 `syn::parse::ParseStream`을 입력으로 받는 이 트레이트와 그 메서드 `parse`의 구현을 추가합니다. `ParseStream`은 일종의 `TokenStream`이라고 생각하면 됩니다.

코드 4.12 `new` 대신 파싱 사용하기

```rust
use proc_macro::TokenStream;
use quote::{quote, ToTokens};
use syn::{DeriveInput, Field, Ident, parse_macro_input, Type, DataStruct, FieldsNamed};
use syn::Data::Struct;
use syn::Fields::Named;

struct StructField {
    name: Ident,
    ty: Ident,   // ← Parse로부터 Ident를 받게 되므로 ty 필드는 Type 대신에 Ident를 사용하게 되었습니다.
}

// ToTokens 구현부는 변경되지 않음

impl Parse for StructField {   // ← parse가 그 역할을 대체하면서 new 메서드는 더 이상 필요하지 않게 되었습니다.
    fn parse(input: ParseStream) -> Result<Self, syn::Error> {
        let _vis: Result<Visibility, _> = input.parse();   // ← 가시성을 Result<Visibility, _> 타입의 변수로 파싱하여 제거하고, 포인터를 다음 토큰으로 이동합니다.
        let list = Punctuated::<Ident, Colon>::parse_terminated(input)
            .unwrap();   // ← 가시성이 없는 필드는 Punctuated의 일종이므로, 필드의 나머지 부분을 파싱하기 위해 parse_terminated를 호출합니다.

        Ok(StructField {
            name: list.first().unwrap().clone(),
            ty: list.last().unwrap().clone(),   // ← 첫 번째 요소는 이름이어야 하고 타입은 마지막에 있어야 합니다. 필드를 콜론으로 구분된 식별자로 파싱했기 때문에 ty는 이제 Ident가 되었습니다.
        })
    }
}

#[proc_macro_attribute]
pub fn public(_attr: TokenStream, item: TokenStream) -> TokenStream {
    // 변경되지 않음

    let builder_fields = fields.iter()
        .map(|f| {
            syn::parse2::<StructField>(f.to_token_stream())   // ← 필드들을 반복하면서 parse2를 사용합니다. Result는 다양한 타입이 될 수 있으므로, StructField를 원한다고 명시적으로 지정해야 합니다.
                .unwrap()
        });
```

```
    // 변경되지 않음
}
```

`parse` 메서드를 구현할 때는 단일 필드를 나타내는 `ParseStream`을 입력받을 것으로 예상됩니다. 즉, 가장 먼저 필드의 가시성을 나타내는 토큰이 들어올 것입니다. 이 값은 직접적으로 필요하지는 않지만, 지금 처리해 두면 이후의 파싱이 더 수월해집니다. 따라서 `input`에 대해 `parse`를 호출하고 이 `Visibility` 값을 `_vis`라는 변수에 바인딩하도록 지정합니다. `parse`는 실패할 수 있으므로 `Visibility`는 `Result`로 감싸져 있는데, 이 값은 단순히 제거하기 위한 것이므로 언래핑조차 하지 않습니다. 이렇게 하면 `ParseStream`에서 필드의 가시성 지정자가 제거되어 다음 단계로 진행할 수 있습니다(그림 4.4 참고).

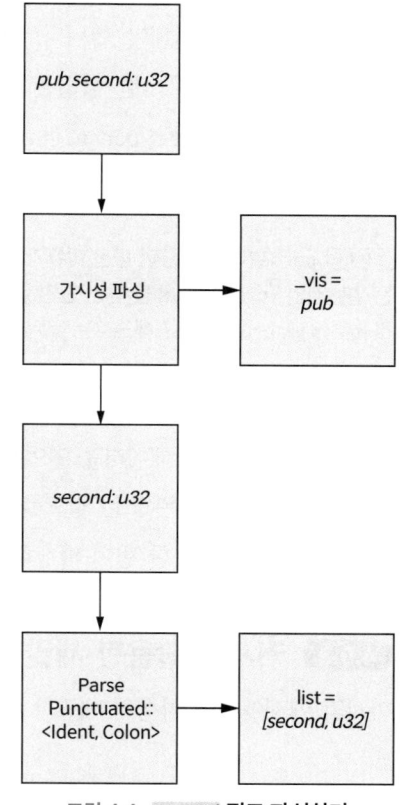

그림 4.4 **second 필드 파싱하기**

> **NOTE** 필드 정의에서 가시성이 선택적인 요소라고 생각할 수 있습니다. 실제로 필자도 그렇게 생각했었습니다. 하지만 AST 다이어그램과 소스 코드를 자세히 살펴보면, `ParseStream`에는 항상 `Visibility`가 존재합니다. 기본값은 `Inherited`로 설정되는데, 문서에 따르면 이는 '일반적으로 비공개를 의미합니다'.

다음 단계에서 `Punctuated::<Ident, Colon>`은 콜론(:)으로 구분된 식별자들을 기대한다는 것을 러스트에게 알려줍니다. 가시성을 제외한 필드 선언은 `field_name: FieldType`과 같은 형태를 가지므로, 이러한 구조가 필요한 것입니다. 예시에서 볼 수 있듯이, 첫 번째 요소는 이름이고 마지막 요소는 타입이 되어야 합니다. 따라서 이들을 구조체에 추가할 수 있습니다. `Punctuated`를 사용했기 때문에 `ty`가 `Ident`로 파싱되는데, 이는 완벽하게 유효한 형태입니다.

만약 이 단계에서 가시성이 여전히 스트림의 일부로 남아 있었다면, 러스트는 식별자들의 리스트를 기대했는데 `Visibility` 타입을 받았다며 `expected identifier` 오류를 발생시켰을 것입니다. 이 오류는 피할 수 있었지만, 아직 이 매크로를 실제 프로덕션에서 사용할 수준은 아닙니다. 현재는 단순하고, 애너테이션이 없는, 이름이 있는 필드만을 처리할 수 있기 때문입니다. 구조체가 가질 수 있는 다양한 내용 중 일부분만을 다루고 있는 것이죠. 물론 이는 중요한 부분이기는 하지만, 지금은 이 정도로 충분할 것 같습니다.

이제 `TokenStream`을 파싱하기 위한 필드 토큰을 전달하는 것만이 남았습니다. 이는 `syn::parse2`를 사용하여 처리할 수 있습니다. 이 함수는 `TokenStream`을 받아서 `Parse`를 구현한 어떤 타입이든 반환할 수 있습니다. 하지만 많은 타입이 `Parse`를 구현하고 있기 때문에, 어떤 반환 타입을 원하는지 함수에 명시해야 합니다. 여기서는 `StructField`를 반환 타입으로 사용합니다. 이 정보를 전달하는 가장 우아한 방법은 `parse2::<StructField>`를 사용하는 것입니다. `map(|f| { let field: StructField = parse2(f.to_token_stream()).unwrap(); field })`와 같은 방법도 있지만, 이는 다소 어색한 대안이 될 것입니다.

> [NOTE] `parse2`라는 이름이 붙은 이유가 궁금하실 수 있습니다. `parse`도 존재하고 매우 비슷한 기능을 하지만, `parse`는 일반적인 `TokenStream`을 받는 반면 `parse2`는 `proc_macro2` 변형을 받습니다(이름이 이렇게 붙은 이유입니다). 참고로 `parse_macro_input!` 매크로는 `parse`의 문법적 설탕에 불과합니다.

하지만 `.map(|f| parse2::<StructField>(f.to_token_stream())`은 좋은 방식이 아닙니다. `syn`으로부터 잘 파싱된 데이터를 얻었는데, 이를 다시 `TokenStream`으로 되돌리고 있기 때문입니다. 이러한 불필요한 과정은 모든 필드를(혹은 전체 입력을) 각각의 필드를 개별적으로 파싱하는 대신, 사용자 정의 구조체로 한 번에 파싱하는 방식으로 피할 수 있습니다.

4.6.3 커서를 활용한 세밀한 제어

마지막 예제에서는 파싱의 세밀한 제어를 위해 `cursor`를 활용하는 방법을 살펴보겠습니다.

```rust
impl Parse for StructField {
    fn parse(input: ParseStream) -> Result<Self, syn::Error> {
        let first = input.cursor().ident().unwrap();

        let res = if first.0.to_string().contains("pub") {
            let second = first.1.ident().unwrap();
            let third = second.1.punct().unwrap().1.ident().unwrap();
            Ok(StructField {
                name: second.0,
                ty: third.0,
            })
        } else {
            let second = first.1.punct().unwrap().1.ident().unwrap();
            Ok(StructField {
                name: first.0,
                ty: second.0,
            })
        };
```

```
        let _: Result<proc_macro2::TokenStream, _> = input.parse();
        res
    }
}
```

`input` 매개변수에 대해 `cursor`를 호출하고, 첫 번째 요소가 식별자임을 지정합니다. `cursor`는 이름, 타입, 가시성 등을 구분하지 않기 때문에 필드의 가시성이나 이름 중 하나를 캡처하게 됩니다. 만약 이름에 "pub" 문자열이 포함된 경우, 이는 가시성 지정자로 판단되며, 다음 식별자가 이름이 됩니다. 이는 `first.1.ident()`를 호출하고 결과를 언래핑하여 얻을 수 있습니다. `second` 변수에는 이름과 나머지 데이터가 들어 있게 됩니다. 타입은 콜론 뒤에 있으므로, 구두점(`punct()`)과 그 뒤의 식별자를 찾아야 합니다. 이름과 타입을 모두 얻었다면, 이들을 `StructField`에 전달합니다. 그 밖의 조건부 분기도 비슷한 방식으로 작동합니다. 명시적인 가시성 지정자가 없는 경우에는 이미 이름을 가지고 있으므로 타입만 가져오면 됩니다.

마지막 부분의 `let _: Result<proc_macro2::TokenStream, _> = input.parse();`는 썩 좋은 코드가 아닙니다. `cursor`는 기존 토큰 스트림을 변경하지 않고 읽기만 하는 방식으로 접근하는데, 보통은 이게 괜찮지만 여기선 문제가 됩니다. 이유는 `parse2`가 내부적으로 파싱을 마친 후, 남은 토큰이 없는지 검사를 수행하기 때문입니다. 이 예제에서는 실제로 아무것도 파싱하지 않으므로, 남은 토큰이 있는 것으로 판단되어 `unexpected token` 오류가 발생합니다. 따라서 그냥 `parse`를 호출하고 `Result`를 반환받은 뒤 이를 무시합니다. 이는 앞선 예제(코드 4.12)에서 가시성 토큰을 무시했던 것과 비슷한 방식입니다.

지금까지 몇 가지 매크로 작성 방법을 살펴봤는데, 어떤 방법을 선택해야 할까요? 상황에 따라 다릅니다. 함수와 매턴 매칭 방식을 사용하는 방식은 비교적 간단해서 작은 매크로나 예시 구현(Proof of Concept, PoC)을 작성할 때 이상적입니다. 구조체를 사용하는 방식은 코드를 더 체계적으로 구성할 수 있고, 각 구조체가 파싱과 출력의 일부를 맡도록 하여 작업을 잘 나눌 수 있습니다. 또한 DSL과 같이 정식 러스트 코드가 아닌 것들을 매크로로 처리할 때도 특히 유용합니다. 기본 파서는 특정 도메인에서만 의미를 갖는 임의의 입력을 처리하기에 적합하지 않으므로, 이런 경우에는 필요한 정보를 담을 수 있는 자체 구조체를 직접 작성해야 합니다. 한편 `cursor`는 저수준에서 강력한 제어를 제공하지만 코드가 장황해지고 사용하기 까다로워서 처음부터 사용하기에는 적합하지 않습니다.

이 책에서는 간단한 예제에 적합한 함수 중심의 매크로 구축 방식을 주로 다룹니다. 다만 구조체 기반 구현이 실무에서 널리 사용되므로 해당 스타일의 예제도 함께 제공합니다.

4.7 개발과 디버깅을 위한 추가 방법

이전 장에서 `cargo expand`와 같은 개발 및 디버깅 도구에 대해 다루었습니다. 이번 장에서는 소스 코드를 자세히 살펴보면서 `syn`이 입력을 파싱할 때 사용 가능한 데이터에 대해 더 깊이 이해할 수 있었습니다. 언급할 만한 또 다른 유용한 도구가 있는데, 바로 콘솔에 정보를 출력해 보는 것입니다. 타입을 통해 AST의 구조를 파악하는 것도 유용하지만, 무엇을 입력받았는지가 불확실한 상황에서는 실제로 그 안에 무엇이 들어 있는지 출력해 보는 것이 제일 확실한 방법입니다.

두 가지 주의할 점이 있습니다. 첫째, `DeriveInput`과 `syn`의 다른 타입을 디버그 출력하려면 `syn`의 `extra-traits` 기능을 활성화해야 합니다.

```
syn = { version = "2.0.39", features=["extra-traits"]}
```

둘째, 표준 출력이 캡처되어 콘솔에 표시되지 않을 수 있습니다. 이런 경우 항상 사용자에게 전달되는 오류 출력을 사용하면 간단하게 해결됩니다.

```
let ast = parse_macro_input!(item as DeriveInput);
eprintln!("{:#?}", &ast);
```

이제 매크로에 `eprintln` 명령을 추가하면 다음과 같이 축약된 출력을 확인할 수 있습니다. 여기에는 많은 정보가 포함되어 있으며, 이를 읽고 이해하는 데는 시간이 필요합니다. 하지만 이번 장에서 살펴본 `Ident`, `Struct`, `DataStruct`, `FieldsNamed` 같은 많은 타입을 확인할 수 있습니다.

```
DeriveInput {
    vis: Inherited,
    ident: Ident {
        ident: "Example",
        span: #0 bytes(67..74),
    },
    ...
    data: Struct(DataStruct {
        struct_token: Struct,
```

```
            fields: Named(FieldsNamed {
                named: [
                    Field {
                        attrs: [],
                        vis: Inherited,
                        ident: Some(
                            Ident {
                                ident: "first",
                                span: #0 bytes(81..86),
                            },
                        ),
                        colon_token: Some(
                            Colon,
                        ),
                        ...
                    },
                ],
            }),
        }),
}
```

4.8 실제 사례

많은 라이브러리가 속성형 매크로를 활용하여 흥미로운 기능을 구현합니다. 예를 들어, 러스트에서 널리 사용되는 비동기 런타임인 Tokio는 `#[tokio::main]` 매크로를 사용하여 `main` 함수를 비동기 호출을 처리할 수 있는 형태로 변환합니다. 이 매크로의 소스 코드 진입점은 다음과 같습니다.

```rust
#[proc_macro_attribute]
pub fn main(args: TokenStream, item: TokenStream) -> TokenStream {
    entry::main(args, item, true)
}
```

단순히 `main` 함수만으로도 충분한데, 왜 모든 코드 예제에서는 `#[tokio::main]`을 사용할까요? 이는 아마도 이 매크로가 Tokio 라이브러리의 `main` 매크로라는 점을 읽는 사람에게 명확하게 보여주기 위해서일 것입니다. `::` 기호 앞에 오는 부분은 단순히 해당 매크로가 어느 크레이트에서 왔는지를 나타내는 것뿐입니다. 따라서 다음과 같이 작성해도 완벽하게 유효합니다.

```rust
use tokio::main;
#[main]
```

`Parse`와 `ToTokens` 트레이트를 사용하는 라이브러리의 예시도 많이 있습니다. 웹 프레임워크인 Rocket의 경우 많은 매크로를 사용하여 엔드포인트 등을 생성합니다. 가령 `GET` 호출에 응답하는 함수를 만들고 싶다면 `#[get("/add/endpoint")]` 애너테이션만 추가해 주면 됩니다.

```
impl Parse for Invocation {
    fn parse(input: ParseStream<'_>) -> syn::Result<Self> {
        Ok(Invocation {
            ty_stream_ty: (input.parse()?, input.parse::<syn::Token![,]>()?).0,
            stream_mac: (input.parse()?, input.parse::<syn::Token![,]>()?).0,
            stream_trait: (input.parse()?, input.parse::<syn::Token![,]>()?).0,
            input: input.parse()?,
        })
    }
}

impl ToTokens for UriExpr {
    fn to_tokens(&self, t: &mut TokenStream) {
        match self {
            UriExpr::Uri(uri) => uri.to_tokens(t),
            UriExpr::Expr(e) => e.to_tokens(t),
        }
    }
}
```

위의 `Parse` 구현체는 우리가 4.6.3절에서 작성한 코드보다 개선된 오류 처리 방식을 사용합니다(언래핑 대신 `?` 연산자를 사용합니다). 프로덕션용 매크로를 만들 때는 이처럼 적절한 오류 처리가 권장되며, 이에 대해서는 이후의 장에서 다시 다룰 예정입니다. 그럼에도 불구하고 실제 사용되는 코드에서 패닉이 발생하는 경우를 종종 볼 수 있습니다. HTML을 작성하고 검증하기 위한 멋진 매크로를 가진 웹 프레임워크인 Yew에서는 `unimplemented!("only structs are supported")`를 두 곳에서 발견할 수 있습니다.[10]

마지막 예제로 `no-panic`(https://github.com/dtolnay/no-panic)을 살펴보겠습니다. 이는 주어진 함수가 절대로 패닉이 발생하지 않는다는 것을 컴파일러가 증명하도록 만드는 매크로인데, 꽤나 놀라운 기능입니다. 어떻게 작동할까요? 다음 코드를 살펴봅시다.

---

10 [옮긴이] 해당 부분이 궁금하신 독자분께서는 https://github.com/yewstack/yew 리포지터리의 packages/yew-macro/src/derive_props/mod.rs 파일을 살펴보세요.

```
struct Dropper {}

impl Drop for Dropper {
    fn drop(&mut self) {
        println!("Dropping!");      ◁ Dropper 구조체에 대한 Drop 구현
    }
}

fn some_fun() {
    let d = Dropper {};
    panic!("panic");     ◁ Dropper 인스턴스를 생성한 후 panic 발생
    core::mem::forget(d);   ◁ core::mem::forget(d)는 러스트가 d를 무시하도록 합니다.
}                            실행되면 drop이 실행되지 않습니다.

fn main() {
    some_fun();
}
```

Dropper라는 구조체가 있는데, 이는 Drop 트레이트를 구현하고 있습니다. Drop 트레이트는 러스트에서 리소스의 사용자 정의 정리(custom cleanup)가 필요할 때 사용할 수 있는 트레이트입니다.[11] 코드를 실행하면 some_fun에서 패닉이 발생하고, 이어서 스택 언와인딩[12]이 일어납니다. 이 시점에서 구조체를 정리하기 위해 Dropper의 Drop이 호출됩니다.

하지만 만약 패닉 부분을 주석 처리하면, 다음 줄의 forget[13]에 도달하게 됩니다. 이는 러스트에게 Dropper 구조체와 그것의 Drop 구현을 '잊어버리도록' 만듭니다. 이 경우에는 Drop이 호출되지 않습니다(참고로, 패닉이 발생하면 실행이 중단되므로 첫 번째 경우에서는 forget에 절대 도달하지 않습니다. 하지만 기본적으로 러스트는 패닉 발생 시 리소스 정리를 수행합니다). 이는 흥미로운 시사점을 가집니다. 만약 컴파일러가 some_fun에서 패닉이 절대 발생하지 않는다는 것을 '증명'할 수 있다면, Drop이 forget 호출 때문에 **절대 호출되지 않을 것**이라는 논리적 결론에 도달할 수 있습니다. 결과적으로 러스트는 절대 사용되지 않을 Drop 구현을 안전하게 최적화하여 제거할 수 있습니다.[14]

이 라이브러리 및 이와 유사한 다른 라이브러리들은 다음과 같은 멋진 트릭[15]을 사용합니다. 구조

---

11 [옮긴이] Drop 트레이트는 C++의 소멸자(destructor)와 유사한 개념입니다. 다만 러스트에서는 이를 트레이트로 구현하여 더 명시적이고 안전한 방식으로 제공합니다.
12 [옮긴이] 스택 언와인딩(stack unwinding)은 패닉이 발생했을 때 스택을 역순으로 되감으며 각 스코프의 정리 작업을 수행하는 과정입니다.
13 [옮긴이] forget은 러스트의 std::mem::forget 함수로, 메모리는 유지한 채로 값의 Drop 구현을 호출하지 않고 무시하게 하는 함수입니다.
14 [옮긴이] 여기서 설명하는 '최적화'는 컴파일러가 'dead code'(절대 실행되지 않는 코드)를 제거하는 과정을 의미합니다.
15 [옮긴이] 이 테크닉은 컴파일러의 최적화 작동을 이용해 함수가 패닉을 일으키지 않는다는 것을 컴파일 타임에 검증하는 영리한 방법입니다.

체를 만들고, `Drop`을 구현한 다음, 그 구현부 안에서 존재하지 않는 C 함수[16]를 호출하고, `forget` 호출을 추가합니다. 이는 코드가 최적화되어 제거되지 않으면 링킹 오류[17]가 발생한다는 것을 의미합니다. 그리고 `forget` 호출 이전에 패닉이 발생할 가능성이 있는 경우에는 코드가 제거되지 않습니다. 왜냐하면 이 경우 러스트가 결국 `Drop`을 호출해야 할 수도 있기 때문입니다. 멋지지 않나요?

```rust
struct __NoPanic;
extern "C" {
    #[link_name = "does_not_exist"]
    fn trigger() -> !;
}

impl Drop for __NoPanic {
    fn drop(&mut self) {
        unsafe {
            trigger();
        }
    }
}
```

라이브러리의 코드는 상당히 간단합니다(약 150줄). 아래는 주석이 포함된 코드의 일부입니다. 오류 처리 부분은 아직 다루지 않았기 때문에 제외했고, `parse_quote`는 일반적인 `quote` 매크로와 비슷한 기능을 한다는 점만 알아두시면 됩니다.

```rust
#[proc_macro_attribute]
pub fn no_panic(args: TokenStream, input: TokenStream) -> TokenStream {
    let expanded = match parse(args, input.clone()) {
        Ok(function) => expand_no_panic(function),
        // 오류 처리
    };
    TokenStream::from(expanded)
}

fn parse(args: TokenStream2, input: TokenStream2) -> Result<ItemFn> {
    let function: ItemFn = syn::parse2(input)?;
    let _: Nothing = syn::parse2::<Nothing>(args)?;
    Ok(function)
}
```

매크로의 진입점입니다.
사용자 정의 파싱 함수를 호출하고
Ok 결과를 expand_no_panic으로
전달합니다.

ItemFn은 DeriveInput이 열거형과 구조체를
처리하는 것처럼, 함수를 파싱하기 위한
syn의 내장 기능입니다.

---

16 (옮긴이) '존재하지 않는 C 함수'는 의도적으로 정의되지 않은 함수를 링커가 찾지 못하게 하여 오류를 발생시키는 방법입니다.

17 (옮긴이) 링킹 오류는 컴파일은 성공했지만 실행 파일을 만들 때 필요한 함수를 찾을 수 없는 경우 발생하는 오류입니다.

```
fn expand_no_panic(mut function: ItemFn) -> TokenStream2 {
    // ...
    let stmts = function.block.stmts;
    let message = format!(
        "\n\nERROR[no-panic]: detected panic in function `{}`\n",
        function.sig.ident,
    );
    function.block = Box::new(parse_quote!({
        struct __NoPanic;
        extern "C" {
            #[link_name = #message]
            fn trigger() -> !;
        }
        impl core::ops::Drop for __NoPanic {
            // ...
        }
        let __guard = __NoPanic;
        let __result = (move || #ret {
            #move_self
            #(
                let #arg_pat = #arg_val;
            )*
            #(#stmts)*
        })();
        core::mem::forget(__guard);
        __result
    }));

    quote!(#function)
}
```

이 함수가 핵심적인 작업을 수행합니다. ItemFn 타입에서 function.block은 함수의 본문을 담고 있으며, __NoPanic[18] 관련 코드가 이 본문에 추가됩니다.

이 코드의 많은 부분이 익숙하실 겁니다. 먼저 속성형 매크로를 사용하여 매크로를 선언하는 것으로 시작합니다. 함수의 이름이 매크로의 이름을 결정하기 때문에, 이 매크로를 사용할 때는 `#[no_panic]`을 작성해야 한다는 것을 알 수 있습니다. 2개의 토큰 스트림을 매개변수로 받고, `parse2`를 사용하여 입력을 `ItemFn`으로 파싱합니다. `ItemFn`은 함수를 파싱하기 위한 `syn`의 내장 기능으로, 다음 장에서 자세히 살펴볼 예정입니다. `args`는 사용되지 않으므로 `Nothing` 타입의 무시되는 변수로 파싱됩니다. 이 `TokenStream` 내에 어떤 내용이 있다면 `Nothing`으로의 파싱은 실패하게 됩니다(그래서 이름이 `Nothing`입니다). 참고로 타입을 두 번 명시한 것(`Nothing`과 `syn::parse2::<Nothing>`)은 중복된 것으로, 둘 중 하나만 있어도 충분합니다.

---

18 [옮긴이] __NoPanic은 패닉이 발생하지 않도록 보장하는 코드를 의미합니다.

`expand_no_panic`에는 앞서 논의했던 대부분의 내용이 포함되어 있습니다. 외부 C 함수를 모방한 더미 함수를 추가하고 이를 최적화 과정에서 제거하려고 시도합니다. 추가로, 이 더미 함수의 `link_name`은 `Drop`이 최적화되지 않았을 때 감지된 패닉을 보고하는 메시지로 사용됩니다. `function.block.stmts`(`stmts`는 'statements'의 줄임말)에 포함된 구현부가 새로운 구현에 추가되어 기존의 것을 덮어씁니다. 새로운 코드가 자리를 잡으면, 마지막 표현식(`quote!(#function)`)이 부분적으로 덮어쓰인 함수를 `TokenStream`으로 반환합니다.

4.9 연습문제

해답은 부록을 참고하세요.

1. 다음 매크로가 컴파일되도록 물음표(???)를 채워보세요.

   ```
   #[???]
   pub fn ???(_attr: TokenStream, _item: TokenStream) -> TokenStream {
       let public_version = quote! {};
       public_version.into()
   }
   ```

   사용 예시는 다음과 같습니다.

   ```
   #[delete]
   struct EmptyStruct {}
   ```

2. 이름 없는 필드를 가진 구조체를 처리해 보세요. 매칭을 사용한다면, 새로운 매치 분기는 다음과 비슷한 형태가 될 것입니다.

   ```
   Struct(DataStruct {
       fields: Unnamed(FieldsUnnamed { ref unnamed, .. }),
       ..
   })
   ```

   일반 구조체나 이름 없는 구조체 중 어떤 것을 출력할지 결정해야 합니다.

3. 매크로가 열거형을 처리하도록 수정해 보세요. 두 가지 주의할 점이 있습니다. 첫째, 필드에는 `pub`을 추가할 필요가 없지만(열거형에만 필요), 필드를 검색하고 다시 추가해야 합니다(열거형의 `DataEnum`에서는 `variants`라고 불립니다). 둘째, 이제 코드는 열거형을 반환할지 구조체를 반환할지도 결정해야 합니다.

4. 구조체의 기존 속성이 사라지지 않도록 유지해 보세요. `item`의 `attrs`(속성)를 가져와서 구조체 위에 추가하는 것만으로 충분합니다. `quote` 문법을 약간 조정해야 할 수 있습니다. 이전과 달리 속성의 끝을 표시하기 위한 쉼표가 필요하지 않다는 점만 기억하세요.
5. 지금까지 진행한 모든 연습문제를 하나의 해결책으로 통합해 보세요.
6. `Punctuated::<Ident, Colon>`을 사용하여 필드를 파싱하는 것이 한 가지 방법이지만, 공개 필드 매크로의 경우에는 더 간단한 해결책이 있습니다. `Visibility`에서 했던 것처럼 모든 것을 변수에 넣고 유용한 것들만 `StructField`에 전달하면 됩니다. `Parse` 구현을 이 더 간단한 파싱 방식을 사용하도록 변경해 보세요.

4.10 요약

- 파생 매크로와 마찬가지로 속성형 매크로는 열거형, 구조체, 공용체에 사용할 수 있습니다. 추가로 트레이트와 함수에도 적용할 수 있습니다.
- 파생 매크로와 달리 속성형 매크로는 입력을 덮어쓰므로 기존 코드를 변경할 수 있습니다.
- 속성형 매크로는 새로운 사용자 정의 속성을 정의하는 것에서 이름이 유래했습니다.
- `syn` 파싱 결과(AST)를 사용하여 구조체의 필드와 같은 다양한 정보를 검색할 수 있습니다.
- `quote`를 사용하면 여러 토큰 스트림을 하나의 출력으로 결합할 수 있습니다.
- 매칭과 함수를 사용하여 파싱과 출력을 연결할 수 있습니다.
- 구조화와 대규모 매크로를 위해서는 사용자 정의 구조체를 만들고 파싱과 출력을 위임하는 것이 좋습니다.

CHAPTER 5

함수형 매크로를 이용한 정보 은닉과 미니 DSL 작성

이번 장에서 다루는 내용

- 코드 개선을 위한 정보 은닉
- 함수형 매크로를 사용한 코드 수정과 확장
- 함수형 매크로를 이용한 구조체와 함수 조작
- 컴파일러나 IDE의 도움을 받아 매크로 디버깅하기
- 유연한 함수형 매크로로 DSL 작성하기
- 상황에 맞는 매크로 선택하기

절차적 매크로의 마지막 유형인 **함수형 매크로**(function-like macro)는 다른 두 유형과 달리 구조체나 열거형 등의 주석 처리에만 국한되지 않습니다. 이 장에서는 두 가지 예제를 통해 함수형 매크로의 강력한 기능을 살펴보겠습니다. 첫 번째 예제는 익숙한 주제인 구조체를 다루는 것으로 시작합니다. 좀 더 복잡하고 흥미로운 예제는 이 장의 후반부에서 함수 합성을 다룰 때 살펴보겠습니다.

5.1 정보 은닉

지금까지는 필드를 공개하는 것이 좋다고 설명했지만, 이제는 전혀 다른 관점에서 이야기를 해보겠습니다. 바로 매크로를 사용해 필드를 숨겨야 하는 경우입니다. 이렇게 180도, 완전히 다른 이야기를 하는 것이 의아하실 수도 있지만, 프로그래밍에서 모든 것은 항상 '상황에 따라 다르다'는 점을 기억하셔야 합니다. 이전 장에서 설명했듯이 시스템 간에 단순히 정보를 주고받을 때는 공개 필드를 가진 구조체가 최선의 선택일 수 있습니다. 하지만 그 외의 대부분의 상황에서는 정보를 숨기는 것이 더 바람직합니다. 이는 코드를 더 쉽게 이해하고 분석할 수 있게 해주기 때문입니다. 예를 들어 어떤 모듈이 특정 작업을 위한 함수 하나만 제공한다면, 그 함수가 내부적으로 수백 개의 메서드나 구조체, 변수를 사용하더라도 사용자는 그것들을 알 필요가 없습니다. 이처럼 구현 세부 사항을 신경 쓰지 않아도 된다는 점은 개발 과정을 훨씬 수월하게 만듭니다.

필드를 숨기는 또 다른 중요한 이유는 안전성을 확보하기 위해서입니다. 물론 러스트의 경우 컴파일러가 데이터 변경과 같은 위험한 작동을 잘 감지해 주기 때문에 그다지 큰 문제가 되지 않습니다. 하지만 자바나 C#, 자바스크립트 같은 언어에서는 다른 코드가 필드와 메서드를 사용자 마음대로 변경하지 못하도록 숨기는 것이 매우 중요합니다. 특히 여러 스레드가 동시에 같은 객체를 수정할 수 있는 환경에서는 더욱 그렇습니다. 예측할 수 없는 문제가 발생할 수 있기 때문입니다. 이런 이유로 함수형 프로그래밍에서는 불변성을 강조합니다. 외부에서 객체를 함부로 수정할 수 없다면, 코드는 더 안전해지고 작동을 예측하기도 쉬워집니다.

러스트에서도 이러한 정보 은닉 방식은 코드를 더 쉽게 이해할 수 있다는 측면에서 여전히 중요한 의미를 지닙니다. 러스트는 구조체, 파일, 모듈 등에서 정보를 숨기기 위한 강력한 도구를 제공하는데, 이는 러스트의 언어 설계자들이 정보 은닉을 매우 중요하게 생각했다는 점을 보여줍니다. 따라서 첫 번째 예제에서는 불변 참조를 통해 필드에 접근할 수 있는 메서드를 추가하는 매크로를 작성해 보겠습니다. 이는 필드의 값을 확인하거나 사용할 수는 있지만 수정은 불가능하게 만들어야 하는 상황에서 유용합니다.

5.1.1 정보 은닉 매크로 구성

프로젝트의 기본 구조와 Cargo.toml의 내용은 이전과 거의 동일하지만, 이번에는 매크로를 담고 있는 내부 디렉터리의 이름을 private-macro로 지정했다는 점이 다릅니다. 이에 따라 실제 애플리케이션이 위치한 외부 디렉터리에서는 이 매크로를 사용하기 위해 의존성을 명시적으로 추가해야 합니다. 구체적으로는 Cargo.toml에 `private-macro = { path = "./private-macro" }`와 같은 설정이 필요합니다. 또한 이번에는 lib.rs와 main.rs 파일에 좀 더 많은 수정이 필요한데, 코드 5.1에서 main.rs의 구체적인 내용을 살펴보겠습니다.

코드 5.1 애플리케이션 코드

```
use private_macro::private;  ◀── 매크로를 활성화하기 위한 모듈 가져오기 구문이 필요합니다.

private! (  ◀── 매크로는 이름 뒤에 느낌표를 붙여 호출하며, 필요한 데이터를 함께 전달합니다.
    struct Example {
        string_value: String,
        number_value: i32,
    }
);

fn main() {
    let e = Example {
        string_value: "value".to_string(),
        number_value: 2,
    };

    e.get_string_value();    ┃ 인스턴스가 생성되면 매크로가 생성한 메서드를 사용하여
    e.get_number_value();    ┃ 필드에 대한 참조(&String과 &i32)를 얻을 수 있습니다.
}
```

파생 속성으로 구조체를 꾸미는 대신, 이번에는 함수형 매크로를 사용합니다. 매크로의 이름 뒤에 느낌표를 붙이고 괄호 안에 필요한 데이터를 전달하는 방식입니다. 이는 선언적 매크로를 사용하는 방식과 유사한데, 그만큼 이 둘을 구분하기가 쉽지 않을 수 있습니다. 더욱이 러스트는 매크로의 인자를 전달할 때 일반 괄호, 대괄호, 중괄호를 모두 허용하기 때문에 두 매크로의 구분이 더욱 모호해질 수 있습니다. 이번 예제에서는 구조체에 메서드를 추가하는 것이 목적이므로, 구조체 전체를 인자로 전달하기만 하면 됩니다. 그러면 `main` 함수 내에서 `Example` 구조체를 생성하고 매크로가 생성한 메서드를 호출할 수 있게 됩니다.

이제 lib.rs를 살펴보겠습니다. 코드 5.2는 첫 번째 버전을 보여줍니다. 파생 매크로나 속성형 매크로와 비교했을 때 어떤 핵심적인 차이점이 있는지 보이시나요?

코드 5.2 매크로 구현체 첫 번째 버전

```
use quote::quote;
use proc_macro::TokenStream;
use syn::{parse_macro_input, DeriveInput};

                    ┃ 함수형 매크로를 정의하려면 #[proc_macro] 속성이 필요합니다.
#[proc_macro]  ◀── 매크로의 이름은 이 속성이 장식하는 함수의 이름을 따르게 됩니다.
pub fn private(item: TokenStream) -> TokenStream {
    let ast = parse_macro_input!(item as DeriveInput);
    let name = ast.ident;
```

```
quote!(
    struct #name {}     ◀── 매크로는 입력을 출력으로 대체하는 방식으로 작동하기 때문에,
                              출력에서 구조체를 다시 생성해야 합니다.
    impl #name {}       ◀── 생성하고자 하는 '게터(getter)' 메서드들은 이 impl 블록 안에 추가될 것입니다.
)
.into()
}
```

먼저, 이전에 보았던 #[proc_macro_derive(Hello)]나 #[proc_macro_attribute] 대신 #[proc_macro]를 사용한다는 점이 다릅니다. 이 경우에는 매크로의 이름을 따로 지정할 수 없으며, 함수의 이름(여기서는 private)이 그대로 매크로의 이름이 됩니다.

속성형 매크로와는 다르지만 파생 매크로와는 유사하게, 함수형 매크로는 하나의 매개변수만 받습니다. 이는 속성형 매크로에서 추가로 받던 TokenStream이 생성하려는 속성에 대한 정보를 담고 있었던 것과 대조적입니다. 함수형 매크로는 사용자 정의 속성을 만들지 않기 때문에 이러한 추가 정보가 필요하지 않습니다.

마지막으로, 함수형 매크로는 파생 매크로보다는 속성형 매크로와 더 비슷한 특징을 가지고 있습니다. 입력으로 받은 토큰이 출력으로 대체된다는 점이 그렇습니다(그림 5.1 참고). 이는 매우 자연스러운 작동 방식입니다. 다른 매크로들이 구조체나 열거형 같은 구조화된 데이터를 입력으로 받는 것과 달리, 함수형 매크로는 유효한 러스트 코드가 아닌 것을 포함해 **어떤 형태의 입력이든** 받을 수 있습니다. 만약 이러한 입력이 소스 코드에 그대로 남아 있다면 컴파일러는 잘못된 구문이라며 오류를 발생시킬 것이고, 이는 원하는 결과가 아닐 것입니다.

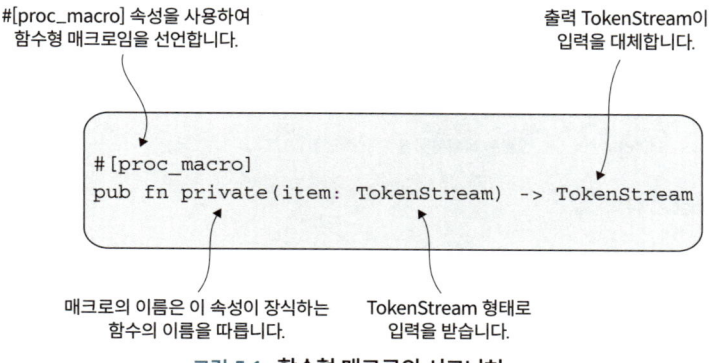

그림 5.1 함수형 매크로의 시그니처

이러한 특성으로 인해 매크로에 전달한 구조체를 다시 생성해야 합니다. 현재 버전에서는 구조체의 이름을 가져와서 빈 구조체와 빈 구현부를 생성하는 것까지만 구현되어 있습니다.

5.1.2 구조체 다시 생성하기

현재 매크로에는 심각한 문제점이 있습니다. 매크로가 구조체의 필드들을 모두 삭제해 버렸기 때문에, 메서드 호출 부분을 주석 처리하더라도 애플리케이션이 컴파일되지 않습니다. 이는 이전에 발생했던 문제와 동일한 상황입니다. 다행히도 이 문제는 간단한 해결책이 있습니다. 매크로가 출력을 생성할 때 입력으로 받은 내용을 그대로 포함시키면 되는데, 이를 구현하는 방법에는 두 가지가 있습니다. 입력 `TokenStream`을 그대로 출력에 포함시키거나, AST를 반환하는 방식입니다.

코드 5.3의 코드에서는 첫 번째 방법을 채택했습니다. `parse_macro_input` 함수가 입력 스트림의 소유권을 가져가기 때문에, 먼저 스트림을 복제해야 합니다. 그런 다음 `Into` 트레이트를 사용해 기본 `TokenStream`을 quote 매크로에 필요한 `ToTokens` 트레이트를 구현하는 타입으로 변환합니다. 이렇게 변환된 복제본을 생성하고 나면 이를 출력으로 전달하기만 하면 됩니다.

코드 5.3 매크로 구현체 두 번째 버전

```
use proc_macro::TokenStream;
use quote::quote;
use syn::{DataStruct, DeriveInput, FieldsNamed, Ident, parse_macro_input};
use syn::__private::{Span, TokenStream2};
use syn::Data::Struct;
use syn::Fields::Named;

#[proc_macro]
pub fn private(item: TokenStream) -> TokenStream {
    let item_as_stream: quote::__private::TokenStream = item
        .clone()
        .into();    ◀── 입력으로 들어온 기본 TokenStream을 복제하고,
                        이를 ToTokens 트레이트를 구현하는 private TokenStream으로 변환합니다.
    let ast = parse_macro_input!(item as DeriveInput);
    let name = ast.ident;

    quote!(
        #item_as_stream    ◀── 변환된 복제본을 출력으로 전달합니다.

        impl #name {}
    )
    .into()
}
```

실제로는 두 번째 방법인 AST를 사용하는 편이 더 단순합니다. 그 이유는 두 가지입니다. 첫째로 `DeriveInput`이 이미 `ToTokens`를 구현하고 있어 추가 변환이 필요 없고, 둘째로 구조체의 이름을

참조로 가져올 수 있어 부분 이동 문제[1]를 방지할 수 있기 때문입니다. 이런 이유로 AST를 사용하는 방법이 더 효율적인 선택입니다. 사실 이 문제를 더 근본적으로 해결하는 방법도 있습니다. 현재 상황에서는 구조체 전체를 매크로에 전달할 필요가 없어 보이므로, 구조체의 이름만 전달하는 것도 가능해 보입니다. 그러나 이 예제에서는 곧 살펴보겠지만, 그러한 방식으로는 해결할 수 없는 특별한 이유가 존재합니다.

> **부분 이동**
>
> 부분 이동(partial move)은 매크로만큼이나 까다로운 러스트 주제 중 하나입니다. 이는 본질적으로 러스트가 소유권[2]에 대해 보수적으로 접근하여, 소유권을 어떻게 다룰지 신중하게 생각하도록 만드는 예시입니다. 다음과 같이 구조체와 물건을 훔치는 함수가 있다고 가정해 보겠습니다.
>
> ```rust
> #[derive(Debug)]
> struct Car {
>     wheels: u8,
>     gps: String,
>     infotainment: String,
> }
>
> fn steal(item: String) {
>     println!("I am stealing {item}");
> }
>
> fn main() {
>     let car = Car {
>         wheels: 4,
>         gps: "Garmin".to_string(),
>         infotainment: "Android".to_string(),
>     };
>     println!("My car before the theft: {car:?}");
>     steal(car.gps);
>     // println!("My car after the theft: {car:?}"); // 컴파일되지 않음
> }
> ```
>
> 이 코드는 실행됩니다. 하지만 마지막 `println`을 추가하면 러스트는 부분 이동 오류를 발생시킵니다. `steal` 함수는 자동차에서 `gps`라는 프로퍼티를 가져갑니다. 이 문자열을 인자로 받으면서 함수로 '이동'되어, 해당 함수가 그 문자열의 유일한 소유자가 됩니다. GPS는 이제 `steal` 함수의 소유물이 되었고, 함수 내의 `println` 구문이 실행을 마치면 drop됩니다.

---

[1] 옮긴이 부분 이동은 구조체의 일부 필드만 소유권이 이동되어 발생하는 러스트의 특수한 상황을 의미합니다.
[2] 옮긴이 소유권(ownership)이란 모든 값은 단 하나의 소유자만 가질 수 있으며, 값이 다른 변수나 함수로 전달될 때 소유권도 함께 이동한다는, 메모리 안전성을 보장하기 위한 러스트의 핵심 메커니즘입니다.

주석 처리된 마지막 `print` 구문에서 컴파일러는 오류를 발생시킵니다. 자동차와 그 모든 프로퍼티를 출력하려 하지만, GPS의 **소유권**은 이미 다른 곳으로 이동했기 때문입니다. 구조체의 일부분에 대한 소유권이 이동되었기 때문에 더 이상 그 구조체를 사용할 수 없습니다. 단, `infotainment`처럼 아직 이동되지 않은 값들은 여전히 사용할 수 있습니다.

부분 이동을 피하는 간단한 해결책은 복제본을 사용하는 것입니다. 자동차의 복제본을 만들어서 거기서 GPS를 가져가면 원본은 온전한 상태로 남아 있습니다. 복제는 성능에 영향을 미치지만 때로는 유일한 해결책일 수 있습니다. 더 나은 해결책은 가능한 한 참조를 사용하는 것입니다. 최소한 복제가 필요한 횟수를 줄일 수 있습니다. 또는 다음 예시처럼 `Option`에 `take`를 사용하는 방법도 있습니다.[3]

```rust
#[derive(Debug)]
struct Car {
    wheels: u8,
    gps: Option<String>,
    infotainment: String,
}

// steal 함수는 변경되지 않음

fn main() {
    let mut car = Car {
        wheels: 4,
        gps: Some("Garmin".to_string()),
        infotainment: "Android".to_string()
    };
    println!("My car before the theft: {car:?}");
    steal(car.gps.take().unwrap()); // 작동하며 gps는 None이 됨
    println!("My car after theft: {car:?}");
}
```

일반적인 경우에는 가능한 한 참조를 사용하고 필요할 때만 복제를 하는 것이 좋은 방법입니다.[4]

5.1.3 헬퍼 메서드 생성하기

이제 메서드 생성에 집중할 수 있습니다. 코드 5.4는 대부분 익숙한 구성 요소들의 조합을 보여줍니다. 메서드는 필드에 대한 참조를 반환하고 필드 이름을 기반으로 하므로, 새로운 메서드를 생성하기 위해서는 필드 정보를 추출해야 합니다. 이것이 앞서 제안했던 것처럼 이름만 전달하는 것으로는 충분하지 않은 이유입니다. 매크로가 구조체에 대해 더 자세한 정보를 필요로 하기 때문입

---

3 (옮긴이) `Option`의 `take` 메서드는 `Option` 내부의 값을 가져오면서 원래 위치에는 `None`을 남깁니다. 이는 소유권을 이동시키면서도 원본 구조체를 유효한 상태로 유지하는 방법입니다.

4 (옮긴이) 참조를 사용하면 소유권을 이동시키지 않고도 값을 사용할 수 있어 이러한 문제를 피할 수 있습니다. 하지만 참조를 사용할 때는 라이프타임 규칙을 잘 지켜야 합니다.

니다. 따라서 필드들을 순회하면서 각 필드를 하나의 메서드 코드를 담은 토큰 스트림으로 매핑할 것입니다. 4장 연습문제 2번에서 복잡한 반환 타입(`Map<Iter<'a, Field>, fn(&'a Field) -> quote::__private::TokenStream>`)을 다룬 바 있는데, 이번에는 `collect()`를 사용하여 깔끔한 `Vec`를 반환하겠습니다.

이제 전체를 살펴봤으니, `map` 내부의 코드를 자세히 살펴보겠습니다. 필드 이름과 타입 외에도, `get`이라는 접두사가 붙은 메서드 이름(가령 `get_string_value`)을 만들어야 합니다. 단순히 해당 값을 가진 `String`을 생성하면 될 것 같지만, 이를 `quote`에 전달하면 expected identifier[5], found "get_string_value"(식별자가 필요한 위치에 "get_string_value"라는 문자열이 잘못 사용되었습니다) 같은 오류가 발생합니다.

돌이켜 보면 이유는 분명합니다. 토큰 스트림을 출력하여 러스트 코드에 추가하도록 요청하면, 러스트는 생성된 부분을 포함한 코드를 검사하기 시작합니다. `fn` 키워드를 발견하면 다음 토큰이 반드시 `identifier` 타입의 함수 이름이어야 하는데, 대신 문자열(`get_string_value`)을 발견하게 됩니다.

같은 이유로 `field_name`도 식별자여야 합니다. `&self.field_name`으로 참조를 가져올 때 러스트는 문자열을 사용해 `self`에서 필드를 가져오려고 하면 오류를 발생시킬 것이기 때문입니다.

따라서 식별자가 필요합니다. 이는 생성자(`new` 메서드)로 만들 수 있으며, 문자열 참조와 스팬 두 가지 인자가 필요합니다. 이전 장에서 언급했듯이, 스팬은 원본 코드로 다시 연결하는 방법으로, 사용자에게 오류를 보고할 때 유용합니다. 새로운 식별자를 만들 때 러스트는 문제가 발생했을 때 원본 코드의 어느 부분을 참조해야 할지 알아야 합니다. 메서드 이름에 적절한 스팬을 만드는 방법에는 여러 가지가 있습니다.

- 간단하고 유효한 방법 중 하나는 `field_name`의 스팬을 가져와서 메서드 이름에 재사용하는 것입니다. 스팬 재사용은 기존 코드와 생성된 코드를 '연결'하고자 할 때도 유용합니다.
- `call_site()`는 `Span`의 연관 함수 중 하나입니다. 이 스팬은 '매크로 호출 위치에 직접 작성된 것처럼 처리'됩니다. 즉, 매크로를 호출하는 애플리케이션 코드의 위치에서 처리됩니다.
- `mixed_site()`도 연관 함수입니다. 선언적 매크로와 동일한 위생 규칙을 따른다는 점이 다릅니다. 식별자의 역할에 따라 호출 위치(call site)나 매크로가 정의된 위치에서 스팬이 처리됩니다. 풀 리퀘스트 작성자(https://github.com/rust-lang/rust/pull/64690)는 이것이 추가적인 안전성을 제

---

[5] (옮긴이) `identifier`는 러스트에서 변수명, 함수명 등으로 사용되는 이름을 의미합니다. 문자열과는 다른 개념입니다.

공하므로 합리적인 기본값이라고 생각했습니다. 하지만 여기서 **의도**하는 바와는 맞지 않습니다. 생성된 메서드를 애플리케이션 내에서 사용하기를 원하기 때문입니다.

> **call_site와 mixed_site에 대한 추가 설명**
>
> `call_site()`와 `mixed_site()`의 차이점을 코드를 통해 더 자세히 알아보겠습니다. 로컬 변수를 생성하는 매크로를 만들고 변수 식별자의 스팬으로 `mixed_site`를 사용하는 경우를 살펴보겠습니다.
>
> ```
> #[proc_macro]
> pub fn local(_: TokenStream) -> TokenStream {
>     let greeting = Ident::new("greeting", Span::mixed_site());
>     quote!(
>         let #greeting = "Heya! It's me, Imoen!";
>     ).into()
> }
> ```
>
> 이제 매크로를 호출하고 변수를 출력해 보겠습니다. 이 매크로는 로컬 변수가 함수 내에서만 존재할 수 있으므로 함수 외부가 아닌 내부에서 호출됩니다.
>
> ```
> fn main() {
>     local!();
>     println!("{}", greeting);
> }
> ```
>
> 이 코드는 greeting was not found in this scope(greeting을 현재 스코프에서 찾을 수 없습니다)라는 오류를 발생시킵니다. 문제의 원인은 위생성 규칙입니다. `mixed_site`는 선언적 매크로와 동일한 위생성 규칙을 따르고, 선언적 매크로에서는 로컬 변수가 외부로 노출되지 않습니다. 러스트 문서의 설명에 따르면, 로컬 변수의 스팬[6]은 매크로가 정의된 위치에만 존재하며 호출 위치(여기서는 `main` 함수)에는 존재하지 않습니다. 하지만 `greeting`의 스팬을 `call_site`로 변경하면 코드가 정상적으로 컴파일되고 실행됩니다. 이는 이제 스팬이 `main` 함수에서 변수를 출력하려는 호출 위치에 존재하기 때문입니다.
>
> 흥미로운 점은 `quote` 매크로의 역할입니다. 다음과 같이 `quote`를 사용하여 적절한 스팬을 생성할 수도 있습니다.
>
> ```
> #[proc_macro]
> pub fn private(item: TokenStream) -> TokenStream {
>     quote!(
>         let greeting = "Heya! It's me, Imoen!";
>     ).into()
> }
> ```
>
> 이 코드는 자동으로 작동하는데, 이는 `quote`가 내부적으로 `call_site`를 사용하기 때문입니다. `quote`의 소스 코드를 보면 이를 확인할 수 있습니다.

---

6 (옮긴이) 스팬은 코드의 위치 정보를 담고 있으며, 이는 매크로가 생성한 코드의 오류 메시지나 위생성 규칙을 적용할 때 중요한 역할을 합니다. `call_site()`는 매크로가 호출된 위치의 스팬을, `mixed_site()`는 매크로가 정의된 위치의 스팬을 사용하게 됩니다.

```
pub fn push_ident(tokens: &mut TokenStream, s: &str) {
    let span = Span::call_site();
    push_ident_spanned(tokens, span, s);
}
```

다시 본론으로 돌아와서, 세 가지 옵션 모두 사용 가능하지만 이 예제에서는 `call_site()`를 선택했습니다. 이름을 생성한 다음, 필드 식별자와 필드 타입을 추출합니다. 이 세 가지 변수를 활용하여 메서드를 생성하게 됩니다(그림 5.2 참고).

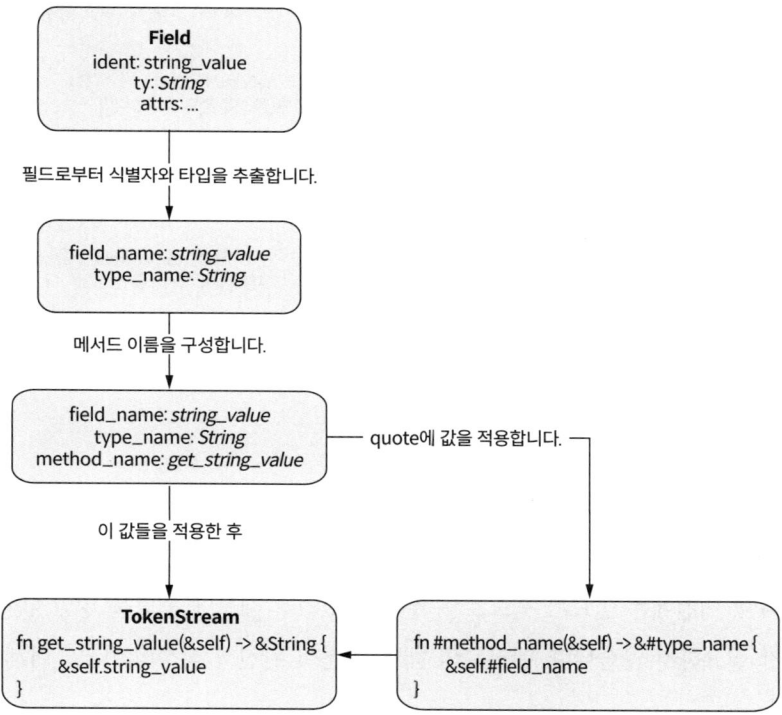

그림 5.2 Example 구조체에서 첫 번째 필드를 매핑하는 과정

코드 5.4 메서드를 생성하는 메서드

```
use proc_macro::TokenStream;
use quote::quote;
use syn::{DataStruct, FieldsNamed, Ident, Field};
use syn::__private::{Span, TokenStream2};
use syn::Data::Struct;
use syn::Fields::Named;
```

```
fn generated_methods(ast: &DeriveInput) -> Vec<TokenStream2> {
    let named_fields = match ast.data {
        Struct(DataStruct {
            fields: Named(FieldsNamed { ref named, .. }),
            ..
        }) => named,
        _ => unimplemented!("only works for structs with named fields"),
    }; ◀── 이전 장에 있었던 코드입니다. 그때는 필드들을 public으로 만들기 위해 필드를 추출해야 했습니다.

    named_fields
        .iter()
        .map(|f| {
            let field_name = f.ident.as_ref().unwrap();
            let type_name = &f.ty; ◀── 메서드를 생성하기 위해서는 필드의 이름과 타입이 필요합니다.
            let method_name = Ident::new(
                &format!("get_{}", field_name),   format과 new를 사용하여
                Span::call_site(),                메서드 이름을 식별자로 생성합니다.
            );

            quote!(
                fn #method_name(&self) -> &#type_name {
                    &self.#field_name                    method_name, field_name, type_name을
                }                                        사용하여 메서드를 생성합니다.
            )
        })
        .collect() ◀── (선택사항) 단순한 Vec 반환 타입을 얻기 위해 결괏값을 수집합니다.
}
```

이제 함수를 호출하고 그 결과를 생성된 `impl` 블록에 전달하기만 하면 됩니다. 토큰 스트림의 벡터를 추가해야 하므로, `quote`에 이를 알려주기 위한 올바른 표기법인 `#(#name_of_variable)*`를 사용해야 합니다. 이전에는 필드가 쉼표로 구분되어 있었기 때문에 쉼표를 넣었지만, 메서드 선언에서는 쉼표가 필요하지 않습니다. 매크로의 해당 부분이 완전히 작성되었다면 이제 코드가 컴파일될 것입니다.

코드 5.5 매크로에서 새로운 메서드 사용하기

```
// 모듈 가져오기 구문

#[proc_macro]
pub fn private(item: TokenStream) -> TokenStream {
    let item_as_stream: quote::__private::TokenStream = item.clone().into();
    let ast = parse_macro_input!(item as DeriveInput);
    let name = &ast.ident;
    let methods = generated_methods(&ast); ◀── 메서드 토큰 스트림을 생성합니다.
```

```
    quote!(
        #item_as_stream
        impl #name {
            #(#methods)*    ◀── 생성된 모든 토큰 스트림을 구현 블록에 추가합니다.
        }
    )
    .into()
}
```

아직 해결해야 할 과제가 몇 가지 더 남아 있습니다. 생성되는 메서드가 `public`이 아니고, 필드에 직접 접근이 가능하며(안전하지 않음), `private` 필드를 가진 구조체를 생성하기 위한 `new` 메서드도 필요합니다. 이러한 부분들은 연습문제로 남겨두었습니다.

5.2 일반 코드 작성을 통한 디버깅

매크로 개발 과정에서 만나게 되는 오류 메시지들은 종종 이해하기가 어렵고, 해당 메시지만 읽어서는 다음에 무엇을 어떻게 해야 할지 판단하기가 쉽지 않습니다. 물론 가장 기본적인 해결 방법으로는 그냥 천천히 오류 메시지를 다시 읽어보면 됩니다. 당연한 조언이지만 실제로 도움이 되는 경우가 많습니다. 하지만 오류 메시지를 읽어보는 것만으로 문제가 해결되지 않을 때가 있습니다. 이런 경우에는 매크로가 최종적으로 생성하고자 하는 결과물을 매크로 코드가 아닌 일반 코드로 작성해 보면 효과적으로 해결할 수 있습니다. 매크로의 `quote` 괄호 안에 작성된 코드는 애플리케이션에서 실제로 사용되기 전까지는 IDE나 러스트 컴파일러가 그냥 그대로 신뢰하기 때문에, IDE에서 오류를 방지하는 것이 불가능합니다. 다행히도(그리고 당연하게도) 동일한 코드를 일반 코드로 작성하면 IDE의 기능을 활용하여 오류를 방지할 수 있습니다. 예를 들어, '비공개' 매크로에 다음과 같은 코드를 작성했다고 가정해 봅시다.

```
quote!(
    fn #method_name(&self) -> #type_name {
        self.#field_name
    }
)
```

다음과 같은 (간략화된) 오류 메시지가 발생했다고 가정해 보겠습니다.

```
error[E0507]: cannot move out of `self.string_value` which is behind a shared reference
  |
3 | / private!(
4 | |     struct Example {
5 | |         string_value: String,
6 | |         number_value: i32,
7 | |     }
8 | | );
  | |_^ move occurs because `self.string_value` has type `String`, which does not implement
      the `Copy` trait
```

이러한 오류 메시지는 바로 이해하기 어려운 경우가 있습니다. 생성된 코드의 어딘가에서 문제가 발생한 것은 분명하지만, 정확히 어디서 무엇이 잘못되었는지 파악하기가 쉽지 않습니다. 이런 상황에서 매크로 코드나 오류 메시지만 계속 들여다보는 것보단, quote에 전달하려는 코드를 기반으로 임시 구조체에 직접 메서드를 작성해 봅시다.

```
struct Test {
    value: String
}

impl Test {
    fn get_value(&self) -> String {
        self.value
    }
}
```

IDE가 self.value를 문제의 원인으로 지목할 것입니다. 여기에 참조 연산자(&)를 추가하면 이번에는 반환 타입이 일치하지 않는다는 오류가 표시됩니다. 이처럼 오류를 하나씩 해결해 나가면서 매크로 작업을 진행하기에 더 적합한 상태로 만들 수 있습니다.

마지막으로 당연하지만 매우 중요한 조언을 하자면, 앞선 장들에서 했던 것처럼 단계적으로 작업을 진행하는 것이 좋습니다. 기능을 하나 추가한 직후에 문제가 발생하면 오류의 원인을 쉽게 파악할 수 있기 때문입니다. 게다가 일부 기능이라도 제대로 작동하는 것을 확인하면서 얻는 만족감은 개발 과정에서 좋은 동기부여가 됩니다.

5.3 함수 합성

앞서 함수형 매크로를 파생(혹은 속성형) 매크로의 대체재로 사용하는 방법을 살펴봤습니다. 이제는 함수형 매크로가 유일한 해결책인 예시를 살펴보겠습니다. 이전 장에서 함수의 합성과 이를 위한 선언적 매크로 작성 방법을 다룬 바 있습니다. 또한 선언적 매크로에서 표현식을 연결할 때 사용할 수 있는 기호의 제약에 대해서도 설명했습니다. 하스켈처럼 점(.)을 사용한 함수 합성은 불가능했지만, tt 타입은 이러한 제약이 없다는 점도 함께 언급했습니다. 이번 장의 두 번째 예시에서는 함수 합성을 다시 한번 살펴보겠습니다. 이번에는 **점(.)을 사용한 방식**으로 접근해 보겠습니다.

전체적인 설정 과정은 이전에 이미 다룬 내용이므로 생략하겠습니다. 대신 main.rs의 애플리케이션 코드를 살펴보겠습니다. 여기에는 2장 '선언적 매크로'에서 다룬 두 가지 예시 함수가 있습니다. `main` 함수 내에서는 작성하게 될 `compose` 매크로를 사용해 이 함수들을 점(.)으로 연결합니다. 파생 매크로나 속성형 매크로는 구조체, 열거형, 함수와 같은 유효한 러스트 코드를 기대하므로, 이러한 정보를 그들에게 전달하는 것은 불가능하다는 점에 주목해야 합니다.

코드 5.6 익숙한 함수들을 포함한 애플리케이션

```rust
use function_like_compose_macro::compose;

fn add_one(n: i32) -> i32 {
    n + 1
}

fn stringify(n: i32) -> String {
    n.to_string()
}

fn main() {
    let composed = compose!(add_one . add_one . stringify);
    println!("{:?}", composed);
}
```

> compose 매크로를 사용하여 세 함수를 점(.)으로 연결해 합성하는 방식으로, 함수형 프로그래밍의 함수 합성 패턴을 구현하고 있습니다.

이제 코드를 살펴봅시다. 평소보다 코드가 좀 더 긴 60줄 정도이므로, 우선 매크로의 진입점만 따로 살펴보겠습니다. lib.rs 파일을 보면, 먼저 입력을 `ComposeInput`이라는 사용자 정의 구조체로 파싱합니다. `DeriveInput`은 입력으로 구조체나 열거형을 받는 것이 아니기 때문에 현재의 입력을 처리하기에 적합하지 않습니다. 일반적으로 이런 부류의 합성은 러스트의 내장 기능으로 지원하지 않기에, 미리 만들어진 파서를 사용해서 처리하는 것은 불가능합니다.

코드 5.7 compose 매크로의 진입점

```
#[proc_macro]
pub fn compose(item: TokenStream) -> TokenStream {
    let ci: ComposeInput = parse_macro_input!(item);  ◀── 입력을 사용자 정의 구조체로 파싱합니다.

    quote!({
        fn compose_two<FIRST, SECOND, THIRD, F, G>(
            first: F,
            second: G
        ) -> impl Fn(FIRST) -> THIRD
        where
            F: Fn(FIRST) -> SECOND,
            G: Fn(SECOND) -> THIRD,
        {
            move |x| second(first(x))
        } ◀── 2장에서 다룬 compose_two 함수를 출력에 추가한 다음, ci 변수가 생성한 출력을 덧붙입니다.
        #ci
    })
    .into()
}
```

이제 출력을 생성합니다. 애플리케이션 코드에는 선언적 매크로 예제에서 사용했던 `compose_two` 함수가 포함되어 있지 않았으므로, 이를 생성해야 합니다. 사용자 정의 구조체는 입력과 출력을 담당하므로, `compose_two` 선언 뒤에 이를 그대로 전달합니다. 여기서 반환되는 모든 것은 변수에 바인딩되어야 하기 때문에(`let composed = ...`), 중괄호 쌍이 반드시 필요합니다. 중괄호가 없다면 함수의 정의와 함수의 호출이 별개로 반환되어 매크로 출력으로 사용할 수 없습니다. 중괄호로 블록을 만들면 이 둘이 하나의 표현식으로 묶여 변수에 할당할 수 있는 단일 값이 됩니다.

> **compose_two 함수 생성하기**
>
> 블록 스코프 안에 `compose_two` 함수를 넣으면 코드의 다른 부분에서 이 함수 선언을 숨길 수 있다는 추가적인 이점이 있습니다. 매크로가 호출될 때마다 이 출력이 생성되므로, `compose!` 매크로를 네 번 호출하면 서로 독립된 제한된 스코프 내에 4개의 `compose_two` 함수가 존재하게 됩니다.
>
> 하지만 매번 동일한 함수를 생성하는 것은 다소 비효율적입니다. `compose_two`를 내보내고 생성된 코드에서 참조하는 것은 불가능할까요? `proc-macro` 라이브러리는 절차적 매크로만 내보낼 수 있기 때문에 불가능합니다. 이 제한을 우회하는 한 가지 방법은 절차적 매크로 라이브러리를 다른 라이브러리 안에 넣는 것입니다. 이 외부 라이브러리는 절차적 매크로를 의존성으로 가지며, `compose_two`를 내보내고 매크로를 다시 내보냅니다(예: `pub use function_like_compose_macro::compose;`). 이 새로운 라이브러리를 의존성으로 추가하면 함수와 매크로를 모두 가져와서 동일한 코드를 반복해서 생성하는 것을 피할 수 있습니다.
>
> 이 시점에서 **단형화**(monomorphization)에 대해 생각해 볼 수 있습니다. 단형화는 러스트 컴파일러가 제네릭 함

수의 복사본을 필요한 모든 구체적 타입에 대해 생성하는 과정입니다. 예를 들어 foo<T>(t: T) -> T 시그니처를 가진 제네릭 함수를 i32 타입과 u8 타입으로 각각 한 번씩 호출하면, 러스트는 이 제네릭 함수를 두 가지 버전으로 대체합니다. i32를 받아서 반환하는 버전과 u8을 받아서 반환하는 버전입니다. 이러한 변환은 일반적으로 더 빠른 코드를 생성하지만, 특히 제네릭 함수가 많은 다양한 타입으로 호출될 때 바이너리 크기가 커진다는 단점이 있습니다.

어쨌든 단형화는 타입에 관계없이 함수가 생성되므로 다시 내보내기(reexport) 기법의 유용성을 감소시킵니다. 그렇다고 해도 현재 설정에서는 동일한 타입으로 여러 번 호출하더라도 compose_two가 매번 생성됩니다. 적어도 단형화에서는 이런 일이 발생하지 않습니다.

작은 세부 사항이 있습니다. 이번에는 출력에 into()를 호출하기 위한 임시 변수를 만들지 않았습니다. 대신 이 모든 작업을 한 번에 처리했습니다. IDE가 중괄호 뒤에 메서드 호출이 오는 것을 선호하지 않고, 중괄호가 두 번 중첩되는 것을 피하기 위해 괄호를 사용했습니다.

이제 남은 것은 모든 핵심 작업을 수행하는 사용자 정의 구조체를 살펴보는 것입니다. Parse 입력은 꽤 단순합니다. 점으로 구분된 함수 이름들을 받아야 하는데, 이는 Punctuated와 잘 어울립니다. 함수 이름에는 식별자(identifier)면 충분합니다(그림 5.3 참고). 점을 처리하기 위해서는 약 100가지의 다양한 기호를 처리할 수 있는 Token 매크로를 사용할 수 있습니다. 내부적으로 Token!(.)은 Dot을 생성하므로 이 타입을 직접 가져올 수도 있고, 필요하다면 이 두 방식을 혼합해서 사용할 수도 있습니다.

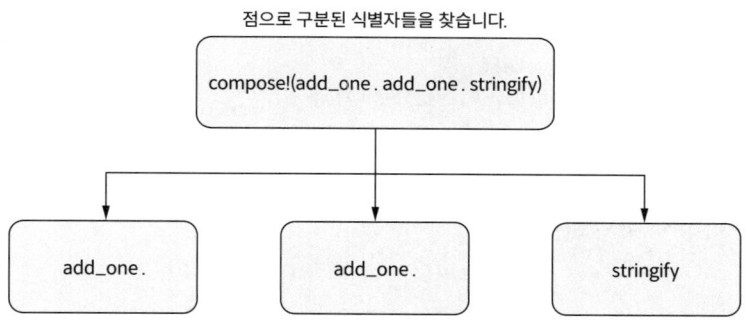

그림 5.3 애플리케이션 입력의 파싱 과정 - Punctuated::<Ident, Token!(.)>::parse_terminated를 이용한 처리

코드 5.8 사용자 정의 구조체 작성하기

```
use proc_macro::TokenStream;
use proc_macro2::Ident;
use quote::{quote, ToTokens};
use syn::{parse_macro_input, Token};
use syn::parse::{Parse, ParseStream};
```

```rust
use syn::punctuated::Punctuated;

struct ComposeInput {
    expressions: Punctuated<Ident, Token!(.)>,
}

impl Parse for ComposeInput {
    fn parse(input: ParseStream) -> Result<Self, syn::Error> {
        Ok(ComposeInput {
            expressions: Punctuated::<Ident, Token!(.)>::      // 반복되는 형태의 입력을 다뤄야 하므로
                parse_terminated(input).unwrap(),              // 다시 한번 Punctuated를 사용합니다.
        })
    }
}

impl ToTokens for ComposeInput {
    fn to_tokens(&self, tokens: &mut proc_macro2::TokenStream) {
        let mut total = None;
        let mut as_idents: Vec<&Ident> = self.expressions   // 마지막 요소를 추출하기 위해서는
            .iter()                                          // 식별자들의 가변 버전이 필요합니다.
            .collect();
        let last_ident = as_idents
            .pop()
            .unwrap();

        as_idents.iter().rev().for_each(|i| {
            if let Some(current_total) = &total {
                total = Some(quote!(
                    compose_two(#i, #current_total)));       // 남아 있는 각 요소들에 대해서는 다음과 같이 처리합
            } else {                                         // 니다.
                total = Some(quote!(                         // 아직 아무것도 합성되지 않은 상태라면 현재 요소와
                    compose_two(#i, #last_ident)));          // last_ident를 compose_two로 결합하여
            }                                                // total에 저장합니다. 그렇지 않다면 현재 요소와
        });                                                  // total을 compose_two로 결합합니다.

        total.to_tokens(tokens);
    }
}
```

`ToTokens` 구현은 좀 더 복잡합니다(물론 다른 구현 방식도 가능합니다). 리스트의 마지막 식별자(함수)를 가져오기 위해 표현식들을 순회하면서 가변 변수를 생성하고 마지막 식별자를 추출(pop)합니다.

그런 다음 함수들을 역순으로 `for_each`를 사용하여 순회합니다. 출력값을 담고 있는 `total`이 비어 있다면, 첫 번째 요소에 있다는 의미이므로 이를 `last_ident`와 함께 `compose_two`를 사용해 결

합하고, 그 전체 TokenStream을 total에 저장합니다. 마지막 요소를 미리 추출해 둔 이유가 바로 여기에 있습니다. **역순으로 된** 벡터의 첫 두 요소를 결합해야 하는 시점을 알아야 하기 때문입니다. 이 첫 번째 합성 과정이 끝나면 나머지는 단순해집니다. 현재 요소를 가져와서 현재의 total과 함께 compose_two에 넣기만 하면 됩니다. 그 결과로 나온 TokenStream이 새로운 total이 됩니다 (그림 5.4 참고). 마지막으로, 수집된 모든 토큰을 to_tokens를 통해 전달합니다. 이전과 마찬가지로 quote가 내장 버전 대신 proc_macro2 변형을 사용하므로, proc_macro2 식별자와 토큰 스트림이 필요합니다.

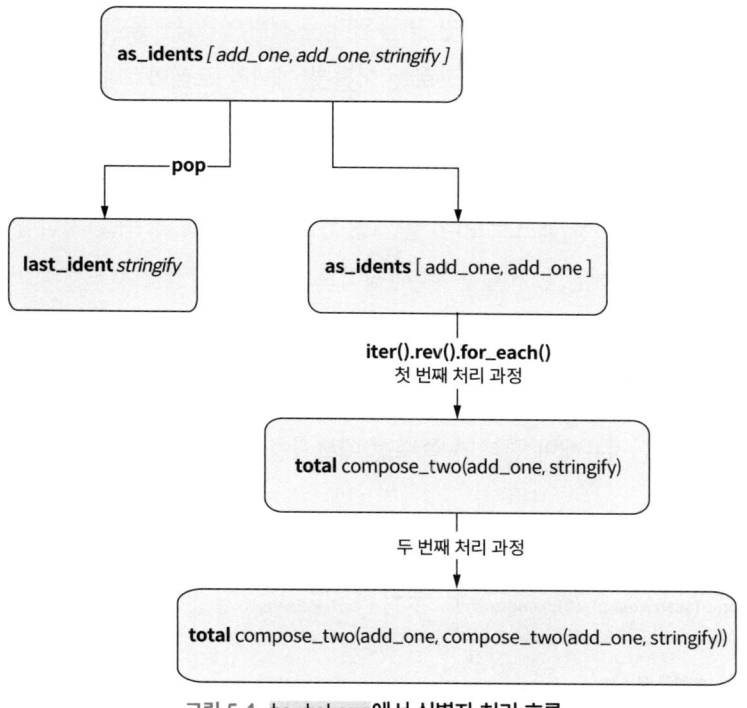

그림 5.4 **to_tokens에서 식별자 처리 흐름**

이제 합성 매크로에서 마침표를 사용할 수 있게 되었습니다. syn을 사용하면 유효한 러스트 코드가 아닌 입력도 쉽게 구문 분석할 수 있고, quote를 통해 출력을 우아하게 결합할 수 있습니다.

5.4 매크로별 고유 장점

가장 강력한 매크로이기 때문에 모든 용도에 함수형 매크로만 사용하려고 할 수도 있습니다. 하지만 이는 현명하지 않은 선택입니다. 세 가지 매크로 중 가장 제한적인 파생 매크로가 가장 인기 있다는 사실은 의미하는 바가 있습니다. 제한이 오히려 강점이 될 수 있기 때문입니다. 예를 들어 파생 매크로는 기존 코드를 변경하거나 삭제하지 않고 기능을 추가하기만 하므로, 사용자와 개발자 모두에게 예측 가능한 결과를 제공합니다. 따라서 구조체나 열거형에 기능을 추가하기만 하면 되고, 선언적 매크로로는 해결하기 너무 복잡한 경우라면 파생 매크로는 적합한 도구가 될 수 있습니다.

파생 매크로는 구조체, 열거형, 공용체에만 적용된다는 제한이 있는 동시에, 예측 가능성을 높여준다는 장점도 있습니다. 반면, 속성형 매크로는 이들뿐 아니라 트레이트나 함수에도 적용할 수 있어 더 유연하게 사용할 수 있습니다. 이러한 제한은 오히려 개발자와 사용자 모두에게 명확한 기준을 제시합니다. 사용자 입장에서는 파생 매크로를 함수에 사용하지 말아야 한다는 것을 알 수 있고, 개발자 입장에서는 함수형 매크로보다 훨씬 좁은 범위의 입력 토큰을 처리하면 되므로 구조체나 열거형처럼 형태가 정해진 입력을 좀 더 안정적으로 다룰 수 있습니다.

따라서 구조체나 열거형에 기능을 추가하는 것만이 목적이라면 파생 매크로를 선택하세요. 이들을 수정해야 한다면 기본적으로 속성형 매크로를 사용하세요. 그리고 기능을 변경하면서 다른 종류의 코드에도 매크로를 적용해야 한다면 함수형 매크로를 선택하세요(그림 5.5 참고).

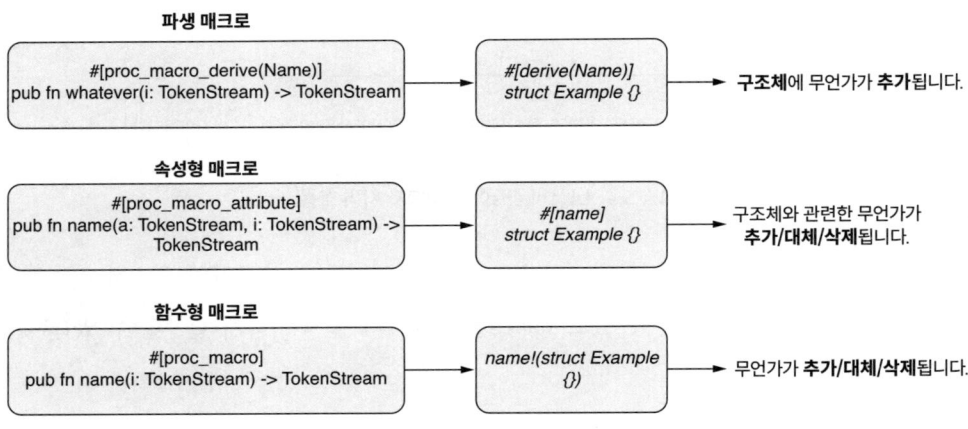

그림 5.5 절차적 매크로의 시그니처, 사용법, 효과 개요

5.5 실제 사례

구체적인 내용을 살펴보기에 앞서, 매크로를 창의적으로 활용한 크레이트 예시를 소개하겠습니다. SQLx(https://github.com/launchbadge/sqlx)는 '컴파일 타임에 쿼리를 검사하는 러스트 SQL 크레이트'입니다. 객체-관계 매핑의 복잡성을 피하면서 관계형 데이터베이스와 상호작용하고자 할 때 자주 선택되는 도구입니다. `query` 메서드를 호출하여 SQL 쿼리를 작성할 수 있지만, 컴파일 타임 검사 기능을 활용하려면 같은 이름의 매크로를 사용해야 합니다.

```
let countries = sqlx::query!(
    "SELECT country, COUNT(*) as count
    FROM users
    GROUP BY country
    WHERE organization = ?",
    organization
)
.fetch_all(&pool)
.await?;
```

Yew(https://yew.rs)는 '신뢰성 있고 효율적인 웹 애플리케이션을 만들기 위한 프레임워크'입니다. `html` 매크로는 컴파일 타임에 검사되는 HTML을 작성할 수 있게 해주는 기능을 제공합니다. 예를 들어, 중첩된 `div` 태그를 닫지 않으면 `this opening tag has no corresponding closing tag`(여는 태그에 대응하는 닫는 태그가 없습니다)라는 오류 메시지가 표시됩니다.

```
use yew::prelude::*;

html! {
    <div id="my_div">
        <div id="nested"/>
    </div>
};
```

잠시 다른 예시를 살펴보겠습니다. 다음은 Yew의 예시로, 라이브러리 작성자가 `mixed_site()`를 호출하여 스팬을 생성하기로 결정한 코드입니다(다음 장에서 다룰 `format_ident` 매크로의 예시도 포함되어 있습니다). 이는 이 빌더가 클라이언트 애플리케이션의 어떤 것과도 충돌하지 않도록 하기 위한 합리적인 선택입니다.

```
impl ToTokens for DerivePropsInput {
    fn to_tokens(&self, tokens: &mut proc_macro2::TokenStream) {
        // ...
        let builder_name = format_ident!(
            "{}Builder",
            props_name,
            span = Span::mixed_site()
        );
        let check_all_props_name = format_ident!(
            "Check{}All",
            props_name,
            span = Span::mixed_site()
        );
        // ...
    }
}
```

한편 Leptos(https://leptos.dev/)는 HTML과 러스트 코드를 함께 작성할 수 있는 `view` 매크로를 제공합니다. 다음 코드는 숫자가 증가하는 버튼을 생성하는 예시입니다. 여기서도 태그 불일치나 매크로 **내부의** 러스트 코드 문제에 대한 경고가 표시됩니다.

```
#[component]
fn App(cx: Scope) -> impl IntoView {
    let (count, set_count) = create_signal(cx, 0);

    view! { cx,
        <button
            on:click=move |_| {
                set_count.update(|n| *n += 1);
            }
        >
            "Click me: "
            {count}
        </button>
    }
}
```

5.6 연습문제

해답은 부록을 참고하세요.

1. 주어진 구조체 이름만을 입력으로 받아 "Hello, world"를 출력하는 메서드를 생성하는 함수형 매크로를 작성해 보세요. 애플리케이션 코드에서 해당 이름의 구조체를 반드시 선언해야 합니다.
2. `private` 매크로는 편의성을 위한 메서드(convenience method)를 생성하지만, 필드는 여전히 `public`일 수 있고 직접 접근이 가능하며 새로 생성된 메서드는 `public`이 아닙니다. 모든 필드를 `private`으로 설정하고 `public` 메서드를 생성하도록 매크로를 수정해 보세요. 구조체 속성을 다시 추가하는 복잡성은 무시하고 예시 구조체에 대한 `new` 메서드를 하드코딩해도 됩니다.
3. `Token`! 소스 코드를 살펴보고 사용 가능한 다른 토큰들을 확인해 보세요. 합성 매크로에 다른 토큰을 시도해 보고 애플리케이션 코드를 수정하세요.

5.7 요약

- 함수형 매크로는 입력을 대체합니다.
- 선언적 매크로와 마찬가지로 이름 뒤에 느낌표를 붙여 사용합니다.
- 입력은 뒤따르는 괄호 안에 위치합니다.
- 구조체 등에 국한되지 않고 원하는 어떤 것이든 입력으로 전달할 수 있습니다.
- 함수형 매크로 작성은 다른 절차적 매크로 작성과 매우 유사합니다. 하지만 입력이 더 다양하므로 구문 분석에 더 많은 노력이 필요할 수 있습니다.
- 입력을 처리하는 한 가지 방법은 모든 정보를 수집하는 사용자 정의 구조체를 만드는 것입니다. `syn` 라이브러리는 이를 돕는 많은 유용한 기능을 제공합니다.
- 생성된 코드에서 컴파일 오류로 막혔다면, 생성하고자 하는 코드를 직접 작성해 보고 컴파일러나 IDE가 유용한 조언을 제공하는지 확인해 보세요.
- 필요한 매크로 종류를 결정할 때는 요구사항을 고려해야 합니다. 어디에서 사용할 것인가? 기존 코드를 변경해야 하는가?
- 가능한 한 가장 단순한 옵션을 선택하세요.

CHAPTER 6

빌더 매크로 테스트

이번 장에서 다루는 내용
- 구조체를 위한 빌더를 생성하는 파생 매크로 작성
- 매크로 내부 함수의 작동을 검증하는 화이트박스 테스트 작성
- 코드를 외부 관점에서 바라보는 블랙박스 테스트 활용
- 매크로에 가장 유용한 테스트 유형 결정

빌더 패턴은 구조체를 구성하는 매우 편리하고 유연한 방법입니다. 그렇기 때문에 러스트 코드에서 매우 흔하게 볼 수 있습니다. 하지만 빌더를 작성하는 데 필요한 코드는 대부분 보일러플레이트인 경우가 많습니다. 이러한 보일러플레이트 코드는 자동화할 수 있습니다. 이번 장에서는 이를 수행하는 매크로를 작성해 보겠습니다. 원본 구조체를 수정하지 않을 것이므로 파생 매크로를 사용할 수 있습니다(가장 단순한 옵션을 선택해야 한다는 점을 기억하세요). 구현 블록에서는 정보를 저장하고 원본 구조체를 생성하기 위한 `build` 메서드를 제공하는 임시 `Builder` 구조체를 만듭니다(그림 6.1 참고).

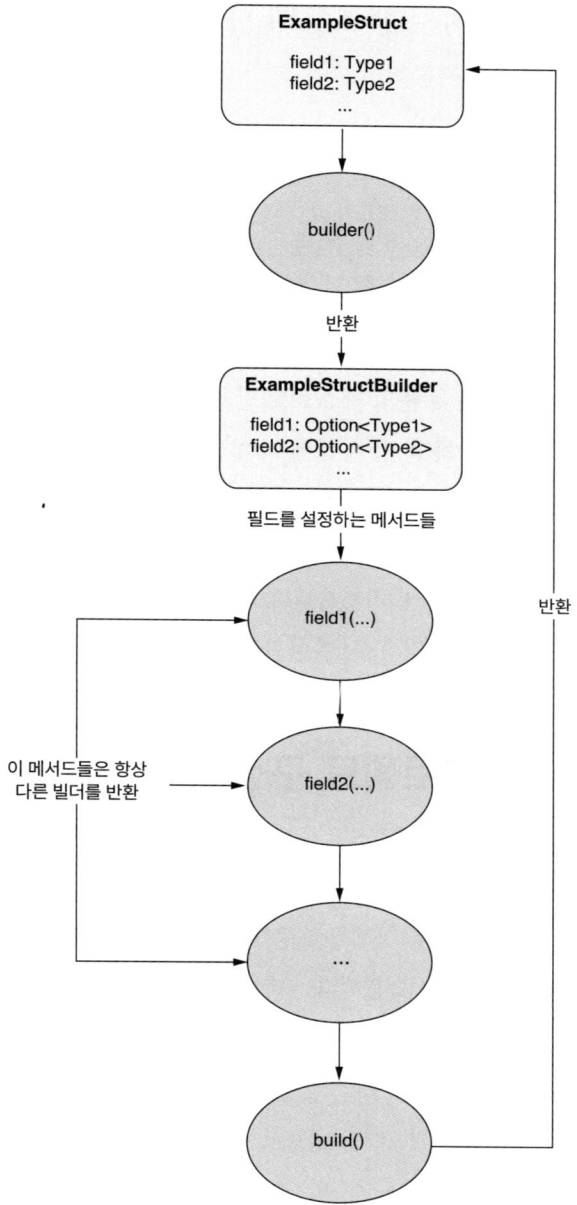

그림 6.1 이 장에서 다루는 빌더는 예제 구조체에 사용됨

이는 전적으로 새로운 발상은 아닙니다. 깃허브에는 이와 같은 매크로를 만드는 절차적 매크로 워크숍(https://github.com/dtolnay/proc-macro-workshop)이 있으며, 존 엥셋(Jon Gjengset)의 'Crust of Rust'(https://www.youtube.com/watch?v=geovSK3wMB8) 강의에서도 구현 방법 중 하나를 자세히 설명하고 있습니다. 따라서 이 장의 핵심은 독창성이 아닙니다. 대신 빌더를 구현하면서 절차적 매

크로를 어떻게 **테스트**할 수 있는지 살펴보겠습니다. 이상적으로는 이번 장 전체가 테스트 주도 개발 방식으로 작성되어야 합니다.

> **NOTE** **테스트 주도 개발**(test-driven development, TDD)은 테스트를 개발의 중심축으로 삼는 코딩 방법론입니다. 테스트를 나중에 추가하는 것이 아니라, 작성되는 모든 코드는 원하는 작동을 검증하는 테스트가 선행되어야 한다는 방법론입니다. 프로젝트 초기에는 아무런 작성된 코드가 없기 때문에 당연히 테스트는 실패합니다. 이후에 코드가 작성되어 테스트가 성공하면, 다음 작동을 위한 새로운 테스트 코드를 작성합니다. 이렇게 접근하는 방식은 테스트 커버리지가 높은 애플리케이션을 만들 수 있다는 분명한 장점이 있습니다. TDD를 옹호하는 사람들은 개발자들이 더 나은 설계의 코드를 작성하기 위해서는 이러한 방식으로 코드를 작성해야 한다고 주장합니다.

여기서 한 가지 접근 방법은 상위 수준의 테스트를 만들고 이를 결과적으로 성공하도록 만드는 것입니다. 이를 위해서는 원하는 작동의 각 부분에 대해 더 작은 단위 테스트들을 정의해야 합니다. 하지만 TDD는 작은 단계별 진행이 필요하기 때문에, 이는 읽고 쓰기에 불편할 뿐만 아니라 이미 긴 이 장을 더욱 길어지게 만들 것입니다. 그래서 기본적인 설정으로 시작한 다음, 매크로를 발전시키면서 테스트를 살펴보는 방식을 택하겠습니다. 그러고 나서 매크로를 작성할 때 어떤 종류의 단위 테스트(**블랙박스** 또는 **화이트박스**)가 가장 유용한지 논의하겠습니다.

6.1 빌더 매크로 프로젝트 구성

이번 장에서는 프로젝트를 좀 더 체계적으로 구성해 보려고 합니다. 지금까지는 애플리케이션용 디렉터리 하나와 매크로용 디렉터리 하나만 사용했지만, 이번에는 매크로 부분을 2개의 라이브러리로 나눠볼 것입니다. 하나는 매크로 자체를 노출하는 간단한 라이브러리이고, 다른 하나는 매크로의 실제 구현을 담당하는 라이브러리입니다. 이런 구성은 내장 매크로 유틸리티를 사용하는 매크로 함수와, 이전에 봤던 `quote` 같은 라이브러리에서 사용하는 `proc_macro2` 래퍼를 사용하는 기반 코드를 깔끔하게 분리할 수 있어서 좋은 방법으로 알려져 있습니다. 물론 이게 유일한 방법은 아니며, 코드를 분리하고 격리하는 그 밖의 방법들도 있습니다. 이에 대해서는 이번 장과 이후의 장들에서 자세히 다룰 예정입니다. 사실 이 방식이 때로는 좀 과하다고 생각하지만, 한번 실습해 보면 도움이 될 것 같습니다. 이런 코드 격리 방식이 추가 설정할 만한 가치가 있는지는 직접 경험해 보고 판단하시면 좋겠습니다(그림 6.2 참고).

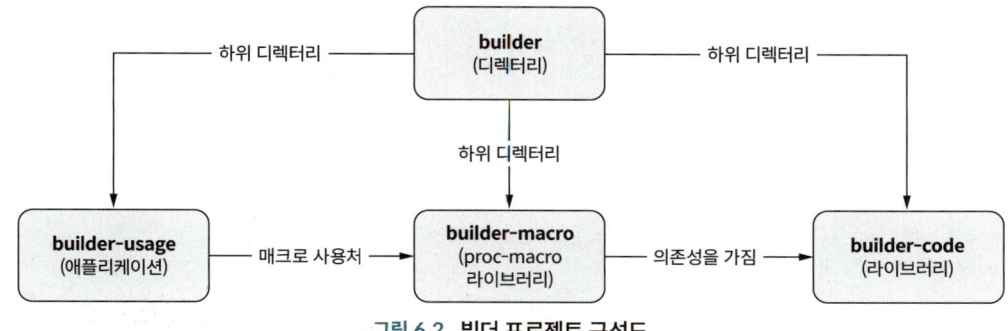

그림 6.2 빌더 프로젝트 구성도

이제 차근차근 프로젝트를 설정해 보겠습니다.

1. 먼저 builder라는 이름으로 루트 디렉터리를 만듭니다.
2. 이 디렉터리 안에 builder-usage, builder-macro, builder-code라는 3개의 디렉터리를 만듭니다.
3. 첫 디렉터리(builder-usage)는 실행 파일을 만들 것이므로 `cargo init`만 실행하면 됩니다. 나머지 두 디렉터리는 라이브러리로 사용할 것이므로 `cargo init --lib` 명령으로 생성합니다.
4. 그런 다음 루트 디렉터리에서 `cargo init`을 실행해서 Cargo 워크스페이스를 만듭니다.
5. 마지막으로, 각 디렉터리의 toml 파일을 코드 6.1과 같이 수정합니다.

코드 6.1 **Cargo.toml 파일**

```
[package]
name = "builder-usage"
version = "0.1.0"
edition = "2021"

[dependencies]
builder-macro = { path = "../builder-macro" }
```
builder-usage

```
[package]
name = "builder-macro"
version = "0.1.0"
edition = "2021"

[dependencies]
builder-code = { path = "../builder-code" }

[lib]
proc-macro = true
```
builder-macro

```toml
[package]
name = "builder-code"
version = "0.1.0"
edition = "2021"

[dependencies]
quote = "1.0.33"
syn = { version = "2.0.39", features = ["extra-traits"] }
proc-macro2 = "1.0.69"

[workspace]
members = [
    "builder-macro",
    "builder-code",
    "builder-usage",
]
```
─ builder-code

─ builder

Cargo 워크스페이스를 사용하면 3개의 프로젝트를 하나로 묶어서 관리할 수 있습니다. 꼭 이렇게 할 필요는 없지만, 모든 하위 프로젝트의 테스트와 점검을 한 번에 실행할 수 있어서 편리합니다.

NOTE 다음의 도구를 사용하면 워크스페이스 생성과 관리에 도움이 됩니다.
https://crates.io/crates/cargo-workspaces

6.2 프로젝트 구조의 구체화

이제 `builder-code` 프로젝트의 lib.rs 파일에 빌더(헬퍼) 구조체를 만드는 코드를 추가해 보겠습니다.

코드 6.2 builder-code 프로젝트의 lib.rs 파일

```rust
use proc_macro2::{TokenStream};
use quote::{format_ident, quote, ToTokens};
use syn::DeriveInput;

pub fn create_builder(item: TokenStream) -> TokenStream {
    let ast: DeriveInput = syn::parse2(item).unwrap();    // parse2를 사용해
    let name = ast.ident;                                  // proc_macro2::TokenStream을 가져옵니다.
    let builder = format_ident!("{}Builder", name);       // 매개변수로 받은 구조체의 스팬을 재사용하여
                                                           // 빌더의 이름을 위한 식별자를 만듭니다.
    quote! {
        struct #builder {}    // 출력에서 빌더 구조체를 생성합니다.
    }
}
```

눈썰미가 있는 분들은 `builder-code`가 절차적 매크로로 표시되지 않았다는 점을 눈치채셨을 겁니다. 이는 다른 디렉터리(builder-macro)에서 매크로를 노출하기 때문입니다. 이로 인해 절차적 매크로로 표시된 라이브러리 내에서만 사용할 수 있는 `proc_macro` 타입에는 접근할 수 없게 됩니다. 대신 `proc_macro2` 래퍼를 사용하며, 이 래퍼를 사용하기 때문에 구문 분석을 위해 `parse2`를 사용하고 `Result`를 언래핑합니다.

항상 그랬듯이 구문 분석 후 구조체의 이름을 가져옵니다. 이번에는 필드 값을 임시로 저장할 헬퍼 구조체가 필요하기 때문입니다. 이 빌더는 사용자 코드에 주입될 것이므로, 단순히 'Builder'라고 이름 짓는 것은 사용자 코드와 이름이 충돌할 위험이 너무 큽니다. 게다가 한 모듈에서 이 매크로를 한 번만 사용할 수 있게 되는데, 그렇지 않으면 'Builder'라는 이름의 구조체가 2개 생성될 것이기 때문입니다. 따라서 주석이 달린 구조체의 이름을 접두사로 사용합니다. 이 방식이 비교적 안전하지만, 더 확실한 방법을 원한다면 러스트 레퍼런스(http://mng.bz/v84r)에서 권장하는 대로 밑줄 접두사(__)를 추가하면 표준적인 명명 규칙을 따르는 코드와 충돌할 가능성이 매우 낮아집니다.

실제로 이는 많은 매크로 코드에서 볼 수 있는 관례이며, 이전 장의 실제 예제에서도 이미 여러 번 보았습니다. 하지만 이는 매크로 사용자가 직접 구조체를 사용하지 않기를 바랄 때만 사용해야 합니다. 애플리케이션 코드에서 빌더를 주고받게 하고 싶다면, 이름이 예측 가능하면서도 러스트의 명명 규칙을 따르는 것이 좋습니다. 이중 접두사를 사용해도 경고가 발생하지는 않지만, 애플리케이션 코드에서 구조체 이름을 지을 때 이중 접두사를 사용하는 경우는 드뭅니다.

헬퍼를 위한 식별자를 생성하기 위해서는 적절한 문자열을 생성하고 이를 스팬과 함께 식별자 생성자에 전달해야 합니다. 그러나 이 두 단계의 코드를 직접 작성하는 대신 `format_ident`를 활용하면 모든 작업을 자동으로 처리할 수 있습니다. `format_ident`는 스팬으로 전달받은 마지막 식별자의 스팬을 사용하며, 만약 해당 스팬이 없다면 이전 장에서 사용했던 `call_site`(현재 위치)로 대체됩니다. 또한 이마저도 없는 경우에는 빌더가 '구축'하게 될 구조체의 스팬을 사용하게 되는데, 이는 정확히 필요한 작동 방식입니다.

이름이 준비되면 플레이스홀더 코드로 빈 구조체를 반환합니다. 이제 코드가 `proc_macro2::TokenStream`을 반환하므로, 이 부분에서는 `quote`의 결과를 절차적 매크로가 요구하는 표준 `TokenStream`으로 변환할 필요가 없습니다.

이제 `builder-macro` 코드를 살펴보겠습니다.

코드 6.3 실제 매크로(builder-macro 내부)

```
use proc_macro::TokenStream;
use builder_code::create_builder;

#[proc_macro_derive(Builder)]
pub fn builder(item: TokenStream) -> TokenStream {
    create_builder(item.into())   ◄── 일반 TokenStream을 proc_macro2::TokenStream으로 변환합니다.
        .into()   ◄── 결과로 나온 proc_macro2::TokenStream을 일반 TokenStream으로 다시 변환하여 반환합니다.
}
```

이 매크로 정의는 이전과 매우 비슷하지만, 이제는 별도의 패키지에 있다는 점이 다릅니다. `Builder`라는 이름의 파생 매크로를 정의했는데, 이 매크로는 일반 `TokenStream`을 매개변수로 받아서 다른 `TokenStream`을 반환합니다. `builder-code`는 `proc_macro2`만 사용하므로, `builder-code`에 데이터를 전달할 때는 반드시 '변환' 과정이 필요합니다. 결과를 받아올 때도 마찬가지인데, 이는 절차적 매크로가 래퍼에 대해 알지 못하고 신경 쓰지도 않기 때문입니다. 대신 '일반' 스트림을 기대합니다. 두 경우 모두 `Into` 트레이트를 사용하면 변환을 자동으로 처리할 수 있습니다.

마지막으로 `builder-usage`의 메인 파일을 작성해 보겠습니다. 현재는 `Gleipnir`라는 빈 구조체에 매크로만 추가된 상태입니다.

코드 6.4 빈 예제 구조체가 있는 builder-usage의 main.rs 파일

```
use builder_macro::Builder;

#[derive(Builder)]
struct Gleipnir {}

fn main() {}
```

이는 단순히 코드가 컴파일되는지 확인할 수 있는 좋은 방법입니다. 코드의 컴파일뿐만 아니라 실제 작동 방식까지 검증하는 작업은 테스트를 통해 더 효과적으로 수행할 수 있습니다. 이제 이 주제에 대해 살펴보겠습니다.

6.3 화이트박스 단위 테스트 추가하기

절차적 매크로를 단위 테스트하는 방법에는 두 가지가 있습니다. 첫 번째는 코드의 내부에 접근할 수 있는 '내부' 또는 화이트박스 테스트이고, 두 번째는 '외부' 관점에서 접근하는 블랙박스 테스트

입니다. 여기서는 첫 번째 방법부터 설명하겠습니다.

러스트에서는 구현이 담긴 파일에 직접 테스트를 추가할 수 있기 때문에, 다른 프로그래밍 언어들보다 내부 테스트가 더 쉽습니다. 이를 통해 비공개 구조체나 필드, 함수에 숨겨진 작동 방식들까지 검증할 수 있습니다. 첫 번째 테스트는 `builder-code`의 lib.rs에 추가될 것입니다. 매크로가 큰 경우라면 다른 파일들에도 테스트를 추가하게 될 것입니다.

코드 6.5에서 볼 수 있듯이, 첫 번째 테스트는 아주 기본적인 검증입니다. 이미 구조체를 생성하는 코드를 작성했으므로, 예상된 빌더 이름을 가진 결과물이 반환되는지 검증할 수 있습니다. 예를 들어 `StructWithNoFields`라는 구조체를 전달하면, 반환되는 토큰 스트림에 `StructWithNoFieldsBuilder`가 포함되어 있어야 합니다.

코드 6.5 기본적인 테스트가 포함된 `builder-code`

```rust
use proc_macro2::TokenStream;
use quote::{format_ident, quote};
use syn::DeriveInput;

pub fn create_builder(item: TokenStream) -> TokenStream {
    let ast: DeriveInput = syn::parse2(item).unwrap();
    let name = ast.ident;
    let builder = format_ident!("{}Builder", name);  // 여기서는 빌더 이름(식별자)을 생성합니다.

    quote! {
        struct #builder {}
    }
}

#[cfg(test)]
mod tests {  // 테스트 모듈이 실제 코드와 같은 파일에 위치합니다.
    use super::*;

    #[test]
    fn builder_struct_name_should_be_present_in_output() {
        let input = quote! {
            struct StructWithNoFields {}  // quote를 사용하여 입력을 생성합니다.
        };

        let actual = create_builder(input);

        assert!(actual.to_string().contains("StructWithNoFieldsBuilder"));
        // 출력을 문자열로 변환하여 예상된 이름이 있는지 검증합니다.
    }
}
```

지금까지 살펴본 기초적인 테스트도 코드의 정확성을 어느 정도 검증할 수 있습니다. 이를 통해 코드가 빌더 이름을 출력 결과에 포함하고 있다는 점을 확인했지만, 출력 결과 전체가 의도한 바와 정확히 일치하는지 검증하는 것이 더욱 철저한 방법일 것입니다.

이를 위해서는 직접 만든 `TokenStream`과 출력을 비교하는 방법을 사용할 수 있습니다. 물론 이 경우 예상되는 출력을 수동으로 구성해야 하는데, 이를 위한 여러 가지 접근 방식이 있습니다. 예를 들어 새로운 `TokenStream`을 생성하고 `to_tokens`를 사용하여 예상되는 모든 출력을 해당 스트림에 추가하는 방법이 있습니다. 이 방법도 가능하지만, `quote`를 사용하여 예상 출력을 생성하는 것이 훨씬 더 효율적입니다.

코드 6.6 두 번째 테스트 추가하기

```
#[test]
fn builder_struct_with_expected_methods_should_be_present_in_output() {
    let input = quote! {
        struct StructWithNoFields {}
    };
    let expected = quote! {                    ◁── quote를 사용하여 입력과 예상 출력을 생성합니다.
        struct StructWithNoFieldsBuilder {}
    };

    let actual = create_builder(input);

    assert_eq!(actual.to_string(), expected.to_string());  ◁── 예상값과 실젯값이 동일한 문자열을
}                                                              생성하는지 검증합니다.
```

`TokenStream`은 `PartialEq`를 구현하지 않기 때문에 직접 비교가 불가능합니다. 하지만 이들을 문자열로 변환하여 비교하는 것으로 쉽게 해결할 수 있습니다.

예상값을 출력과 같은 타입으로 만드는 대신, 출력을 변환하여 검증을 더 쉽게 만들 수도 있습니다. 세 번째 방법으로는 `parse2`를 사용할 수 있습니다. 파싱이 실패하면 `unwrap` 호출로 인해 테스트가 적절히 패닉을 일으킵니다. 성공한다면 정보를 쉽게 추출하고 예상과 일치하는지 검증할 수 있는 AST를 얻게 됩니다.

코드 6.7 세 번째 테스트 추가하기

```
#[test]
fn assert_with_parsing() {
    let input = quote! {
        struct StructWithNoFields {}
```

```
    };

    let actual = create_builder(input);
    let derived: DeriveInput = syn::parse2(actual).unwrap();    ◀── 결과를 DeriveInput으로 파싱하며, 실패 시 패닉이 발생합니다.
    let name = derived.ident;
    assert_eq!(name.to_string(), "StructWithNoFieldsBuilder");  ◀── 성공하면 파싱된 결과에서 속성들을
}                                                                    가져와서 예상과 일치하는지 확인할
                                                                     수 있습니다.
```

이는 강력한 방법이지만, 하나 이상의 항목/구조체/함수를 출력하기 시작하면 파싱을 위한 사용자 정의 로직을 작성해야 합니다. 이것이 너무 복잡해지면 테스트 자체를 테스트해야 할 수도 있습니다. 이러한 이유로 quote를 사용하는 두 번째 방법이 명확성과 사용 편의성 측면에서 세 가지 방법 중 가장 선호됩니다. 토큰 스트림 출력 테스트 외에도, 화이트박스 테스트는 헬퍼 함수의 출력을 검증하는 데 매우 유용합니다. 러스트의 기본적인 테스트에 대해 이미 알고 있다고 가정하므로, 이러한 테스트의 예시는 여기서 다루지 않습니다.

하지만 화이트박스 테스트가 여러 상황에서 유용하다고 하더라도, 이것만으로는 매크로를 완벽하게 테스트하기에 충분하지 않습니다. 물론 화이트박스 테스트를 통해 코드의 출력이 의도한 대로 나오는지는 확인할 수 있습니다. 그러나 실제로 더 중요한 것은 생성된 코드가 **원하는 작동을 수행하는지 여부**입니다. 이 경우에는 구조체를 제대로 생성할 수 있는지가 관건입니다. 이러한 작동을 검증하기 위해서는 외부 사용자의 관점에서 접근할 필요가 있습니다.

6.4 블랙박스 단위 테스트

앞서 언급했듯이 블랙박스 테스트는 외부자의 관점에서 접근합니다. 코드가 어떻게 결과를 만들어 내는지는 상관없이, 필요한 결과물을 제대로 생성하는지만 확인합니다. 코드의 가치는 그것이 어떻게 작동하는지가 아니라 무엇을 만들어 내는지에 있기 때문에, 이는 좋은 접근 방식입니다. 구조체를 만들 때 값들이 임시로 어딘가에 저장된다는 사실이 중요할까요? 그것을 검증하는 것이 정말 필요할까요? 이러한 접근 방식 때문에 블랙박스 테스트는 화이트박스 테스트보다 구현 세부 사항에 덜 종속됩니다. 따라서 코드 내부만 수정할 때는 변경할 필요가 적습니다.

6.4.1 정상 경로 테스트

먼저 **모든 것이 계획대로 진행될 때** 코드가 제대로 작동하는지 확인하는 정상 경로 테스트부터 시작합니다. 이 테스트는 매크로의 사용자 중 하나인 `builder-usage` 크레이트에 추가됩니다. 또는 `builder-usage`의 루트에 새로 tests 디렉터리를 만들어 모든 것을 추가할 수도 있습니다. 일반적인 프로젝트에서는 이곳이 블랙박스 테스트를 위한 좋은 위치입니다. tests의 코드는 특별한 접근 권한이 없어서 프로젝트의 공개 API만 사용할 수 있기 때문입니다. 하지만 이 경우에는 테스트하려는 코드가 완전히 다른 프로젝트에 있으므로 main.rs에 두어도 괜찮습니다.

가장 기본적인 첫 번째 테스트는 코드의 컴파일만 검증합니다.

코드 6.8 첫 번째 블랙박스 테스트(builder-usage의 **main.rs**에 위치)

```rust
use builder_macro::Builder;

fn main() {}

#[cfg(test)]
mod tests {

    #[test]
    fn should_generate_builder_for_struct_with_no_properties() {
        #[derive(Builder)]
        struct ExampleStructNoFields {}   // ← #[derive(Builder)]로 주석이 달린 구조체를 생성하면...

        let _: ExampleStructNoFields = ExampleStructNoFields::builder()
            .build();   // ← ...매크로가 빌더 함수를 생성할 것으로 예상됩니다.
    }
}
```

이 테스트는 매크로로 주석이 달린 구조체를 정의하고, `::builder().build()` 호출이 해당 구조체의 인스턴스를 반환하는지 검증합니다. 이를 통해 코드가 컴파일되고 예상하는 함수들이 생성된다는 것을 입증합니다. 아직 `assert` 문이 없어도 코드는 이미 `function or associated item builder not found for this struct`(이 구조체에서 빌더 함수 또는 연관 항목을 찾을 수 없습니다)라는 오류를 발생시킵니다. 이제 이 첫 번째 사용 사례에 필요한 모든 것을 추가하여 테스트를 통과시켜 보겠습니다.

코드 6.9 테스트를 통과시키기 위한 구현 추가

```rust
use proc_macro2::{TokenStream};
use quote::{format_ident, quote};
```

```rust
use syn::DeriveInput;
use syn::Data::Struct;
use syn::DataStruct;
use syn::Fields::Named;
use syn::FieldsNamed;

pub fn create_builder(item: TokenStream) -> TokenStream {
    let ast: DeriveInput = syn::parse2(item).unwrap();
    let name = ast.ident;
    let builder = format_ident!("{}Builder", name);

    quote! {
        struct #builder {}   // ← 이미 빌더 구조체는 가지고 있었습니다.

        impl #builder {
            pub fn build(&self) -> #name {
                #name {}
            }
        }                    // 하지만 이제는 주석이 달린 구조체의 인스턴스를 반환하는
                             // build 메서드를 포함하는 구현부가 있습니다.

        impl #name {
            pub fn builder() -> #builder {
                #builder {}
            }
        }                    // 그리고 원래 구조체는 빌더 구조체를 반환하는 메서드를 얻게 됩니다.
    }
}
```

모든 변경사항은 `quote` 매크로 안에 있습니다. 빈 구조체를 생성하는 대신 빌더와 원래 구조체 모두에 대한 구현 블록을 추가했습니다. 이 블록들 안에 테스트에서 호출하는 두 함수를 정의했습니다.

이와 유사한 코드를 작성할 때 마주할 수 있는 일반적인 오류는 다음과 같습니다.

- `expected value, found struct ExampleStructNoFields`: 이 오류는 `build` 내부의 `#name` 뒤에 `{}`를 추가하지 않아서 발생합니다. 오류 메시지는 도움이 되지만, 일반적으로 특정 줄이 아닌 매크로를 가리킵니다. 오류를 추적하는 한 가지 방법은 메시지에 나타나는 `ExampleStructNoFields` 값을 가진 `#name`을 사용하는 위치를 찾는 것입니다. `cargo expand`를 사용하여 생성된 코드가 어떻게 보이는지 확인할 수도 있습니다. 테스트를 확장하는 경우이므로 명령이 약간 다른데, `builder-usage` 내에서 `cargo expand --tests --bin builder-usage`를 실행하면 됩니다.

- `expected () because of default return type`: 이 오류는 함수가 무언가를 반환해야 한다는

것을 깨달을 때까지는 명확하지 않습니다. 아마도 반환 타입(예: -> #name)을 지정하는 것을 잊었을 것입니다.

- `expected identifier, found "ExampleStructNoFieldsBuilder"`: 이 오류는 구조체 이름에 문자열 대신 식별자가 필요하다는 것을 잊었을 때 발생합니다. 이전 장에서 비슷한 문제를 겪었음을 기억할 것입니다.
- `cannot find value build in this scope`: 이 오류는 `quote` 내부의 오타로 인해 알 수 없는 변수와 해시태그가 조합되었을 때 발생합니다. 러스트는 이를 허용하지 않으므로 무엇과도 일치하지 않는 해시태그가 있는지 확인해야 합니다. IDE는 이러한 해시태그에 대한 자동 완성을 제공하므로 이 문제를 추적하거나 피하는 데 도움이 됩니다.

첫 번째 정상 작동 경로의 타입 테스트, 즉 '컴파일 테스트'가 통과했습니다. 이는 좋은 시작점입니다. 코드가 기대한 대로 작동하지 않더라도, 적어도 생성된 코드가 심각한 오류 없이 실행된다는 점을 검증했기 때문입니다. 다만 이러한 구현상의 변경으로 인해 두 번째 화이트박스 테스트는 실패하게 됩니다. 출력되는 내용이 더 많아졌기 때문입니다. 이 테스트는 수정하거나 당분간 비활성화할 수 있습니다. 또한 예상했던 대로 세 번째 구문 분석 테스트는 이제 그 가치에 비해 너무 많은 사용자 정의 파싱 작업이 필요하므로, 이 역시 `#[ignore]`을 붙여 비활성화하는 것이 좋습니다. 반면 첫 번째 화이트박스 테스트는 단순함의 가치를 잘 보여줍니다. 변경사항에도 불구하고 계속해서 정상적으로 작동하고 있기 때문입니다.

6.4.2 실제 프로퍼티 값이 있는 정상 경로 테스트

다음으로는 어떤 테스트를 해보는 게 좋을까요? 이번에는 하나의 프로퍼티 값을 가진 구조체로 테스트해 봅시다.

코드 6.10 **Fenrir를 제어하기 위한 테스트**(builder-usage의 main.rs에 계속해서 작성)

```
#[test]
fn should_generate_builder_for_struct_with_one_property() {
    #[derive(Builder)]
    struct Gleipnir {
        roots_of: String,
    }

    let gleipnir = Gleipnir::builder()
        .roots_of("mountains".to_string())
        .build();
}
```

```
        assert_eq!(gleipnir.roots_of, "mountains".to_string());
}
```

이 코드는 no method named roots_of found for struct Gleipnir(Gleipnir 구조체에서 roots_of라는 메서드를 찾을 수 없습니다)라는 오류와 함께 실패할 것입니다. 이를 해결하려면 무엇을 해야 할까요? 빌더는 구조체의 모든 필드에 대해 값을 저장할 수 있는 메서드를 하나씩 제공해야 합니다. build 메서드는 이렇게 저장된 정보를 사용하여 구조체(이 경우에는 Gleipnir)를 생성할 것입니다. 연관 builder 함수는 이전처럼 초기 빌더를 생성하지만, 이제는 빌더가 필요한 모든 값을 저장하기 위한 속성들을 정의하도록 해야 합니다. 필요한 기능을 구현하기 위해서는 구조체의 필드들을 가져와야 한다는 것이 분명해 보입니다. 구체적으로는 함수들을 생성하기 위해 필드들의 이름과 타입을 알아야 합니다.

> [NOTE] 테스트 주도 개발(TDD) 철학을 따르고 있으므로, 테스트를 통과시키는 데 필요한 최소한의 코드만 작성하는 것이 좋습니다. 따라서 현재는 String 타입만 다룬다고 가정해도 괜찮습니다. 다음 절에서 코드를 더 일반화하고 성능을 개선할 것입니다.

그 구현은 다음과 같습니다.

코드 6.11 builder-code 구현(화이트박스 테스트와 가져오기 구문 관련 코드 제외)

```
pub fn create_builder(item: TokenStream) -> TokenStream {
    // AST 분석, 이름 추출 및 빌더 식별자 생성

    let fields = match ast.data {
        Struct(
            DataStruct {
                fields: Named(
                    FieldsNamed {
                        ref named, ..
                    }), ..
            }
        ) => named,
        _ => unimplemented!(
            "only implemented for structs"
        ),
    };

    let builder_fields = fields.iter().map(|f| {
        let field_name = &f.ident;
        let field_type = &f.ty;
        quote! { #field_name: Option<#field_type> }
```

```rust
    });

    let builder_inits = fields.iter().map(|f| {
        let field_name = &f.ident;
        quote! { #field_name: None }
    });

    let builder_methods = fields.iter().map(|f| {
        let field_name = &f.ident;
        let field_type = &f.ty;
        quote! {
            pub fn #field_name(&mut self, input: #field_type) -> &mut Self {
                self.#field_name = Some(input);
                self
            }
        }
    });

    let set_fields = fields.iter().map(|f| {
        let field_name = &f.ident;
        let field_name_as_string = field_name
            .as_ref().unwrap().to_string();
        quote! {
            #field_name: self.#field_name.as_ref()
                .expect(
                    &format!("field {} not set", #field_name_as_string))
                .to_string()
        }
    });

    quote! {
        struct #builder {
            #(#builder_fields,)*
        }

        impl #builder {
            #(#builder_methods)*

            pub fn build(&self) -> #name {
                #name {
                    #(#set_fields,)*
                }
            }
        }

        impl #name {
            pub fn builder() -> #builder {
                #builder {
                    #(#builder_inits,)*
```

```
            }
          }
        }
      }
    }
```

이 코드의 내용을 하나씩 살펴보겠습니다. 이전에 여러 번 했던 것처럼, 먼저 입력으로 받은 구조체의 필드들을 가져오는 것으로 시작합니다. 이 필드들은 네 가지 방식으로 사용됩니다.

첫 번째로, 헬퍼 구조체가 원본 구조체와 동일한 속성을 갖도록 합니다. 이를 통해 모든 필드 정보를 임시로 저장할 수 있습니다. 하지만 `builder()`가 호출되어 이 헬퍼를 처음 생성할 때는 저장할 값이 없습니다. 따라서 각 타입을 `Option`으로 감싸게 됩니다(타입이 이미 `Option`인 경우와 같은 복잡한 상황은 여기서 다루지 않습니다). 코드 6.12에서 이러한 작업이 이루어집니다.

코드 6.12 빌더 구조체 정의에 필드 추가하기

```
let builder_fields = fields.iter().map(|f| {
    let field_name = &f.ident;
    let field_type = &f.ty;
    quote! { #field_name: Option<#field_type> }
});
```

> **NOTE** 어느 시점에서는 이러한 임시 변수(여기서는 `field_name`과 `field_type`)를 만드는 것이 낭비라고 생각할 수 있습니다. `quote` 내부에서 직접 `f`를 사용하면(예: `#f.ident`) 안 될까요? 안타깝게도 불가능합니다. `quote` 매크로는 훌륭하지만, 앞서 언급했듯이 구조체 필드를 직접 가져오지는 못합니다.

다음으로, `builder()`가 호출되면 아직 값이 없으므로 모든 필드를 `None`으로 **초기화**해야 합니다.

코드 6.13 빌더 필드의 초깃값

```
let builder_inits = fields.iter().map(|f| {
    let field_name = &f.ident;
    quote! { #field_name: None }
});
```

이제 필드와 동일한 이름을 가진 공개 메서드를 생성하여 해당 필드를 `None`이 아닌 다른 값으로 설정하려고 합니다. 이 메서드들은 필드와 동일한 타입의 매개변수를 받아서 `Option`에 저장합니다. 예를 들어 `String` 타입의 `roots_of` 필드가 있다면, 메서드 이름은 `roots_of`가 되고, `String` 타입의 입력을 받아 빌더 구조체의 `roots_of` 필드에 `Option<String>`으로 저장합니다. 메서드는

빌더(Self)를 반환합니다. 이렇게 하면 `builder().first_field(…).second_field(…).build()`와 같이 값을 연속해서 설정할 수 있는 유연한 빌더를 만들 수 있습니다.

코드 6.14 프로퍼티 값 설정을 위한 메서드 생성

```
let builder_methods = fields.iter().map(|f| {
    let field_name = &f.ident;
    let field_type = &f.ty;
    quote! {
        pub fn #field_name(&mut self, input: #field_type) -> &mut Self {
            self.#field_name = Some(input);
            self
        }
    }
});
```

마지막으로, `build`를 호출하면 저장된 모든 값을 검색하여 주석이 달린 구조체를 생성하려고 합니다. 코드 6.15에서는 각 필드에 대한 이러한 초기화를 생성합니다. `Option`을 다루고 있으므로 실젯값을 가져오기 위해 `expect`를 사용하며, 사용자가 값을 설정하지 않을 수 있으므로 이 작업은 실패할 수 있습니다. 따라서 `field_name_as_string`을 사용하여 알기 쉬운 오류를 반환합니다. 이 과정이 끝나면 실제 필드를 얻게 됩니다. 하지만 필드에서 단순히 '이동'할 수는 없으므로 `to_string`을 사용하여 값의 복사본을 가져옵니다.

코드 6.15 실제 구조체 초기화

```
let set_fields = fields.iter().map(|f| {
    let field_name = &f.ident;
    let field_name_as_string = field_name
        .as_ref().unwrap().to_string();
    quote! {
        #field_name: self.#field_name.as_ref()
            .expect(&format!("field {} not set", #field_name_as_string))
            .to_string()
    }
});
```

이것들은 모두 따로 떨어진 조각들이며, `quote`에서 하나로 모아야 합니다. 이해가 어렵다면 테스트에서 `cargo expand`를 실행하거나 그림 6.3을 참고하면 됩니다.

코드 6.16 최종 출력

```
quote! {
    struct #builder {
        #(#builder_fields,)*    ◀──── 빌더는 주석이 달린 구조체와 동일한 필드를 갖지만,
    }                                  타입이 Option으로 감싸져 있습니다.

    impl #builder {
        #(#builder_methods)*    ◀──── 모든 필드에 대해 하나의 설정자(setter) 메서드를 가집니다.

        pub fn build(&self) -> #name {
            #name {
                #(#set_fields,)*         build 함수를 사용하여 구조체를 생성할 수 있습니다.
            }
        }
    }

    impl #name {
        pub fn builder() -> #builder {
            #builder {
                #(#builder_inits,)*      모든 필드가 None으로 초기화된 새로운 빌더를 생성하기 위해
            }                             원본 구조체에 builder()를 추가합니다.
        }
    }
}
```

이 코드를 작성하고 나니 다음과 같은 성가신 오류가 발생했습니다.

```
22 |         #[derive(Builder)]
   |           ^^^^^^^
   |           |
   |           item list starts here
   |           non-item starts here
   |           item list ends here
```

정보를 출력하고 매크로를 확장해 봤지만 실질적인 해결책을 찾을 수 없었습니다. 'builder methods' 부분에 문제가 있다고 의심했고, 해당 코드를 임시로 비활성화하면서 이를 확인했습니다. 그러다가 문제의 원인을 발견했습니다. `#(#builder_methods,)*`라고 작성했는데, 함수는 쉼표로 구분하지 않는다는 점을 깨달았습니다. 쉼표를 제거하자 문제가 해결되었습니다.

그림 6.3은 코드의 각 부분이 생성하는 출력과 이들이 어떻게 연결되는지를 보여줍니다. 단일 필드를 가진 간단한 구조체로부터 다음과 같은 요소들이 생성됩니다. 프로퍼티를 가진 빌더, 해당

프로퍼티의 초기화, 필드를 설정하는 메서드, 그리고 원본 `Gleipnir` 구조체를 생성하는 `build` 메서드까지 모두 생성됩니다.

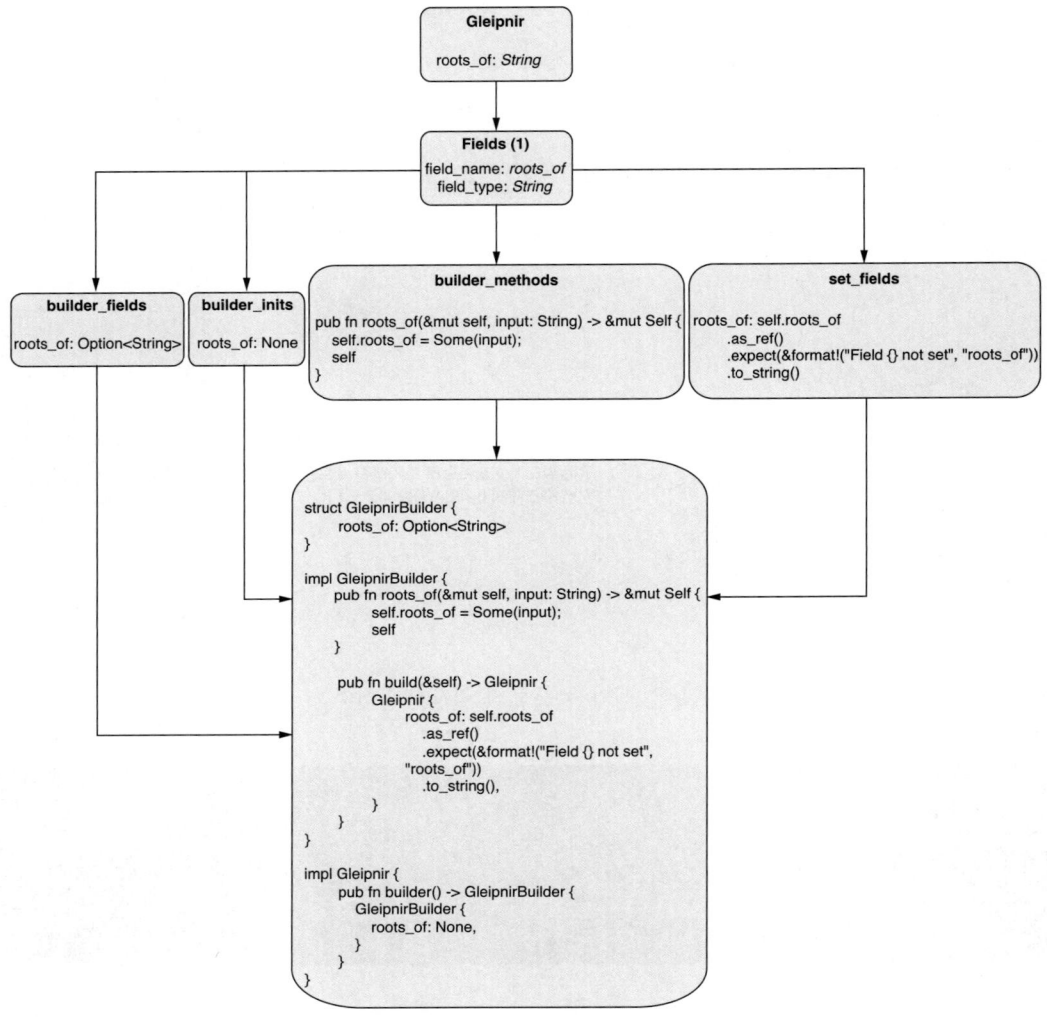

그림 6.3 예시 구조체의 변환 과정 개요

6.4.3 리팩터링을 위한 테스트

이전 코드는 완벽하지 않지만, 다행히도 테스트를 통해 더 쉽고 안전하게 리팩터링을 진행할 수 있습니다. 빈 구조체나 단일 필드를 가진 구조체에 대해서만이긴 하지만, 블랙박스 테스트가 계속 통과하는 한 기존의 작동이 유지된다는 것을 확신할 수 있습니다. 이러한 안정성을 활용해 보겠습니다. 지금까지는 모든 코드를 하나의 파일과 함수에 작성했습니다. 간단한 예제에서는 이 방식으로도 충분했지만, 현재 코드는 단일 함수가 거의 70줄에 달할 정도로 커졌습니다. 앞으로 구현이 더 확장될 것으로 예상된다면, 코드를 분할하는 것이 합리적입니다.

이상적으로 리팩터링은 단계적으로 진행되어야 하며, 각 단계가 끝날 때마다 코드가 정상적으로 작동하는지 확인해야 합니다. 우선 일부 함수를 추출하는 것부터 시작할 수 있습니다. 각 함수는 필드를 순회하면서 하나의 작업(필드 정의, 초기화 등)을 수행합니다. IDE 도구를 활용하면 이러한 작업을 매우 쉽게 수행할 수 있습니다.

코드 6.17 리팩터링된 `create_builder` 함수의 코드 조각

```
let builder_fields = builder_field_definitions(fields);
let builder_inits = builder_init_values(fields);
let builder_methods = builder_methods(fields);
let original_struct_set_fields = original_struct_setters(fields);
```

테스트가 여전히 성공적으로 통과합니다. `builder_field_definitions`와 `builder_methods` 모두에서 필드 이름과 타입을 가져오는 작업을 하므로 이 중복을 제거할 수 있습니다. 코드 6.18은 헬퍼 함수와 이를 다른 함수에서 사용하는 방법을 보여줍니다.

코드 6.18 필드 이름과 타입을 가져오는 헬퍼 함수 추가

```
use quote::quote;
use syn::{Field, Ident, Type};
use syn::__private::TokenStream2;
use syn::punctuated::{Punctuated};
use syn::token::Comma;

fn builder_field_definitions(fields: &Punctuated<Field, Comma>)
                        -> impl Iterator<Item = TokenStream2> + '_ {
    fields.iter().map(|f| {
        let (name, f_type) = get_name_and_type(f);  // ← 헬퍼 함수에서 필드 이름과 타입을 가져옵니다.
        quote! { pub #name: Option<#f_type> }
    })
}

fn get_name_and_type<'a>(f: &'a Field) -> (&'a Option<Ident>, &'a Type) {
    let field_name = &f.ident;
    let field_type = &f.ty;
    (field_name, field_type)
}
```

이전 연습문제에서는 `builder_field_definitions` 같은 함수의 반환 타입을 `Map<Iter<Field>, fn(&Field) -> TokenStream>`과 같이 구체적으로 명시했습니다. 이 방식도 작동하지만, 반복자를 반환할 때는 `impl Iterator<Item = TokenStream2> + '_`을 사용하는 것이 러스트의 관례에 더 부합합니다. 구체적인 구현 방식인 `Map`을 직접 명시하는 대신, '토큰 스트림을 순회할 수 있는 무언가'라고 표현하는 것입니다. 여기서 `'_`은 반드시 필요한데, 이를 생략하면 러스트는 명확한 오류 메시지를 통해 이를 알려줍니다. 매개변수 `fields`가 참조이므로 익명의 라이프타임 애너테이션[1]을 가지고 있는데, 이 라이프타임이 반환 타입의 제약 조건에 포함되어 있지 않다는 것입니다. 이 경우에는 라이프타임이 하나밖에 없어서 **라이프타임 플레이스홀더**(lifetime placeholder)로 해결할 수 있지만, 만약 함수가 여러 개의 참조 매개변수를 가진다면 상황이 더 복잡해질 것입니다.

`get_name_and_type` 함수에도 라이프타임을 추가해야 했습니다. 이는 러스트의 **라이프타임 자동 추론 규칙**(lifetime elision rule)이 2개의 출력을 가진 이 함수에는 적용될 수 없기 때문입니다. 다행히도 이러한 변경 후에도 모든 테스트는 정상적으로 실행되고 있습니다.

이제 코드가 한 파일에 너무 많이 모여 있어서 기능별로 나눠야 할 때가 되었습니다. 구조를 개선하기 위한 두 가지 접근 방식이 있는데요, 첫 번째는 'implementation' 같은 하위 디렉터리를 만들어서 코드와 내보내기를 관리하는 mod.rs를 추가하는 방법입니다. 이 방식은 더 많은 제어와 유연성을 제공하지만, 지금 상황에서는 오히려 불필요한 복잡성만 더할 것 같습니다. 그래서 두 번째 방법인 헬퍼 함수들을 별도 파일로 분리하는 방식을 선택했습니다. 이것이 최근 러스트 커뮤니티에서 선호하는 방식이기도 합니다.

실제로 이 작업을 하려면 매크로 코드가 있는 src 디렉터리에 fields.rs라는 새 파일을 만들어야 합니다. `create_builder`를 제외한 모든 함수를 이 파일로 옮기되, 기존 테스트 코드는 그대로 유지합니다. 그런 다음 lib.rs에 `mod fields` 선언을 추가하고 필요한 함수들을 가져오기만 하면 됩니다.

코드 6.19 **fields.rs** 파일의 주요 내용

```
use quote::quote;
use syn::{Field, Ident, Type};
use syn::__private::TokenStream2;
use syn::punctuated::{Punctuated};
use syn::token::Comma;
```

---

1 [옮긴이] 라이프타임 애너테이션(lifetime annotation)이란 참조가 유효한 범위를 의미하며, `'_`은 '이 참조는 어떤 라이프타임을 가지고 있습니다'라고 명시적으로 표현하는 것입니다. 마치 '이 물건은 어떤 사람의 것입니다'라고 소유권을 표시하는 것과 비슷합니다.

```rust
pub fn original_struct_setters(fields: &Punctuated<Field, Comma>)
                    -> impl Iterator<Item = TokenStream2> + '_ {

    fields.iter().map(|f| {
        let field_name = &f.ident;
        let field_name_as_string = field_name.as_ref()
            .unwrap().to_string();

        quote! {
            #field_name: self.#field_name.as_ref()
                .expect(
                    &format!("field {} not set", #field_name_as_string))
                .to_string()
        }
    })
} // ◀── 다른 곳에서도 사용할 수 있도록 public으로 선언된 네 가지 함수 중 하나

// 추가로 3개의 함수가 있음

fn get_name_and_type<'a>(f: &'a Field) -> (&'a Option<Ident>, &'a Type) {
    let field_name = &f.ident;
    let field_type = &f.ty;
    (field_name, field_type)
} // ◀── 이 파일 내부에서만 사용되는 헬퍼 함수는 비공개로 유지
```

코드 6.20 lib.rs에서의 함수 사용

```rust
mod fields; // ◀── 파일 사용

use crate::fields::{
    builder_field_definitions,
    builder_init_values,
    builder_methods,
    original_struct_setters,
};

// 모듈 가져오기 구문
// lib.rs의 구현부 코드(create_builder 함수와 테스트 함수)
```

필드 관련 코드를 별도 파일로 분리하면서 라이브러리가 더 깔끔해졌고, 특히 `get_name_and_type` 같은 헬퍼 함수를 필드 관련 기능에서만 접근할 수 있도록 숨길 수 있게 되었습니다. 이는 바람직한 변화인데, 정보 은닉이 강화되고 외부에 노출되는 인터페이스가 줄어들었기 때문입니다. 또한 하나의 큰 코드 덩어리를 개별 함수로 분리함으로써 더 세밀한 단위 테스트도 가능해졌습니다. 다

음 예시를 통해 헬퍼 함수의 활용을 살펴보겠습니다.

코드 6.21 `get_name_and_type`의 테스트 예시(fields.rs)

```
#[test]
fn get_name_and_type_give_back_name() {
    let p = PathSegment {
        ident: Ident::new("String", Span::call_site()),
        arguments: Default::default(),
    };

    let mut pun = Punctuated::new();
    pun.push(p);

    let ty = Type::Path(TypePath {
        qself: None,
        path: Path {
            leading_colon: None,
            segments: pun,
        },
    });

    let f = Field {
        attrs: vec![],
        vis: Visibility::Inherited,
        mutability: FieldMutability::None,
        ident: Some(Ident::new("example", Span::call_site())),
        colon_token: None,
        ty,
    };

    let (actual_name, _) = get_name_and_type(&f);

    assert_eq!(
        actual_name.as_ref().unwrap().to_string(),
        "example".to_string()
    );
}
```

보시다시피 이 함수의 테스트를 위한 매개변수를 구성하려면 상당한 양의 보일러플레이트 코드가 필요합니다. 게다가 `Field` 타입이 `Parse`를 구현하지 않아서 평소처럼 quote + parse2 기법도 사용할 수 없는 상황입니다. 따라서 이렇게 세부적인 수준의 화이트박스 테스트는 작성하지 않기로 결정할 수도 있습니다. 물론 필요하다면 언제든 이런 상세한 테스트도 구현할 수 있습니다.

6.4.4 추가 개선과 테스트

첫 번째 리팩터링을 마쳤으니 이제 구현에 집중해야 합니다. 현재는 문자열만 처리할 수 있다는 제한이 있는데, TDD 방식에 따라 테스트를 통해 이 작동을 검증해 보겠습니다.

코드 6.22 `String`이 아닌 프로퍼티를 포함한 두 가지 프로퍼티에 대한 테스트

```rust
#[test]
fn should_generate_builder_for_struct_with_two_properties() {
    #[derive(Builder)]
    struct Gleipnir {
        roots_of: String,
        breath_of_a_fish: u8
    }

    let gleipnir = Gleipnir::builder()
        .roots_of("mountains".to_string())
        .breath_of_a_fish(1)
        .build();

    assert_eq!(gleipnir.roots_of, "mountains".to_string());
    assert_eq!(gleipnir.breath_of_a_fish, 1);
}
```

예상대로 이 테스트는 컴파일 시점에 실패합니다. 모든 값에 대해 `to_string`을 호출하고 있어서 `expected `u8`, found `String``(u8 타입에 대해 `String` 타입이 발견되었습니다)이라는 오류가 발생합니다.

```rust
quote! {
    #field_name: self.#field_name.as_ref()
        .expect(&format!("field {} not set", #field_name_as_string))
        .to_string()
}
```

이 문제를 해결하는 방법은 여러 가지가 있습니다. 가장 간단한 해결책은 `to_string`을 `clone`으로 대체하는 것입니다. 이렇게 하면 `String`, 기본 타입[2], 그리고 `Clone`을 구현한 모든 구조체가 자동으로 작동합니다. `Clone`을 구현하지 않은 필드가 있다면 명확한 오류 메시지(`YourCustomStruct does not implement Clone`(`YourCustomStruct`이 `Clone`을 구현하지 않았습니다))를 통해 알 수 있습니다. 깔끔한 해결책이지만, 모든 구조체 프로퍼티에 대해 `Clone`을 구현해야 한다는 단점이 있습니다.

---

[2] (옮긴이) 기본 타입, 혹은 원시 타입(primitives type)이란 러스트에서 기본적으로 제공하는 가장 단순한 데이터 타입을 의미합니다. 여기에는 정수형(i8, i16, i32, i64, i128, u8, u16, u32, u64, u128), 부동소수점형(f32, f64), 불리언형(bool), 문자형(char) 등이 포함됩니다.

두 가지 해결책이 있습니다. 하나는 추가 코드가 필요하고 기능이 제한적입니다. 다른 하나는 더 짧고 우아하지만 러스트의 규칙과 목표에 대해 더 깊이 생각해야 합니다(빌더를 소비하는 방식으로 작동합니다). 저도 처음에는 첫 번째 방법을 생각했다가 나중에 두 번째 방법을 발견했습니다. 첫 번째 방법이 현재 방식보다 별로 좋아 보이지 않음에도 살펴보는 이유는, 매크로를 다루는 책에서 AST를 깊이 있게 살펴볼 수 있는 좋은 예시이기 때문입니다.

현재 해결책의 문제점은 `to_string`이 한 가지 타입에서만 작동한다는 것입니다. `u8` 같은 기본 타입은 `Copy`를 구현하고 있어서 이런 변환이 필요하지 않습니다. 따라서 받은 타입을 확인하여 기본 타입이나 `String`이 아닌 경우에는 `to_string` 부분을 생략할 수 있습니다.

이를 위해서는 어떤 것이 `String`인지 판단할 수 있는 헬퍼가 필요합니다. 하지만 이 정보를 타입 내의 어디에서 찾을 수 있을까요? `Type`이 큰 열거형이므로, 테스트에서 받는 AST의 일부를 출력해 보겠습니다.

```
Path(TypePath {
    qself: None,
    path: Path {
        leading_colon: None,
        segments: [
            PathSegment {
                ident: Ident {
                    ident: "String",
                    span: #0 bytes(226..232),
                },
                arguments: PathArguments::None,
            },
        ],
    },
})
```

`Type`은 `Path`와 `TypePath`를 포함하고 있으며, `path.segments` 안에 `ident`라는 식별자가 있습니다(그림 6.4 참고). 이 식별자는 문자열로 변환할 수 있어서 타입 검사에 활용할 수 있습니다.

이제 식별자를 가져와서 문자열로 변환한 후, 타입의 문자열 표현과 비교하는 헬퍼 함수를 작성할 수 있습니다. 이러한 코드를 작성하는 것은 결국 필요한 데이터를 어디서 찾을 수 있는지 파악하는 것이 핵심입니다.

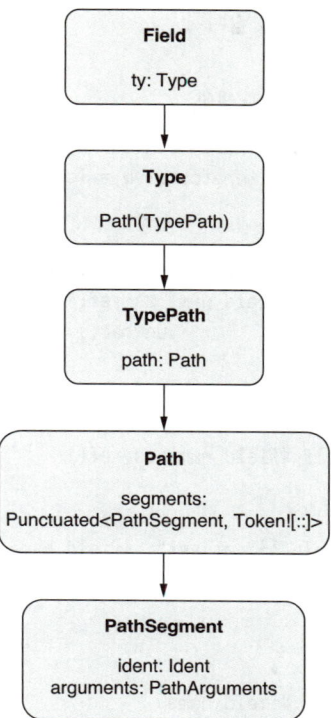

그림 6.4 Field에서 PathSegment까지 이어지는 간소화된 구조

코드 6.23 **fields.rs에 타입 헬퍼 추가**

```
fn matches_type(ty: &Type, type_name: &str) -> bool {
    if let Type::Path(ref³ p) = ty {  ◀── Type::Path인 경우에만 더 깊이 들어가서 식별자를 문자열로 비교합니다.
        let first_match = p.path.segments[0].ident.to_string();
        return first_match == *type_name;  ◀── 식별자를 type_name 매개변수(타입의 문자열 표현)와 비교합니다.
    }
    false
}
```

이제 이 헬퍼를 fields.rs 내부에서 활용하겠습니다. `String` 타입인 경우에만 `TokenStream`에 `as_ref`와 `to_string` 호출을 추가하고, 그 외의 경우에는 `Copy`를 구현한 기본 타입으로 가정하여 이

---

3 [옮긴이] 초기 1.31.0 이전 버전의 러스트에서는 엄격하게 참조 타입을 지정해 주기 위해 `ref`가 필요했지만, Rust 2018 Edition(Rust 1.31.0 이후 버전)에서 '매치 인체공학(match ergonomics)' 기능이 도입되며 `ref`를 생략해도 실행 가능해졌고, 2025년 2월에 배포된 Rust 2024 Edition(Rust 1.85.0 이후 버전)에서는 패턴이 명시적이지 않은 경우에는 `ref`를 사용할 수 없도록 '매치 인체공학'의 규칙이 변경되어서, 최신 버전의 러스트에서는 `ref`를 제거해야 정상적으로 작동합니다.

참고 링크
- https://rust-lang.github.io/rfcs/2005-match-ergonomics.html
- https://doc.rust-lang.org/edition-guide/rust-2024/match-ergonomics.html

동에 대해 걱정할 필요가 없도록 만들 것입니다.

코드 6.24 `matches_type` 결과에 따른 다른 출력 생성

```rust
pub fn original_struct_setters(fields: &Punctuated<Field, Comma>)
                    -> impl Iterator<Item = TokenStream2> + '_ {

    fields.iter().map(|f| {
        let (field_name, field_type) = get_name_and_type(f);
        let field_name_as_string = field_name.as_ref()
                                    .unwrap().to_string();

        if matches_type(field_type, "String") {      // 타입이 String인지 확인합니다.
            quote! {
                #field_name: self.#field_name.as_ref()
                    .expect(
                        &format!(
                            "field {} not set", #field_name_as_string)   // 원래의 quote 출력으로,
                    ).to_string()                                          // 이제는 헬퍼가 true를
            }                                                              // 반환할 때만 사용됩니다.
        } else {
            quote! {
                #field_name: self.#field_name
                    .expect(
                        &format!(
                            "field {} not set", #field_name_as_string)   // 다른 모든 경우에는
                    )                                                     // 타입을 복사할 수 있으므로
            }                                                             // as_ref와 to_string 호출이
        }                                                                 // 필요하지 않습니다.
    })
}
```

이제 마지막 테스트를 다시 실행하면 모든 것이 정상적으로 작동합니다. 하지만 코드에 약간의 중복이 있는데, 이를 제거하고 싶다면 다음과 같이 할 수 있습니다. 코드 6.25는 중복을 줄이는 방법을 보여주지만, 가독성이 다소 떨어진다는 단점이 있습니다.

코드 6.25 중복을 피하기 위해 `TokenStream` 조각들을 결합

```rust
pub fn original_struct_setters(fields: &Punctuated<Field, Comma>)
                    -> impl Iterator<Item = TokenStream2> + '_ {

    fields.iter().map(|f| {
        let (field_name, field_type) = get_name_and_type(f);
        let field_name_as_string = field_name.as_ref()
            .unwrap().to_string();
        let error = quote!(
```

```
            expect(&format!("Field {} not set", #field_name_as_string))
        );

        let handle_type = if matches_type(field_type, "String") {
            quote! {
                as_ref()
                .#error
                .to_string()
            }
        } else {
            quote! {
                #error
            }
        };

        quote! {
            #field_name: self.#field_name.#handle_type
        }
    })
}
```

이처럼 `TokenStream`을 활용하면 매우 유연한 코드 생성이 가능합니다. 이전에도 언급했듯이 `quote`는 출력을 구성하는 다양하고 유연한 방법을 제공합니다. 따라서 각 함수가 완전히 작동하는 코드 조각을 반환해야 한다고 생각할 필요는 없습니다. `TokenStream`의 작은 조각들을 만들어서 최종 출력에서 조합하는 것도 가능하며, 필요하지 않은 부분은 무시할 수도 있습니다. 이에 대해서는 나중에 더 자세히 살펴보겠습니다.

6.4.5 새로운 접근 방식

기본 타입이 아닌 속성들을 실험해 보면 아직 해결해야 할 문제가 있음을 알 수 있습니다. 지금까지의 코드는 필드가 `String`인지 확인하고, 그렇지 않다면 `Copy` 트레이트를 사용하는 방식으로 동작했습니다. 하지만 실제로는 복제는 가능하지만 복사는 불가능한 타입들이 많이 존재합니다. 이런 경우를 테스트하기 위해 `Vec<String>`을 사용해 보겠습니다.

코드 6.26 Copy가 불가능한 타입으로 테스트하기

```
#[test]
fn should_generate_builder_for_struct_with_multiple_properties() {
    #[derive(Builder)]
    struct Gleipnir {
        roots_of: String,
        breath_of_a_fish: u8,
```

```
        other_necessities: Vec<String>,  ◀── Vec<String>이 기존 코드와 어떻게 작동하는지 살펴보겠습니다.
    }

    let gleipnir = Gleipnir::builder()
        .roots_of("mountains".to_string())
        .breath_of_a_fish(1)
        .other_necessities(vec![
            "sound of cat's footsteps".to_string(),
            "beard of a woman".to_string(),
            "spittle of a bird".to_string(),
        ])
        .build();

    assert_eq!(gleipnir.roots_of, "mountains".to_string());
    assert_eq!(gleipnir.breath_of_a_fish, 1);
    assert_eq!(gleipnir.other_necessities.len(), 3);
}
```

예상했던 대로 컴파일은 실패합니다. `Vec<String>`은 `Copy` 트레이트가 구현되어 있지 않기 때문에 값을 이동시키려 할 때 오류가 발생합니다. 이를 해결하기 위해 `Copy`가 구현되지 않은 모든 것을 복제하도록 코드를 수정할 수도 있습니다. 이렇게 하면 현재 테스트는 통과할 것이고, 매크로 코드는 좀 더 길어지겠지만 기존의 '모든 것을 복제하는' 방식보다 더 효율적인 코드를 생성할 수 있습니다. 다만 이 접근법은 빌더 매크로를 `Clone`이나 `Copy`가 구현된 타입으로만 제한하게 되는데, 모든 타입이 이 두 트레이트 중 하나를 반드시 구현하고 있지는 않다는 문제가 있습니다.

하지만 이보다 더 유연한 해결책이 있습니다. 빌더는 원하는 구조체가 완성되기 전까지만 데이터를 **임시로** 보관하는 구조체입니다. 따라서 지금까지 피하려 했던 값의 이동이 오히려 좋은 선택이 될 수 있습니다. 실제로 빌더를 다루는 가장 효율적인 방법은 아마도 빌더를 비우는 것일 겁니다. 이를 구현하기 위해서는 가변 참조를 빌리는 대신 `self`를 소비하도록 수정하면 됩니다(이렇게 변경하면 화이트박스 테스트가 깨지겠지만, 약간의 수정으로 다시 실행하게 만들 수 있습니다. 여기서는 그 과정은 생략하겠습니다).

코드 6.27 빌더 구조체의 참조 대신 소유권 가져오기(lib.rs)

```
pub fn build(self) -> #name {  ◀── &self로 빌더를 참조로 대여받던 방식에서, self를 값으로 전달받아
    #name {                         빌더를 소비하는 방식으로 변경되었습니다.[3]
```

---

4 [옮긴이] 이 변경은 중요한 의미를 지닙니다. build 함수가 &self 대신 self를 받게 되면서, 빌더 객체는 build 호출 이후에 더 이상 사용할 수 없게 됩니다. 이는 의도적인 설계로, 빌더 패턴에서 build 메서드가 호출된 후에는 더 이상 빌더를 사용할 수 없도록 하여 잘못된 사용을 방지합니다.

```
            #(#set_fields,)*
        }
    }
```

코드 6.28 빌더 구조체의 참조 대신 소유권 가져오기(fields.rs의 builder_methods 함수 안에서 사용하는 quote! 매크로 블록)

```
pub fn #field_name(mut self, i: #field_type) -> Self {    ◀── 이제 매개변수 self는 더 이상 참조가 아니며,
    self.#field_name = Some(i);                              반환값도 가변 참조가 아닙니다.
    self
}
```

약간의 수정으로 코드가 컴파일됩니다. 하지만 아직 개선할 부분이 있습니다. 모든 값을 복사하는 대신 이동하기로 했으니, 이제는 `String`을 특별하게 취급할 필요가 없어졌습니다. 게다가 오류 메시지를 생성할 때 `format`을 사용하는 것도 좋아 보이지는 않습니다. `format`은 런타임에 일부 작업을 수행하기 때문입니다(믿기지 않는다면 코드를 확장해 보세요). 앞선 장에서 런타임 작업을 줄이기 위해 `stringify` 매크로를 사용했던 것처럼, 이번에는 문자열 리터럴을 연결하는 `concat` 매크로를 사용하여 적절한 메시지를 만들어 보겠습니다.

코드 6.29 `original_struct_setters` 단순화하기(fields.rs)

```
pub fn original_struct_setters(fields: &Punctuated<Field, Comma>)
                    -> impl Iterator<Item = TokenStream2> + '_ {
    fields.iter().map(|f| {
        let field_name = &f.ident;
        let field_name_as_string = field_name
            .as_ref().unwrap().to_string();

        quote! {
            #field_name: self.#field_name
                .expect(
                    concat!("field not set: ", #field_name_as_string),    ◀── matches_type이 제거되었고, to_string이 사라졌으며,
                )                                                            패닉 메시지를 생성하기 위해 concat을 사용합니다.
        }
    })
}
```

이렇게 빌더를 소비하는 방식의 한 가지 단점은 빌더 인스턴스를 재사용하고 싶을 때 복제해야 한다는 점입니다. 하지만 그것을 제외하면, 이 새로운 해결책은 이전 방식보다 더 간단하고 우아하며 성능도 더 좋습니다. 게다가 값을 이동시키는 방식을 사용하기 때문에 `Clone`도 필요하지 않습니다.

> **이동 연산과 성능에 대한 고찰**
>
> 이 주제가 전문 분야는 아니지만 다음과 같이 설명할 수 있습니다. 이동 연산은 내부적으로 복사 연산과 마찬가지로 `memcpy`를 수행합니다. `memcpy`는 바이트 단위로 메모리를 복사하는 시스템 함수인데, 일반적으로는 성능 부담이 크지 않은 연산입니다. 대부분의 `memcpy`는 컴파일러가 최적화 과정에서 제거하지만, 이것이 항상 보장되는 것은 아닙니다.
>
> 최적화가 되지 않는 경우라도, 실제 데이터는 힙에 저장되고 포인터와 메타데이터만 가지고 있는 작은 타입의 경우에는 문제가 되지 않습니다. 하지만 스택에 직접 저장되는 큰 크기의 타입은 복사 비용이 상당할 수 있어 성능에 영향을 미칠 수 있습니다. '이동이 항상 최선의 선택이다'라는 단순한 가정은 현대 컴퓨터 아키텍처의 복잡성 앞에서는 의미가 없을 수 있습니다. 이러한 이유로 실제 성능 측정이 매우 중요합니다.

6.4.6 예외 경로 테스트

예외 경로 테스트에서는 다양한 실패 상황을 점검해 봐야 합니다. 러스트 매크로의 경우 런타임과 컴파일 타임의 실패를 모두 살펴봐야 합니다. 우선 첫 번째로 필드가 누락되었을 때 패닉이 발생하는지 확인해 보겠습니다.

코드 6.30 필드 누락 시 패닉 테스트(main.rs에 추가)

```
#[test]
#[should_panic]   ◀── 이 테스트는 패닉이 발생하도록 설계되었습니다.
fn should_panic_when_field_is_missing() {
    #[derive(Builder)]
    struct Gleipnir {
        _roots_of: String,
    }

    Gleipnir::builder().build();
}
```

구조체에 프로퍼티가 정의되어 있지만, build를 호출하기 전에 값을 설정하지 않았습니다.

이 테스트에서는 구조체에 프로퍼티를 정의했지만 `build`를 호출하기 전에 값을 설정하지 않았습니다. `#[should_panic]` 속성은 이런 상황에서 패닉이 발생할 것이라고 러스트에게 알려줍니다. 이는 런타임에 패닉이 발생하는 경우를 다룹니다. 하지만 컴파일 타임에도 패닉이 발생할 수 있습니다. 예를 들어 구조체가 아닌 다른 것을 입력받았을 때가 그렇습니다. 이러한 실행도 검증해야 합니다. 이를 위해 `trybuild`[5] 크레이트를 의존성에 추가해야 합니다. `cargo add --dev trybuild`를

---

5 (옮긴이) `trybuild`는 컴파일 타임 테스트를 자동화하는 도구입니다. 컴파일이 실패해야 하는 코드를 작성하고, 그 실패가 예상한 방식으로 발생하는지 확인할 수 있게 해줍니다.

실행하거나 builder-usage의 Cargo.toml 개발 의존성([dev-dependencies])에 `trybuild = "1.0.85"`를 추가하세요(이 의존성은 테스트용으로만 필요합니다). 그런 다음 builder-usage의 루트에 tests 디렉터리를 만들고, 코드 6.31의 내용으로 compilation_tests.rs 파일을 생성하세요.

코드 6.31 tests 디렉터리의 컴파일 테스트 실행기

```
#[test]
fn should_not_compile() {
    let t = trybuild::TestCases::new();
    t.compile_fail("tests/fails/*.rs");   ◀── trybuild는 지정된 디렉터리(tests/fails) 내부의 모든 테스트가
}                                              컴파일에 실패하는지 확인합니다.
```

`trybuild`는 지정된 디렉터리 내의 모든 코드가 컴파일에 실패하는지 검증합니다. 특정 테스트를 처음 실행하면 발생한 오류 메시지를 출력하게 되는데, 이 오류 메시지가 예상과 일치한다면 생성된 출력 파일을 테스트 디렉터리에 추가하게 됩니다. 이러한 방식을 채택한 이유는 명확합니다. 컴파일 실패는 수많은 사소한 이유로 발생할 수 있기 때문에, 의도한 이유로 실패하는지 확실히 확인해야 하기 때문입니다.

현재는 실패하는 테스트가 없는 상태입니다. fails 디렉터리를 생성하고, 그 안에 build_enum.rs 파일을 만들어 코드 6.32의 내용을 작성해 주세요.

코드 6.32 열거형에서 매크로 실행 실패 테스트

```
use builder_macro::Builder;

#[derive(Builder)]
pub enum ExampleEnum {}   ◀── 열거형은 처리하지 않으므로 컴파일이 실패해야 합니다.

fn main() {}   ◀── trybuild를 위해 main 함수가 필요하지만, 내용은 비워둬도 됩니다.
```

빌더 매크로를 열거형에 적용하면 실패해야 합니다. 이는 이 매크로가 이름이 있는 구조체만 지원하기 때문입니다. 테스트를 실행하면 오류 메시지가 출력되고, 프로젝트의 wip 디렉터리에 실패 파일이 생성됩니다. 이 파일을 복사하거나 오류 메시지를 가져와서 fails 디렉터리에 build_enum.stderr 파일로 저장하세요. 이때 파일 끝에 개행 문자가 있어야 합니다.

```
error: proc-macro derive panicked
 --> tests/fails/build_enum.rs:4:10
  |
```

```
4 | #[derive(Builder)]
  |          ^^^^^^^
  |
  = help: message: not implemented: Only implemented for structs
```

이는 매크로를 열거형에 적용했을 때 예상되는 결과입니다. 앞서 이 장에서 작성한 패닉이 정상적으로 발생한 것입니다. 즉, 의도한 대로 실패했다고 볼 수 있습니다. 함수 예시도 추가할 수 있지만, 파생 매크로는 구조체, 열거형, 공용체에만 허용되므로 이 부분은 러스트가 알아서 처리합니다. 이로써 매크로의 주요 예외 경로를 모두 다뤘습니다. 원한다면 main.rs에 있는 정상 경로 테스트를 tests 디렉터리로 옮길 수 있습니다. 그러면 모든 테스트를 한곳에서 관리할 수 있게 됩니다.

6.5 단위 테스트의 필요성과 범위

이상적으로는 모든 종류의 단위 테스트가 필요하지만, 각각의 중요도는 다릅니다.

가장 기본이 되는 요구사항은 정상 경로 테스트(블랙박스 테스트)입니다. 당연하지만, 컴파일조차 되지 않는 매크로는 아무 쓸모가 없기 때문입니다. 예외 경로 테스트는 다양한 예외 상황을 점검해야 할 때 중요할 수 있습니다. 하지만 단순한 매크로의 경우 예외 경로가 거의 없거나, 혹은 이를 피해갈 방법을 찾을 수도 있습니다.

화이트박스 단위 테스트의 경우는 상황에 따라 다릅니다. 러스트에서 비공개 함수도 테스트할 수 있다는 점은 매우 좋은 특징입니다. 이를 통해 필요한 정보를 은닉하면서도 **순수 함수**(pure function)를 쉽게 테스트할 수 있기 때문입니다. 이는 제 개인적인 선호와도 잘 맞습니다. 순수하지 않은 함수의 크기와 개수를 최소화하고, 가능한 한 많은 변환과 비즈니스 로직을 순수 함수로 옮기는 것을 선호하기 때문입니다. 데이터베이스나 외부 시스템과 통신하는 등의 순수하지 않은 부분에서는 타입 시스템을 활용하여 올바른 방향으로 이끌고 실수를 방지할 수 있습니다(확신이 서지 않는다면 **통합 테스트**(integration test)를 몇 개 추가하면 됩니다). 순수 함수는 테스트하기 쉽기 때문에, 목(mock)이나 실제 의존성 주입 같은 복잡한 사항을 고민하지 않고도 코드베이스의 상당 부분에 대해 좋은 커버리지를 확보할 수 있습니다.

> [NOTE] 순수 함수는 부작용이 없고 입력 매개변수만으로 반환값이 결정되는 함수를 말합니다. 이에 대해서는 다음 장에서 더 자세히 다룰 예정입니다.

하지만 매크로의 화이트박스 테스트는 많은 노력이 필요합니다. 이 장에서 다룬 헬퍼 함수와 같이 매크로 관련 입출력을 다루는 함수의 테스트 케이스를 작성하는 것은 번거로운 작업입니다(여기서는 매크로와 관련 없는 입출력을 가진 함수는 논외로 하며, 이런 함수들에 대해서는 앞 문단에서 간단히 설명한 바 있습니다). 대규모 프로젝트에서는 이러한 화이트박스 테스트가 초기에 버그를 발견하는 데 도움이 될 수 있습니다. 하지만 블랙박스 테스트도 비교적 빠르게 문제를 감지할 수 있으며, 설정과 이해가 더 쉽고, 작은 변경에도 덜 민감합니다. 코드의 작동 방식과 의미를 변경하지 않고 출력의 일부분만 옮겨도 화이트박스 테스트는 실패하게 됩니다. 반면에 블랙박스 테스트에서 발생하는 오류는 불분명할 수 있어서, 긴 실마리를 따라가야 할 수도 있습니다(작은 코드를 추가할 때마다 테스트를 실행했기를 바랍니다). 따라서 더 크고 복잡한 애플리케이션에서는 **전략적인 지점에** 내부 테스트를 배치하는 것이 매우 유용할 수 있습니다.

6.6 단위 테스트를 넘어서

이번 장에서는 단위 테스트 작성에 대해 집중적으로 다뤘지만, 이는 테스트의 영역 중 일부분에 불과합니다. 더 넓은 관점에서 수행할 수 있는 테스트들을 살펴보겠습니다.

- **통합 테스트**(integration test)는 시스템의 각 부분이 예상대로 상호작용하는지 검증합니다. 더 많은 코드를 다루고 실제 의존성을 포함할 수 있어 단위 테스트보다 속도는 느리지만, 더 넓은 범위를 검증하며 코드가 의도한 대로 실행할 것이라는 확신을 줍니다.
- **종단 간 테스트**(end-to-end test)는 시스템 전체의 작동을 검증하며, 대부분 또는 모든 의존성이 실제 환경과 동일합니다. 이러한 테스트 스위트는 지속적 배포 과정에서 코드가 문제를 일으키지 않는다는 확신을 주는 데 매우 유용합니다. 다만 이러한 테스트는 깨지기 쉽고 유지보수가 어려울 수 있습니다.
- **스모크 테스트**(smoke test)는 일종의 종단 간 테스트 변형으로, 중요한 경로 몇 가지만을 집중적으로 검사하여 배포한 시스템이 완전히 망가지지 않았는지 확인합니다(접근 자체가 되지 않는다든지, 물리적 파손이 있는지 등을 확인합니다). 애플리케이션이 아무 실행도 하지 못한 채 계속 충돌한다면 이 테스트가 이를 알려줄 것입니다.

다른 접근 방식 혹은 다른 목적을 가진 테스트도 있습니다.

- **성능 테스트**(performance test)는 시스템이 다양한 부하 상황에서 특정 속도와 신뢰성 특성을 보이는지 검증합니다. 러스트에서는 Criterion.rs(https://github.com/bheisler/criterion.rs)를 사용할 수 있습니다.

- **부하 테스트**(load test)는 성능 테스트와 유사하지만, 주된 목적이 애플리케이션이 높은 부하에서도 성능 저하 없이 계속 작동하는지 확인하는 것입니다.
- **계약 테스트**(contract test)는 프로듀서가 약속된 형식(즉, 기존 공개 API)대로 데이터를 반환하는지 확인합니다. 이는 소비자가 기대하는 데이터가 변경되어 발생할 수 있는 문제를 방지합니다.
- **변이 테스트**(mutation test)는 비교적 최근에 등장한 기법으로, 코드를 미세하게 수정(변이)한 뒤 일부 단위 테스트가 실패하는지 확인합니다. 구현을 변경했음에도 테스트가 실패하지 않는다면, 테스트 커버리지가 부족할 수 있습니다.
- **퍼즈 테스트**(fuzz test)는 유효하지 않거나 예상치 못한 데이터를 주입하여 애플리케이션을 충돌시키려 합니다. 퍼징을 통해 발견된 문제를 수정하면 코드를 더 안전하고 안정적으로 만들 수 있습니다. 러스트에서는 libFuzzer와 `cargo fuzz`를 조합하여 퍼징을 수행할 수 있습니다.
- **프로퍼티 기반 테스트**(property-based test)는 함수형 프로그래밍 세계에서 인기 있으며, 계약에서 수학적 보장을 필요로 하는 코드를 테스트하기에 이상적입니다. 수백, 수천 개의 값을 생성하여 코드가 항상 보장 사항을 만족하는지 검증합니다. 예를 들어 숫자를 더하는 함수라면, 임의의 두 값(x와 y)을 생성하고 반환값이 `x + y`와 같은지 확인합니다.

러스트에만 있는 테스트 방식도 있습니다.

- **독테스트**(doctest, 문서 테스트)는 문서에 적힌 코드 예제가 진짜로 컴파일되고 원하는 결과를 내는지를 검사하는 러스트 단위 테스트입니다.
- **miri 인터프리터**(miri interpreter, https://github.com/rust-lang/miri)는 코드에서 일부 정의되지 않은 작동을 검사하여 애플리케이션을 더 안전하게 만듭니다.
- **loom**(https://github.com/tokio-rs/loom)은 '가능한 모든 유효한 실행'을 탐색하여 동시성 프로그램의 올바른 작동을 검증하는 도구입니다.

이 모든 테스트 방법에 대한 내용을 전부 심도 있게 다루자면 책의 분량이 과하게 늘어날 테니, 우리는 매크로 작성 시에 유용한 테스트를 중점적으로 살펴보도록 하겠습니다. 매크로의 성격에 따라 API나 데이터베이스 같은 외부 시스템과의 상호작용을 검증하는 통합 테스트가 유용할 수 있습니다. 현재 다루고 있는 빌더 패턴의 경우에는 단위 테스트만으로 충분합니다. 하지만 데이터베이스와 상호작용하는 매크로를 작성한다면 단위 테스트 이상의 것이 필요할 것입니다. 로컬이나 서버, 혹은 클라우드에서 실행 중인 실제 데이터베이스와 연동하는 테스트가 필요할 것입니다. 이러한 통합 테스트는 다른 장에서 자세히 다룰 예정입니다. 또한 문서화에 대해서도 이야기할 것이며, 문서 테스트에 대해서도 살펴볼 것입니다.

6.7 실제 사례

매크로 크레이트 중에서 테스트가 전혀 없는 경우는 매우 드뭅니다. 대부분은 몇 가지 단위 테스트를 가지고 있으며, Tokio나 `lazy_static` 같은 크레이트들은 예외 상황을 테스트하기 위해 `trybuild`를 자주 활용합니다. 여기서는 살펴볼 가치가 있는 두 가지 크레이트를 소개하겠습니다.

첫 번째로 살펴볼 Rocket은 서론과 3장에서 이미 다룬 바 있는 크레이트입니다. Rocket은 매크로를 사용해 HTTP 엔드포인트를 생성하는 러스트 웹 프레임워크입니다. 예를 들어 함수에 `#[get("/hello/<name>")]` 매크로를 추가하면 해당 함수가 /hello 경로로 시작하는 URL 요청을 처리하며, 'name'이라는 경로 매개변수를 전달받게 됩니다. Rocket의 단위 테스트는 블랙박스 방식이며 프로젝트의 tests 디렉터리에 위치해 있습니다. 다수의 정상 경로 단위 테스트와 많은 예외 상황 테스트가 `trybuild`를 사용하고 있습니다. 더불어 별도의 패키지에는 criterion을 사용한 '벤치마크' 테스트와 퍼징 설정도 포함되어 있습니다.

두 번째로 살펴볼 `serde`는 워낙 유명해서 별도의 소개가 필요 없을 정도입니다. 이는 데이터의 직렬화와 역직렬화(예: 원시 JSON을 사용자 정의 구조체로 변환)를 위한 매우 인기 있는 도구입니다. `serde`에서 이 기능을 사용하는 한 가지 방법은 직렬화와 역직렬화를 위한 파생 매크로를 사용하는 것입니다. 이 매크로들을 추가하면 모든 것이 '그냥 작동'하게 됩니다. `serde`는 다양한 종류의 테스트를 보유하고 있습니다. 일부는 단순한 순수 함수를 위한 화이트박스 단위 테스트입니다. 다음은 그 예시를 간략화한 것입니다.

```rust
#[test]
fn rename_fields() {
    for &(original, upper, pascal) in &[
        (
            "outcome", "OUTCOME", "Outcome"
        ),
        (
            "very_tasty",
            "VERY_TASTY",
            "VeryTasty",
        ),
    ] {
        assert_eq!(None.apply_to_field(original), original);
        assert_eq!(UpperCase.apply_to_field(original), upper);
        assert_eq!(PascalCase.apply_to_field(original), pascal);
    }
}
```

하지만 이와 같은 화이트박스 단위 테스트는 serde 내부에서도 특별한 경우에 해당합니다. serde 의 테스트 대부분은 trybuild를 사용해 정상 실행과 오류 상황을 모두 검증하는 블랙박스 테스트 방식으로 작성되어 있습니다.

여기서 한 가지 궁금할 수 있는 점은 이러한 테스트들이 어떤 구현을 대상으로 실행되느냐는 것입니다. serde는 러스트 코드를 JSON 같은 구체적인 형태로 변환하는 데 도움을 주므로, 출력을 비교하기 위해서는 serde의 트레이트를 구현한 무언가가 필요합니다. 하지만 실제 구현을 대상으로 테스트하는 것은 위험이 따릅니다. 또한 그런 의존성은 serde에 다시 의존하게 되므로 순환 의존성이 발생합니다. 대신 serde_test는 작동을 검증하는 데 사용할 수 있는 간단한 구현을 포함하고 있습니다.

6.8 연습문제

해답은 부록을 참고하세요.

1. 실제 필드를 가진 구조체에 대한 화이트박스 테스트를 작성하지 않았으므로, 최종 코드에 대한 테스트를 추가해 보세요.
2. 이름이 지정된 필드를 가진 구조체만 처리하는 코드를 작성했고 이름이 없는 필드는 다루지 않았으므로, 이 예외 상황을 다루는 trybuild 컴파일 테스트를 추가해야 합니다.
3. Rocket에서는 함수에 헤더를 추가하여 엔드포인트로 만들 수 있습니다. world라는 함수에 #[get("/world")]와 #[catch(404)]를 추가하면 다음과 같은 오류가 발생합니다.

```
error[E0428]: the name `world` is defined multiple times
  --> hello/src/main.rs:23:1
   |
22 | #[get("/world")]
   | ---------------- previous definition of the type `world` here
23 | #[catch(404)]
   | ^^^^^^^^^^^^^ `world` redefined here
   |
   = note: `world` must be defined only once in the type namespace of this module
```

이런 문제가 발생하는 원인은 무엇일까요? 이 문제를 어떻게 피할 수 있을까요?

6.9 요약

- 빌더 패턴을 사용하면 여러 매개변수가 필요한 구조체를 유연하게 생성할 수 있습니다.
- 빌더를 생성하는 매크로를 작성하면 많은 보일러플레이트 코드를 줄일 수 있습니다.
- 단위 테스트는 매크로를 테스트하는 가장 중요한 도구이며, 화이트박스와 블랙박스라는 두 가지 범주로 나눌 수 있습니다.
- 화이트박스 단위 테스트는 코드의 구현 세부 사항을 '알고 있습니다'. 이를 통해 더 깊이 있는 테스트가 가능하지만, 사소한 변경에도 쉽게 깨질 수 있어 테스트가 취약해질 수 있습니다.
- 블랙박스 테스트는 외부 관점에서만 테스트해야 하는 대상을 알고 진행합니다. 테스트가 쉽게 깨지지 않고 매크로의 의도된 작동을 검증하기 때문에 매크로 코드의 필수적인 검증 수단입니다.
- 매크로 코드에서 화이트박스 테스트는 까다로운 오류를 추적하거나 중요한 작동을 검증하는 데 유용할 수 있습니다.
- 외부 시스템과 통신하는 매크로를 작성한다면 통합 테스트 수준 이상의 테스트 작성을 권장합니다.
- 러스트 프로젝트에서는 이 외에도 다양한 테스트 옵션을 사용할 수 있습니다.

CHAPTER 7

패닉을 Result로, 우아한 오류 처리

이번 장에서 다루는 내용
- 순수 함수와 비순수 함수의 차이점 이해하기
- 제어 흐름 중단이 가져오는 문제점 이해하기
- `Result`를 활용한 개선된 오류 처리 방법
- 함수 시그니처와 반환값을 조작하는 매크로 작성하기
- 새로운 `TokenStream`을 생성하는 대신 기존 `TokenStream`을 수정하는 방법
- `syn::Error` 또는 `proc_macro_error`를 사용한 더 나은 오류 메시지 생성

지금까지는 주로 구조체와 열거형을 다루면서 기본적인 오류 처리만 살펴봤습니다. 하지만 이제 더 깊이 들어가 보겠습니다. 이번 장에서는 함수를 다루면서 패닉(panic)을 `Result`로 변환하는 방법을 알아볼 것입니다. `Result`를 사용하는 것이 러스트에서 더 바람직하고 관용적인 오류 처리 방식입니다. 이는 속성형 매크로로 함수를 다루는 방법을 살펴보기 위한 좋은 시작점이 될 것입니다. 또한 사용자에게 오류를 더 효과적으로 전달하는 방법도 알아보겠습니다. 패닉을 사용하는 것도 가능하지만, 이 경우 오류가 단순히 매크로가 호출된 위치만을 가리키기 때문에 실제 사용 시 필요 이상으로 어려움을 겪을 수 있습니다. 하지만 본격적으로 이번 장의 매크로를 살펴보기에 앞서, 예외 처리의 문제점과 그 대안에 대해 먼저 이야기해 보겠습니다.

7.1 오류와 제어 흐름

현재 가장 널리 사용되는 프로그래밍 언어들(C#, 자바, 자바스크립트, 파이썬)은 오류가 발생하는 상황에서 예외나 오류를 **던지는**(throwing) 방식에 크게 의존하고 있습니다. REST 엔드포인트에서 받은 데이터에 문제가 있다면 예외를 발생시키고, 상위에서 이를 잡아 400 응답으로 변환합니다. 데이터베이스에서 예외를 던지면 이를 자체 예외로 감싸서 다시 던집니다. 이는 문제가 발생하거나 실패하는 상황을 처리하는 데 유효한 접근 방식입니다. 예외를 발생시키는 방식으로도 훌륭한 소프트웨어를 만들 수 있지만, 이 방식에도 단점이 있습니다.

가장 중요한 문제점은 제어 흐름이 깨진다는 것입니다. 작성하고 읽고 이해하기 가장 쉬운 코드는 선형적인 코드입니다. 다음과 같이 위에서 아래로 읽을 수 있는 코드가 그렇습니다.

```
fn simple(a: i32, b: i32) -> i32 {
    let sum = a + b;
    let product = a * b;
    sum + product
}
```

조건문이 추가되면 코드의 모든 실행 경로를 파악해야 하므로 상황이 좀 더 복잡해집니다.

```
fn a_bit_harder(a: i32, b: i32) -> i32 {
    let sum = a + b;
    let product = a * b;

    if sum > 7 && product == 0 {
        sum + product
    } else {
        sum - product
    }
}
```

여기에 반복문이나 중첩 조건문을 더 추가하는 것도 가능합니다. 복잡도가 극단적으로 증가하면서 함수를 이해하기 위해 추적해야 할 요소가 기하급수적으로 늘어나, 결국 코드가 너무 복잡해져서 리팩터링이 불가피한 상황에 직면하게 됩니다. 이러한 코드의 복잡성을 측정하는 지표가 바로 **순환복잡도**(cyclomatic complexity)[1]인데, 이는 함수 내에서 코드가 취할 수 있는 '경로'의 수를 기준으로 합니다. 이상적으로는 가능한 경로가 한 자릿수를 넘지 않아야 합니다. ESLint에서는 이 값이 20을 초과하면 경고를 표시하도록 설정되어 있습니다.

예외 처리 역시 순환복잡도를 높이는 요인입니다. 예외가 발생할 수 있는 지점은 코드의 또 다른 실행 경로가 되기 때문입니다. 예외가 조건문이나 반복문보다 더 심각한 문제가 되는 이유는 그 작동을 예측하기가 거의 불가능하다는 점입니다. 예외 처리를 적극적으로 사용하는 핵심 언어와 수많은 의존성을 가진 대규모 코드베이스에서는 어떤 호출이라도 특정 상황에서 오류를 발생시킬 수 있습니다. 예를 들어, 자바의 `Optional.of`는 `NullPointerException`을 발생시킬 수 있는데, 이는 널 포인터를 **방지**하기 위해 옵셔널을 사용한다는 점에서 매우 아이러니합니다. 이런 메서드가 존재하는 나름의 이유가 있으나,[2] 개발자가 이 상황에 대해 할 수 있는 일은 많지 않습니다. 모든 의존성의 모든 코드를 일일이 검사해서 숨어 있는 예외를 찾아내는 것은 현실적으로 불가능합니다. 결국 코드가 예상치 못한 경로로 실행될 수 있다는 사실을 받아들여야만 합니다. X 함수에서 시작된 실행이 Y 함수나 Z 함수의 `catch` 블록으로 이동할 수도 있고, 결국 어떤 상황에서도 예외가 처리되지 못할 수도 있습니다. 이러한 상황에서 정확한 실행 경로를 예측하는 것은 불가능합니다.

7.2 순수 함수와 비순수 함수

앞서 살펴본 것처럼, 예외는 코드를 이해하기 어렵게 만듭니다. 함수형 프로그래밍 패러다임에서는 제어 흐름과 코드의 추론성에 대해 오랫동안 깊이 있게 연구해 왔고, 그 핵심 원칙 중 하나는 애플리케이션에서 **순수 함수**(pure function)를 선호해야 한다는 것입니다.

이전 장에서 다룬 것처럼, 순수 함수는 **부수 효과**(side effect)[3]가 없고 출력이 오직 입력 매개변수에만 의존하는 함수입니다. 다음과 같이 매개변수의 합을 구하거나 0을 반환하는 함수는 순수 함수

---

1 [옮긴이] 순환복잡도는 토마스 맥케이브(Thomas J. McCabe, Sr.)가 1976년에 제안한 소프트웨어 메트릭으로, 코드의 분기점 개수를 기준으로 프로그램의 복잡도를 정량적으로 측정하는 지표입니다. 일반적으로 함수의 순환복잡도가 10을 넘으면 리팩터링을 고려해야 하며, 이는 함수가 너무 많은 책임을 가지고 있다는 신호가 될 수 있습니다.
2 [옮긴이] `Optional.of`가 `null`을 허용하지 않고 `NullPointerException`을 발생시키는 이유는 이 메서드가 '절대로 `null`이 아닌 값'을 명시적으로 표현하기 위한 용도로 설계되었기 때문입니다. 반면 `null`일 수 있는 값을 다루기 위해서는 `Optional.ofNullable`을 사용해야 합니다. 이러한 명확한 구분은 코드의 의도를 더 분명하게 전달할 수 있게 합니다.
3 [옮긴이] 부수 효과는 함수가 자신의 반환값 외에 프로그램의 상태를 변경하는 모든 작동을 의미합니다. 예를 들어 데이터베이스 수정, 파일 시스템 접근, 전역 변수 변경, 네트워크 요청 등이 이에 해당합니다. 러스트나 다른 함수형 프로그래밍에서는 이러한 부수 효과를 명시적으로 관리하고 제한하려고 합니다. 부수 효과가 있는 코드는 테스트하기 어렵고, 동시성 문제가 발생하기 쉬우며, 프로그램의 작동을 예측하기 어렵게 만들기 때문입니다.

입니다. 동일한 매개변수로 여러 번 호출하더라도 항상 같은 결과를 반환합니다.

```
fn sum_if_big_enough(a: i32, b: i32) -> i32 {
    if a > 100 && b > 1000 {
        a + b
    } else {
        0
    }
}
```

이제 매개변수를 더할지 결정하기 위해 데이터베이스를 호출하는 다음 함수를 살펴보겠습니다. 출력이 함수 외부의 요소에 의존하기 때문에 더 이상 결정적이지 않습니다. 첫 번째 호출에서는 인수 5와 3에 대해 0을 반환할 수 있지만, 두 번째 호출 전에 누군가가 데이터베이스를 변경하면 8을 반환할 수 있습니다. 세 번째 호출에서는 데이터베이스에 문제가 생겨 오류가 발생할 수도 있습니다.

```
fn sum_if_big_enough(a: i32, b: i32) -> i32 {
    if big_enough_according_to_database(a, b) {
        a + b
    } else {
        0
    }
}
```

입력이 더 이상 출력을 결정하지 않기 때문에, 이는 **비순수 함수**(impure function)입니다. 실제로 데이터베이스와 통신하는 것은 다른 함수(`big_enough_according_to_database`)에 의존하더라도 여전히 순수하지 않습니다. 비순수 함수를 호출하면 호출하는 함수도 비순수한 상태가 됩니다. 이러한 비순수성은 전파됩니다(그림 7.1 참고).[4]

---

[4] (옮긴이) 여기서 전파(spread)는 오염(taint)이 퍼져나가는 것을 의미하며, 하나의 비순수 함수 호출이 전체 호출 체인 모두를 비순수 상태가 되게 만들 수 있음을 나타냅니다.

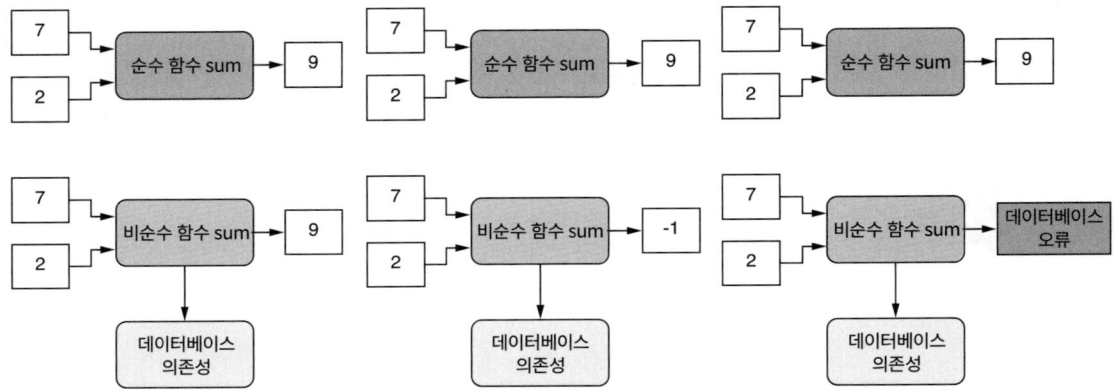

그림 7.1 순수 함수는 일관성이 있으며 동일한 매개변수에 대해 항상 동일한 출력을 생성합니다.
비순수 함수는 예측하기가 어렵습니다.

> **NOTE** 데이터베이스를 다루는 작업은 부수 효과입니다. 부수 효과는 함수가 결과를 반환하는 정상적인 작동 이외에 추가로 발생시키는 모든 효과를 의미합니다. 다른 시스템을 호출하는 것과 같은 많은 일반적인 작업도 부수 효과에 해당됩니다. 이러한 작업들의 공통적인 문제점은 함수의 작동이 외부 리소스의 상태에 따라 달라진다는 점입니다. 심지어 로깅 같은 단순한 작업도 운영체제에 문제가 생기면 예기치 않게 실패할 수 있어 부수 효과로 분류됩니다. 다만 로깅은 가장 안전한, 오류 발생 가능성이 낮은 부수 효과 중 하나입니다. 개인적으로는 함수가 결과를 반환하는 것 외에 로깅만 수행한다면 해당 함수를 순수 함수로 간주해도 무방하다고 생각합니다.

순수 함수는 **참조 투명성**(referential transparency)[5]과 같은 수학적 특성을 가집니다. 이는 순수 함수 호출을 그 결괏값으로 대체할 수 있다는 의미입니다. 이러한 특성은 **메모이제이션**(memoization)과 같은 최적화를 가능하게 합니다. 메모이제이션은 함수 결과를 캐싱하는 것인데, 매개변수가 변경되지 않는 한 항상 동일한 결과가 보장되기 때문에 순수 함수에서 쉽게 적용할 수 있습니다. 즉, 이전에 본 매개변수를 다시 받으면 캐시된 결과를 반환할 수 있습니다.

프로그래머에게 매력적인 그 밖의 특성들도 있습니다. 순수 함수는 함수 내부에서 일어나는 일만 기억하면 되기 때문에 이해하기 쉽습니다. 데이터베이스 호출과 같은 작업을 시작하면 훨씬 더 많은 맥락을 머릿속에 담고 있어야 합니다. 순수 함수는 또한 최소한의 설정만으로도 테스트하기 쉽고, 불안정한 테스트가 될 가능성도 낮습니다.

앞서 살펴본 비순수 함수와 비교해 보면, 데이터베이스가 `true`를 반환하거나, `false`를 반환하거나, 오류를 발생시키거나, 연결 문제나 타임아웃이 발생하는 등 모든 가능성을 고려해야 하기 때문에

---

[5] (옮긴이) 참조 투명성이란 프로그램의 의미를 변경하지 않고 표현식을 해당 표현식의 결과로 대체할 수 있는 속성을 말합니다. 예를 들어 `add(2, 3)`이라는 순수 함수 호출이 있다면, 이는 항상 5를 반환하므로 프로그램 어디에서든 `add(2, 3)` 대신 5를 직접 써넣어도 프로그램의 작동이 동일합니다.

추론하기가 더 어렵습니다. 이러한 함수의 작동을 이해하려면 호출하는 기본 함수들의 구현을 깊이 파고들어 살펴봐야 합니다. 목업이나 스텁이 필요하기 때문에 테스트도 더 어려워집니다.

이 시점에서 비순수 함수를 왜 사용하는지 의문이 들 수 있습니다. 하지만 '사용한다'는 표현보다는 '필요하다'는 표현이 더 정확합니다. 고객에게 이메일을 보내거나 최신 주문으로 데이터베이스를 업데이트하는 등 유용한 모든 작업은 부수 효과이기 때문입니다. 따라서 목표는 비순수성을 제거하는 것이 아니라 그 영향을 제한하는 것입니다. 대부분의 코드가 순수 함수로 구성되어 있다면 기능의 대부분을 읽고 테스트하기가 더 쉬워질 것입니다. 순수 함수에 초점을 맞춘 함수형 프로그래밍은 부수 효과를 애플리케이션의 가장자리로 이동시켜 비순수성을 제한하고자 합니다.[6] 이와 유사하게 육각형 아키텍처(hexagonal architecture)는 부수 효과를 애플리케이션의 포트로 이동시켜 중심부에는 순수한 비즈니스 로직을 유지합니다.

7.3 예외 처리의 대안

앞서 예외를 사용한 제어 흐름 중단이 가진 문제점을 살펴봤습니다. 하지만 프로그램에서 오류가 발생했을 때의 처리는 필수적입니다. 그렇다면 예외 대신 어떤 방법을 사용할 수 있을까요?

가장 단순한 방법 중 하나는 불리언 값으로 성공과 실패를 표현하는 것입니다. 이는 모든 프로그래밍 언어에서 사용할 수 있으며, 실제로도 자주 사용됩니다. 함수가 어떤 값을 반환해야 하는데 해당 언어가 튜플을 지원하지 않는다면, 불리언 값과 실제 반환값을 하나의 객체로 묶어서 처리할 수 있습니다.[7] 이 방법도 가능하긴 하지만, 여러 가지 불편한 점이 있습니다. `try-catch` 블록 대신 많은 조건문을 사용해야 하고, 값을 객체로 감싸고 다시 꺼내는 작업이 번거롭기 때문입니다. 또한 전달받은 불리언 값을 반드시 확인해야 한다는 제약이 없어서, 개발자가 이를 완전히 무시할 수도 있습니다. 최소한 예외는 런타임에서라도 잘못된 작동을 막아주었습니다. 자바의 검사 예외(checked exception)[8]는 컴파일 타임에 이런 검사를 부분적으로 수행했지만, 개발자들은 너무 많은 `try-catch` 구문을 작성해야 하고 예외를 적절히 처리할 방법이 마땅치 않아 이를 좋아하지 않았습니다.

Go 언어는 이와 비슷하지만 약간 다른 접근 방식을 사용합니다. 실패할 가능성이 있는 함수는 결괏값과 오류, 이렇게 두 가지를 반환하는데, 둘 중 하나만 유효한 값을 가지고 다른 하나는 `nil`이

---

6 (옮긴이) 이는 마치 독성 물질을 다룰 때 격리된 공간에서 처리하는 것과 비슷한 개념입니다.
7 (옮긴이) 자바의 `Optional`이나 C#의 `Nullable` 타입이 이런 방식을 사용합니다.
8 (옮긴이) 검사 예외는 컴파일러가 예외 처리를 강제하는 기능입니다.

됩니다.[9] 이는 좋은 관례이며, 이 방식에 익숙해지면 Go 코드를 이해하기가 더 쉬워집니다. 오류를 특별한 것이 아닌 일반적인 값으로 다루는 것도 좋은 접근 방식입니다. 하지만 앞서 언급한 문제들은 여전히 존재합니다. nil 검사를 위한 반복적인 코드가 많이 필요하고, 오류 처리가 강제되지 않아서 개발자가 이를 무시할 수 있습니다. 물론 오류를 무시하는 것도 기술적으로는 가능하지만 바람직한 방법은 아닙니다.

함수형 프로그래밍에서는 이와 다른 해결책을 제시합니다. 여기서는 러스트가 강력하게 지원하는 **대수적 데이터 타입**(algebraic data type, ADT)[10]이라는 개념에 집중하겠습니다. 사실 여러분은 이미 ADT의 한 종류를 사용해 봤을 것입니다. 바로 **곱 타입**(product type)인데, 이는 '객체'나 '구조체'라는 이름으로 더 잘 알려져 있습니다. 곱 타입의 특징은 그것이 가질 수 있는 전체 '상태'의 수가 각 속성이 가질 수 있는 값의 개수를 곱한 것과 같다는 점입니다. 예를 들어 0부터 255까지의 숫자를 저장할 수 있는 u8 타입과, true/false 둘 중 하나만 가질 수 있는 boolean 타입으로 구성된 구조체는 총 2 × 256 = 512개의 각기 다른 상태를 가질 수 있습니다.[11] 예를 들어 숫자가 120이고 불리언 값이 true인 구조체는 숫자가 119이고 불리언 값이 true인 구조체와 다른 상태입니다. 이처럼 많은 상태를 가질 수 있다는 점이 때로는 단점이 될 수 있습니다. 구조체의 현재 상태가 프로그램의 요구사항과 맞는지 확인하기 위해 많은 조건문을 작성해야 할 수 있기 때문입니다.

반면 **합 타입**(sum type)이라는 또 다른 형태의 ADT도 있습니다. 이름에서 알 수 있듯이 합 타입이 가질 수 있는 상태의 수는 각 속성이 가질 수 있는 값의 개수를 더한 것과 같습니다. C 언어의 Union 타입이 이와 비슷한 개념입니다.[12] 불리언 타입을 합 타입의 예시로 볼 수 있는데, true 아니면 false만 가질 수 있고 그 사이의 값은 존재하지 않습니다(그림 7.2 참고). 이렇게 가능한 상태가 제한되어 있는 것이 제약사항처럼 보일 수 있지만, 오히려 장점이 될 수 있습니다. 상태의 수가 제한되어 있기 때문에 패턴 매칭을 사용하기에 매우 적합하기 때문입니다.[13] 러스트는 이러한 합 타입을 열거형(enum)이라는 형태로 제공하며, 이는 단순한 값뿐만 아니라 속성과 메서드도 가질 수 있고 패턴 매칭 기능도 잘 지원합니다.

---

9 (옮긴이) Go에서는 `if err != nil { return err }`와 같은 코드가 매우 흔하게 사용됩니다.
10 (옮긴이) 대수적 데이터 타입은 하스켈 같은 함수형 언어에서 발전한 개념입니다.
11 (옮긴이) 이는 수학의 범주론에서 나온 개념을 프로그래밍에 적용한 것입니다.
12 (옮긴이) 합 타입은 'tagged union'이라고도 하며, 러스트의 enum이 대표적인 예시입니다.
13 (옮긴이) 이는 컴파일러가 모든 경우의 수를 검사할 수 있게 해주어 프로그램의 안전성을 높여줍니다.

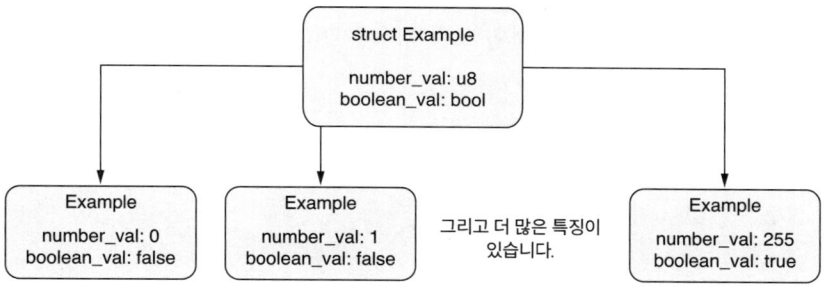

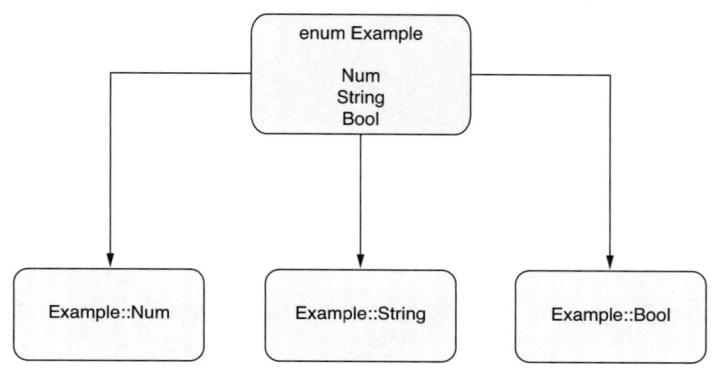

그림 7.2 곱 타입이 가진 수많은 경우의 수와 합 타입의 단순함 비교

하지만 이런 개념들이 오류 처리에 어떤 도움이 될까요? 현재 문제를 다시 생각해 보면 이렇습니다. "함수 호출이 성공했는지 실패했는지를 개발자와 타입 시스템 모두가 명확하게 알 수 있어야 합니다. 성공한 경우에는 결괏값을, 실패한 경우에는 오류 메시지를 담아야 합니다." 주목할 점은 '성공 또는 실패'라는 표현입니다. 오류 처리에는 합 타입이 적합하며, 결괏값이나 오류를 담을 수 있는 열거형은 이런 용도에 딱 맞습니다. `Either`라는 열거형을 만들어 성공이나 실패를 반환하게 하면 됩니다. 실제로 스칼라나 하스켈 같은 언어에서는 이미 이런 패턴을 사용하고 있습니다. 단순화를 위해 오류는 항상 문자열로 표현하고, 결괏값은 원하는 타입을 자유롭게 사용할 수 있도록 하겠습니다.

```
enum Either<T> {
    Success(T),
    Failure(String),
}
```

Either를 반환하는 함수를 작성하면, 결과가 열거형 안에 감싸져 있기 때문에 실패할 경우도 반드시 고려해야 합니다. 패턴 매칭을 사용하면 모든 경우를 편리하게 처리할 수 있습니다.[14]

```
fn calculate_answer_to_life() -> Either<i32> {
    Either::Success(42)
}

fn main() {
    match calculate_answer_to_life() {
        Either::Success(answer) => {
            println!("Got the answer: {answer}");
        }
        Either::Failure(_) => {
            println!("Should handle failure");
        }
    }
}
```

결괏값을 더 쉽게 다룰 수 있도록 편의 메서드도 추가할 수 있습니다. 예를 들어 `map` 메서드는 성공 값이 있을 때만 이를 처리하며, 내부적으로 패턴 매칭을 사용합니다(그림 7.3 참고).

```
impl<T> Either<T> {
    fn map(self, function: fn(T) -> T) -> Either<T> {
        match self {
            Either::Success(answer) => {
                return Either::Success(function(answer))
            }
            // 성공이 아닌 경우에는 그대로 반환
            _ => self
        }
    }
}

fn main() {
    let two = Either::Success(1).map(|v| v + 1);
}
```

이렇게 모든 문제가 해결되었습니다. 실패 가능성이 있는 함수의 결과를 깔끔하게 담을 수 있는 타입을 만들었습니다. 타입 시스템과 잘 어울리고, 실패 처리도 강제할 수 있습니다. 게다가 담긴 결과를 변형하고 활용하는 데 도움이 되는 다양한 메서드도 추가할 수 있습니다. 단 한 가지 재미

---

14 [옮긴이] 패턴 매칭은 모든 가능한 경우를 처리하도록 강제하므로, 실패 사례를 놓치지 않도록 보장합니다.

있는 점은, 방금 러스트의 `Result` 타입을 다시 발명했다는 것입니다.

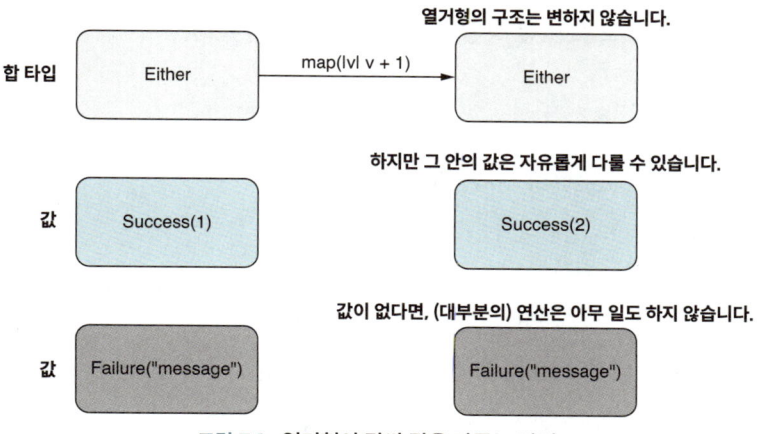

그림 7.3 열거형이 감싼 값을 다루는 방법

7.4 러스트의 Result와 패닉

지금까지 'Result가 왜 좋은 선택인지' 설명하는 긴 여정을 거쳤습니다. 러스트 표준 라이브러리의 핵심에는 무수히 많은 용도로 활용되는 두 가지 합 타입이 있습니다. `Result`는 값(`Ok`)이나 오류(`Err`)를 담을 수 있는 열거형입니다.[15] 이를 통해 오류가 타입 시스템의 일부가 되어 마음대로 다룰 수 있는 값이 되며, 타입 시스템이 오류 가능성을 반드시 고려하도록 강제합니다. 또한 함수의 시그니처가 살아있는 문서가 됩니다. 반환 타입에 `Result`가 있다는 것만으로도 실패 가능성이 있음을 알 수 있기 때문입니다. 덕분에 실패가 발생할 수 있는 거의 모든 지점이 명확해지며, 타입 시스템이 이를 고려하도록 만듭니다.

`Result` 외에 `panic!`이라는 대안도 있습니다. Go와 비슷하게 패닉은 정말 일어나서는 안 되는 일이 발생해서 프로그램을 완전히 중단하는 것이 최선이라고 판단되는 상황을 위한 것입니다. 고객의 계좌 잔액 부족이나 재고 부족은 일반적인 실패 사례입니다. 반면 고객이 무한대의 금액으로 주문을 했다면 패닉을 사용할 만한 상황입니다. 이런 경우에는 신용카드 결제가 시작되기 전에 애플리케이션을 중단하는 것이 바람직합니다(물론 도덕적 관점에 따라 최대한 많은 금액을 청구하려 할 수도 있겠지만). 더 현실적인 예로, 서버가 부팅 직후 필수 설정이 누락된 것을 발견했다고 해봅시다. 이런 상황에서는 제대로 된 작업을 할 수 없으므로 패닉이 적절한 선택이 될 수 있습니다.

---

15 [옮긴이] `Ok`와 `Err`는 각각 성공과 실패를 나타내는 `Result`의 변형입니다.

절대로 발생할 수 없다고 확신하는 상황을 처리할 때도 패닉이 유용합니다. `unreachable`이 대표적인 예시입니다. 다음 함수를 보면, `unwrap`을 호출할 때 문자가 숫자가 아니면 패닉이 발생하지만, 이미 문자가 숫자인지 확인했으므로 이런 상황은 절대 발생하지 않을 것입니다.

```
fn get_digit(ch: char) -> u32 {
    if char::is_digit(ch, 10) {
        return char::to_digit(ch, 10).unwrap()
    }
    0
}
```

실제 코드에서는 `unwrap` 대신 `expect`를 사용하고, 패닉이 발생할 수 없는 이유를 메시지로 남기는 것이 좋습니다(예: `expect("value to be digit since we checked with is_digit")`). 이렇게 하면 문제가 생겼을 때 원인을 쉽게 찾을 수 있고, `expect` 메시지가 문서 역할도 합니다. 또한 코드의 불변 조건[16]을 깊이 생각해 볼 기회도 됩니다.

개념 증명(Proof of Concept, PoC)이나 간단한 스크립트를 작성할 때, 또는 탐색적 작업을 할 때는 `unwrap`과 `expect`가 유용합니다. 실험 단계에서 적절한 오류 처리가 오히려 방해가 되는 모든 상황[17]에서 활용할 수 있습니다. 나중에 코드를 개선해야 한다면 `unwrap`과 `expect`를 검색해서 수정하면 됩니다. 이 두 메서드 외에도 `panic`이나 `unimplemented`처럼 예상치 못한 상황을 처리하는 다양한 방법이 있습니다. 다음 예시에서는 유효하지 않은 인자를 받으면 단순히 패닉을 발생시킵니다.

코드 7.1 유효성 검사 실패 시 패닉이 발생하는 함수

```
fn create_person(name: String, age: i32) -> Person {
    if name.len() < 2 {
        panic!("name should be at least three characters long!")
    } else if age > 30 {
        panic!("I hope I die before I get old");
    }
    Person {
        name,
        age,
    }
}
```

---

16 [옮긴이] 불변 조건(invariant)이란 프로그램 실행 중 항상 참이어야 하는 조건을 의미합니다. 위 코드에서는 'value to be digit since we checked with is_digit'가 불변 조건입니다. `expect` 메시지를 작성하면서 이런 불변 조건을 명시적으로 작성하게 되므로, 코드의 가정과 제약사항을 더 명확하게 이해할 수 있습니다. 이는 코드의 정확성을 높이고 버그를 예방하는 데 도움이 됩니다.

17 [옮긴이] 빠르게 구현해서 기능 테스트를 해봐야 하는 상황 등

프로덕션 환경에서는 이러한 패닉 코드를 대부분 제거해야 합니다. 도달할 수 없는 코드를 표시하는 unreachable 같은 경우는 예외이지만, 입력값 검사는 Result를 사용하는 것이 바람직합니다. 다만 코드 전반에 걸쳐 panic을 많이 사용했다면 이를 일일이 수정하는 작업이 매우 번거로울 수 있습니다. 이런 문제를 해결하기 위해 매크로를 활용하면 좋은데, panic 구문을 자동으로 Result로 변환해 주는 매크로를 만들어 사용할 수 있습니다.

> **NOTE** 이 예시를 너무 심각하게 받아들일 필요는 없습니다. 매크로가 어떻게 함수를 변경할 수 있는지, 그리고 사용자에게 피드백을 어떻게 제공할 수 있는지를 보여주는 예시일 뿐입니다. 드물게 실제로 유용할 수 있는 경우도 있겠지만, 당연히 패닉을 제거하도록 코드를 직접 다시 작성하는 편이 더 좋습니다.

기존 코드를 수정하는 것이기 때문에 파생 매크로는 사용할 수 없습니다. 하지만 속성형 매크로는 함수와 코드를 수정할 수 있으므로 적합한 선택입니다.

7.5 패닉 프로젝트 구성

이번 장에서는 이전 장에서 다룬 1개의 하위 디렉터리를 사용하는 단순한 구성과, 3개의 하위 디렉터리를 사용하는 복잡한 빌더 구성의 중간 지점을 택했습니다. 대신 매크로용 디렉터리와 코드 검증용 디렉터리, 이렇게 2개의 하위 디렉터리를 사용합니다(그림 7.4 참고).

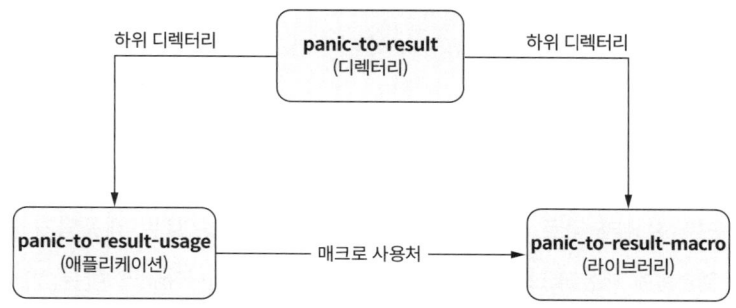

그림 7.4 panic-to-result의 전체 디렉터리 구조

panic-to-result-usage 디렉터리와 panic-to-result-macro 디렉터리를 생성합니다. 첫 번째는 실행 파일이고, 두 번째는 라이브러리입니다.

코드 7.2 매크로의 Cargo.toml 파일

```
[package]
name = "panic-to-result-macro"
version = "0.1.0"
```

```
edition = "2021"

[dependencies]
quote = "1.0.33"
syn = { version = "2.0.39", features = ["full", "extra-traits"]}

[lib]
proc-macro = true
```

코드 7.3 애플리케이션의 Cargo.toml 파일의 [dependencies] 섹션

```
[dependencies]
panic-to-result-macro = { path = "../panic-to-result-macro" }
```

다음으로 입력받은 토큰을 그대로 반환하는 매크로 코드의 첫 번째 (더미) 버전이 있습니다.

코드 7.4 매크로 코드(첫 번째 버전)

```
use proc_macro::TokenStream;
use quote::{ToTokens};    ◀── 이후에 사용할 to_token_stream 메서드를 제공하는 트레이트입니다.
use syn::ItemFn;

#[proc_macro_attribute]
pub fn panic_to_result(_attr: TokenStream, item: TokenStream) -> TokenStream {
    let ast: ItemFn = syn::parse(item).unwrap();   ◀── parse와 ItemFn 타입을 사용하여 함수 스트림을 얻습니다.
    ast.to_token_stream().into()   ◀── 결과를 표준 TokenStream으로 변환합니다.
}
```

`parse_macro_input` 대신 `parse`를 사용하는 것은 약간의 변형입니다. 함수를 다루고 있기 때문에 반환 타입으로 `ItemFn`을 사용해야 하며, `DeriveInput` 같은 타입은 적합하지 않습니다. `syn`의 'full' 기능이 필요한 이유가 바로 이것입니다. `ItemFn`은 기본적으로는 제공되지 않기 때문입니다(아마도 구조체나 열거형에 대한 매크로가 더 일반적이기 때문일 것입니다). 또 다른 변형으로는 스트림을 반환하기 위해 `to_token_stream`을 사용하고, 이를 `Into`를 통해 표준 `TokenStream`으로 변환한다는 점입니다.

panic-to-result-usage 디렉터리의 main.rs에는 패닉이 발생할 수 있는 `create_person` 함수의 현재 작동을 검증하는 기본 코드와 테스트가 있습니다. 단순화를 위해 이 함수는 `age` 필드에 대해서만 유효성 검사를 수행하며, 30을 초과하는 값을 받으면 패닉이 발생합니다.

코드 7.5 `create_person`에 대한 테스트가 포함된 애플리케이션 코드(panic-to-result-usage 디렉터리)

```rust
use panic_to_result_macro::panic_to_result;

#[derive(Debug)]
pub struct Person {
    name: String,
    age: u32,
}

#[panic_to_result]
fn create_person(name: String, age: u32) -> Person {
    if age > 30 {
        panic!("I hope I die before I get old");
    }
    Person {
        name,
        age,
    }
}

fn main() {}

#[cfg(test)]
mod tests {
    use super::*;

    #[test]
    fn happy_path() {
        let actual = create_person("Sam".to_string(), 22);

        assert_eq!(actual.name, "Sam".to_string());
        assert_eq!(actual.age, 22);
    }

    #[test]
    #[should_panic]
    fn should_panic_on_invalid_age() {
        create_person("S".to_string(), 32);
    }
}
```

매크로를 테스트하는 데 사용할 예제 함수입니다.

이 테스트는 함수가 30세 미만인 사람에 대해서만 작동하는지 검증합니다.

7.6 가변성과 불변성 반환

매크로 오류를 살펴보기에 앞서 먼저 구현 방식을 다뤄보겠습니다. 현재 상황은 앞 장들에 비해 다소 복잡합니다. 파생 매크로를 다룰 때는 완전히 새로운 코드를 생성하기 위해 원본 입력에서 필요한 정보만 추출하면 됐습니다. 공개 필드를 위한 속성형 매크로도 비슷한 수준이었습니다. 모든 필드를 공개로 설정하여 원래 구조체를 재구성해야 했지만, 구조체 정의는 보통 필드 외에는 특별한 내용이 많지 않아서 상대적으로 간단했습니다. 대부분의 기능은 `impl` 블록을 통해 추가되기 때문입니다.

이제는 함수를 다루면서 시그니처를 변경하고 내용의 일부를 수정해야 하는 상황입니다. 다시 말해, 입력을 대체할 출력을 어떻게 가장 효과적으로 만들 것인가 하는 문제에 직면했습니다. 원본 객체나 그 복제본을 반환하는 방식은 이미 살펴본 바 있습니다. 하지만 함수는 내용 면에서 더 복잡하므로, 여기서는 기존 함수를 수정하고 원하는 부분을 변경한 다음 전체를 출력으로 반환하는 것이 더 단순한 해결책입니다. 다른 언어에서는 가변성(mutability)이 오류를 유발하기 쉽다는 단점이 있지만, 러스트 컴파일러 덕분에 여기서는 가변성을 안전하게 사용할 수 있습니다.

예를 들어, 다음은 함수를 공개하도록 만드는 코드입니다. AST를 가변으로 선언한 다음 가시성(`vis`)을 공개(`Visibility::Public`)로 변경할 수 있습니다.

```
use proc_macro::TokenStream;
use quote::ToTokens;

use syn::{ItemFn, Visibility};

#[proc_macro_attribute]
pub fn panic_to_result(_attr: TokenStream, item: TokenStream) -> TokenStream {
    let mut ast: ItemFn = syn::parse(item).unwrap();   ◀── AST를 가변으로 선언합니다.
    ast.vis = Visibility::Public(Default::default());  ◀── ast의 가시성을 그 자리에서 공개로 변경합니다.
    ast.to_token_stream().into()                            Default를 사용하면 pub 토큰을 간단히 생성할
}                                                           수 있습니다.
```

이 시점에서 불변(immutable) 접근 방식도 그렇게 복잡하지는 않습니다. 새로운 `ItemFn`을 생성하고 가시성을 추가하기만 하면 됩니다. 다른 모든 것은 그대로 유지하고 싶기 때문에, 기존 속성은 유지하면서 직접 정의한 속성, 즉 `vis`만 재정의하는 구조체 **스프레드**(spread)를 사용합니다.

```
use proc_macro::TokenStream;
use quote::ToTokens;
use syn::{ItemFn, Visibility, VisPublic};

#[proc_macro_attribute]
pub fn panic_to_result(_attr: TokenStream, item: TokenStream) -> TokenStream {
    let ast: ItemFn = syn::parse(item).unwrap();
```

```
    let new_ast = ItemFn {
        vis: Visibility::Public(Default::default()),
        ..ast
    };
    new_ast.to_token_stream().into()
}
```

기존 함수의 모든 기능을 가져와
공개 가시성을 가진 새로운 ItemFn을 생성합니다.

이것도 실행 가능한 대안이지만, 더 많은 보일러플레이트 코드가 필요합니다. 또한 이 특정 예제에서는 `ast`와 `new_ast`를 모두 가지고 있는 것이 혼란을 야기할 수 있습니다. 첫 번째 `ast`를 수정하면 생성된 코드에도 변경이 반영될 것이라고 쉽게 오해할 수 있기 때문입니다. 마지막으로, 불변 방식은 다소 중복되어 보입니다. 불변이든 가변이든 결국 입력을 출력으로 대체하는 것이고 최종 결과는 동일하기 때문입니다. 게다가 내부적인 가변성은 일반적으로 안전합니다.

> **DEFINITION** 내부 변이(internal mutation)란 함수 외부에 영향을 미치지 않는 모든 변경을 의미합니다. 예를 들어 함수 내부에서만 사용되는 카운터(`let mut counter...`)처럼 함수 밖으로 반환되거나 데이터베이스에 저장되지 않는 경우를 들 수 있습니다. 이런 종류의 변이는 범위가 제한적이어서 오류가 발생하기 어렵고 코드를 이해하기도 쉽습니다. 또한 모든 것이 함수 내부에서만 이뤄지기 때문에 병렬 처리를 하더라도 예상치 못한 버그가 발생할 가능성이 낮습니다.

반면 내부 변이의 반대인 전역 가변 변수는 자바스크립트나 파이썬에서 흔히 볼 수 있는데, 이는 매우 위험합니다. 전역 변수의 영향 범위는 프로그램 전체에 걸쳐 있을 수 있으며, 모든 객체와 함수가 그 값을 변경할 수 있어 유지보수가 매우 어렵습니다. 읽기 전용 전역 변수는 가변성이 없기 때문에 이러한 문제를 피할 수 있습니다.

이러한 두 극단 사이에는 함수 간에 전달되는 가변 값들이 있습니다. 이들은 전역 가변 변수만큼 해롭지는 않지만, 잘못 사용하면 여전히 문제를 일으킬 수 있습니다.

7.7 결과 얻기

이번에는 본래의 목표인 패닉을 `Result`로 변환하는 매크로를 만들어 보려고 합니다. 단계별로 살펴보겠습니다. 먼저 함수가 `Result`를 반환하도록 수정해야 합니다. 오류 타입은 간단하게 `String`으로 하고, 값 타입은 함수의 현재 반환 타입과 일치시켜야 합니다. 시그니처를 변경한 후에는 현재 `Person`을 반환하고 있는 마지막 표현식을 `Ok`로 감싸야 합니다. 여러 반환식이 있는 복잡한 경우는 일단 제외하겠습니다. 다행히도 함수 내의 패닉은 그대로 두고 이런 변경을 할 수 있어서, 패닉 교체 작업은 이 장 후반부에서 다루겠습니다.

`ItemFn`을 살펴보면 `sig` 프로퍼티에 시그니처 정보가 들어 있는 것을 볼 수 있습니다(그림 7.5 참고). 한 단계 더 들어가면 `output`에 반환값이 있고, `ReturnType`은 비교적 단순합니다. 함수가 '아무것도' 반환하지 않을 때의 기본값(실제로는 단위 타입 `()`가 반환됨)이거나, 화살표와 실제 타입이 따라오는 형태입니다.

```
pub enum ReturnType {
    Default,
    Type(Token![->], Box<Type>),
}
```

그림 7.6은 `ItemFn`에서 `ReturnType`까지의 구조를 보여줍니다.

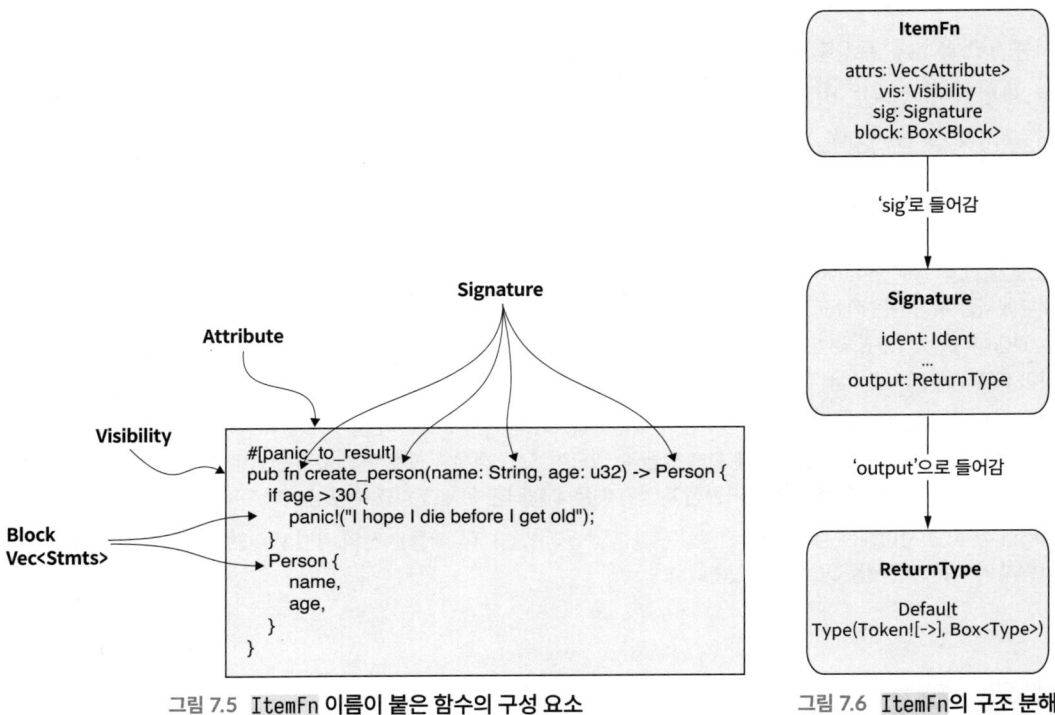

그림 7.5 `ItemFn` 이름이 붙은 함수의 구성 요소   그림 7.6 `ItemFn`의 구조 분해

반환 타입이 없을 때는 `output`을 `Result<(), String>`으로 바꾸고, 타입이 있을 때는 `Result<원래 반환 타입, String>`으로 설정하려고 합니다. `quote`를 사용하면 이를 어렵지 않게 구현할 수 있습니다.

코드 7.6 시그니처 변경하기

```
let output = match ast.sig.output {
    ReturnType::Default => {
        quote! { -> Result<(), String> }      기본 시그니처라면 단위 타입 ()가 값이 됩니다.
    }
    ReturnType::Type(_, ty) => {
        quote! { -> Result<#ty, String> }     그 외의 경우에는 타입이 있고, 이를 Result 안에 넣어야 합니다.
    }
```

```
};
ast.sig.output = syn::parse2(output).unwrap();  ◀── parse2로 TokenStream을 적절한 타입으로 변환할 수 있습니다.
```

`sig.output`에 대해 매칭을 수행하는데, 이는 기본값(명시적인 `-> ()` 시그니처가 있거나 시그니처가 생략된 경우)이거나 타입입니다. 첫 번째 경우에는 빈 반환값을 `Result`에 넣어야 하므로 `-> Result<(), String>` 시그니처를 생성합니다(앞서 말씀드린 것처럼 오류는 `String`을 사용합니다).

다른 경우는 약간 더 복잡한데, 실제 타입인 `ty`를 가져와서 `TokenStream`에 추가해야 합니다. `ref`를 사용해서 실젯값 대신 타입에 대한 참조를 얻을 수도 있지만, 필수는 아닙니다.

다음으로는 `parse2`를 사용해서 토큰들을 `ReturnType`으로 변환하는 작업을 수행합니다. 일반적으로 `parse2`는 `output` 필드의 타입과 일치해야 하므로 반환 타입이 무엇이어야 하는지 알고 있습니다. `quote` 없이 이 작업을 하면 얼마나 번거로울지 살펴보겠습니다. `-> Result<Person, String>`에 대한 토큰이 어떻게 생겼는지 보면 다음과 같습니다(간단히 하기 위해 일부 프로퍼티는 생략했습니다).

```
Type(
    RArrow,
    Type::Path {
        path: Path {
            segments: [
                PathSegment {
                    ident: Ident { ident: "Result" },
                    arguments: PathArguments::AngleBracketed {
                        args: [
                            GenericArgument::Type(
                                Type::Path {
                                    path: Path {
                                        segments: [
                                            PathSegment {
                                                ident: Ident {
                                                    ident: "Person"
                                                }
                                            },
                                        ],
                                    },
                                },
                            ),
                            GenericArgument::Type(
                                Type::Path {
                                    path: // String 타입의 경로
                                }
```

```
                    )]
                }
            ]
        }
})
```

여기서 `"Person"` 식별자가 바로 `ty`입니다. 이건 자동으로 얻을 수 있지만, 나머지는 직접 작성해야 합니다. 가능하기는 하지만 상당한 양의 보일러플레이트 코드가 필요합니다. `quote`를 사용하면 이 코드를 작성하고 읽기가 훨씬 쉬워집니다.

이제 반환값을 `Result`로 바꿔야 합니다. 이번에는 실제 함수 코드가 들어 있는 `block`을 찾아서 함수 내부의 구문들을 가져와야 합니다. 이 특정 함수의 경우(중간 반환이 없는 등) 마지막 구문만 필요하므로, 이를 `pop`으로 꺼내서(벡터에서 제거) `Ok`로 감싼 다음 다시 벡터에 넣습니다.

코드 7.7 반환값 변경하기

```rust
use proc_macro::TokenStream;
use quote::{quote, ToTokens};
use syn::{ItemFn, ReturnType, Stmt};

#[proc_macro_attribute]
pub fn panic_to_result(_attr: TokenStream, item: TokenStream) -> TokenStream {
    let mut ast: ItemFn = syn::parse2(item).unwrap();

    let output = // 시그니처 변경 코드
    ast.sig.output = syn::parse2(output).unwrap();

    let last = ast.block.stmts.pop().unwrap();      // ◀── 함수에서 마지막 구문을 제거합니다.
    let last_modified = quote! {
        Ok(#last)    // ◀── Ok로 감싸서 수정합니다.
    };
    let last_modified_as_expr = Stmt::Expr(
        syn::parse2(last_modified).unwrap(),    // 생성한 토큰 스트림을 세미콜론이 없는 표현식으로 파싱합니다
        None                                     // (구문 열거형의 한 변형입니다).
    );
    ast.block.stmts.push(last_modified_as_expr);   // ◀── 함수 구문 리스트의 끝에 다시 추가합니다.

    ast.to_token_stream()
}
```

보시다시피 블록에 결과를 다시 넣는 것이 구문을 가져오는 것보다 약간 더 복잡합니다. 가장

간단한 방법은 파싱 결과를 바로 추가하는 것이지만, 이렇게 하면 `unexpected end of input, expected semicolon`(예상치 못한 입력 종료, 세미콜론이 필요합니다) 오류가 발생합니다. 소스 코드를 자세히 들여다보면 이유를 알 수 있는데, `stmts`가 `Stmt`의 벡터이고 `Stmt`의 `Parse` 구현이 세미콜론이 없는 구문을 허용하지 않기 때문입니다. 대신 러스트에 더 많은 문맥을 제공하여 이것이 구문의 특정 변형인 **표현식**(expression)이라고 알려줘야 합니다. 함수의 마지막 표현식에는 세미콜론이 없으므로, 없는 세미콜론을 나타내는 두 번째 선택적 매개변수로 `None`을 전달합니다.

`syn`의 1.x 버전을 사용하고 있다면 이 코드는 컴파일되지 않을 것입니다. 2.x 버전에서 두 변형(`Semi`와 `Expr`)이 병합되었기 때문입니다. 이 경우에는 쉽게 해결할 수 있는데, `None`을 생략하면 됩니다.

코드 7.8 `Stmt` 소스 코드 버전 1과 버전 2

```rust
// syn 버전 1
pub enum Stmt {
    Local(Local),
    Item(Item),
    Expr(Expr),
    Semi(Expr, Token![;]),
}

// syn 버전 2
pub enum Stmt {
    Local(Local),
    Item(Item),
    Expr(Expr, Option<Token![;]>),
    Macro(StmtMacro),
}
```

`Person` 대신 `Result`를 반환하게 되었으므로 정상 경로 테스트가 실패하게 됩니다. 아주 좋습니다. 테스트를 수정하기 위해 `unwrap`을 추가하는 것이 좋은 해결책입니다. 예상했던 `Person`을 얻지 못하면 패닉이 발생하여 테스트가 실패할 것이기 때문입니다.

코드 7.9 반환값 `unwrap` 하기

```rust
#[test]
fn happy_path() {
    let actual = create_person("Sam".to_string(), 22).unwrap();

    assert_eq!(actual.name, "Sam".to_string());
    assert_eq!(actual.age, 22);
}
```

이제 리팩터링해 보겠습니다. 구현의 일부를 별도의 함수로 분리할 수 있습니다. 더 깔끔하게 정리하고 싶다면 함수를 별도의 파일로 옮길 수도 있지만, 지금은 이 정도로 충분합니다.

코드 7.10 시그니처와 반환값을 변경하는 함수들(lib.rs)

```rust
use proc_macro::TokenStream;
use quote::{quote, ToTokens};
use syn::{Expr, StmtMacro, ItemFn, ReturnType, Stmt};
use syn::spanned::Spanned;
use syn::token::Semi;

fn signature_output_as_result(ast: &ItemFn) -> ReturnType {
    let output = match ast.sig.output {
        ReturnType::Default => {
            quote! {
                -> Result<(), String>
            }
        }
        ReturnType::Type(_, ref ty) => {
            quote! {
                -> Result<#ty, String>
            }
        }
    };
    syn::parse2(output).unwrap()
}

fn last_statement_as_result(last_statement: Option<Stmt>) -> Stmt {
    let last_unwrapped = last_statement.unwrap();
    let last_modified = quote! {
        Ok(#last_unwrapped)
    };
    Stmt::Expr(syn::parse2(last_modified).unwrap(), None)
}

#[proc_macro_attribute]
pub fn panic_to_result(_attr: TokenStream, item: TokenStream) -> TokenStream {
    let mut ast: ItemFn = syn::parse(item).unwrap();

    ast.sig.output = signature_output_as_result(&ast);
    let last_statement = ast.block.stmts.pop();
    ast.block.stmts.push(last_statement_as_result(last_statement));

    ast.to_token_stream().into()
}
```

이제 함수의 반환 타입과 값을 변환하는 깔끔하고 읽기 쉬운 코드가 만들어졌습니다. 하지만 패닉은 여전히 남아 있습니다. 이제 이를 `Err`로 바꿔주어야 합니다.

7.8 패닉 제거하기

패닉을 제거하는 것은 함수 본문의 마지막 구문을 변경하는 것[18]보다 복잡합니다. 이번에는 패닉이 어디에 숨어 있는지 알 수 없기 때문에 단순히 구문을 `pop` 할 수는 없습니다. 일반적인 해결책으로는 모든 구문을 순회하면서 패닉이 포함되어 있는지 확인해야 합니다. 하지만 이 절에서는 `if` 구문에서 `panic`을 찾아내는 코드만 작성하고, 나머지 구현은 연습문제로 남겨두겠습니다.

7.8.1 패닉을 Result로 변경하기

`block` 내의 구문들을 순회하면서 `map` 함수와 별도의 함수를 사용해 표현식을 변환합니다. 표현식이 아닌 구문들은 매핑을 그대로 통과하게 됩니다. 순회가 완료되면 기존 `block` 구문들을 새로운 구문들로 교체합니다.

코드 7.11 lib.rs에서 구문을 매핑하는 코드 조각

```
let new_statements: Vec<Stmt> = ast.block.stmts
    .into_iter()
    .map(|s| match s {
        Stmt::Expr(e, t) => handle_expression(e, t),   // 모든 식은 사용자 정의 함수를 통해
                                                       // 새로운 구문으로 변환됩니다.
        _ => s,    // 다른 종류의 구문들은 그대로 반환됩니다.
    })
    .collect();
ast.block.stmts = new_statements;   // 마지막으로, 새로운 구문과 변경되지 않은 구문들을 블록에 할당합니다.
```

표현식에 중점을 두는 이유는 `if`가 표현식이고 패닉이 그 안에 있음을 알고 있기 때문입니다. 만약 가능한 모든 패닉을 찾고자 한다면 세미콜론으로 끝나는 구문(Semi)도 처리해야 할 것입니다.

이제 `handle_expression`에서 다른 모든 표현식의 변환으로 넘어가 패닉을 찾아 결괏값으로 변경해 보겠습니다.

---

18 [옮긴이] AST에서 마지막 구문(last_statement)을 빼서(ast.block.stmts.pop()), last_statement_as_result 함수를 적용한 뒤(변경) 다시 마지막 부분에 추가(ast.block.stmts.push(last_statement_as_result(last_statement)))하여 AST에 반영하는 작업

코드 7.12 패닉을 오류로 변환하는 표현식

```
fn handle_expression(expression: Expr, token: Option<Semi>) -> Stmt {
    match expression {
        Expr::If(mut ex_if) => {          ◀── if 식만을 처리 대상으로 삼습니다.   if 식 내에서도 매크로만 검사합니다.
            let new_statements: Vec<Stmt> = ex_if.then_branch.stmts
                .into_iter()
                .map(|s| match s {
                    Stmt::Macro(ref expr_macro) =>
                        extract_panic_content(expr_macro)
                            .map(|t| quote! {                      패닉이라면 이를 Result로
                                return Err(#t.to_string());        변환합니다.
                            })
                            .map(syn::parse2)
                            .map(Result::unwrap)
                            .unwrap_or(s),
                    _ => s
                })
                .collect();
            ex_if.then_branch.stmts = new_statements;
            Stmt::Expr(Expr::If(ex_if), token)    ◀── if/then 분기의 구문들을 갱신하고 세미콜론 여부를 보존한 채
        },                                                         식으로 다시 감쌉니다.
        _ => Stmt::Expr(expression, token)    ◀── 그 외의 모든 경우에는 식과 토큰을 그대로 다시 감쌉니다.
    }
}
```

then 분기의 구문들을 순회하면서 매크로를 발견하면 해당 매크로가 패닉인지 확인합니다.

`if` 문이 패닉을 발생시킨다는 것을 알고 있으므로, 해당하는 하나의 변형에 대해서만 매칭을 수행하고(코드 7.14 참고) 다른 모든 구문은 그대로 반환합니다. 더 일반적인 경우라면 반복문, `while` 문, `yield` 문 등을 처리하기 위해 매치 분기의 수를 크게 늘려야 할 것입니다.

다음으로 조건문 내에서 매크로 구문(`Stmt::Macro`)을 찾습니다. 이 시점에서 곧 살펴볼 헬퍼 함수인 `extract_panic_content`를 사용하여 패닉의 메시지를 담은 옵션을 반환하거나 매크로가 패닉이 아닌 경우 `None`을 반환합니다. 메시지를 얻으면 이를 사용하여 패닉을 원래 메시지가 포함된 `Err`로 교체합니다. 이전과 마찬가지로 `parse`를 사용하여 올바른 타입인 구문을 반환받는데, 결과가 Vec<Stmt>여야 한다고 지정했으므로 러스트가 이를 추론할 수 있습니다.

> **DEFINITION** 포인트 프리 스타일(point-free style)이라고도 하는 `map(syn::parse2)`와 `map(Result::unwrap)`이라는 축약 표현은 함수형 프로그래밍 용어입니다. 자바에서는 메서드 참조라고 부릅니다. 이는 '받은 매개변수를 사용해 이 함수를 호출한다'는 의미로, 코드를 더 간단하고 읽기 쉽게 만듭니다.

패닉이 발생하지 않았다면 해당 구문을 반환하고 리스트에 추가합니다. 반복이 끝나면 기존 구문을 새로운 구문으로 교체합니다. 새로운 구문은 패닉이 `Result`로 변환된 것을 제외하면 기존과 동

일합니다. 마지막으로 모든 것을 원래 구조로 감싸야 합니다. 즉, 식 내부의 `if` 식으로 만듭니다.

syn 버전 1.x에서는 이 코드가 다르게 실행했습니다(현재는 버전 2를 사용해야 합니다). 버전 1에서는 이처럼 선택적 토큰을 전달할 필요가 없었습니다. 또한 map 내부의 `match`에도 더 큰 변경이 필요한데, 당시에는 매크로가 세미콜론으로 끝나는 구문이나 식 내부의 `Expr::Macro`였기 때문입니다.

코드 7.13 syn 버전 1용 코드

```
Stmt::Semi(Expr::Macro(ref expr_macro), _) => extract_panic_content(expr_macro) // ...
```

코드 7.14 Stmt의 Expr 변형체(또 다른 열거형)

```
pub enum Expr {
    Array(ExprArray),
    // ...
    If(ExprIf),
    // ...
    Macro(ExprMacro),
    // ...
}
```

방금 논의한 경우를 제외한 다른 모든 경우에는 원래 구문을 변경 없이 그대로 반환합니다.

`extract_panic_content` 함수는 비교적 단순합니다. 매크로 내에서 "panic"이라는 문자열과 일치하는 식별자를 찾습니다. 패닉을 발견하면 `tokens`에서 입력을 가져와 복제한 뒤 반환합니다.

코드 7.15 매크로가 패닉인지 확인하는 헬퍼 함수

```
fn extract_panic_content(expr_macro: &StmtMacro) ->
    Option<proc_macro2::TokenStream> {
    let does_panic = expr_macro.mac.path.segments.iter()
        .any(|v| v.ident.to_string().eq("panic"));

    if does_panic {
        Some(expr_macro.mac.tokens.clone())
    } else {
        None
    }
}
```

이번에는 실패 경로 테스트를 수정해야 합니다. 이제는 `panic` 대신 `Err`를 기대합니다.

코드 7.16 실패 경로 테스트 수정

```
// 정상 경로는 수정하지 않음

#[test]
fn should_err_on_invalid_age() {    ◀──── 테스트 이름을 변경하고 should_panic 애너테이션을 제거했습니다.
    let actual = create_person("S".to_string(), 33);

    assert_eq!(
        actual.expect_err("this should be an err"),
        "I hope I die before I get old".to_string()
    );
}
```

이제 함수에 적절한 오류 처리 기능을 성공적으로 추가했습니다.

7.8.2 디버깅 과정에서의 발견

이 코드를 작성하는 동안 꽤 많은 시간을 허비한 까다로운 문제가 있었습니다. 다음 코드를 리팩터링하던 중이었습니다.

```
extract_panic_content(expr_macro)
    .map(|t| quote! {
        Err(#t.to_string());
    })
    .map(syn::parse2)
    // ...
}
```

그런데 계속해서 다음과 같은 오류가 발생했습니다.

```
10 | #[panic_to_result]
   | ^^^^^^^^^^^^^^^^^^ cannot infer type of the type parameter `T` declared
    on the enum `Result`
   |
 = note: this error originates in the attribute macro `panic_to_result`
   (in Nightly builds, run with -Z macro-backtrace for more info)
help: consider specifying the generic arguments
   |
10 | #[panic_to_result]::<T, String>
   |                   ++++++++++++
```

parse2가 반환하는 Result와 관련이 있고 러스트가 적절한 타입을 추론하지 못하는 문제로 보였습니다. 매크로 코드의 `cargo check`는 정상적으로 작동했는데, 이는 문제의 원인을 잘못된 곳에서 찾고 있다는 중요한 단서였습니다. 러스트는 매크로 라이브러리 자체는 검증할 수 있지만, 매크로가 생성하는 코드는 검증하지 못하기 때문입니다. 매크로 자체를 컴파일할 때는 문제가 없더라도, 실제로 매크로를 사용하는 프로젝트를 컴파일할 때만 문제가 드러날 수 있습니다.

`cargo expand`로 살펴보니 RustRover IDE에서 지적하는 문제의 원인을 알 수 있었습니다. `Err(#t.to_string());`을 return 키워드 없이 작성한 것이 문제였습니다. `return`이 없으면 이 표현은 단순한 구문이 되어버립니다. 이때 러스트는 오류 값(E)인 문자열은 추론할 수 있지만 반환 타입(T)은 알 수 없습니다. 반환값의 타입을 알 수 없기 때문에 컴파일러는 T가 무엇이어야 하는지 명시하라고 요청한 것입니다. `return`을 추가하면 Result의 값과 오류가 시그니처와 일치해야 한다는 것을 러스트가 인식할 수 있습니다. 이를 통해 오류 메시지를 꼼꼼히 살펴보고 `cargo check`와 `cargo expand`가 제공하는 오류 정보의 중요성을 다시 한번 깨달을 수 있었습니다.

7.9 오류 처리 방식

앞서 언급한 해결책이 부분적인 것에 불과하지만, 지금은 이 정도면 충분합니다. 이제 이 장의 주요 주제인 오류 보고에 대해 알아볼 시간입니다. 현재 매크로는 파싱 과정에서 가끔 사용되는 `unwrap`을 제외하면 오류 사례가 많지 않습니다. 이를 더 흥미롭게 만들기 위해 몇 가지 오류 사례를 추가해 보겠습니다.

예를 들어, 이 매크로는 아직 Result를 반환하지 않는 함수에 대해서만 실행하도록 제한하는 것이 합리적입니다. 가장 중요한 이유는 복잡도 증가입니다. 이 매크로는 오류 타입으로 문자열을 가진 Result를 반환하고자 합니다. 만약 기존 Result가 다른 타입을 가지고 있다면 어떻게 될까요? 이러한 상황을 처리하는 방법을 고민하는 대신, 매크로를 부적절하게 사용하려 할 때 명확한 오류를 반환하도록 하겠습니다. 반환 타입이 이미 Result가 아닌지 확인하기 위해 함수 시그니처에 이 타입이 존재하지 않는지 검사하는 간단한 검증을 추가합니다.

코드 7.17 반환 타입이 Result일 때 패닉 발생

```rust
fn signature_output_as_result(ast: &ItemFn) -> TokenStream {
    match ast.sig.output {
        // 기본 반환 코드...
        ReturnType::Type(_, ref ty) => {
```

```
            if ty.to_token_stream().to_string().contains("Result") {
                unimplemented!("cannot use macro on a function with Result as return type!");
            }
            Ok(quote! {
                -> Result<#ty, String>
            })
        }
    }
}
```

현재는 패닉을 발생시키는 기본적인 오류 처리 방식을 사용하고 있습니다. 이는 나중에 개선하겠지만, 우선 함수가 실패하는지 확인해 봐야 합니다.

코드 7.18 실패해야 하는 예제 함수(현재는 main.rs에 추가)

```
#[panic_to_result]
fn create_person_with_result(name: String, age: u32)
    -> Result<Person, String> {    ◀── 이전 함수와 동일하나 반환 타입과 이름이 다릅니다.
    if age > 30 {
        panic!("I hope I die before I get old");
    }
    Ok(Person {
        name,
        age,
    })
}
```

`panic-to-result-usage`에서 `cargo check`를 실행하면 다음과 같은 오류가 발생합니다.

```
error: custom attribute panicked
  --> src/main.rs:21:1
   |
21 | #[panic_to_result]
   | ^^^^^^^^^^^^^^^^^^
   |
   = help: message: not implemented: Cannot use macro on a function with Result as return type!
```

이 메시지는 이해할 만한 수준이긴 하지만, 러스트 내장 오류 메시지와 비교하면 아쉬운 점이 많습니다. 또한 단순히 매크로의 위치만 가리키고 있을 뿐, 실제 문제가 있는 함수 시그니처를 가리키는 것이 더 유용할 것입니다. 이보다 더 나은 방식으로 오류를 처리하는 방법이 있습니다.

7.9.1 syn을 활용한 오류 처리

syn 오류 처리를 구현하기 위해서는 `signature_output_as_result`와 `panic_to_result` 진입점 두 부분을 모두 수정해야 합니다.

코드 7.19 syn 오류 처리(lib.rs의 일부)

```rust
// Spanned 외 모듈 가져오기 구문
use syn::spanned::Spanned;    // ← span()을 호출하기 위해서는 이 트레이트가 스코프 내에 있어야 합니다.

fn signature_output_as_result(ast: &ItemFn) -> Result<ReturnType, syn::Error> {
    let output = match ast.sig.output {
        // 기본 반환 코드
        ReturnType::Type(_, ref ty) => {
            if ty.to_token_stream().to_string().contains("Result") {
                return Err(
                    syn::Error::new(
                        ast.sig.span(),    // ← syn::Error는 스팬이 필요하며…
                        format!(
                            "this macro can only be applied to a function
                             that does not return a Result. Signature: {}",
                            quote!(#ty)    // …메시지도 필요합니다. 이 메시지는 잘못된 시그니처를 전달하며
                        )                  //    format을 사용해 구성됩니다.
                    )
                );
            }
            quote! { -> Result<#ty, String> }
        }
    };
    Ok(syn::parse2(output).unwrap())
}

#[proc_macro_attribute]
pub fn panic_to_result(_attr: TokenStream, item: TokenStream) -> TokenStream {
    // 그 외 코드
    match signature_output_as_result(&ast) {
        Ok(output) => ast.sig.output = output,        // Ok를 받으면 이전과 동일하게 처리됩니다.
        Err(err) => return err.to_compile_error().into()  // 오류가 발생하면 스트림으로 변환한 뒤
    };                                                    // 즉시 반환됩니다.
    // 그 외 코드
}
```

`signature_output_as_result`는 이제 시그니처에 `Result`가 포함되어 있으면 `Err`를 반환합니다. 이때 `Err`는 `syn::Error` 타입의 값입니다. 이 오류 타입의 생성자는 스팬과 메시지(`Display`를 구현해야 함)를 필요로 합니다. 앞서 살펴본 스팬은 원본 코드를 가리키는데, 이제 드디어 유용하게 활

용할 수 있습니다. `sig`의 스팬을 전달하면 러스트가 시그니처를 가리킬 수 있게 됩니다. 메시지에는 발견된 내용과 현재 시그니처에 대한 참조 정보를 포함합니다. 평소처럼 `quote`를 사용하면 `format!`이 자동으로 문자열에 추가합니다.

`signature_output_as_result`가 반환하는 `Result`도 처리해야 합니다. `main` 함수는 `()`(유닛 타입)이나 `Result`를 반환할 수 있지만, 절차적 매크로는 `TokenStream`만 반환할 수 있다는 차이가 있습니다. 따라서 `match`를 사용합니다. 문제가 없다면 이전처럼 새로운 시그니처를 AST에 추가하고, 오류가 있다면 컴파일 오류(`proc_macro2::TokenStream`)로 변환한 뒤 표준 스트림으로 변환합니다.

이제 애플리케이션에서 더 나은 오류 메시지를 볼 수 있습니다.

```
error: this macro can only be applied to a function that does not
return a Result. Signature: Result < Person, String >
  --> src/main.rs:22:1
   |
22 | fn create_person_with_result(name: String, age: u32)
        -> Result<Person, String> {
   | ^^
```

이전 메시지보다 더 명확해졌습니다. 문제가 발생한 위치인 시그니처(`fn`으로 시작하는 부분)를 정확히 가리키고, 무엇이 잘못되었는지도 설명합니다.

새로운 `syn` 오류 타입을 두 번째 예제에서 사용해 보겠습니다. 기존의 패닉을 메시지가 포함된 `Err`로 변환하는 것은 유용했지만, 추가할 메시지가 없다면 어떻게 될까요? 현재 코드는 메시지가 없으면 패닉이 발생합니다. 컴파일에 실패하는 함수를 추가해서 테스트해 볼 수 있습니다. 기존의 실패 예제를 비활성화하거나 `trybuild`를 추가하여 컴파일 테스트로 이동할 수 있습니다.

코드 7.20 실패하는 또 다른 함수

```
#[panic_to_result]
fn create_person_with_empty_panic(name: String, age: u32) -> Person {
    if age > 30 {
        panic!();    ◀── 비어 있는 패닉으로 인해 컴파일이 실패하게 됩니다.
    }
    Person {
        name,
        age,
    }
}
```

이런 상황에서는 모호한 custom attribute panicked(사용자 정의 속성 패닉 발생) 대신 유용한 오류 메시지를 반환해야 합니다.

코드 7.21 비어 있는 패닉 내용 처리하기(lib.rs의 일부)

```
// 모듈 가져오기 구문

fn handle_expression(expression: Expr, token: Option<Semi>) -> Result<Stmt, syn::Error> {
    match expression {
        Expr::If(mut ex_if) => {
            let new_statements: Result<Vec<Stmt>, syn::Error> = ex_if
                .then_branch.stmts.into_iter()
                .map(|s| match s {
                    Stmt::Macro(ref expr_macro) => {
                        let output = extract_panic_content(expr_macro);

                        if output.map(|v| v.is_empty()).unwrap_or(false) {
                            Err(syn::Error::new(
                                expr_macro.span(),
                                "please make sure every panic
                                in your function has a message"
                            ))
                        } else {
                            Ok(extract_panic_content(expr_macro)
                            // panic을 result로 변환하는 코드
                            )
                        }
                    }
                    _ => Ok(s)
                })
                .collect();
            ex_if.then_branch.stmts = new_statements?;
            Ok(Stmt::Expr(Expr::If(ex_if), token))
        }
        _ => Ok(Stmt::Expr(expression, token))
    }
}

#[proc_macro_attribute]
pub fn panic_to_result(_attr: TokenStream, item: TokenStream) -> TokenStream {
    // ...
    let new_statements: Result<Vec<Stmt>, syn::Error> = ast.block.stmts
        .into_iter()
        .map(|s| match s {
            Stmt::Expr(e) => handle_expression(e),
            _ => Ok(s),
        })
```

- 비어 있는 내용의 옵션이 있는지 확인하고, 있다면 오류를 반환합니다.
- 이 코드는 Ok로 감싸진 것 외에는 변경되지 않았습니다.
- 이제 Vec 대신 Result를 사용하므로 값이 있다면 ?를 사용해 가져옵니다.

```
        .collect();
    match new_statements {
        Ok(new) => ast.block.stmts = new,
        Err(err) => return err.to_compile_error().into()
    }
    // ...
}
```

> 이전과 비슷하게 Result에 대해 match를 수행하고 오류가 있다면 오류 토큰 스트림을 생성합니다.

이렇게 자잘한 변경사항들이 많이 있습니다. `handle_expression`에서는 이제 `Result`를 반환하므로 `Ok` 래퍼를 많이 추가했습니다. 매크로 검사도 확장했는데, `extract_panic_content`로부터 옵션 값을 받으면 내용이 비어 있는지 확인합니다. 비어 있다면 적절한 메시지와 함께 `syn::Error`를 반환하고, 매크로의 스팬을 사용해 관련된 패닉을 사용자에게 보여줍니다. `new_statements`가 이제 `Result`이므로 오류가 있다면 `?`를 사용해 즉시 반환합니다. 그렇지 않으면 구문을 가지고 있으므로 함수에 다시 추가할 수 있습니다.

> **트래버스[18]**
>
> 앞선 코드[19]에서 러스트의 또 다른 멋진 기능이 등장합니다. 구문들을 매핑하면서 각각에 대해 `Result`를 반환하는 것을 볼 수 있습니다. 이는 출력이 `Vec<Result<Stmt, syn::Error>>`가 되어야 한다는 의미입니다. 그런데 `handle_expression`에서 `new_statements`의 정의된 출력 타입은 `Result<Vec<Stmt>, syn::Error>`입니다. 함수형 프로그래밍 세계에서는 이를 **트래버스**(traverse)라고 부르며, 열거형(정확히는 **모나드**(monad)이지만, 여기서 자세히 다루지는 않겠습니다)을 다른 방식으로 쌓을 수 있게 해줍니다. 러스트에서 이것이 가능한 이유는 벡터와 같이 `FromIterator`를 구현하는 값들에 대해 `Result`의 제네릭 `FromIterator` 구현이 존재하기 때문입니다.
>
> 세부적인 내용은 중요하지 않지만, 이것이 매우 편리하다는 점을 이해하면 됩니다. 모든 결과를 직접 언래핑할 필요 없이, 오류나 구문 리스트를 받을 수 있습니다. 공정하게 말하자면, 두 방식이 완전히 동일하지는 않습니다. `Result<Vec<Stmt>, syn::Error>`에서는 여러 개의 오류를 담을 공간이 없어서 첫 번째 오류를 제외한 나머지는 모두 무시됩니다. 모든 오류를 수집하려면 벡터와 같은 것이 필요할 것입니다. 가능하다면 그 벡터를 사용자 정의 구조체로 감싸고 좋은 오류 타입이라면 마땅히 구현해야 하는 `std::error::Error`를 구현하는 것이 좋습니다(엄밀히 말하면 필수는 아닙니다).

`panic_to_result`에서 이제 `new_statements`는 `Result<Vec<Stmt>, syn::Error>`입니다. 따라서

---

19 [옮긴이] 코드 7.21의 `let new_statements: Result<Vec<Stmt>, syn::Error> = ex_if.then_branch.stmts.into_iter()`부터 `.collect();`까지의 부분
20 [옮긴이] 'traverse'는 '순회'나 '가로지르다'라는 의미를 가진 용어입니다. 하지만 이 맥락에서는 단순한 순회가 아닌, 함수형 프로그래밍의 고급 타입 변환 개념을 나타내기 때문에 '트래버스'로 음차했습니다. 이는 한국어 함수형 프로그래밍 커뮤니티에서도 일반적으로 통용되는 용어입니다. 트래버스는 컨테이너 타입의 구조를 다른 구조로 변환할 수 있게 해주는 기능으로, 여기서는 `Vec<Result<A, E>>`를 `Result<Vec<A>, E>`로 변환하는 것을 의미합니다.

오류를 토큰 스트림으로 변환하여 반환하거나, 모든 것이 정상이라면 처리를 계속합니다. 이제 오류가 있는 함수를 실행하면 다음과 같은 새로운 종류의 오류가 발생합니다.

```
error: please make sure every panic in your function has a message
  --> panic-to-result-usage/src/main.rs:13:9
   |
13 |         panic!();
   |         ^^^^^^^
```

올바른 줄과 실패한 구문을 가리키면서 명확한 오류 메시지를 제공합니다. 원한다면 추가 컨텍스트를 포함할 수도 있습니다.

```
Err(syn::Error::new(
    e.span(),
    format!("please make sure every panic in your function \
             has a message, check: {}", quote!(#statement))
))

error: please make sure every panic in your function has a message,
check: if age > 30 { panic! () ; }
  --> panic-to-result-usage/src/main.rs:13:9
   |
13 |         panic!();
   |         ^^^^^^^
```

이렇게 자세한 오류 메시지를 제공했음에도 사용자가 문제를 파악하지 못한다면, 그것은 전적으로 사용자의 몫입니다. 단, 이 코드의 한계점은 여러 개의 오류가 있을 때 그중 하나만 표시된다는 점입니다. 약간의 추가 작업이 필요하지만, `combine` 메서드를 활용하면 이 문제를 해결할 수 있습니다.

코드 7.22 여러 오류를 한꺼번에 보고하기 위한 combine 활용

```rust
// 모듈 가져오기 구문
// 그 외 선언한 함수들

#[proc_macro_attribute]
pub fn panic_to_result(_attr: TokenStream, item: TokenStream) -> TokenStream {
    // ...
    let signature_output = signature_output_as_result(&ast);
    let statements_output: Result<Vec<Stmt>, syn::Error> = // 변경되지 않음

    match (statements_output, signature_output) {   ◀── 두 결괏값에 대해 패턴 매칭을 수행합니다.
```

```
            (Ok(new), Ok(output)) => {
                ast.block.stmts = new;         ← 모든 것이 정상이면 구문과 출력에 값을 할당합니다.
                ast.sig.output = output;
            },
            (Ok(_), Err(signature_err)) => {
                return signature_err.to_compile_error()
                    .into()
            },
            (Err(statement_err), Ok(_)) => {                ← 하나의 오류만 발생하면 해당 오류를 반환합니다.
                return statement_err.to_compile_error()
                    .into()
            },
            (Err(mut statement_err), Err(signature_err)) => {
                statement_err.combine(signature_err);
                return statement_err.to_compile_error()   ← 2개의 오류가 발생하면 이를 하나로 결합합니다.
                    .into()
            }
        };
        // 출력을 위한 pop 연산과 생성
}
```

작은 변경사항으로, 시그니처 출력 처리를 구문 반복 이전으로 옮겼습니다. 이는 `ast.block`의 부분 이동 문제를 피하는 간단한 해결책입니다(이전 버전에서는 시그니처 처리를 시작할 때 이미 블록 작업이 완료된 상태였기 때문에 문제가 없었습니다).

구문과 시그니처를 개별적으로 처리하는 대신, 이제는 매치 구문에서 두 결과를 함께 확인합니다. 이를 통해 여러 오류가 발생했을 때 적절한 처리가 가능합니다. 정상적인 경우에는 AST를 수정하고, 개별 오류가 발생한 경우에는 이전처럼 해당 오류만 반환하며, 두 오류가 모두 발생한 경우에는 이를 `combine` 하여 반환합니다. 이제 `Result`를 반환하면서 빈 패닉이 포함된 함수를 작성하면, 한 번에 모든 오류를 확인할 수 있게 됩니다.

7.9.2 오류 처리를 위한 proc_macro_error 사용하기

`syn::Error`를 통해 오류 처리가 개선되었지만, `proc_macro_error`(http://mng.bz/Adxe)를 활용하면 더 나은 구현이 가능합니다. 먼저 `panic-to-result-macro`에 `proc-macro-error = "1.0.4"`를 추가합니다. 그리고 코드 7.23과 같이 매크로에 속성을 추가해야 합니다.

코드 7.23 공개 lib.rs 함수에 속성형 매크로 추가하기

```
use proc_macro_error::proc_macro_error;    ← 오류 매크로를 가져옵니다.
```

```
#[proc_macro_error]  ◀── 함수에 오류 매크로 속성을 추가합니다.
#[proc_macro_attribute]
pub fn panic_to_result(_attr: TokenStream, item: TokenStream) -> TokenStream {
    // ...
}
```

이 작업을 수행하지 않으면 다음과 같은 도움말과 함께 오류가 발생합니다.

> proc-macro-error API cannot be used outside of entry_point invocation, perhaps you forgot to annotate your #[proc_macro] function with #[proc_macro_error](proc-macro-error API는 entry_point 호출 외부에서 사용할 수 없습니다. #[proc_macro] 함수에 #[proc_macro_error] 속성을 추가하는 것을 잊으셨나요?)

이제 이 크레이트가 제공하는 매크로를 사용할 수 있습니다(매크로 위에 매크로가 쌓이는 구조입니다). 먼저 `abort!`를 살펴보겠습니다. 이 매크로는 `span`을 가져올 `syn` 구조체와 여러 유용한 메시지를 전달할 수 있습니다. `handle_expression` 함수를 리팩터링해 보겠습니다. `Result`를 반환하는 대신 패닉 메시지가 없을 때 중단하도록 변경합니다.

코드 7.24 중단하기(변경되지 않은 함수는 표시하지 않음)

```
// 모듈 가져오기 구문
use proc_macro_error::{abort};

fn handle_expression(expression: Expr, token: Option<Semi>) -> Stmt {
    match expression {
        Expr::If(mut ex_if) => {
            let new_statements: Vec<Stmt> = ex_if.then_branch.stmts
                .into_iter()
                .map(|s| match s {
                    Stmt::Macro(ref expr_macro) => {
                        let output = extract_panic_content(expr_macro);

                        if output.map(|v| v.is_empty()).unwrap_or(false) {
                            abort!(                                          ◀── 매크로 토큰의 span과 메시지,
                                expr_macro,                                      도움말, 주석을 전달하여
                                "panic needs a message!".to_string();            abort를 호출합니다.
                                help = "try to add a message: \
                                panic!(\"Example\".to_string())";
                                note = "we will add the message to Result's Err"
                            );
                        } else {
                            // 계속
                        }
                    }
```

```
                _ => s
            })
            .collect();
        // 구문 반환
        }
        _ => Stmt::Expr(expression, token)
    }
}

#[proc_macro_error]
#[proc_macro_attribute]
pub fn panic_to_result(_attr: TokenStream, item: TokenStream) -> TokenStream {
    // ...
    let new_statements = ast.block.stmts
        .into_iter()
        .map(|s| match s {
            Stmt::Expr(e, t) => handle_expression(e, t),
            _ => s,
        })
        .collect();
    ast.block.stmts = new_statements;
    // ...
}
```

Result 래퍼가 제거되었습니다.

abort를 사용하면 메시지 외에도 세미콜론으로 구분된 help와 note를 추가할 수 있습니다. 빈 패닉 함수에 적용된 오류는 매우 깔끔하게 표시됩니다. 사용자에게 도움이 되는 최선의 방법을 제시하고 있습니다(참고: 오류 위치를 보면 빈 패닉이 있는 테스트 함수를 tests 디렉터리로 옮겼습니다).

```
error: panic needs a message!

        = help: try to add a message: panic!("Example".to_string())
        = note: we will add the message to Result's Err

  --> tests/fails/create_person_with_empty_panic.rs:13:9
   |
13 |         panic!();
   |         ^^^^^^^^
```

한 걸음 더 나아가서 모든 잠재적인 문제에 대해 피드백을 제공하는 것은 어떨까요? 이를 위해 emit_error!가 필요합니다. abort와 emit_error의 차이점은 abort는 처리를 중단하는 반면, emit_error는 combine이 syn 오류에 대해 수행했던 것처럼 문제를 계속 찾을 수 있게 해준다는 점입니다. 단, 더 적은 작업으로 이를 구현할 수 있습니다. 빈 패닉과 잘못된 시그니처 모두에 이 방식을 사용해 보겠습니다.

코드 7.25 `emit_error` 사용하기(일부, 변경되지 않은 두 함수는 표시하지 않음)

```
// 모듈 가져오기 구문

fn signature_output_as_result(ast: &ItemFn) -> ReturnType {
    let output = match ast.sig.output {
        // 기본 반환
        ReturnType::Type(_, ref ty) => {
            if ty.to_token_stream().to_string().contains("Result") {
                emit_error!(ty, format!(
                    "this macro can only be applied to a function \
                    that does not yet return a Result. Signature: {}",
                    quote!(#ty)
                ));
                ast.sig.output.to_token_stream()     ◀──── 처리를 계속하기 위해
            } else {                                       기존 시그니처(output)를 반환합니다.
                quote! { -> Result<#ty, String> }
            }
        }
    };
    syn::parse2(output).unwrap()
}
```
시그니처가 이미 Result를 포함하고 있으므로 오류를 발생시키며, ty를 span으로 사용하고 도움이 되는 메시지를 추가합니다.

```
fn handle_expression(expression: Expr, token: Option<Semi>) -> Stmt {
    match expression {
        Expr::If(mut ex_if) => {
            let new_statements: Vec<Stmt> = ex_if.then_branch.stmts
                .into_iter()
                .map(|s| match s {
                    Stmt::Macro(ref expr_macro) => {
                        let output = extract_panic_content(expr_macro);
                        if output.map(|v| v.is_empty()).unwrap_or(false) {
                            emit_error!(
                                expr_macro,
                                "panic needs a message!".to_string();
                                help = "try to add a message: \
                                panic!(\"Example\".to_string())";
                                note = "we will add the message to Result's Err"
                            );
                            s                    ◀──── 마찬가지로 오류를 발생시키고 원래 구문을 반환합니다.
                        } else {
                            // 계속
                        }
                    }
                    _ => s
                })
```

```
                .collect();
            // 구문 반환
        }
        // 반환
    }
}

#[proc_macro_error]
#[proc_macro_attribute]
pub fn panic_to_result(_a: TokenStream, item: TokenStream) -> TokenStream {
    // ...
    ast.sig.output = signature_output_as_result(&ast);  ◀── Result 래퍼가 제거되어 반환을 직접 전달합니다.
    // ...
}
```

handle_panic_to_result의 변경사항은 크게 복잡하지 않습니다. 두 오류 사례 모두에 emit_error를 사용하고, Result 래퍼를 모두 제거했습니다. 더 흥미로운 점은 오류를 발생시킨 후에도 여전히 무언가를 반환한다는 것입니다. 이는 가능한 한 오래 파싱을 계속하면서 오류를 발생시키고자 하기 때문입니다. 코드가 첫 번째 오류에서 중단되지 않기 때문에, 의미 있는 것을 반환하고자 합니다. 여러 함수가 코드를 조작하고(예: 시그니처) 첫 번째 함수가 실패하여 시그니처에 의미 없는 토큰 스트림을 넣는다면, 다음 함수는 그 의미 없는 데이터를 받아서 전혀 예상치 못한 이유로 실패하게 됩니다. 따라서 단순한 예제에서는 빈 TokenStream도 작동할 수 있지만, 원래 값을 반환하는 것이 간단한 해결책이 됩니다.

이제 코드 7.26과 같은 예제 함수를 추가해 보겠습니다.

코드 7.26 잘못된 panic과 시그니처가 있는 함수

```
#[panic_to_result]
fn create_person_two_issues(name: String, age: u32) -> Result<String, Person> {
    if age > 30 {
        panic!();
    }
    Ok(Person {
        name,
        age,
    })
}
```

두 가지 오류가 발생합니다. 이전에 있었던 빈 패닉에 대한 오류와, 잘못된 시그니처에 대한 오류입니다.

```
error: panic needs a message!
// 이전 오류 메시지의 나머지 부분

error: this macro can only be applied to a function that does not yet
 return a Result. Signature: Result < String, Person >
  --> tests/fails/create_person_two_issues.rs:11:56
   |
11 | fn create_person_two_issues(name: String, age: u32)
-> Result<String, Person> {
```

`abort!`와 `emit_error!` 외에도 이 크레이트는 여러 매크로를 제공합니다. `abort_call_site!`와 `emit_call_site_error!`는 다른 두 매크로와 비슷하지만 기본 스팬(호출 위치를 가리키는)이 포함되어 있습니다. `emit_warning!`과 `emit_call_site_warning!`은 컴파일을 중단하지 않는 경고를 로깅하는 데 사용됩니다. 하지만 이는 이미 논의한 내용과 매우 유사하므로 더 자세히 다루지는 않겠습니다.

7.9.3 syn과 proc_macro_error 중 선택하기

이미 `syn`을 사용하고 있다면 오류 처리를 위해 새로운 라이브러리를 추가하는 대신 추가 의존성을 피하기 위해 `syn::Error`를 사용할 수 있습니다. `Result`를 사용하면 함수에 실패 사례가 있다는 것을 명확하게 표현할 수 있습니다. 반면 `proc_macro_error` 매크로는 많은 유용한 기능을 제공하고 더 간단하게 사용할 수 있습니다. 어떤 방식을 선택하든 일반적인 패닉을 사용하는 것보다 사용자에게 더 나은 경험을 제공할 수 있습니다.

7.10 실제 사례

대부분의 매크로 크레이트는 이 두 가지 접근 방식 중 하나를 사용하여 오류를 처리합니다. 예를 들어 Tokio는 `syn::Error`를 사용하는 라이브러리 중 하나입니다. `async`가 아닌 함수에 Tokio 매크로를 추가하면 다음과 같이 실수를 알려줍니다.

```
if input.sig.asyncness.is_none() {
    let msg = "the `async` keyword is missing from the function declaration";
    return Err(syn::Error::new_spanned(input.sig.fn_token, msg));
}
```

syn::Error::new_spanned는 syn::Error::new의 대안입니다. 후자는 스팬과 함께 작동하는 반면, 전자는 ToTokens를 구현하는 모든 것을 전달할 수 있어 더 고급스러운 오류 처리가 가능합니다. 하지만 이 경우 출력은 syn::Error::new(input.sig.fn_token.span(), msg)와 정확히 같습니다.

다음은 new_spanned를 더 창의적으로 사용하는 예시입니다.

```
let msg = "a message";
let token = ast.sig.fn_token;
let name = ast.sig.ident;
let fn_token_plus_function_name = quote!(#token #name);
syn::Error::new_spanned(fn_token_plus_function_name, msg)
    .to_compile_error()
    .to_token_stream()
    .into()
```

이 장의 매크로에서 이를 사용하면 다음과 같은 결과가 나옵니다.

```
error: a message
  --> src/main.rs:11:1
   |
11 | fn create_person(name: String, age: u32) -> Person {
   | ^^^^^^^^^^^^^^^^
```

함수 토큰과 함수 이름 모두를 가리키는 메시지가 표시됩니다.

Yew도 마찬가지로 syn 오류에 의존합니다. 흥미롭게도 입력이 구조체가 아닌 경우 unimplemented 패닉을 발생시킵니다.

```
impl Parse for DerivePropsInput {
    fn parse(input: ParseStream) -> Result<Self> {
        let input: DeriveInput = input.parse()?;
        let prop_fields = match input.data {
            syn::Data::Struct(data) => match data.fields {
                syn::Fields::Named(fields) => {
                    // 코드
                }
                syn::Fields::Unit => Vec::new(),
                _ => unimplemented!("only structs are supported"),
            },
```

```
            _ => unimplemented!("only structs are supported"),
        };
        // 추가 코드
    }
}
```

1.3.2절에서 언급했던 '코드로부터의 인프라스트럭처' 프로젝트인 Shuttle은 `proc_macro_error`를 사용합니다. 다음은 반환 타입을 확인하는 코드입니다. Shuttle은 `hint` 외에도 `doc`으로 문서 참조를 추가합니다.

```
fn check_return_type(signature: &Signature) {
    match &signature.output {
        ReturnType::Default => emit_error!(
            signature,
            "shuttle_service::main functions need to return a service";
            hint = "See the docs for services with first class support";
            doc = "https://docs.rs/shuttle-service/latest/..."
        ),
        // 다른 검사와 오류 발생
    }
}
```

Leptos도 `proc_macro_error`를 사용합니다. 다음 코드에서는 유용한 스팬이 있을 때는 `abort`를, 없을 때는 `abort_call_site`를 사용합니다.

```
#[proc_macro_error::proc_macro_error]
#[proc_macro]
pub fn view(tokens: TokenStream) -> TokenStream {
    // cx와 comma 가져오기
    match (cx, comma) {
        (Some(TokenTree::Ident(cx)), Some(TokenTree::Punct(punct)))
            if punct.as_char() == ',' => {
            // 추가 코드
            let global_class = match (&first, &second) {
                (Some(TokenTree::Ident(first)), Some(TokenTree::Punct(eq)))
                    if *first == "class" && eq.as_char() == '=' => {
                    match &fourth {
                        Some(TokenTree::Punct(comma)) if comma.as_char() == ',' => {
                            third.clone()
                        }
                        _ => {
                            abort!(
```

```
                            punct,
                            "To create a scope class with the view! \
                            macro you must put a comma `,`...";
                            help = r#"e.g.,view!{ cx,class="my-class", <div>...</div> }"#
                        )
                    }
                }
            }
            _ => None,
        };
        // 추가 코드
    }
    _ => {
        abort_call_site!(
            "view! macro needs a context and RSX: e.g., view! {{ cx, \
            <div>...</div> }}"
        )
    }
}
```

한편 Rocket은 `proc_macro2_diagnostics`의 Diagnostics를 사용합니다. 이는 `proc_macro2`를 위한 유용한 확장 트레이트를 제공합니다. 시그니처를 확인할 때 `span`에 `error`와 `help`를 추가합니다.

```
if catch.function.sig.inputs.len() > 2 {
    return Err(catch.function.sig.paren_token.span
        .error("invalid number of arguments: must be zero, one, or two")
        .help("catchers optionally take `&Request` or `Status, &Request`"));
}
```

이 두 메서드는 추가 정보를 덧붙일 수 있는 `Diagnostic`을 반환합니다. `emit_as_item_tokens()`를 사용하여 출력으로 변환합니다.

```
let uri_display = match uri_display {
    Ok(tokens) => tokens,
    Err(diag) => return diag.emit_as_item_tokens()
};
```

Tokio, Leptos, Shuttle, Rocket 등의 라이브러리가 오류를 보고하는 방식이 이제는 어느 정도 익숙하게 느껴질 것입니다. 축하합니다. 이제 여러분은 매크로 사용자에게 명확하고 친절한 피드백을 제공할 수 있는 도구를 갖추게 되었습니다.

7.11 연습문제

해답은 부록을 참고하세요.

1. 새로운 `TokenStream`을 생성하는 대신 입력된 `TokenStream`을 변경하도록 공개 필드 매크로를 다시 작성해 보세요.
2. 메서드를 생성하는 함수형 매크로가 구조체가 아닌 입력에 대해 `unimplemented`를 발생시키는 문제를 `syn::Error`를 사용하여 해결하세요. 이름의 스팬을 지정할 수 있습니다.
3. 이제 `proc_macro_error`를 사용하여 `unimplemented`를 피해보세요.
4. '패닉 검사'를 확장하여 `while` 표현식의 패닉도 변환해 보세요.

7.12 요약

- 순수 함수는 전달받은 매개변수에만 의존하여 결과를 반환하므로, 부작용을 발생시키는 비순수 함수보다 이해하기 쉽고, 테스트하기 쉬우며, 사용하기도 쉽습니다.
- 예외는 제어 흐름을 깨뜨리기 때문에 코드를 이해하기 어렵게 만듭니다. 러스트의 `Result` 열거형은 오류 처리를 위한 훌륭한 대안입니다.
- 패닉은 발생할 수 없거나 절대 발생해서는 안 되는 상황, 또는 아이디어를 탐색할 때만 사용해야 합니다.
- 완전히 새로운 토큰 스트림을 만드는 대신, 받은 토큰 스트림을 조작하여 필요한 부분만 변경하고 나머지 코드는 그대로 둘 수 있습니다.
- `ItemFn`을 사용하면 함수의 시그니처와 본문(구문)을 볼 수 있습니다.
- 매크로에서 오류 처리를 위해 패닉을 사용하는 것은 가능하지만, 결과로 나오는 컴파일 오류는 사용자에게 그다지 유용하지 않습니다.
- `syn::Error`는 `Result`에서 사용할 수 있는 오류 타입을 제공하며, 이를 통해 훨씬 더 유익한 출력으로 변환할 수 있습니다.
- `proc_macro_error`는 도움이 되는 오류를 보고하는 데 추가적인 기능을 제공합니다.
- `emit_error`를 사용하면 여러 오류를 한 번에 쉽게 보고할 수 있습니다.

CHAPTER 8

속성을 활용한 빌더 패턴

이번 장에서 다루는 내용
- 메서드 이름을 변경하기 위한 필드 레벨 사용자 정의 속성 다루기
- 오류 처리를 결정하기 위한 루트 레벨 사용자 정의 속성 다루기
- 타입 상태를 통한 빌더 패턴의 사용성 개선
- 파생 매크로와 속성형 매크로의 차이점 탐구
- 함수형 매크로 내에서 (문서) 속성 파싱하기

지금까지 만든 모든 매크로는 작동이 고정되어 있어, 사용자가 마음대로 바꾸거나 조정할 수 없었습니다. 하지만 더 유연한 사용이나 특정한 요구사항을 만족시키려면, 작동을 다시 정의할 수 있는 매크로가 필요할 때도 있습니다. 이 장에서는 파생 매크로와 속성형 매크로 모두에서 사용할 수 있는 속성을 통한 커스터마이징에 중점을 둡니다. 매크로 속성과 구조체의 개별 속성 같은 코드의 다른 부분에 정보를 추가하는 방법을 살펴보겠습니다.

프로젝트를 통해 실제 코드를 살펴보는 것이 제일 명확하기 때문에, 여기서는 새로운 프로젝트를 작성하지 않고 6장에서 작성했던 빌더 코드를 통해 속성을 통한 커스터마이징 방법을 살펴보도록 하겠습니다. 먼저 어떤 것을 해야 할까요? 빌더에 나타날 설정자 메서드의 이름을 변경할 수 있게 하는 것부터 시작해 볼 수 있습니다. 이는 일반적인 기능인데, 가지고 있는 데이터의 모양과 필요한 데이터의 규격이 일치하지 않는 일은 매우 자주 일어나기 때문입니다. 예를 들어, Serde를 사용하

면 직렬화/역직렬화 시 필드 이름을 바꿀 수 있습니다. 별도로 지정해 주지 않아도 Serde는 기본적으로 직렬화/역직렬화를 잘 수행하지만, 필드 이름을 바꾸는 기능은 종종 필요합니다.

8.1 이름 변경 속성

이전에 작성한 빌더 코드를 통해 이미 매크로 코드를 준비했기 때문에 이번 장의 설정은 간단합니다. 기존 테스트는 사용하지 않을 것이기 때문에 `#[ignore]` 속성을 추가하거나 주석 처리를 통해 기존 테스트 코드를 비활성화해 주세요. 대신 usage 디렉터리의 main.rs에 새로운 코드를 위한 테스트 시나리오를 작성할 것입니다.

8.1.1 새로운 속성 테스트하기

프로퍼티의 이름을 변경할 수 있다는 것을 보여주는 테스트가 필요합니다. 이는 관련 설정자 메서드의 이름도 함께 변경해야 합니다. 코드 8.1의 테스트에서 이 두 가지 사항을 검증합니다.

코드 8.1 테스트로 원하는 작동 방식 검증하기(main.rs)

```rust
#[test]
fn should_generate_builder_for_struct_with_one_renamed_property() {
    #[derive(Builder)]
    struct Gleipnir {
        #[rename("tops_of")]    // 이 속성은 새로 추가된 것으로, 사용자 정의 이름을 지정합니다.
        roots_of: String,
    }

    let gleipnir = Gleipnir::builder()
        .tops_of("mountains".to_string())    // 이로 인해 빌더 메서드는 이제 roots_of 대신 tops_of로 호출됩니다.
        .build();

    assert_eq!(
        gleipnir.roots_of,    // 실제 프로퍼티 이름은 그대로 유지됩니다.
        "mountains".to_string()
    );
}
```

이 테스트에서 새로운 부분은 `#[derive(Builder)]`로, 주석이 달린 구조체 내부에서 사용되는 `#[rename("tops_of")]` 속성입니다. 이 테스트를 실행하면 `cannot find attribute rename in this scope`(이 범위에서 `rename` 속성을 찾을 수 없습니다)라는 오류가 발생합니다. 이는 매크로가 속성을 가지고 있다는 것을 러스트에 알리지 않았기 때문입니다. `builder-macro`의 lib.rs 파일을 수정해야 합니다.

코드 8.2 rename 속성 추가하기(lib.rs)

```
#[proc_macro_derive(Builder, attributes(rename))]    ← attributes(rename)은 이 파생 매크로가
pub fn builder(item: TokenStream) -> TokenStream {      'rename'이라는 속성을 가지고 있다는 것을
    create_builder(item.into()).into()                  러스트 컴파일러에게 알려줍니다.
}
```

파생 매크로에서 사용되는 이러한 속성들은 '파생 매크로 헬퍼 속성'이라고 불립니다. 이들은 속성 처리 과정에서 자동으로 제거되지 않는 불활성 상태로 유지됩니다. `cargo expand`로 속성이 있는 파생 매크로를 실행해 보면 출력 결과에 여전히 속성이 남아 있는 것을 확인할 수 있습니다. 이는 파생 매크로가 입력을 직접 수정할 수 없다는 특성 때문에 자연스러운 결과입니다. 이러한 속성들의 존재 목적은 파생 매크로가 작동 방식과 출력을 변경하는 데 필요한 정보를 제공하는 것입니다.

모든 속성은 앞서 본 것처럼 매크로 선언부의 `attributes`에 명시되어야 하며, `rename`도 마찬가지입니다. 이제 `rename`은 컴파일러가 인식하는 속성이 되었지만, 아직 실제 구현이 되지 않았기 때문에 `no method named tops_of found...`(tops_of라는 이름의 메서드를 찾을 수 없습니다...)라는 오류와 함께 테스트가 실패합니다. 이제 이 문제를 해결해 보겠습니다.

8.1.2 속성의 작동 구현하기

구현 계획은 다음과 같습니다.

1. 이전처럼 필드를 순회합니다.
2. `rename` 속성이 있는지 확인합니다.
3. 속성이 있다면 메서드 이름을 변경합니다.
4. 속성이 없다면 기본값을 사용합니다.

계속 진행하기 전에, `syn::Field`의 프로퍼티들을 간단히 복습해 보겠습니다. 이미 `vis`, `ident`, `ty`와 같은 프로퍼티들의 사용법을 배웠습니다. `colon_token`은 필드 정의에 :(콜론)이 있는지를 나타냅니다(`example: String`일 경우 이 `Option`은 `Some`이 됩니다). `mutability`는 `syn` 버전 2의 새로운 필드이며, 현재는 항상 `None`입니다. 즉, 필드 위에 위치하는 속성들을 나타내는 `attrs`가 우리가 아직 사용하지 않은 유일하게 관련된 프로퍼티입니다. 이제 이 프로퍼티를 사용해 보겠습니다.

```
pub struct Field {
    pub vis: Visibility,
    pub ident: Option<Ident>,
    pub ty: Type,
    pub colon_token: Option<Token![:]>,
    pub mutability: FieldMutability,
    pub attrs: Vec<Attribute>,
}
```

메서드 생성을 수정하고자 하므로 `builder_methods`를 확장하는 것이 합리적입니다. 관련 코드는 다음과 같습니다.

코드 8.3 원래의 `builder_methods` 코드

```
pub fn builder_methods(fields: &Punctuated<Field, Comma>)
    -> impl Iterator<Item = TokenStream2> + '_ {
    fields.iter().map(|f| {
        let (field_name, field_type) = get_name_and_type(f);
        quote! {
            pub fn #field_name(&mut self, input: #field_type) -> &mut Self {
                self.#field_name = Some(input);
                self
            }
        }
    })
}
```

속성을 사용하기 위해 여러 변경이 필요하지만, 다행히도 모든 변경사항이 fields.rs 파일에 국한됩니다. lib.rs는 수정할 필요가 없습니다. 먼저 간단하게 시작하여, 필드의 속성들 중에서 특정 문자열과 일치하는 이름을 찾는 헬퍼 함수를 작성해 보겠습니다.

코드 8.4 주어진 이름으로 필드 속성을 찾는 fields.rs의 헬퍼 메서드

```
fn extract_attribute_from_field<'a>(f: &'a Field, name: &'a str)
    -> Option<&'a syn::Attribute> {
        f.attrs.iter().find(|&attr| attr.path().is_ident(name))
}
```

`path` 메서드는 속성의 구문을 분석할 때 사용됩니다. 예를 들어 `#[rename]`이라는 속성이 있다면, `path` 메서드는 # 기호와 대괄호 사이에 있는 'rename'이라는 텍스트를 반환합니다. 이 'rename'은 식별자로 취급되기 때문에, 문자열과 비교할 때는 `is_ident` 메서드를 사용해야 합니다. 더 복잡한 방법으로는 경로 세그먼트를 직접 비교할 수도 있습니다. 다음 코드는 경로가 정확히 하나의 세

그먼트를 가지고 있는지 확인하고, 그 세그먼트의 식별자가 주어진 이름과 일치하는지 검사합니다.

```
attr.path().segments.len() == 1 && attr.path().segments[0].ident == *name
```

이런 비교가 가능한 이유는 러스트에서 `Ident` 타입이 문자열로 변환 가능한 모든 타입(`T: AsRef<str>`)과 비교할 수 있도록 `PartialEq<T>`를 구현해 두었기 때문입니다. `find` 메서드를 사용하면 속성을 찾았을 때는 `Some`으로 감싸서 반환하고, 찾지 못했을 때는 `None`을 반환합니다.

이제 `builder_methods`의 핵심 코드를 살펴보겠습니다. 여전히 필드를 순회하면서 이름과 타입을 가져오고 있지만, 이제는 속성을 가져와서 분석하고 그 결과에 따라 출력을 결정하는 추가 로직이 있습니다.

코드 8.5 fields.rs의 새로운 builder_methods 코드

```
use proc_macro2::TokenStream;
use quote::quote;
use syn::{Meta, LitStr};
use syn::punctuated::{Punctuated};
use syn::token::Comma;

pub fn builder_methods(fields: &Punctuated<Field, Comma>) -> Vec<TokenStream> {
    fields.iter()
        .map(|f| {
            let (field_name, field_type) = get_name_and_type(f);
            let attr = extract_attribute_from_field(f, "rename")  ◀── 헬퍼 함수를 호출합니다.
                .map(|a| &a.meta)
                .map(|m| {
                    match m {
                        Meta::List(nested) => {
                            let a: LitStr = nested
                                .parse_args()
                                .unwrap();
                            Ident::new(&a.value(), a.span())
                        }
                        Meta::Path(_) => {
                            panic!(
                                "expected brackets with name of prop"
                            )
                        },
                        Meta::NameValue(_) => {
                            panic!(
                                "did not expect name + value"
                            )
                        }
```

```
                    }
                });  ←── rename 속성에서 오버라이드를 가져오려 시도합니다.

        if let Some(attr) = attr {
            quote! {
                pub fn #attr(mut self, input: #field_type) -> Self {
                    self.#field_name = Some(input);
                    self
                }
            }
        } else {
            quote! {
                pub fn #field_name(mut self, input: #field_type) -> Self {
                    self.#field_name = Some(input);
                    self
                }
            }
        }
    })
    .collect()
}
```

오버라이드가 있다면 해당 값으로 메서드 이름을 생성합니다.

없다면 기본 출력으로 돌아갑니다.

헬퍼 함수를 사용하여 속성이 존재하는 경우 이를 가져옵니다. 하지만 이것만으로는 부족합니다. 원하는 메서드 이름을 실제로 가져오기 위해 추가적인 매핑이 필요합니다(그림 8.1 참고). 속성의 주요 정보는 대부분 `meta` 내부에 있으며, 이는 `List`, `Path`, `NamedValue`의 세 가지 열거형 변형을 가집니다.

- `NamedValue`는 속성 뒤의 대괄호 안에 키와 값을 넣을 때 사용됩니다(예: `#[rename(name=tops_of)]`).
- `Path`는 대괄호 없이 속성 정보의 경로만 있을 때 사용됩니다.
- `List`는 대괄호 사이의 값 리스트를 위한 것입니다. `#[rename("first","second")]`

이 예제에서는 정확히 하나의 요소를 가진 리스트 형태가 올바른 형식입니다. 잘못된 속성 형식이 입력되면 간단하게 패닉을 발생시키도록 구현했지만, `meta`가 제공하는 유용한 메서드들도 소개하지 않을 수 없습니다. `require_list` 메서드는 중첩된 `MetaList`가 있으면 이를 반환하고, 다른 열거형 변형이 입력되면 `Err`를 반환합니다. `Path`와 `NamedValue` 형식에 대해서도 각각 `require_path_only`와 `require_name_value`라는 비슷한 메서드들이 있습니다. 따라서 단순히 패닉을 발생시키는 대신 `require_list`를 사용하면 더 우아하게 오류를 처리할 수 있습니다.

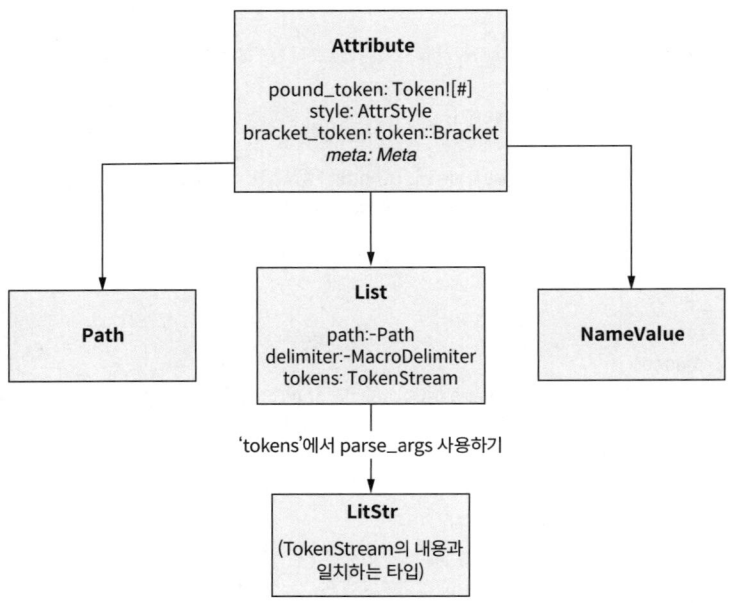

그림 8.1 Attribute 타입의 세부 구조 살펴보기

List는 우리가 필요로 하는 정보를 담고 있는 TokenStream인 tokens를 포함하고 있습니다. 이 토큰 스트림에서 원하는 타입의 데이터를 얻는 가장 쉬운 방법은 parse_args 메서드를 사용하고 반환 타입을 지정하는 것입니다. 이 경우에는 문자열을 직접 다루기 때문에 LitStr이 적절한 반환 타입입니다.

이제 남은 것은 이 리터럴을 메서드 이름으로 사용할 수 있는 식별자로 변환하는 것입니다. 이를 위해 value 헬퍼 메서드와 기존 리터럴의 span을 new 메서드에 전달합니다. 토큰을 가져와서 문자열로 변환한 다음 참조로 만드는 방법(예: &nested_lit.token().to_string())도 가능해 보이지만, 실제로는 오류가 발생합니다. "\"tops_of\""는 유효한 식별자가 아니기 때문입니다. 리터럴 주위의 이스케이프 문자는 식별자에 불필요한데, value 메서드를 사용하면 이러한 문자들을 자동으로 제거할 수 있습니다.

속성을 사용자 정의 메서드 이름으로 변환하고 나면, if let을 사용하여 Option에서 값이 있는 경우를 처리합니다. 그 외의 모든 경우에는 필드 이름과 메서드 이름이 동일한 이전 구현을 기본값으로 사용합니다.

8.1.3 파싱의 여러 구현 방식

매크로와 그 구현에는 여러 가지 방식이 있습니다. 예를 들어, 매크로를 호출할 때 `"tops_of"` 주변의 따옴표가 불필요한 장식으로 여겨질 수 있습니다. 따옴표 없이 `#[rename(tops_of)]`와 같이 사용하는 것을 선호할 수도 있습니다. 이렇게 하면 `LitStr`로 감싸지 않아도 되며, 대괄호 안의 토큰을 그대로 사용할 수 있습니다. 이 경우 `match` 내부의 코드는 다음과 같이 작성할 수 있습니다.

코드 8.6 `match` 내의 대체 코드

```
Meta::List(nested) => {
    &nested.tokens
}
```

식별자를 문자열 대신 사용하는 경우, `Attribute`의 메서드인 `parse_nested_meta`를 활용할 수도 있습니다. 이 경우에는 2개의 중첩된 맵(`map(|a| &a.meta)`과 `match`를 수행하는 맵) 대신 다음과 같은 코드를 사용할 수 있습니다.

코드 8.7 `parse_nested_meta`를 사용한 대안

```
let mut content = None;

a.parse_nested_meta(|m| {    ◀── parse_nested_meta를 호출하여 속성의 내용을 가져옵니다.
    let i = &m.path.segments.first().unwrap().ident;    ◀── rename은 단일 식별자를 포함해야 하므로
    content = Some(Ident::new(&i.to_string(), i.span()));          이를 가져옵니다.
    Ok(())
}).unwrap();    ◀── 단위 결과(unit result)를 반환하며, 이를 처리해야 합니다(여기서는 unwrap을 사용).

content.unwrap()    ◀── content는 이제 Option<Ident>가 되므로, unwrap 하여 식별자를 반환합니다.
```

syn 1.0 버전에서는 파싱 기능에 `parse_meta`라는 유용한 메서드가 있었지만, 이후 버전에서 제거된 것으로 보입니다.

모든 기능이 제대로 작동하는지 확인하기 위해 main.rs에 추가 테스트를 작성할 수 있습니다. 예를 들어 여러 속성 중 하나만 사용자 정의 이름을 갖는 경우나, 여러 속성이 사용자 정의 이름을 갖는 경우를 테스트할 수 있습니다.

코드 8.8 추가 테스트 예시

```
#[test]
fn should_generate_builder_for_struct_with_two_props_one_custom_name() {
    #[derive(Builder)]
```

```rust
    struct Gleipnir {
        #[rename("tops_of")]
        roots_of: String,
        breath_of_a_fish: u8,
    }

    let gleipnir = Gleipnir::builder()
        .tops_of("mountains".to_string())
        .breath_of_a_fish(1)
        .build();

    assert_eq!(gleipnir.roots_of, "mountains".to_string());
    assert_eq!(gleipnir.breath_of_a_fish, 1);
}
```

새로 작성한 추가 테스트와 기존의 테스트는 모두 컴파일되고 성공해야 합니다.

8.2 속성의 대체 이름 지정

다음으로 넘어가기 전에, `rename` 속성에 키와 값을 사용하는 대안을 살펴보겠습니다. 여러 라이브러리는 또 다른 접근 방식을 사용하는데, 특정 명령을 괄호 안에 추가하여 단일 라이브러리 속성을 생성합니다(예: `#[serde(rename = "name")]`). 하지만 이는 연습문제로 남겨두겠습니다.

먼저 필요한 작동을 검증하는 단위 테스트부터 시작합니다(다른 테스트들은 비활성화해야 합니다. 기존 속성 작동을 대체할 것입니다).

코드 8.9 대체 속성 이름 지정 전략을 위한 테스트(builder-usage/main.rs)

```rust
#[cfg(test)]
mod tests {
    #[test]
    fn should_generate_builder_for_struct_with_one_renamed_property() {
        #[derive(Builder)]
        struct Gleipnir {
            #[rename = "tops_of"]        ◀── 괄호 대신 등호를 사용하여 '명령'과 값을 구분합니다.
            roots_of: String,
        }

        let gleipnir = Gleipnir::builder()
            .tops_of("mountains".to_string())
            .build();
```

```
        assert_eq!(gleipnir.roots_of, "mountains".to_string());
    }
}
```

이제 구현을 살펴보겠습니다. fields.rs와 `builder_methods`만 수정하면 됩니다. 핵심적인 변경사항은 많지 않지만, 이 해결책은 더 '스트리밍(streaming)'한 방식으로 매핑을 수행합니다. `if let` 대신 `unwrap_or_else`를 사용하여 기본값을 얻을 때까지 매핑을 계속합니다. `unwrap_or`을 사용할 수도 있지만, `unwrap_or_else`는 클로저를 받아 지연 평가되므로 특히 이름 변경이 많은 경우 약간의 성능 향상을 얻을 수 있습니다.

코드 8.10 대체 접근 방식의 구현(builder-code/fields.rs)

```
// 가져오기 구문
// 그 외 코드

pub fn builder_methods(fields: &Punctuated<Field, Comma>) -> Vec<TokenStream> {
    fields.iter()
        .map(|f| {
            let (field_name, field_type) = get_name_and_type(f);

            extract_attribute_from_field(f, "rename")
                .map(|a| &a.meta)
                .map(|m| {
                    match m {
                        Meta::NameValue(
                            MetaNameValue {
                                value: Expr::Lit(ExprLit {
                                    lit: Lit::Str(literal_string),
                                    ..
                                }),
                                ..
                            }) => {
                            Ident::new(
                                &literal_string.value(),
                                literal_string.span()
                            )
                        }
                        _ => panic!(
                            "expected key and value for rename attribute"
                        ),
                    }
                })
```

Meta::NameValue 내부에서 문자열 값을 찾습니다.[1]

1　(옮긴이) 이는 속성형 매크로에서 키(key) = 값(value) 형태로 작성된 값을 파싱하는 과정입니다.

```
            .map(|attr| {
                quote! {
                    pub fn #attr(mut self, input: #field_type) -> Self {
                        self.#field_name = Some(input);
                        self
                    }
                }
            })
            .unwrap_or_else(|| {          ← unwrap_or_else로 기본 출력을 처리합니다.
                quote! {
                    pub fn #field_name(mut self, input: #field_type) -> Self {
                        self.#field_name = Some(input);
                        self
                    }
                }
            })
    }).collect()
}
```

매핑을 계속하여 TokenStream을 생성합니다.

추가된 매핑 외에도 이전 코드와의 실질적인 차이점은 메타데이터에서 `NameValue`를 찾아야 한다는 점입니다(그림 8.2 참고). 언급했듯이 이는 키-값 속성에 대해 얻는 변형입니다. 매치 패턴이 꽤 길지만(`Meta::NameValue(MetaNameValue { value: Expr::Lit(ExprLit { lit: Lit::Str(literal_string), .. }), .. }))`,[2] 복잡하다고 생각되면 여러 개의 중첩된 매치로 나눌 수 있습니다. 개인적으로는 단일 패턴 매치로 원하는 값을 얻을 수 있는 이 방식이 가독성이 좋다고 생각합니다.

---

2 (옮긴이) 이는 러스트의 매크로 시스템에서 속성값을 파싱할 때 사용하는 토큰 트리 구조입니다.

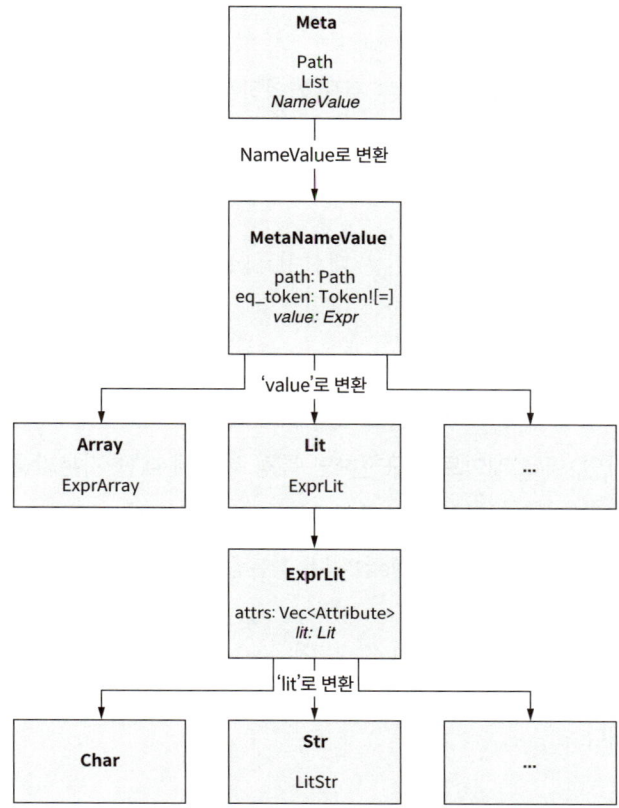

그림 8.2 사용 사례에 대한 `meta` 프로퍼티의 단순화된 뷰

> ### 즉시 평가와 지연 평가
>
> 즉시 평가와 지연 평가는 코드를 작성하는 두 가지 접근 방식입니다. **즉시 평가**(eager evaluation)는 코드를 만나는 즉시 실행되는 것을 의미하며, **지연 평가**(lazy evaluation)는 실제로 필요한 상황에 이르러 평가하는 것을 의미합니다. 코드 8.10에서 `unwrap_or_else`는 지연 평가 방식인데, 기본 `TokenStream`을 생성하는 클로저는 실제로 `unwrap_or_else`가 호출될 때만 실행됩니다. 모든 필드가 `rename` 속성을 가지고 있어 `unwrap_or_else`에 도달하지 않는다면, 기본 스트림을 생성하는 비용이 발생하지 않습니다. 반면 `unwrap_or`은 즉시 평가 방식이므로, 이 메서드를 사용하면 불필요한 경우에도 매번 기본 `TokenStream`이 생성됩니다. 즉시 평가의 장점은 추론이 더 단순하다는 점입니다. 모든 것이 항상 사용 가능한 상태라는 점에서 단순성을 가집니다. 지연 평가는 성능상의 이점을 제공할 수 있을 뿐만 아니라, 무한 데이터 구조와 같은 특정 프로그래밍 구조에서는 유일하게 적합한 접근 방식입니다.[3] 데이터를 무한히 생성하는 스트림이 있다면 즉시 평가는 영원히 실행될 것이지만, 지연 평가 방식에서는 실제로 데이터가 필요할 때만 스트림을 호출합니다. 프로그래밍 언어들은 일반적으로 한 가지 평가 방식을 선호하지만, 상황에 따라 두 방식 모두 사용 가능합니다. 자바스크립트는 일반적으로 즉시 평가를 사용하고, 하스켈은 지연 평가를 사용합니다. 이 책에서도 이미 지연 평가를 다룬 적이 있습니다. `lazy_static` 크레이트는 '지연 평가되는 정적 변수를 선언하는' 매크로로 제공합니다.

---

[3] [옮긴이] 예를 들어, 무한한 피보나치 수열을 생성하는 코드에서는 지연 평가가 필수적입니다.

8.3 적절한 기본값

이전 장에서 적절한 오류 처리에 대해 다룬 것을 기억하시나요? 패닉이나 예외를 무분별하게 발생시키지 말아야 한다고 했습니다. 그런데 사용자가 필드를 채우지 않았다고 해서 매번 패닉을 발생시키는 것이 과연 적절할까요?

다른 대안들이 있습니다. 패닉을 발생시키는 대신 `build`를 호출할 때 필드가 누락된 경우 `Err`를 포함한 `Result`를 반환하는 것도 러스트의 일반적인 방식입니다. 또는 패닉이 아예 발생하지 않도록 만드는 방법도 있지만, 이는 나중에 다루겠습니다. 지금은 대신 기본값을 사용하는 방법을 살펴보겠습니다. 이를 위해 `Default` 트레이트를 활용할 것입니다. `Default` 트레이트를 처음 접하시는 분들을 위해 설명하자면, 이 트레이트를 구현하면 특정 타입에 대한 기본값을 지정할 수 있습니다. 대부분의 기본 타입들은 이미 적절한 기본값이 설정되어 있습니다. 예를 들어 숫자는 `0`, 문자열은 빈 문자열, 불리언은 `false`, `Option`은 `None`입니다. 기본값은 파생 매크로를 사용하면 쉽게 구현할 수 있습니다.

이 절에서는 기본값 사용 여부를 결정하는 속성을 매크로에 추가해 보겠습니다. 코드 8.11은 이에 대한 테스트 코드입니다.

코드 8.11 기본값에 대한 테스트(builder-usage/main.rs)

```
#[test]
fn should_use_defaults_when_attribute_is_present() {
    #[derive(Builder)]
    #[builder_defaults]
    struct ExampleStructTwoFields {
        string_value: String,
        int_value: i32,
    }

    let example: ExampleStructTwoFields = ExampleStructTwoFields::builder()
        .build();

    assert_eq!(example.string_value, String::default());
    assert_eq!(example.int_value, Default::default());
}
```

이 테스트를 실행하면 러스트가 `builder_defaults`라는 속성을 인식하지 못해 실패합니다. 이는 쉽게 해결할 수 있습니다.

코드 8.12 누락된 속성 추가(builder-macro/lib.rs)

```rust
#[proc_macro_derive(Builder, attributes(rename,builder_defaults))]
pub fn builder(item: TokenStream) -> TokenStream {
    create_builder(item.into()).into()
}
```

이제 구현이 아직 없기 때문에 테스트가 패닉을 발생시킵니다. 속성을 검색하고 존재하는 경우 기본값을 사용하게 해야 합니다. lib.rs 파일의 코드 변경은 간단합니다. 기본값을 사용해야 하는지 확인하고 그 결과를 필요한 메서드에 전달합니다.

코드 8.13 builder_defaults 속성 검사를 위한 lib.rs 변경사항

```rust
// 가져오기 구문
// 컴파일러 설정
use syn::Attribute;

const DEFAULTS_ATTRIBUTE_NAME: &str = "builder_defaults";

pub fn create_builder(item: TokenStream) -> TokenStream {
    let ast: DeriveInput = parse2(item).unwrap();
    let name = ast.ident;
    let builder = format_ident!("{}Builder", name);
    let use_defaults = use_defaults(&ast.attrs);      // 루트 속성을 헬퍼에 전달
    // ...
    let set_fields = original_struct_setters(
        fields,
        use_defaults             // 불리언 결과를 필요한 함수에 전달
    );
    // ...
}

fn use_defaults(attrs: &[Attribute]) -> bool {
    attrs
        .iter()
        .any(|attribute|
            attribute.path().is_ident(DEFAULTS_ATTRIBUTE_NAME))
}
```

보시다시피 속성은 `DeriveInput`의 루트 레벨과 필드 레벨 모두에 존재할 수 있습니다. 이전에는 개별 필드에 속성을 추가했지만, 이번에는 구조체 상단에 추가했습니다. 따라서 루트를 확인해야 합니다. `use_defaults` 헬퍼는 단순히 `builder_defaults`라는 이름과 일치하는 속성 식별자가 있는지 확인합니다. 그 결과는 이를 필요로 하는 유일한 메서드인 `original_struct_setters`에 전달

됩니다. fields.rs에서는 이 불리언 값에 따라 다르게 실행하도록 더 많은 작업이 필요합니다.

코드 8.14 fields.rs 코드 변경

```
// 가져오기 구문
// 그 외 코드

pub fn original_struct_setters(
    fields: &Punctuated<Field, Comma>,
    use_defaults: bool,
) -> Vec<TokenStream> {
    fields
        .iter()
        .map(|f| {
            let field_name = &f.ident;
            let field_name_as_string = field_name.as_ref().unwrap().to_string();
            let handle_type = if use_defaults {       use_defaults가 true이면 기본값 폴백 생성
                default_fallback()
            } else {
                panic_fallback(field_name_as_string)  ◀── 그렇지 않으면 패닉으로 폴백
            };
            quote! {
                #field_name: self.#field_name.#handle_type
            }
        })
        .collect()
}

fn panic_fallback(field_name_as_string: String) -> TokenStream {
    quote! {
        expect(concat!("field not set: ", #field_name_as_string))
    }
}

fn default_fallback() -> TokenStream {
    quote! {
        unwrap_or_default()
    }
}
```

코드를 추가하고 일부 리팩터링을 했습니다. '패닉' 생성 코드를 별도의 메서드로 분리했습니다.

```
fn panic_fallback(field_name_as_string: String) -> TokenStream {
    quote! {
        expect(concat!("Field not set: ", #field_name_as_string))
    }
}
```

앞서 언급했듯이, 스트림이 단독으로는 작동할 수 없는 코드 조각인 것은 전혀 문제가 되지 않습니다. 여기서도 마찬가지입니다. 이 `expect`는 독립적으로는 유효한 러스트 코드가 아니지만, 다른 코드 조각들과 결합하여 파싱 가능한 유효한 코드가 될 것입니다. 기본값 폴백을 위한 코드도 생성해야 합니다. `Option`에는 이런 용도로 만들어진 `unwrap_or_default()` 메서드가 있어서 편리합니다.

```rust
fn default_fallback() -> TokenStream {
    quote! {
        unwrap_or_default()
    }
}
```

이제 `use_defaults` 불리언 값을 사용하여 작동을 결정해야 합니다. 간단한 `if-else` 문으로 이를 처리하고, 그 결과를 필드를 채우는 코드와 결합합니다. 이렇게 여러 코드 조각을 하나로 엮으면서 유효한 러스트 코드에 점점 가까워지고 있지만, 아직은 lib.rs에서 몇 가지 추가 변환 작업이 필요합니다.

```rust
pub fn original_struct_setters(fields: &Punctuated<Field, Comma>, use_defaults: bool) -> Vec<TokenStream> {
    fields.iter().map(|f| {
        let field_name = &f.ident;
        let field_name_as_string = field_name
            .as_ref().unwrap().to_string();

        let handle_type = if use_defaults {
            default_fallback()
        } else {
            panic_fallback(field_name_as_string)
        };
        quote! {
            #field_name: self.#field_name.#handle_type
        }
    })
    .collect()
}
```

편의를 위해 `Map`이나 `impl` 대신 `Vec`를 반환하고 있습니다. 세 가지 모두 `quote`의 유효한 입력이 되지만, `Map`을 사용하면 상황이 더 복잡해집니다. `use_defaults` 불리언을 `map`에 전달하므로, `map`

8.3 적절한 기본값 213

내부의 함수가 **환경에서 변수를 캡처**하게 됩니다. 이는 **클로저**(closure)[4]가 되는데, 이전 시그니처 (`Map<Iter<Field>, fn(&Field) TokenStream>`)가 유효하지 않게 됩니다. `fn`은 함수 포인터이지 클로저가 아니기 때문입니다. `Fn`으로 바꾸면 컴파일 타임에 크기를 알 수 없다는 오류가 발생합니다. 코드 8.15는 `Map`을 유지하기 위해 해야 할 모든 작업을 보여줍니다.

코드 8.15 Vec 대신 Map을 반환하는 대안

```
pub fn original_struct_setters<'a>(
    fields: &'a Punctuated<Field, Comma>,
    use_defaults: bool
) -> Map<Iter<'a, Field>, Box<dyn Fn(&Field) -> TokenStream>> {   ◀── 라이프타임, 박싱, dyn
    fields.iter().map(Box::new(move |f| {   ◀── 클로저를 박싱
        // 이전과 동일
    }))   ◀── collect 없음
}
```

클로저로 인해 시그니처는 `Fn`을 필요로 하며, 러스트가 컴파일 시간 크기를 알 수 있도록 `Box`가 필요합니다. 따라서 `Box::new(move |f| ...)`와 같이 클로저를 실제로 박싱해야 합니다. `move` 키워드가 필요한 이유는 처음 발생했던 문제 때문입니다. 즉, `use_defaults`의 소유권을 가져와야 하기 때문입니다. 결과적으로 많은 보일러플레이트 코드가 필요하고, 복잡한 시그니처가 생기며, 박싱으로 인해 성능이 저하될 수 있습니다.

반면에 `impl Iterator<Item = TokenStream> + '_`은 여전히 받아들일 만한 대안입니다. 시그니처는 동일하게 유지되며, 앞서 언급한 것과 같은 이유로 매핑에 `move`만 추가하면 됩니다.

이러한 해결책 중 하나를 적용하면 작성한 테스트가 컴파일되고 통과할 것입니다. 이전 코드가 손상되지 않았는지 확인하고 싶다면, 누락된 속성에 대해 여전히 패닉이 발생하는 테스트를 추가하면 됩니다.

8.4 기본값에 대한 더 나은 오류 메시지

`Default`를 구현하지 않은 프로퍼티가 있다면 어떻게 될까요? `trybuild`를 프로젝트에 추가하고, 이전에 사용했던 compilation_tests.rs를 복사한 다음 tests/fails 디렉터리에 넣어보겠습니다.

---

[4] (옮긴이) 클로저는 자신이 정의된 환경의 변수를 캡처하여 사용할 수 있는 익명 함수를 의미합니다. 보통의 함수는 자신의 매개변수만 사용할 수 있지만, 클로저는 자신이 정의된 스코프의 변수들도 사용할 수 있습니다. `fn` 타입은 일반 함수 포인터로, 환경을 캡처하지 않는 함수만 가리킬 수 있지만, `Fn` 트레이트는 클로저를 포함한 모든 호출 가능한 타입을 나타낼 수 있습니다.

코드 8.16 Default를 구현하지 않은 프로퍼티를 사용할 때 발생하는 문제 테스트

```
use builder_macro::Builder;

struct DoesNotImplementDefault;  ◀── 이 구조체는 Default를 구현하지 않았습니다.

#[derive(Builder)]
#[builder_defaults]
struct ExampleStruct {
    not: DoesNotImplementDefault  ◀── 하지만 기본값 폴백을 사용하는 구조체에서 사용되고 있습니다.
}

fn main() {}
```

러스트 컴파일러는 다음과 같은 오류를 발생시킵니다.

```
??????????????????????????????????????
6 | #[derive(Builder)]
  |          ^^^^^^^ the trait `Default` is not implemented for `DoesNotImplementDefault`
  |
note: required by a bound in `Option::<T>::unwrap_or_default`
 --> $RUST/core/src/option.rs
  |
  |       T: ~const Default,
  |          ^^^^^^^^^^^^^^ required by this bound in `Option::<T>::unwrap_or_default`
...
```

사용자가 문제를 파악하기에는 충분한 오류 메시지입니다. 하지만 문제가 있는 프로퍼티 대신 매크로를 가리키는 등 정확성이 떨어진다는 점이 거슬립니다.

이미 7장에서 살펴봤듯이, 사용자 정의 오류를 통해 더 명확한 오류 메시지를 제공할 수 있습니다. 소스 코드의 특정 위치를 가리키는 span을 활용할 수 있죠. syn 라이브러리의 예제에서 영감을 받아, 필드 타입이 Default를 구현해야 한다는 where 절이 포함된 빈 구조체를 생성하는 방식을 사용할 수 있습니다. 이를 위해 quote_spanned를 사용하면 생성된 코드에 적용할 span을 전달할 수 있습니다.

코드 8.17 where 절과 함께 quote_spanned 사용 예시

```
quote_spanned! {ty.span()=>
    struct ExampleStruct where SomeType: core::default::Default;
}
```

또한 Default의 전체 경로인 core::default::Default를 전달하고 있습니다. 이는 다른 크레이트나 사용자의 코드베이스에 있는 동일한 이름의 트레이트와 혼동되는 것을 방지합니다. 지금까지는 단순화를 위해 피해왔지만, 이는 모범 사례이며 이후의 장에서 자세히 다룰 내용입니다.

이제 필드를 `iter`와 `map`으로 순회하면서, 해당 필드의 타입이 `Default`를 구현한다고 주장하는 `where` 절이 포함된 구조체를 추가하려 합니다. 만약 실제로 구현되어 있지 않다면, 컴파일러가 문제가 있는 타입의 `span`을 사용해 사용자에게 오류를 지적할 것입니다. 구조체 이름은 2개의 밑줄로 시작하는데, 이 역시 사용자 코드와의 충돌을 피하기 위한 모범 사례입니다.

코드 8.18 fields.rs의 추가 코드

```
// 가져오기 구문

use quote::{format_ident, quote, quote_spanned};
use syn::spanned::Spanned;   // ← span()을 호출하기 위해서는 이 트레이트가 필요합니다.

pub fn optional_default_asserts(fields: &Punctuated<Field, Comma>) -> Vec<TokenStream> {
    fields.iter()
        .map(|f| {
            let name = &f.ident.as_ref().unwrap();
            let ty = &f.ty;
            let assertion_ident = format_ident!(
                "__{}DefaultAssertion",         // 빈 구조체를 위한 식별자를 생성합니다.
                name
            );

            quote_spanned! {ty.span()=>         // 필드 타입의 span을
                struct #assertion_ident where #ty: core::default::Default;   // 전달하면서 Default를
            }                                   // 구현한다고 러스트에
        })                                      // 알려줍니다.
        .collect()
}
```

이제 기본값 애너테이션이 있을 때 이 `Vec`를 최종 출력에 해시태그 스타일로 추가하기만 하면 됩니다. 그렇지 않은 경우에는 아무것도 생성하지 않는 빈 토큰 벡터를 추가합니다.

코드 8.19 lib.rs(builder-code)의 코드

```
pub fn create_builder(item: TokenStream) -> TokenStream {
    // ...
    let optional_default_assertions = if use_defaults {
        optional_default_asserts(fields)        // 기본값을 사용하는 경우 assertion을 추가하고,
    } else {                                    // 그렇지 않으면 빈 벡터만 필요합니다.
        vec![]
```

```
    };

    quote! {
        // 구조체, 빌더 등을 생성
        #(#optional_default_assertions)*   ◀── 기본적인 검증용 구조체를 추가합니다.
    }
}
```

이제 `Default`를 구현하지 않은 중첩 구조체를 전달하면 문제가 있는 정확한 위치를 가리키는 더 정보가 풍성한 오류가 발생합니다.

```
error[E0277]: the trait bound `DoesNotImplementDefault: Default` is not satisfied
  --> tests/fails/no_default.rs:9:10
   |
 9 |     not: DoesNotImplementDefault
   |          ^^^^^^^^^^^^^^^^^^^^^^^ the trait `Default` is not implemented for `DoesNotImplementDefault`
   |
   = help: see issue #48214
help: ...
```

이 절의 추가 참고사항으로, 스택 오버플로(Stack Overflow) 질문에 답변하면서 이 접근 방식의 변형을 발견했습니다. 한 사용자가 매크로를 사용해 인자에 대한 트레이트 구현이 필요한 함수를 생성하고 있었는데, 타입이 트레이트를 구현하지 않았을 때 오류 메시지가 도움이 되지 않았습니다. 매크로 호출을 가리키고 있었죠. 익숙한가요? 해결책은 오류 메시지에 스팬을 사용하는 좋은 변형이었습니다. 트레이트를 하드코딩하는 대신, 트레이트를 구현하지 않은 타입의 span으로 식별자를 생성했습니다.

```
let trait_ident = Ident::new("MyTrait", problematic_type.span());
```

이제 `where` 절에서 `trait_ident`를 사용하고 문제가 발생하면, 러스트는 span과 문제가 있는 타입을 가리키게 됩니다.

8.5 더 나은 빌드 구현

속성에 대해 계속 알아보기 전에 잠시 다른 이야기를 해보겠습니다. 이 내용은 앞서 다룬 주제와 어느 정도 연관성이 있고, 흥미롭고 유용한 내용입니다.

8.5.1 잘못된 상태를 방지하고 타입 상태 패턴 사용하기

누락된 속성을 처리하는 방법으로 기본값 사용, 패닉 발생, `Result` 반환 타입 이렇게 세 가지 선택지만 있다는 점이 불편하게 느껴질 수 있습니다. 처음 두 가지는 이미 구현했고, 마지막 방법은 러스트의 관용적인 방식이긴 하지만 완벽한 해결책은 아닙니다. 예제 구조체를 만들 때 실수할 여지를 둘 이유가 없기 때문입니다. 필요한 속성을 모두 가지고 있거나, 아니면 그렇지 않거나 둘 중 하나입니다. 전자의 경우 항상 성공하고, 후자의 경우 항상 실패합니다. 따라서 패닉이 발생하는 상황에서 속성을 건너뛸 수 있도록 허용할 이유가 없습니다. 또한 '기본값 방식'은 개발자에게 트레이트 구현을 강제할 뿐만 아니라, 사용자가 의도적으로 기본값을 원한 것인지 아니면 단순히 프로퍼티 설정을 잊은 것인지 구분할 수 없다는 문제가 있습니다(그림 8.3 참고).

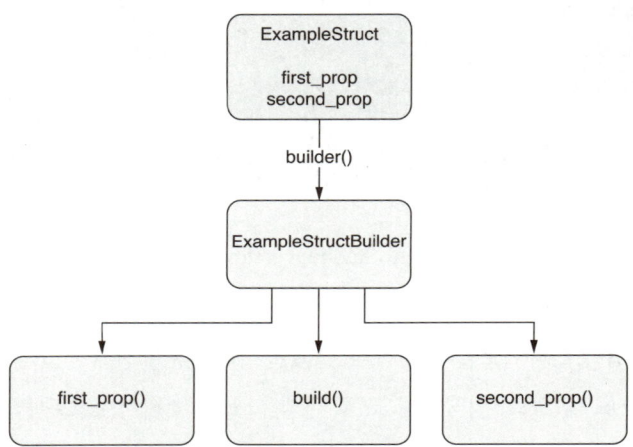

그림 8.3 현재 상황: 오류 발생 여지가 너무 많음. 필드를 설정하지 않고도 즉시 `build`를 호출할 수 있는 빌더를 생성함

가장 좋은 해결책은 타입 시스템을 통해 **잘못된 상태가 아예 표현될 수 없도록 만드는 것**입니다. 즉, 이상적인 애플리케이션은 프로그래머가 런타임에 문제를 일으킬 수 없도록 설계되어야 합니다. 타입 시스템을 활용하면 사용자가 실수를 할 때 컴파일러가 이를 막아줄 수 있습니다. 모든 타입 시스템은 기본적으로 이런 기능을 제공합니다. 예를 들어 나이와 같은 숫자값이 문자열이나 음수, 또는 비정상적으로 큰 수가 되지 않도록 보장할 수 있습니다.

이는 앞서 논의했던 뉴타입과 비슷한 개념입니다. 뉴타입은 타입 시스템의 기능을 확장하여 특정 도메인에 더 특화된 형태로 만드는 방법 중 하나입니다. 이 빌더의 경우에는 필요한 모든 프로퍼티가 채워졌을 때만 `build`를 호출할 수 있도록 강제하고자 합니다.

타입 상태 패턴(type state pattern)을 사용하면 시스템의 상태를 타입 매개변수에 인코딩할 수 있습니다. 간단한 예시로 신호등을 들어 설명해 보겠습니다. 신호등은 빨간색과 초록색 두 가지 상태만 가질 수 있다고 가정합니다. 이미 빨간색인 상태에서 다시 빨간색으로 바꾸는 것은 의미가 없습니다(그림 8.4 참고).

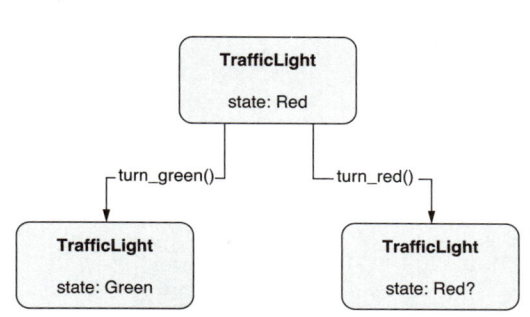

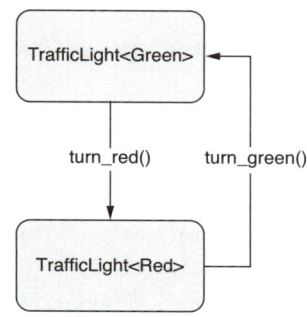

그림 8.4 이미 빨간색인 신호등을 다시 빨간색으로 바꾸는 것은 의미가 없습니다. 이는 잘못된 상태를 허용하는 것입니다.

그림 8.5 여기서 제시된 상황이 더 바람직합니다. 유효한 상태만 허용됩니다.

신호등은 정해진 순서로만 색상이 변경되어야 합니다. 빨간색일 때는 다음에 초록색으로만 바뀔 수 있고, 초록색일 때는 빨간색으로만 바뀔 수 있습니다. 이는 순차적인 상태 전환을 가진 **상태 기계**(state machine)의 한 예시입니다(그림 8.5 참고).

코드 8.20은 이러한 작동을 컴파일 타임에 강제하는 코드를 보여줍니다. 여기서는 **마커 트레이트**(marker trait)를 사용하는데, 이는 메서드나 속성 없이 타입을 '표시'하는 역할만 하는 트레이트입니다. 이 마커 트레이트를 구현하는 구조체들도 함께 사용됩니다. 러스트는 사용되지 않는 제네릭 속성을 허용하지 않으므로, `TrafficLight`에 `PhantomData<T>`(표준 라이브러리에서 제공)를 추가하여 '이 제네릭을 컴파일 타임에 사용할 계획이 있다'는 것을 명시합니다. 그런 다음 **제네릭의 타입에 따라** 서로 다른 구현 블록을 작성합니다. 제네릭 매개변수가 `Green`일 때만 `turn_red` 메서드를 가지며, 이는 `Red` 구조체를 매개변수로 하는 신호등을 반환합니다. `TrafficLight<Red>`의 구현 블록은 `TrafficLight<Green>`을 반환하는 `turn_green` 메서드만 가집니다.

코드 8.20 신호등

```
trait Light {}

struct Green {}
struct Red {}

impl Light for Green {}
impl Light for Red {}
```

Light 마커 트레이트와 Green, Red 구조체를 사용하여 상태를 인코딩합니다.

```rust
struct TrafficLight<T: Light> {         // 신호등은 Light를 구현하는(즉, 앞서 정의한
    marker: PhantomData<T>              // 구조체들) 제네릭 매개변수를 가집니다.
}

impl TrafficLight<Green> {
    fn turn_red(&self) -> TrafficLight<Red> {
        TrafficLight {
            marker: Default::default(),
        }
    }
}
                                         // 앞서 정의한 구조체들을 활용합니다
                                         // (예: TrafficLight<Green>만이 turn_red를 구현).
impl TrafficLight<Red> {
    fn turn_green(&self) -> TrafficLight<Green> {
        TrafficLight {
            marker: Default::default(),
        }
    }
}

fn main() {
    let light = TrafficLight {
        marker: Default::default()
    };
    light.turn_red().turn_green();   // 러스트는 초록색으로 시작했다고 추론하고 이 호출 순서만을 허용합니다.
}
```

결과적으로 컴파일러가 보장하는 유효한 상태 전이만 가능한 신호등이 만들어졌습니다! 그레이든 호어(Graydon Hoare)가 자랑스러워할 만한 결과입니다.

> **NOTE** 전해지는 바에 따르면, 러스트 언어의 창시자인 그레이든 호어는 자신의 아파트 엘리베이터가 소프트웨어 결함으로 인해 작동하지 않았을 때 이 언어를 만들어야겠다는 영감을 받았다고 합니다.

8.5.2 빌더 패턴과 타입 상태의 결합

빌더에도 동일한 방식을 적용할 수 있습니다(그림 8.6 참고). 다음과 같은 작업이 필요합니다.

- 마커 트레이트를 생성합니다.
- 받은 각 필드에 대해 프로퍼티가 없는 구조체('필드 구조체(field struct)'라고 부름)를 생성하고 마커 트레이트를 구현합니다.
- 빌더가 마커 트레이트를 구현하는 제네릭 타입을 받도록 합니다.

- 구조체의 `builder` 메서드가 **첫 번째 '필드 구조체'를 제네릭 타입으로 설정한** 빌더를 반환하게 합니다(Gleipnir의 경우 `roots_of`).
- 해당 제네릭 매개변수를 가진 빌더에 대한 구현 블록을 생성하여, 필드(`roots_of`)를 받아서 다음 제네릭 매개변수(`breath_of_a_fish`)를 가진 빌더를 반환하는 메서드를 만듭니다.
- 모든 필드에 대해 이를 반복합니다.
- 마지막 필드는 다음 제네릭 매개변수가 없으므로 대신 `build` 메서드가 있는 빌더를 반환합니다.

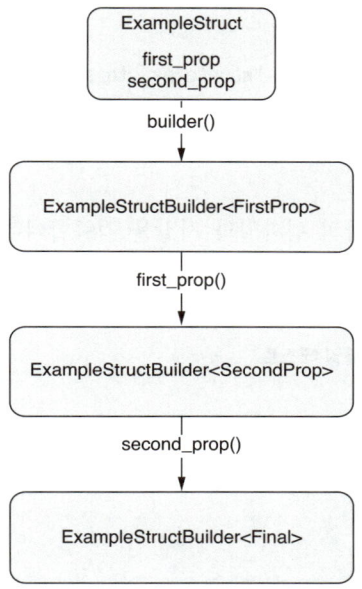

그림 8.6 이상적인 상황. 유효하지 않은 상태를 만들 수 없는 구조. 각각의 메서드마다 서로 다른 제네릭 타입 매개변수를 가진 구조체를 생성하여, 마지막 메서드에서만 `build`를 호출할 수 있도록 합니다.

이전 절의 설정을 그대로 사용하되, 혼란을 피하기 위해 속성 관련 부분(`rename`과 `defaults`)은 제외했습니다. 코드 8.21은 필드가 올바른 순서로 호출되어 컴파일되는 테스트를 보여줍니다.

코드 8.21 올바른 속성 순서를 가진 `builder-usage` 테스트

```
// 매크로 가져오기 구문

fn main() {}

#[cfg(test)]
mod tests {
    #[test]
    fn should_work_with_correct_order() {
```

```rust
    #[derive(Builder)]
    struct Gleipnir {
        roots_of: String,
        breath_of_a_fish: u8,
        anything_else: bool,
    }

    let gleipnir = Gleipnir::builder()
        .roots_of("mountains".to_string())
        .breath_of_a_fish(1)
        .anything_else(true)
        .build();

    assert_eq!(gleipnir.roots_of, "mountains".to_string());
    }
}
```

이 테스트는 적어도 필드 값 하나의 컴파일과 저장을 검증합니다. 오류 시나리오를 위해 tests 디렉터리의 fails/missing_prop.rs에 다음 코드를 추가했습니다.

코드 8.22 tests의 builder-usage 컴파일 테스트

```rust
use builder_macro::Builder;

#[derive(Builder)]
struct Gleipnir {
    roots_of: String,
    breath_of_a_fish: u8,
    anything_else: bool,
}

fn main() {
    Gleipnir::builder()
        .roots_of("mountains".to_string())
        .breath_of_a_fish(1)
        // 마지막 프로퍼티 누락
        .build();
}
```

속성 중 하나(anything_else)를 추가하지 않았기 때문에 컴파일 타임 오류가 발생해야 합니다. 한편 builder-macro는 그대로 유지됩니다. 하지만 빌더 코드는 많은 변화가 있었습니다. lib.rs는 더 많은 책임이 개별 함수로 위임되었기 때문에 단순해졌습니다. 이제 모든 함수는 구조체의 이름에 대한 참조가 필요합니다. 그 이유는 곧 알게 될 것입니다.

코드 8.23 builder-code의 lib.rs

```rust
pub fn create_builder(item: TokenStream) -> TokenStream {
    // ... 구조체 이름과 필드 가져오기
    let builder = builder_definition(&name, fields);
    let builder_method_for_struct = builder_impl_for_struct(&name, fields);
    let marker_and_structs = marker_trait_and_structs(&name, fields);
    let builder_methods = builder_methods(&name, fields);

    quote! {
        #builder
        #builder_method_for_struct
        #marker_and_structs
        #builder_methods
    }
}
```

구현의 핵심 부분으로 넘어가기 전에, 코드 8.24는 빌더 구조체와 필드 구조체의 식별자를 생성하는 방법을 제공하는 util.rs를 보여줍니다. 이 함수들을 사용하면 중복을 피할 수 있고, 더 나은 이름이 생각날 경우 빌더와 추가 구조체의 이름을 더 쉽게 변경할 수 있습니다.

코드 8.24 builder-code의 util.rs

```rust
use proc_macro2::Ident;
use quote::format_ident;

pub fn create_builder_ident(name: &Ident) -> Ident {
    format_ident!("{}Builder", name)
}

pub fn create_field_struct_name(builder_name: &Ident, field_name: &Ident) -> Ident {
    format_ident!("{}Of{}", field_name, builder_name)
}
```

약 170줄의 코드가 포함되어 있기 때문에 `fields`의 코드를 여러 조각으로 나눠야 합니다. `get_name_and_type`, `panic_fallback`, `original_struct_setters`는 기본적으로 변경되지 않았으므로 무시하겠습니다.

먼저 마커 트레이트와 구조체를 생성합니다. 마커 트레이트를 추가하고 각 필드에 대해 구조체와 트레이트 구현을 생성합니다. `build`를 호출하기 위한 추가 구조체가 하나 더 필요합니다. 간결성을 위해 트레이트(`MarkerTraitForBuilder`)와 최종 구조체(`FinalBuilder`)는 하드코딩되어 있습니다. 실제 프로덕션 수준의 매크로에서는 구조체의 이름과 __을 접두사로 추가하여 더 고유하게 만드는 것이 좋을 것입니다. 또한 필드 이름 때문에 구조체가 소문자로 시작하고 밑줄 문자를 포함하는데, 이는 러스트 컴파일러가 경고를 표시할 것입니다.

코드 8.25 fields.rs의 `marker_trait_and_structs`

```rust
pub fn marker_trait_and_structs(name: &Ident, fields: &Punctuated<Field, Comma>)
    -> TokenStream {
    let builder_name = create_builder_ident(name);
    let structs_and_impls = fields.iter().map(|f| {
        let field_name = &f.ident.clone().unwrap();
        let struct_name = create_field_struct_name(
            &builder_name,
            field_name
        );                                          // 올바른 식별자를 생성합니다.
        quote! {
            pub struct #struct_name {}
            impl MarkerTraitForBuilder for #struct_name {}   // 구조체를 생성하고 하드코딩된
        }                                                     // 마커를 구현합니다.
    });

    quote! {
        pub trait MarkerTraitForBuilder {}
                                                    // 트레이트, 구조체, 구현을 추가합니다.
        #(#structs_and_impls)*

        pub struct FinalBuilder {}
        impl MarkerTraitForBuilder for FinalBuilder {}   // build를 호출하기 위한 마커를
    }                                                     // 구현하는 구조체를 추가합니다.
}
```

빌더의 정의 또한 비교적 간단합니다. 더 많은 책임을 메서드로 옮기고 제네릭 매개변수와 `PhantomData` 마커를 추가했을 뿐, 다른 부분은 크게 달라지지 않았습니다.

코드 8.26 fields.rs의 `builder_definition`

```rust
pub fn builder_definition(name: &Ident, fields: &Punctuated<Field, Comma>) -> TokenStream {
    let builder_fields = fields.iter().map(|f| {
        let (field_name, field_type) = get_name_and_type(f);
        quote! { #field_name: Option<#field_type> }
    });  // ◀── 이전의 코드입니다.
    let builder_name = create_builder_ident(name);

    quote! {
        pub struct #builder_name<T: MarkerTraitForBuilder> {
            marker: std::marker::PhantomData<T>,  // ◀── 빌더가 방금 정의한 트레이트를 구현하는 제네릭 매개변수와
                                                  //     마커 프로퍼티를 갖도록 변경된 것입니다.
```

```
                #(#builder_fields,)*
            }
        }
    }
```

이제 좀 더 복잡한 내용으로 넘어가 보겠습니다. 코드 8.27에서는 빈 빌더 구조체를 생성하는 빌더 메서드를 생성합니다. '초기화'는 이전과 동일하며, 출력을 위해 `struct_name`과 `builder_name`이 모두 필요합니다. 하지만 빌더 구조체를 위한 제네릭도 필요합니다. 이것이 구조체의 첫 번째 필드를 참조해야 한다고 했으므로, `first` 필드를 가져옵니다(최소한 하나는 있기를 바라며, 실제 사용 사례에서는 비어 있는지 확인하고 그에 따라 처리해야 합니다). 그리고 유틸리티를 사용하여 올바른 구조체 이름을 가져옵니다.

코드 8.27 fields.rs의 `builder_impl_for_struct`

```
pub fn builder_impl_for_struct(name: &Ident, fields: &Punctuated<Field,
  Comma>) -> TokenStream {
    let builder_inits = fields.iter().map(|f| {
        let field_name = &f.ident;
        quote! { #field_name: None }
    });

    let first_field_name = fields.first().map(|f| {
        f.ident.clone().unwrap()
    }).unwrap();    ◀──── 최소한 하나의 필드가 있다고 가정합니다.

    let builder_name = create_builder_ident(name);
    let generic = create_field_struct_name(
        &builder_name,                      찾은 필드 식별자를 사용하여
        &first_field_name                   올바른 '필드 구조체' 식별자를 생성합니다.
    );

    quote! {
        impl #struct_name {
            pub fn builder() -> #builder_name<#generic> {
                #builder_name {
                    marker: Default::default(),   ◀──── 빌더는 이제 제네릭 타입 매개변수와 마커를 가집니다.
                    #(#builder_inits,)*
                }
            }
        }
    }
}
```

마지막으로, 필드를 설정하는 메서드를 생성해야 합니다. 이 메서드는 크기가 크므로 세 부분으로 나누어 설명하겠습니다. 첫 번째 부분에서는 필요한 정보를 수집합니다. `original_struct_setters`는 최종적으로 `build`를 호출할 때 사용할 필드 설정자를 제공하며, `get_assignments_for_fields`는 빌더 구조체의 모든 필드 속성을 설정합니다. 코드 8.28에서 그 이유가 명확해지겠지만, 필드 벡터를 역순으로 처리하는 것이 좋습니다.

코드 8.28 fields.rs의 builder_methods 설정

```rust
pub fn builder_methods(struct_name: &Ident, fields: &Punctuated<Field, Comma>) -> TokenStream {
    let builder_name = create_builder_ident(struct_name);
    let set_fields = original_struct_setters(fields);
    let assignments_for_all_fields = get_assignments_for_fields(fields);
    let mut previous_field = None;
    let reversed_names_and_types: Vec<&Field> = fields
        .iter()
        .rev()
        .collect();
    // ...
}
```

코드 8.29에는 조건 분기를 포함한 `map`이 있습니다. 반복을 시작할 때 `previous_field`가 비어 있으므로 `else` 분기로 이동합니다(이는 의도한 것은 아니지만, 성능상 가장 덜 발생할 것 같은 옵션을 마지막에 두는 것이 최적의 분기 선택입니다). **뒤집은** 리스트의 첫 번째 필드가 실제로는 구조체의 마지막 필드이므로, 마지막 '필드 구조체'에 대한 설정자가 있는 구현 블록을 생성해야 합니다.

조건의 두 분기에서 모두 `previous_field`를 설정하므로, 이후의 모든 호출은 `if` 분기로 이동합니다. 여기서는 이전처럼 현재 제네릭에 대한 설정자를 생성하려고 하지만, 이번에는 반환 타입이 **다음 필드**의 제네릭 매개변수를 가리켜야 합니다. 벡터를 뒤집었으므로 `previous_field`에 저장된 다음 필드를 사용할 수 있습니다.

코드 8.29 fields.rs의 builder_methods 메서드 생성

```rust
pub fn builder_methods(struct_name: &Ident, fields: &Punctuated<Field, Comma>) -> TokenStream {
    // ...
    let methods: Vec<TokenStream> = reversed_names_and_types
        .iter()
        .map(|f| {
            if let Some(next_in_list) = previous_field {
                previous_field = Some(f);
                builder_for_field(
```

◁── 이미 필드가 존재하는 경우라면 현재 필드 이후에 다른 필드가 있다는 의미입니다. 따라서 빌더의 제네릭 매개변수가 리스트의 다음 '필드 구조체'를 가리키도록 반환합니다.

```
                        &builder_name,
                        &assignments_for_all_fields,
                        f,
                        next_in_list
                    )
                } else {     ← 이때는 최종 '필드 구조체'를 가리켜야 합니다.
                    previous_field = Some(f);
                    builder_for_final_field(
                        &builder_name,
                        &assignments_for_all_fields,
                        f
                    )
                }
        }).collect();

    quote! {
        #(#methods)*

        impl #builder_name<FinalBuilder> {
            pub fn build(self) -> #struct_name {
                #struct_name {
                    #(#set_fields,)*
                }
            }
        }
    }
}
```
'이전' 필드가 없는 경우라면 마지막 필드, 즉 벡터의 첫 번째 요소에 도달했다는 의미입니다.

`map`에서 호출된 두 함수의 구현이 다음과 같습니다. 이 둘의 차이는 미묘합니다. 둘 다 빌더에 추가되는 메서드를 생성하는데, 이 메서드는 특정 필드를 설정하고 '할당 구문(assignments)'을 사용하여 모든 프로퍼티를 채워 빌더를 반환합니다. 제네릭 타입 매개변수 때문에 단순히 `self`를 반환할 수 없어서 이 작업이 필요합니다.

주된 차이점은 첫 번째 메서드(`builder_for_field`)는 다음 필드를 참조하는 타입(`next_field_struct_name`)을 가진 빌더를 가리키는 반면, 두 번째 메서드(`builder_for_final_field`)는 `FinalBuilder`를 제네릭 타입으로 가진 빌더를 생성한다는 점입니다.

코드 8.30 `builder_methods`에서 사용된 두 함수

```
fn builder_for_field(
    builder_name: &Ident,
    field_assignments: &Vec<TokenStream>,
    current_field: &Field,
    next_field_in_list: &Field
```

8.5 더 나은 빌드 구현 227

```rust
) -> TokenStream {
    let (field_name, field_type) = get_name_and_type(current_field);
    let (next_field_name, _) = get_name_and_type(next_field_in_list);
    let current_field_struct_name = create_field_struct_name(
        &builder_name,
        field_name.as_ref().unwrap()
    );
    let next_field_struct_name = create_field_struct_name(
        &builder_name,
        next_field_name.as_ref().unwrap()
    );

    quote! {
        impl #builder_name<#current_field_struct_name> {
            pub fn #field_name(mut self, input: #field_type)
                -> #builder_name<#next_field_struct_name> {
                self.#field_name = Some(input);
                #builder_name {
                    marker: Default::default(),
                    #(#field_assignments,)*
                }
            }
        }
    }
}

fn builder_for_final_field(
        builder_name: &Ident,
        field_assignments: &Vec<TokenStream>,
        field: &Field
    ) -> TokenStream {
    let (field_name, field_type) = get_name_and_type(field);
    let field_struct_name = create_field_struct_name(
        &builder_name,
        field_name.as_ref().unwrap()
    );

    quote! {
        impl #builder_name<#field_struct_name> {
            pub fn #field_name(mut self, input: #field_type)
                -> #builder_name<FinalBuilder> {
                self.#field_name = Some(input);
                #builder_name {
                    marker: Default::default(),
                    #(#field_assignments,)*
                }
            }
        }
```

            }
    }

마지막으로, 함수는 개별 구현 블록과 `build` 메서드를 모두 하나로 묶습니다.

코드 8.31 fields.rs의 `builder_methods` 출력

```
quote! {
    #(#methods)*

    impl #builder_name<FinalBuilder> {
        pub fn build(self) -> #struct_name {
            #struct_name {
                #(#set_fields,)*
            }
        }
    }
}
```

이제 `builder-usage`의 테스트가 성공할 것입니다. IDE의 매크로 지원 수준에 따라 빌더 사용 시 적절한 순서대로 `roots_of`, `breath_of_a_fish`, `anything_else`, 그리고 마지막으로 `build` 메서드만 제안받게 됩니다. 컴파일 테스트에서 확인할 수 있듯이, 프로퍼티를 하나라도 빼먹으면 빌더는 컴파일되지 않습니다. 러스트는 제네릭 매개변수를 통해 무엇이 잘못되었는지 명확하게 알려줍니다.

```
error[E0599]: no method named `build` found for struct
 `GleipnirBuilder<anything_elseOfGleipnirBuilder>` in the current scope
  --> tests/fails/missing_prop.rs:16:10
   |
 4 | #[derive(Builder)]
   |          ------- method 'build' not found for this struct
...
16 |         .build();
   |          ^^^^^ method not found in
 `GleipnirBuilder<anything_elseOfGleipnirBuilder>`
   |
   = note: the method was found for
           - `GleipnirBuilder<FinalBuilder>`
```

이 구현은 매우 우아한 해결책입니다. 매크로 사용자가 자연스럽게 올바른 방식으로 코드를 작성하도록 유도하면서, 동시에 실수를 방지할 수 있습니다. 모든 복잡한 로직이 매크로 내부에 깔끔하게 캡슐화되어 있어서, 사용자는 이 복잡성을 전혀 신경 쓸 필요가 없습니다. 게다가 런타임 성

능에 미치는 영향도 거의 없습니다. 마커 트레이트, 빈 구조체, 팬텀 마커, 제네릭 타입 매개변수는 모두 컴파일 타임에만 존재하며 최적화 과정에서 제거됩니다. 또한 대부분의 코드는 이전의 단순한 빌더에서도 이미 사용되던 것들입니다.

이 패턴을 더 확장할 수 있는 흥미로운 방향이 있습니다. 예를 들어, 구조체에 선택적 값(`Option`으로 감싸진 값이나 `Default` 구현으로 충분한 값)이 있는 경우를 생각해 볼 수 있습니다. 이런 경우 필수 값은 반드시 채우도록 강제하되, 마지막 **필수** 값이 설정된 이후에는 선택적 설정자들과 `build` 메서드를 자유롭게 호출할 수 있도록 구현할 수 있습니다.

> **이런 복잡한 매크로는 어떻게 작성되었을까?**
>
> 여러 요소가 복잡하게 얽혀 있는 매크로를 작성하는 것은 쉽지 않은 작업입니다. 이 매크로를 만들 때는 다음과 같은 단계적 접근 방식을 택했습니다. 먼저 일반 러스트 코드로 전체적인 설계를 스케치했습니다. 각각의 구성 요소들이 무엇이고 어떻게 서로 맞물려 돌아가는지 파악하는 것이 첫 단계였습니다. 그다음으로는 기반이 되는 코드들과 비교적 단순한 부분들(마커 트레이트와 구조체 등)을 구현했고, 출력을 살펴보며 제대로 작동하는지 확인했습니다. 이러한 기초 작업이 끝난 후에는 나머지 코드를 작성하고 매크로가 컴파일되도록 다듬었습니다. 마지막으로 예제 구조체에 `cargo expand`를 실행하여 숨어 있는 문제점들을 찾아냈습니다. 한 가지 재미있는 발견은 `else` 분기에서 '이전 필드' 값을 저장하지 않아서, 모든 설정자가 다음 설정자를 가리키지 않고 `build`를 직접 가리키고 있었다는 점입니다.

8.6 조건문 분산 방지

원래의 빌더 코드로 돌아가서 살펴보면, 이러한 패턴이 복잡한 매크로에서 어떻게 활용될 수 있는지 알 수 있습니다. 예를 들어, 현재 오류 처리에 사용되는 `if-else` 방식(패닉이나 `default`)은 한 곳에서만 사용되기 때문에 문제가 없습니다. 하지만 이런 조건문이 여러 메서드에 걸쳐 나타난다면 어떨까요? 코드 전반에 조건문이 난잡하게 흩어지고, 폴백 작동이 애플리케이션 전체에 분산되어 버립니다. 이는 실수를 유발하기 쉽고 리팩터링도 어렵게 만듭니다. 대신 이러한 작동을 중앙화하면서도 사용하기 쉽게 만들 수 있습니다.

한 가지 방법은 적절한 폴백을 생성하는 것과 같이 조건문이 필요한 모든 것에 대해 `Strategy` 트레이트를 만드는 것입니다. 그리고 이 트레이트를 구현하는 서로 다른 접근 방식을 열거형으로 표현할 수 있습니다.

> NOTE **전략 패턴**(strategy pattern)은 GoF(Gang of Four)의 디자인 패턴 중 하나입니다. 알고리즘을 별도의 객체로 분리하고 구체적인 선택을 인터페이스 뒤에 숨깁니다. 이를 통해 코드베이스의 다른 부분을 변경하지 않고도 알고리즘을 교체할 수 있습니다. 여기서는 인터페이스 대신 트레이트를, 여러 객체 대신 두 가지 열거형 변형(variant)을 가진 단일 열거형을 사용합니다.

코드 8.32 Strategy 트레이트와 이를 구현하는 열거형

```
trait Strategy {
    fn fallback(&self, field_type: &Type, field_name_as_string: String) -> TokenStream;
}

enum ConcreteStrategy {
    Default,
    Panic,
}

impl Strategy for ConcreteStrategy {
    fn fallback(&self, field_type: &Type, field_name_as_string: String) -> TokenStream {
        match self {
            ConcreteApproach::Default => {
                quote! { unwrap_or_default() }
            }
            ConcreteApproach::Panic => {
                // 위와 비슷한 패턴으로 구현
            }
        }
    }
}
```

매크로 내에서는 `defaults` 속성의 존재 여부에 따라 전략을 결정하고, 적절한 열거 값을 반환하여 이를 필요한 메서드에 전달합니다.

코드 8.33 전략을 전달하고 사용하는 예시

```
fn original_struct_setters<T>(strategy: &T, fields: &Punctuated<Field, Comma>)
    -> Vec<TokenStream>
where
    T: Strategy
{
    fields.iter()
        .map(|f| {
            let (field_name, field_type) = get_name_and_type(f);
            let field_name_as_string = field_name
                .as_ref()
                .unwrap()
```

```
            .to_string();
        let handle_type = strategy.fallback(
            field_type,
            field_name_as_string
        );

        quote! {
            #field_name: self.#field_name.#handle_type
        }
    })
    .collect()
}
```

현재의 매크로에는 이 정도의 추상화면 충분합니다. 하지만 개발자들의 방향성을 더 명확하게 제시해야 하는 복잡한 상황에서는, 타입 상태를 추가하여 메서드에서 중간 상태를 반환하고 최종 상태에서만 `TokenStream`을 출력하게 할 수 있습니다. 이렇게 하면 매크로가 작동하는 데 필요한 모든 것이 반드시 존재해야 합니다. `#[must_use]` 속성은 필수적인 반환값이 사용되지 않았을 때 경고를 발생시켜 사용자를 안내하는 데 도움이 됩니다.

8.7 속성 토큰과 속성

앞서 속성은 파생 매크로와 속성형 매크로만이 지원한다고 설명했습니다. 함수형 매크로도 이를 모방할 수 있을 만큼 강력하지만, 이는 뒤에서 다룰 내용입니다. 지금까지는 파생 매크로만 살펴봤는데, 이 두 매크로 간에는 어떤 차이가 있을까요?

파생 매크로의 속성은 비활성 상태로 유지되는 반면, 속성형 매크로의 모든 속성은 활성 상태를 가지며 처리 과정에서 자동으로 제거됩니다. 이는 매우 합리적인 선택인데, 속성형 매크로가 아무런 출력도 생성하지 않는 경우를 생각해 보면(4장의 코드 4.3 참고) 이해가 쉽습니다. 속성이 적용된 항목이 사라졌는데 그 속성을 소스 코드에 남겨둔다면 오히려 혼란스러울 것입니다. 또 다른 차이점은 속성형 매크로가 속성 형식에서 더 큰 자유도를 제공한다는 점입니다. 반면 파생 매크로는 속성을 특정 프로퍼티(`attributes`) 내에서만 지정할 수 있습니다.

간단한 예제로 앞서 다룬 '공개 필드' 매크로를 수정해 보겠습니다(73~81페이지 참고). 여기에 공개하지 않을 속성을 지정할 수 있는 `exclude` 프로퍼티를 추가합니다. 전체 설정은 그대로 두고, src 디렉터리의 두 파일만 살펴보겠습니다. 매크로 호출 방식이 변경되었는데, 단순한 `#[public]` 대신 `#[public(exclude(fourth, third))]`처럼 괄호 안에 추가 정보를 포함합니다. 또한 다른 모듈에서도 구조체를 생성할 수 있도록 공개 '생성자'도 추가했습니다. 이렇게 하면 `first` 필드는 공개되고 나머지 속성들의 가시성은 유지해야 합니다.

코드 8.34 구조체가 있는 example.rs

```rust
use make_public_macro::public;

#[public(exclude(fourth, third))]  // ◀── third와 fourth 필드는 제외 목록에 있어 공개되지 않습니다.
struct Example {
    first: String,
    pub second: u32,
    third: bool,
    fourth: String,
}

impl Example {
    pub fn new() -> Self {  // ◀── 비공개 필드가 있으므로 구조체 생성을 위한 공개 메서드가 필요합니다.
        Example {
            first: "first".to_string(),
            // 그 밖의 부분
        }
    }
}
```

메인 파일에는 컴파일 검증을 위한 간단한 테스트 코드가 있습니다.

코드 8.35 Example 구조체를 사용하는 main.rs

```rust
use crate::example::Example;

mod example;

fn main() {
    let e = Example::new();
    println!("{}", e.first);
    println!("{}", e.second);   // first와 second는 공개되어 있어 접근이 가능합니다.
    // println!("{}", e.third);  // ◀── third는 비공개 필드이므로 접근 시 오류가 발생합니다.
}
```

이제 라이브러리 코드의 중요한 차이점을 살펴보겠습니다. 파생 매크로에서는 토큰 스트림의 루트나 개별 필드에 속성이 존재했습니다. 속성형 매크로도 이와 유사하게 개별 필드의 속성과 AST 루트의 속성을 찾을 수 있습니다. 하지만 결정적인 차이점이 있는데, 속성형 매크로는 주석 방식이 매우 유연하다는 점입니다. 파생 매크로가 항상 `#[derive(...)]` 형태만 허용하는 반면, 속성형 매크로는 다양한 형태로 호출될 수 있습니다. 그렇다면 이러한 속성 정보는 AST의 루트가 아닌 어디에 저장될까요? 이제 이 매크로의 첫 번째 `TokenStream` 매개변수를 자세히 살펴보겠습니다. 현재 예제에서 이를 출력하면 다음과 같은 결과가 나옵니다.

```
[Ident { ident: "exclude" }, Group { delimiter: Parenthesis,
 stream: TokenStream [Literal { kind: Str, symbol: "fourth, third",
 suffix: None }]
```

이것이 바로 매크로에 추가한 프로퍼티의 실제 모습입니다.

이제 매크로의 진입점으로 넘어가 볼 차례입니다. `attr` 매개변수를 두 번째 `parse_macro_input` 호출에 전달하여 `ExcludedFields`라는 사용자 정의 구조체로 변환하는 것을 주목해야 합니다. 그런 다음, 이 구조체에 정의된 사용자 정의 메서드로 필드의 제외 여부를 확인합니다. 제외된 필드는 기존 가시성을 유지하고, 그렇지 않은 필드는 공개로 설정됩니다.

코드 8.36 첫 번째 매개변수를 파싱하기 위한 사용자 정의 구조체가 있는 `public` 함수

```rust
// 가져오기 구문

#[proc_macro_attribute]
pub fn public(attr: TokenStream, item: TokenStream) -> TokenStream {
    let ast = parse_macro_input!(item as DeriveInput);
    let excluded_fields = parse_macro_input!(
        attr as ExcludedFields
    );  // ◀── 속성 TokenStream을 사용자 정의 구조체로 파싱합니다.
    let name = ast.ident;

    let fields = match ast.data {
        Struct(
            DataStruct {
                fields: Named(
                    FieldsNamed {
                        ref named, ..
                    }), ..
                }
        ) => named,
        _ => unimplemented!(
            "only works for structs with named fields"
        ),
    };

    let builder_fields = fields.iter().map(|f| {
        let name = &f.ident;
```

```
        let ty = &f.ty;
        let vis = &f.vis;

        if excluded_fields.matches_ident(name) {      ◄── 사용자 정의 메서드를 사용하여
            quote! { #vis #name: #ty }                      필드의 제외 여부를 판단합니다.
        } else {
            quote! { pub #name: #ty }
        }
    });

    let public_version = quote! {
        pub struct #name {
            #(#builder_fields,)*
        }
    };

    public_version.into()
}
```

이번에는 입력을 파싱하기 위해 문자열 벡터를 감싸는 `ExcludedFields`라는 구조체를 사용했습니다. 이 구조체는 `parse_macro_input`에 전달하기 위해 `Parse`를 구현해야 합니다. 현재는 `exclude(...)`와 같은 하나의 속성만 있으므로 `MetaList`로 처리하고 파싱합니다. `Meta`는 더 상위 수준이라 사용할 수는 있지만, 경로나 이름-값 쌍이 아닌 리스트만 필요하므로 의미가 없습니다. 따라서 `MetaList`를 직접 사용하여 추상화 계층을 하나 줄일 수 있습니다(그림 8.7 참고).

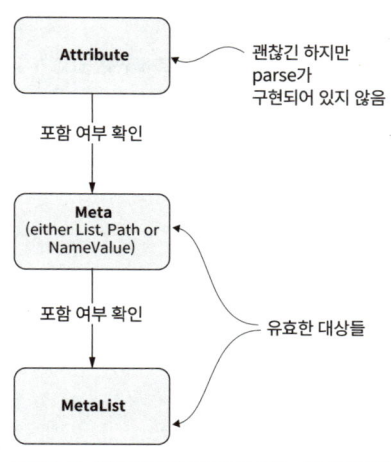

그림 8.7 Attribute, Meta, 또는 MetaList

`MetaList`를 얻은 후에는 `path` 프로퍼티를 확인하여 `exclude` 애너테이션이 있는지 확인합니다. 있다면 `parse_terminated`를 사용하여 식별자의 `Punctuated`를 파싱하고 이를 문자열로 변환합니다.

코드 8.37 syn 버전 2를 위한 `ExcludedFields` 구현

```rust
const EXCLUDE_ATTRIBUTE_NAME: &str = "exclude";

struct ExcludedFields {
    fields: Vec<String>
}

impl ExcludedFields {
    fn matches_ident(&self, name: &Option<Ident>) -> bool {
        name.as_ref().map(|n| n.to_string())
            .map(|n| self.fields.iter().any(|f| *f == n))
            .unwrap_or_else(|| false)
    }
}

impl Parse for ExcludedFields {
    fn parse(input: ParseStream) -> Result<Self, syn::Error> {
        match input.parse::<MetaList>() {        // ← 토큰을 MetaList로 파싱합니다.
            Ok(meta_list) => {
                if meta_list.path
                    .segments
                    .iter()
                    .find(|s| s.ident == EXCLUDE_ATTRIBUTE_NAME)
                    .is_some() {                 // ← path에 해당 프로퍼티가 있는지 확인합니다.
                    let parser = Punctuated::<Ident, Token![,]>::parse_terminated;
                    let identifiers = parser.parse(
                        meta_list.clone().tokens.into()
                    ).unwrap();
                    let fields = identifiers.iter()
                        .map(|v| v.to_string())
                        .collect();              // ← tokens 프로퍼티에서 값을 가져와 저장합니다.
                    Ok(ExcludedFields { fields })
                } else {
                    Ok(ExcludedFields { fields: vec![] })
                }
            }
            Err(_) => Ok(
                ExcludedFields { fields: vec![] }    // ← 파싱이 실패하면 제외할 항목이 없다고 가정합니다.
            )
        }
    }
}
```

만약 `exclude("fourth", "third")`와 같은 형식을 사용했다면, `LitStr`의 `Punctuated`가 되어 `map`이 `value` 메서드를 호출했을 것입니다. 나머지 코드는 동일하게 유지됩니다.

이 코드는 `syn` 버전 2를 위해 작성된 것입니다. 버전 1에서는 `Vec<NestedMeta>`의 별칭인 `Attribute Args`라는 유용하지만 제한적인 구조체가 있었습니다. 제외할 항목을 가져오기 위해 다음과 같은 코드를 작성할 수 있었습니다(첫 번째 `match`에서 '매치 가드(match guard)'를 주목하세요).

코드 8.38 (참고용) syn 1 기반 AttributeArgs와 MetaList 파싱 예제

```rust
fn properties_to_exclude(args: AttributeArgs) -> Vec<String> {
    args.iter()
        .flat_map(|a| {
            match a {
                Meta(List(MetaList {
                    path: Path { segments, .. },
                    nested, ..
                })) if segments.iter()
                    .find(|s| s.ident == EXCLUDE_ATTRIBUTE_NAME)
                    .is_some() => {
                        nested
                        .iter()
                        .map(|v| match v {
                            Lit(Str(l)) => l.value(),
                            _ => unimplemented!(
                                "expected at least one args between brackets"
                            ),
                        })
                        .collect()
                },
                _ => vec![],
            }
        })
        .collect()
}
```

이는 현재 구현과 비슷하지만 다릅니다. 가장 큰 차이점은 `if` 분기 내에서 `MetaList`의 `nested` 프로퍼티를 사용한다는 점입니다(이 예제에서는 `LitStr` 리스트를 포함).

현재 접근 방식의 더 현대적인 대안으로 `syn::meta::parser`를 사용할 수 있습니다. 코드 8.39의 구현은 문서의 예제와 매우 유사합니다. `syn::meta::parser`로 정의한 사용자 정의 파서를 속성에 전달하기 위해 `parse_macro_input!(attr with attr_parser)`를 사용합니다. 실제 파싱은 사용자 정의 구조체가 담당하며, `path` 프로퍼티에 `exclude` 속성이 있는지 확인하고 다른 것이 있으면 오류를 발생시킵니다. 속성 내에서는 `parse_nested_meta`로 더 깊이 들어가 식별자를 가져와 필드의 `Vector`에 추가합니다.

코드 8.39 메타 파서

```rust
#[derive(Default)]
struct AlternativeExcludedFields {
    fields: Vec<String>,
}

impl AlternativeExcludedFields {
    fn matches_ident(&self, name: &Option<Ident>) -> bool {
        // ExcludedFields와 동일
    }
}

impl AlternativeExcludedFields {
    fn parse(&mut self, meta: ParseNestedMeta) -> Result<(), syn::Error> {
        if meta.path.is_ident(EXCLUDE_ATTRIBUTE_NAME) {
            meta.parse_nested_meta(|meta| {
                let ident = &meta.path.segments.first().unwrap().ident;
                self.fields.push(ident.to_string());
                Ok(())
            })
        } else {
            Err(meta.error("unsupported property"))
        }
    }
}

#[proc_macro_attribute]
pub fn public(attr: TokenStream, item: TokenStream) -> TokenStream {
    let ast = parse_macro_input!(item as DeriveInput);
    let mut excluded_fields = AlternativeExcludedFields::default();
    let attr_parser = syn::meta::parser(|meta| excluded_fields.parse(meta));
    parse_macro_input!(attr with attr_parser);
    // 나머지는 코드 8.36의 let name = ast.ident; 라인 이하와 같음
}
```

이 라이브러리의 장점은 빈 속성 스트림을 자동으로 처리해 준다는 점입니다. 이전에는 `Err`를 캐치하고 빈 `Vec`를 반환해야 했습니다. 또한 '예상치 못한 입력에 대해 적절한 오류 메시지'도 생성합니다(https://docs.rs/syn/latest/syn/meta/fn.parser.html).

8.8 기타 속성들

이 장에서 아직 살펴보지 않은 다른 종류의 속성들이 있습니다. syn 문서에는 총 여섯 가지 유형의 속성이 있습니다.

- 항목 외부나 앞에 위치하는 #[repr(transparent)]와 같은 외부 속성
- [#![feature(proc_macro)]처럼 항목 내부에 위치하는 내부 속성
- 외부 및 내부 한 줄 문서 주석(/// 그리고 //!)
- 외부 및 내부 문서 블록(/* */ 그리고 /! */)

네 가지 종류의 문서화 속성들은 특별한 점이 없습니다. 실제로 문서에서 설명하듯이 매크로가 처리되기 전에 주석은 일반적인 형태의 속성(#[doc = r"여기에 주석 텍스트"])으로 변환됩니다. 문서 파싱과 속성 확장의 추가적인 방법을 보여주기 위해 작은 예제를 사용해 보겠습니다. 함수형 매크로에서는 속성을 모방할 수 있다고 했으니, 그런 매크로를 하나 작성해 보겠습니다.

코드 8.40은 네 가지 종류의 주석이 모두 포함된 구조체에 대한 간단한 매크로 호출을 보여주는 '사용 예시 코드'입니다.

코드 8.40 함수형 매크로를 위한 예제 구조체가 있는 사용 예시 코드

```
use other_attributes_macro::analyze;

analyze!(
    /// 외부 주석
    /** 주석 블록 */
    struct Example {
        //! 내부 주석
        /*! 내부 주석 블록 */
        val: String
    }
);

fn main() {}
```

다음으로 이 입력을 구조체로 파싱합니다. 먼저 처음 등장하는 외부 주석들은 Attribute::parse_outer와 call을 결합하여 자동으로 주석들을 (2개의) 속성 벡터로 변환할 수 있습니다. Attribute에서 가장 흥미로운 필드는 주석 내용을 포함하는 meta입니다. 이 경우에는 외부 주석과 주석 블록이 해당됩니다. 또한 #[doc = r"..."]로 변환된 흔적도 볼 수 있습니다.

```
Meta::NameValue {
    path: Path { ..., segments: [PathSegment { ident: Ident { ident: "doc" } }] },
    eq_token: Eq,
    value: Expr::Lit { attrs: [], lit: Lit::Str { token: " outer comment" } }
}
```

내부 주석을 얻으려면 `struct` 키워드와 식별자(`Example`)와 같은 것들을 먼저 제거해야 하는데, 처음 두 `parse` 호출에서 이 작업을 수행합니다. 그다음에는 중괄호를 처리하기 위해 특별히 설계된 `syn`의 매크로인 `braced`를 사용합니다. 이는 `syn`의 파싱 기능이 활성화된 경우에만 사용할 수 있습니다. `braced`는 입력의 모든 중괄호 내용을 전달받은 변수 `content`에 넣습니다. 그런 다음 `Attribute::parse_inner`를 사용하여 내부 주석을 가져옵니다. 이 역시 `Vec<Attribute>`를 반환합니다.

코드 8.41 주석을 파싱하는 코드가 있는 lib.rs

```rust
#[derive(Debug)]
struct StructWithComments {
    ident: Ident,
    field_name: Ident,
    field_type: Type,
    outer_attributes: Vec<Attribute>,
    inner_attributes: Vec<Attribute>,
}

impl Parse for StructWithComments {
    fn parse(input: ParseStream) -> Result<Self, syn::Error> {
        let outer_attributes = input.call(Attribute::parse_outer)   ◀── call과 함께 Attribute::parse_outer를
            .unwrap();                                                  사용하여 외부 속성을 파싱
        let _: Token![struct] = input.parse().unwrap();
        let ident: Ident = input.parse().unwrap();

        let content;
        let _ = braced!(content in input);   ◀── braced 매크로를 사용하여 중괄호({}) 내의 내용을 가져옴
        let inner_attributes = content.call(Attribute::parse_inner)
            .unwrap();   ◀── Attribute::parse_inner를 사용하여 내부 속성을 가져옴
        let field_name: Ident = content.parse().unwrap();
        let _: Colon = content.parse().unwrap();
        let field_type: Type = content.parse().unwrap();

        Ok(StructWithComments {
            ident,
            field_name,
            field_type,
            outer_attributes,
```

```
            inner_attributes,
        })
    }
}
#[proc_macro]
pub fn analyze(item: TokenStream) -> TokenStream {
    let _: StructWithComments = parse_macro_input!(item);
    quote!().into()
}
```

필드 이름과 타입을 가져오면서 `Parse` 구현을 마무리합니다. 주석 파싱과 그에 관련된 추가적인 유틸리티를 간단히 소개하는 것이 목적이었기 때문에, 여러 필드와 같은 복잡한 상황은 고려하지 않았고 매크로의 출력도 신경 쓰지 않았습니다.

> **NOTE** TokenStream을 구조체로 파싱할 때, `syn`은 발견한 모든 것을 파싱하기를 기대합니다. `braced` 내용에서 내부 속성만 가져오고 나머지는 처리하지 않으면, 파싱하지 않은 첫 번째 항목을 가리키는 예기치 않은 토큰 오류가 발생합니다. 이 예제에서는 이를 피하기 위해 모든 것을 파싱합니다. 하지만 나머지 내용에 관심이 없다면 무시된 토큰 스트림에 모든 것을 넣을 수 있습니다(`let _: TokenStream2 = content.parse().unwrap();`). 스트림을 `Result` 안에 그대로 둘 수도 있습니다.

8.9 실제 사례

실제 사례들을 살펴보겠습니다. 먼저 Tokio의 간단한 예제부터 시작하겠습니다. `test` 매크로(`#[test]`) 내부에서는 `test` 애너테이션이 여러 번 추가되지 않았는지 확인하는 검사가 이루어집니다.

```
if let Some(attr) = input.attrs.iter().find(|a| a.path.is_ident("test")) {
    let msg = "second test attribute is supplied";
    Err(syn::Error::new_spanned(attr, msg))
} else {
    // ...
}
```

한편 Yew는 원본 구조체의 속성들을 빌더 구조체에서 사용할지 결정하는 로직을 가지고 있습니다. Tokio처럼 `is_ident` 메서드를 사용해 문자열과 비교합니다.

```
impl Parse for DerivePropsInput {
    fn parse(input: ParseStream) -> Result<Self> {
        let input: DeriveInput = input.parse()?;
```

```
        // ...
        let preserved_attrs = input
            .attrs
            .iter()
            .filter(|a| should_preserve_attr(a))
            .cloned()
            .collect();
        Ok(Self {
            // ...
            preserved_attrs,
        })
    }
}

fn should_preserve_attr(attr: &Attribute) -> bool {
    let path = &attr.path;
    path.is_ident("allow") || path.is_ident("deny") || path.is_ident("cfg")
}
```

앞서 언급했듯이 Serde는 모든 추가 속성을 serde로 시작하며, 이는 파생 진입점에서 확인할 수 있습니다.

```
#[proc_macro_derive(Deserialize, attributes(serde))]
pub fn derive_deserialize(input: TokenStream) -> TokenStream {
    let mut input = parse_macro_input!(input as DeriveInput);
    // ...
}
```

또한 Serde는 다양한 종류의 메타데이터를 처리하기 위한 **다양한** 코드를 포함하고 있습니다. 다음은 그 일부를 보여주는 예시입니다. 먼저 주어진 속성이 serde인지 검사한 다음, 매크로는 괄호 안의 내용을 분석해야 합니다. 이를 위해 parse_nested_meta를 사용하여 RENAME과 같은 요소들을 처리합니다(참고로 parse_nested_meta는 syn 버전 1의 기능으로, 현재도 많은 라이브러리가 이 버전을 사용하고 있습니다).

```
pub fn from_ast(cx: &Ctxt, item: &syn::DeriveInput) -> Self {
    // ...
    for attr in &item.attrs {
        if attr.path() != SERDE {
            continue;
        }
```

```
        if let Err(err) = attr.parse_nested_meta(|meta| {
            if meta.path == RENAME {
                let (ser, de) = get_renames(cx, RENAME, &meta)?;
                // ...
            } else if meta.path == RENAME_ALL {
                let one_name = meta.input.peek(Token![=]);
                let (ser, de) = get_renames(cx, RENAME_ALL, &meta)?;
                // ...
            } else if meta.path == DEFAULT {
                if meta.input.peek(Token![=]) {
                    // ...
                } else {
                    // ...
                }
            } else {
                let path = meta.path.to_token_stream()
                    .to_string()
                    .replace(' ', "");
                return Err(
                    meta.error(
                        format_args!(
                            "unknown serde container attribute `{}`",
                            path
                        )
                    )
                );
            }
            Ok(())
        }) {
            cx.syn_error(err);
        }
    }
    // ...
}
```

인기 있는 크레이트들에서 더 많은 속성 처리 코드를 찾을 수 있지만, Serde만큼 광범위하게 커스터마이징이 가능한 크레이트는 많지 않습니다. Serde의 코드는 첫 번째 연습문제의 해답에서도 간단히 다룰 예정입니다.

8.10 연습문제

해답은 부록을 참고하세요.

1. 이전의 이름 변경 관련 논의에서는 단순한 이름의 속성을 사용했습니다. 하지만 일부 라이브러리에서는 속성 내에 크레이트 이름을 명시하고 구체적인 명령을 괄호로 감싸서 사용합니다. 예를 들어 `#[serde(rename = "name")]` 형식을 사용합니다. 기존의 `#[rename("...")]` 형식을 `#[builder(rename = "...")]` 형식으로 변경해 보세요.

2. 현재의 기본 검증 과정에서 타입 명명 규칙과 관련된 경고가 발생했습니다. `type __notDefaultAssertion should have an upper camel case name`(타입 `__notDefaultAssertion`의 이름이 일반적인 규칙을 따르지 않고 있습니다.) 이 경고가 나오지 않도록 코드를 수정하세요.

3. 빌더 프로젝트에 `String` 타입의 필드를 대문자로 변환하는 필드 레벨 속성을 추가하시기 바랍니다. 한 걸음 더 나아가, `String` 타입이 아닌 필드에 이 속성이 사용된 경우 의미 있는 오류 메시지를 반환하도록 구현할 수 있습니다. `syn` 라이브러리를 활용하여 이러한 오류 처리를 구현하는 것을 고려해 보시기 바랍니다.

8.11 요약

- 매크로는 작동을 추가로 커스터마이징할 수 있는 속성을 가질 수 있습니다.
- 속성은 구조체나 열거형의 상단에 위치하거나 내부(필드 위)에 위치할 수 있습니다.
- 이러한 위치에 따라 AST의 루트나 `fields` 프로퍼티 아래에서 찾을 수 있습니다.
- 속성형 매크로는 추가 지시사항을 포함할 수 있는 사용자 정의 속성을 가지는 반면, 파생 매크로의 속성은 고정되어 있습니다.
- 함수형 매크로는 속성을 모방하고 파싱할 수 있습니다.
- 타입 상태 패턴을 사용하면 잘못된 상태를 제거하여 코드를 더 안전하고 사용하기 쉽게 만들 수 있습니다.
- 전략 패턴은 로직을 중앙 집중화하여 알고리즘을 쉽게 변경하거나 교체할 수 있게 해줍니다.

CHAPTER 9

인프라스트럭처 DSL 작성

이번 장에서 다루는 내용
- 코드형 인프라스트럭처의 기본 개념 이해
- 구조체와 키워드를 사용한 사용자 정의 구문 파싱
- 파싱 트레이드오프에 대한 고찰
- 절차적 매크로와 선언적 매크로를 결합하여 중복 제거
- 매크로에서 비동기 함수 호출과 클라우드 리소스 생성

지금까지 살펴본 대부분의 매크로는 새로운 함수를 생성하거나 열거형에 메서드를 추가하는 등 러스트 내부에서 작동하는 것들이었습니다. 하지만 매크로는 이보다 더 많은 일을 할 수 있습니다. 예를 들어 컴파일 타임에 HTML을 검사하거나(Yew), 애너테이션을 기반으로 코드에 필요한 인프라스트럭처를 생성할 수도 있습니다(Shuttle).

이 장에서는 러스트의 영역을 넘어서 AWS(Amazon Web Services)에 인프라스트럭처를 생성하는 매크로를 소개합니다. 이는 애플리케이션과 인프라스트럭처 로직을 동일한 저장소와 언어로 관리할 수 있게 해주기 때문에 코드의 확장과 유지보수가 더 쉬워질 수 있다는 점에서 흥미롭습니다. 이 예제가 절차적 매크로로 할 수 있는 다양한 활용 방법에 대한 영감을 제공할 수 있기를 바랍니다. 하지만 먼저 기본 개념부터 정확히 이해하고 넘어가겠습니다.

9.1 IaC와 AWS란 무엇인가?

원클릭으로 수백 대의 서버를 생성하거나 제거할 수 있는 클라우드 서비스가 등장하면서, IT 인프라스트럭처를 관리하는 새로운 방식이 필요해졌습니다. 예전에는 시스템 관리자가 수동으로 또는 간단한 스크립트로 서버를 관리했지만, 이러한 방식은 확장성이 떨어지고 클라우드 환경에서는 실용적이지 않았습니다. 수백 대의 서버에 일일이 로그인해서 Bash 명령을 입력하는 것만으로도 충분히 힘든데, 클라우드 리소스는 하루에도 여러 번 재시작되거나 업데이트될 수 있습니다. 서버를 몇 분마다 확인하고 교체될 때마다 명령을 다시 입력하는 것은 현실적이지 않았습니다.

이런 상황에서 엔지니어들은 서버를 관리하는 새로운 접근 방식을 고안했습니다. 각 서버를 특별하고 고유한 애완동물처럼 다루는 대신, 몇 가지 특성으로 쉽게 설명할 수 있는 교체 가능한 가축 떼처럼 다루기 시작한 것입니다. 가축 관리가 더 자동화되어 있듯이, 서버와 서비스의 구성도 JSON이나 도메인 특화 언어(DSL) 같은 읽기 쉬운 형식으로 자동화되었습니다. 이를 통해 애플리케이션에 필요한 모든 것(운영체제, RAM 용량, CPU, 저장공간 등)을 명세서로 작성할 수 있게 되었습니다. 이 명세서는 단순히 리소스와 환경을 쉽게 생성하고 제거하는 것을 넘어서, 버전 관리가 가능한 인프라스트럭처 문서로도 활용됩니다. 모든 것이 명세서에 정확히 기술되어 있어서 이해하기도 쉽고, 서버의 버그를 재현하기 위해 사양이나 운영체제, 언어, 종속성 등을 일일이 파악할 필요도 없습니다. 이렇게 애플리케이션 실행에 필요한 모든 것을 실행 가능한 읽기 쉬운 형식으로 관리하는 것을 코드형 인프라스트럭처(Infrastructure as Code, IaC)라고 합니다.

NOTE 위 설명은 다소 단순화된 것입니다. 자동화와 인프라스트럭처의 버전 관리는 오랜 역사를 가진 개념이지만, 클라우드의 등장으로 크게 주목받게 되었습니다.

AWS는 아마존(Amazon)의 클라우드 부문으로, 현재 클라우드 시장에서 애저(Azure)나 구글 클라우드(Google Cloud) 같은 경쟁사를 크게 앞서고 있습니다. 넷플릭스(Netflix)를 비롯한 수많은 서비스가 AWS 인프라스트럭처 위에서 운영되고 있어서, AWS에 문제가 생기면 많은 웹사이트가 영향을 받게 됩니다.

AWS는 2006년에 컴퓨팅(EC2), 저장소(S3), 큐잉(SQS)이라는 세 가지 서비스로 시작했습니다. AWS가 'simple'이라는 단어를 자주 사용한다는 점이 특징적입니다. 현재는 제공하는 서비스가 너무 많아서 모두 나열하기 어려울 정도로 성장했습니다.

AWS는 2011년에 CloudFormation이라는 IaC 도구를 출시하면서 이 분야를 선도해 왔습니다.

CloudFormation을 사용하면 JSON이나 YAML **템플릿**(template)으로 인프라스트럭처를 정의할 수 있으며, 이를 통해 실제 애플리케이션 인프라스트럭처를 포함하는 스택을 생성할 수 있습니다. AWS SAM은 서버리스 애플리케이션에 특화된 CloudFormation의 변형이며, AWS CDK는 타입스크립트(TypeScript)나 파이썬으로 인프라스트럭처를 작성할 수 있게 해줍니다.

테라폼(Terraform), 풀루미(Pulumi), 서버리스 프레임워크(Serverless Framework)와 같은 독립적인 도구들도 있어서 여러 클라우드 제공자의 서비스를 생성할 수 있습니다. 이러한 도구들의 기본 개념은 동일합니다. 텍스트나 코드로 원하는 것을 기술하면 프레임워크가 이를 실제 인프라스트럭처로 구현해 주는 것입니다. 이러한 도구들은 클라우드 제공자가 제공하는 REST 엔드포인트나, 복잡한 세부 사항을 추상화하고 선호하는 프로그래밍 언어에서 직접 서비스를 사용할 수 있게 해주는 **SDK**(Software Development Kit)를 통해 클라우드와 통신합니다.

> **NOTE** CloudFormation도 내부적으로는 AWS 서비스를 호출해 리소스를 생성하고 업데이트합니다. 다만 REST 엔드포인트를 사용하는지 아니면 별도의 엔드포인트를 사용하는지는 명확하지 않습니다.

이 장에서는 러스트용 AWS SDK를 사용하여 리소스를 생성하는 DSL을 만들어 보겠습니다. 특히 아마존 S3(Amazon S3)와 AWS 람다(AWS Lambda)에 초점을 맞출 것입니다. S3는 이론상 무제한의 저장 공간을 제공하는 객체 기반 저장소입니다. 람다 함수를 사용하면 인프라스트럭처에 대한 걱정 없이 컴퓨팅을 실행할 수 있습니다. 필요한 메모리 양과 코드 실행 제한 시간(타임아웃) 같은 구성과 코드만 제공하면, AWS가 코드 실행을 보장하고 실제 사용한 시간에 대해서만 비용을 청구합니다.

9.2 DSL의 작동 방식

이 DSL은 코드로 2개의 AWS 서비스를 생성하는 새로운 방법을 제공할 뿐만 아니라, 사용자에게 빠른 피드백도 제공합니다. CloudFormation 같은 텍스트 기반 도구의 단점 중 하나는 실수를 했을 때 피드백을 제공하는 내장 메커니즘이 없다는 것입니다. 템플릿의 오타를 발견하기 위해 애플리케이션을 배포하고 몇 분을 기다리고 싶지는 않을 것이므로, IDE 플러그인이나 명령줄 도구를 대안으로 사용해야 합니다.

러스트는 다릅니다. 코드가 실행되기 전에 **많은** 피드백을 제공하는데, 이 DSL도 마찬가지입니다. 요약하자면, 인프라스트럭처를 설명하는 간단한 언어를 제공하고, 지정된 리소스를 자동으로 생성하며, 문제가 발생할 경우 가능한 한 빨리 경고를 표시하는 것이 목표입니다.

예를 들어 unique라는 이름의 버킷을 생성하는 코드는 다음과 같이 간단합니다.

```
iac! { bucket unique }
```

또한 bucket 대신 bucke라고 잘못 입력했을 때는 다음과 같은 오류가 발생합니다.

```
error: only 'bucket' and 'lambda' resources are supported
 --> src/main.rs:7:9
  |
7 |         bucke unique
  |         ^^^^^
```

이처럼 오타의 위치를 정확히 지정하고 추가 정보를 제공합니다. 이 정도면 충분히 실용적인 피드백으로 보입니다(연습문제 중 하나는 이 메시지를 더 개선하는 것입니다).

서비스의 수를 제한하는 것 외에도 전달할 수 있는 속성의 수도 제한했습니다. 버킷과 람다 모두 많은 속성을 가지고 있지만, 필요한 코드가 매우 유사하기 때문에 이 장에서 모든 속성을 다루는 것은 효율적이지 않습니다. 대신 다음의 기능들을 구현해 볼 것입니다.

- 버킷 생성(필수 프로퍼티: 이름)
- 람다 함수 생성(필수: 이름, 선택: 메모리와 타임아웃)
- 버킷에서 함수로 이벤트 전송

버킷 이벤트는 객체가 생성되거나 변경될 때 반응할 수 있게 해주어 데이터베이스 업데이트나 비즈니스 워크플로 트리거 같은 다양한 사용 사례를 가능하게 합니다. 아마존 EventBridge가 AWS 내의 중앙 이벤트 중개자로 자리 잡았음에도 버킷 이벤트는 여전히 널리 사용되고 있습니다.

정리하면, 이 장의 매크로는 람다와 버킷을 생성하는 명령이 포함된 DSL을 파싱합니다(그림 9.1 참고). 이 정보는 클라이언트로 전달되어 AWS SDK를 통해 클라우드에 실제 리소스를 생성하게 됩니다.

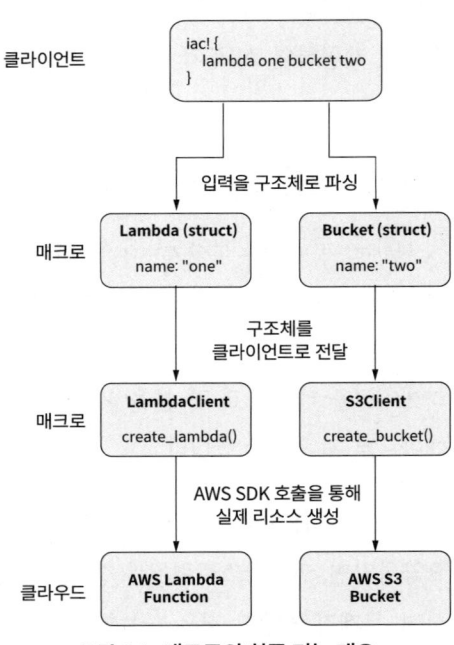

그림 9.1 매크로의 최종 기능 개요

9.3 입력값 파싱하기

이 매크로는 두 단계로 작성됩니다. 첫 단계에서는 입력값을 사용자 정의 구조체로 파싱하는 데 집중하고, 두 번째 단계에서 파싱된 정보를 실제로 활용하게 됩니다.

두 단계로 나누는 첫 번째 이유는 파싱과 클라우드 리소스 생성이 본질적으로 다른 작업이기 때문입니다. 파싱 로직을 분리함으로써 이론적으로는 특정 클라우드 백엔드에 종속되지 않게 만들 수 있습니다. 예를 들어 `iac! { object-storage unique }`와 같은 형태로 작성했다면, 상위 수준의 요구사항을 다양한 방식으로 구현할 수 있었을 것입니다. AWS 백엔드에서는 버킷으로, Azure Cloud 백엔드에서는 Azure Blob Storage로 구현하는 식입니다. 각 클라우드마다 백엔드는 새로 작성해야 하지만 **파서는 하나로 재사용**할 수 있습니다. 하지만 실제로는 클라우드 제공업체들 간의 미묘한 차이로 인해 IaC에서 구현 세부 사항이 노출되는 것을 피하기가 어렵습니다.

두 번째 이유는 실용적인 측면입니다. 실제 클라우드 인프라를 생성하려면 복잡도가 크게 증가하고 AWS 계정도 필요합니다. 클라우드 관련 내용을 챕터 후반부로 미룸으로써 AWS와 직접 상호 작용해야 하는 코드 예제를 최소화할 수 있습니다.

9.3.1 프로젝트 구성과 사용 예시

이전 프로젝트처럼 2개의 디렉터리로 구성합니다. 매크로는 iac-macro 디렉터리에, 사용 예시는 iac-macro-usage 디렉터리에 둡니다. 다음은 매크로의 Cargo.toml 파일입니다.

코드 9.1 iac-macro의 Cargo.toml

```toml
[package]
name = "iac-macro"
version = "0.1.0"
edition = "2021"

[dependencies]
quote = "1.0.33"
syn = { version = "2.0.39", features = ["extra-traits"]}

[lib]
proc-macro = true
```

다음은 `usage` 프로젝트의 Cargo.toml 파일입니다.

코드 9.2 iac-macro-usage의 Cargo.toml

```toml
[package]
name = "iac"
version = "0.1.0"
edition = "2021"

[dependencies]
iac-macro = { path = "../iac-macro" }

[dev-dependencies]
trybuild = "1.0.85"
```

main.rs는 여러 가지 사용 예시를 포함하고 있습니다. 버킷 생성, 람다 생성, 람다가 포함된 버킷 생성, 또는 이벤트로 람다와 연결된 버킷을 생성할 수 있습니다. 마지막 두 경우에는 화살표(=>)를 사용해 버킷에서 람다로 이벤트가 전달됨을 표시합니다.

코드 9.3 사용 예시

```rust
use iac_macro::iac;

fn main() {
    iac! {
        bucket uniquename    ← 버킷을 생성합니다.
    }
    iac! {
        lambda a_name    ←
    }                                    메모리(mem)와 타임아웃(time)을
    iac! {                               선택적 매개변수로 받는 람다를 생성합니다.
        lambda my_name mem 1024 time 15    ←
    }
    iac! {
        lambda name bucket uniquename    ← 버킷과 람다를 함께 생성할 수 있습니다. 이때 순서는 상관없습니다.
    }
    iac! {
        bucket uniquename => lambda anothername    ←
    }                                    화살표 =>를 추가하면 람다가 버킷의 객체
    iac! {                               생성 이벤트를 감지하도록 설정할 수 있습니다.
        bucket b => lambda l mem 1024 time 15    ←
    }
}
```

usage 디렉터리에는 실패 사례를 테스트하는 컴파일 테스트도 tests 디렉터리에 포함되어 있지만, 여기서는 다루지 않습니다.

파싱 구현은 약 140줄의 코드로 구성됩니다. 진입점은 사용자 정의 구조체에 작업을 위임하고, 파싱이 완료되면 결과를 출력한 뒤 의미 있는 반환값이 없으므로 빈 `TokenStream`을 반환합니다.

코드 9.4 lib.rs의 매크로 진입점

```
#[proc_macro]
pub fn iac(item: TokenStream) -> TokenStream {
    let ii: IacInput = parse_macro_input!(item);
    eprintln!("{:?}", ii);
    quote!().into()
}
```

사용자 정의 구조체를 사용하여 파싱하므로 `IacInput`에 대해 `Parse` 트레이트를 구현해야 합니다.

9.3.2 Parse 트레이트 구현하기

`IacInput`은 높은 수준의 파싱을 처리하고 버킷과 람다의 구체적인 내용은 다른 구조체가 처리하도록 설계되어 있습니다. 입력이 존재하는 동안에는 계속해서 버킷과 람다를 검색하면서 파싱을 시도합니다. 필요하다면 이 부분을 확장하여 여러 개의 버킷과 람다를 처리할 수도 있습니다. 이를 위해 스트림의 다음 토큰을 미리 확인하는 `peek`를 활용합니다.

만약 예상치 못한 입력이 들어오면 알 수 없는 리소스가 발견되었거나 파싱할 수 없는 데이터가 남아 있다는 의미이므로 오류가 발생합니다. 이때 `lookahead1`을 사용하면 다음 토큰을 확인할 수 있을 뿐만 아니라 해당 코드에 대한 오류도 반환할 수 있습니다. 이 경우에는 `span`을 가져와서 사용자 정의 오류를 생성합니다.

모든 입력의 파싱이 완료되면 버킷의 `has_event` 프로퍼티가 `true`로 설정되었는지 검사합니다. 이벤트를 수신하기 위해서는 람다가 필요하므로, `has_event`가 `true`라면 반드시 람다가 존재해야 합니다. 마지막으로, 버킷에서 이벤트를 가져올 때는 `bucket` 변수의 타입을 러스트가 자동으로 추론할 수 없기 때문에 `let mut bucket: Option<Bucket>`과 같이 명시적으로 타입을 지정해야 합니다.

> **NOTE** 이 장에서는 러스트의 표준 관례에 따라 오류 메시지를 소문자로 시작하고 끝에 문장 부호를 생략했습니다. 개인적으로는 대문자로 시작하는 것이 더 자연스럽고 모든 프로젝트가 이 표준을 따르지는 않지만, 일관성을 위해 기존 관례를 따르는 것이 바람직합니다.

코드 9.5 IacInput 정의와 Parse 구현

```rust
#[derive(Debug)]
struct IacInput {
    bucket: Option<Bucket>,
    lambda: Option<Lambda>,
}

impl Parse for IacInput {
    fn parse(input: ParseStream) -> Result<Self, syn::Error> {
        let mut bucket: Option<Bucket> = None;
        let mut lambda = None;

        loop {
            if input.peek(kw::bucket) {          // 이후에 자세히 설명할
                bucket = Some(input.parse()?);   // 사용자 정의
            } else if input.peek(kw::lambda) {   // 키워드입니다.
                lambda = Some(input.parse()?);   // 버킷이나 람다가 발견되면 각각 Bucket 또는
                                                 // Lambda 구조체에게 파싱을 위임합니다.
            } else if !input.is_empty() {
                return Err(syn::Error::new(      // 다른 입력이 발견되면 위치 정보와 함께
                    input.lookahead1().error().span(),  // 유용한 오류 메시지를 반환합니다.
                    "only 'bucket' and 'lambda' resources are supported",
                ));
            } else {
                break;   // 더 이상 처리할 입력이 없으면 루프를 종료합니다.
            }
        }

        if bucket.as_ref().map(|v| v.has_event).unwrap_or(false)
            && lambda.is_none() {
            return Err(syn::Error::new(
                input.span(),
                "a lambda is required for an event ('=>')",
            ));
        }

        Ok(
            IacInput {
                bucket,
                lambda,
            }
        )
    }
}
```

아마도 `kw::bucket`과 `kw::lambda`가 무엇인지 궁금하실 것 같습니다. 이 두 키워드는 추가적인 설명이 필요한 부분입니다. 매크로 내에서 `lambda`와 `bucket`은 특별한 의미를 가집니다. 두 키워드는

'리소스 선언'을 위한 특별한 지시자 역할을 하며, 그 뒤에는 필수적인 리소스 정보와 선택적인 세부 사항이 따라옵니다. 하지만 러스트/syn의 관점에서는 이 단어들을 특별 취급할 이유가 없습니다. 따라서 `custom_keyword` 매크로를 사용해서 syn에게 이 두 단어가 매크로 내의 키워드라는 것을 알려줍니다. 관례에 따라 이러한 사용자 정의 키워드들은 코드 9.6과 같이 kw('keyword'의 약자)라는 별도의 모듈에 정의됩니다.

코드 9.6 4개의 키워드: bucket, lambda, memory, timeout

```
pub(crate) mod kw {
    syn::custom_keyword!(bucket);
    syn::custom_keyword!(lambda);
    syn::custom_keyword!(mem);
    syn::custom_keyword!(time);
}
```

내부적으로 매크로는 주어진 키워드들을 `Parse`를 구현한 구조체로 변환하며, `peek` 메서드도 추가합니다. 코드에서 `parse`와 `peek`를 모두 사용하기 때문에 이는 매우 유용합니다.

이제 S3 버킷 정보를 파싱하는 `Bucket` 구조체를 살펴보겠습니다. 파싱 코드는 버킷 토큰을 제거하고, 이름을 가져오며, 이벤트 토큰(=>)이 있는지 확인합니다.

코드 9.7 `Bucket`과 `Parse` 구현

```
#[derive(Debug)]
struct Bucket {
    name: String,
    has_event: bool,
}

impl Parse for Bucket {
    fn parse(input: ParseStream) -> Result<Self, syn::Error> {
        let bucket_token = input.parse::<kw::bucket>()
            .expect("we just checked for this token");  // 이 메서드가 호출되었다면 버킷 토큰이 반드시 존재해야 하므로 먼저 이를 파싱합니다.
        let bucket_name = input.parse()  // 그다음으로 오는 식별자는 버킷의 이름이 됩니다.
            .map(|v: Ident| v.to_string())
            .map_err(|_| syn::Error::new(
                bucket_token.span(),
                "bucket needs a name"
            ))?;

        let event_needed = if !input.peek(kw::lambda)
            && input.peek(Token!(=>)) {
                let _ = input.parse::<Token!(=>)>().unwrap();
```

```
            true    ◀──  토큰이 발견되면 이벤트 처리가 필요하다는 의미이므로
        } else {         has_event를 true로 설정하고 화살표 토큰을 제거합니다.
            false
        };

        Ok(Bucket {
            name: bucket_name,
            has_event: event_needed,
        })
    }
}
```

지금까지는 익숙한 패턴입니다. 실제로 사용하지는 않지만 구문 분석을 위해 필요한 입력(버킷 토큰과 화살표)도 파싱하고 제거해야 합니다. `IacInput`과 마찬가지로 적절한 오류 처리를 구현했습니다. 다만 항상 성공할 것이 확실한 부분에서는 `expect`를 사용하고 그 이유를 메시지로 명시했습니다.

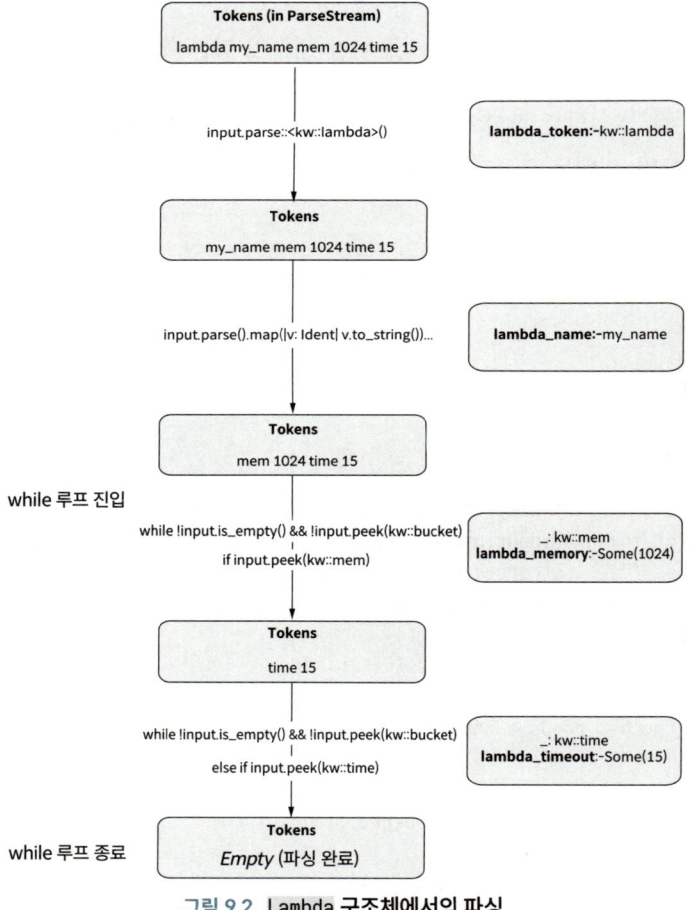

그림 9.2 Lambda 구조체에서의 파싱

람다를 파싱하는 코드도 유사하지만 추가 프로퍼티들 때문에 좀 더 복잡합니다. 토큰과 이름을 파싱한 후, 더 처리할 입력이 있고 다음 토큰이 버킷 선언이 아니라면 선택적 프로퍼티들을 처리합니다. `mem`과 `time` 사용자 정의 키워드를 검사하면서 반복하고, 알 수 없는 키워드가 나오면 오류를 발생시킵니다. 선택적 프로퍼티는 숫잣값만 허용되므로 `LitInt`로 파싱합니다(이전 장에서 다룬 `LitStr`과 유사합니다). 이렇게 하면 값이 숫자가 아닐 경우 라이브러리가 적절한 오류를 반환하게 됩니다. 최종적으로 파싱된 값들은 `u16` 타입으로 변환됩니다(그림 9.2 참고).

`u16`을 선택한 이유는 간단합니다. 컴파일러가 더 많은 검증을 수행할 수 있기 때문입니다. 메모리와 타임아웃은 양수만 가능하므로 부호 있는 정수 타입은 필요하지 않습니다. 또한 메모리와 시간 값이 255(`u8`의 최댓값)보다 클 수 있으므로 `u16`이 적합하며, 이는 65,535를 초과하는 잘못된 값을 자동으로 막아줍니다. 오류 처리를 더 강화하려면 `syn`과 컴파일러가 제공하는 기본 검사 외에도 추가 검증을 구현할 수 있습니다. 예를 들어 `time` 분기에서 값이 `900` 이하인지 확인하는 로직을 추가할 수 있습니다.

코드 9.8 Lambda와 Parse 구현

```
#[derive(Debug)]
struct Lambda {
    name: String,
    memory: Option<u16>,
    time: Option<u16>,
}

impl Parse for Lambda {
    fn parse(input: ParseStream) -> Result<Self, syn::Error> {
        let lambda_token = input.parse::<kw::lambda>()
            .expect("we just checked for this token");
        let lambda_name = input.parse()
            .map(|v: Ident| v.to_string())
            .map_err(|_| {
                syn::Error::new(lambda_token.span, "lambda needs a name")
            })?;
        let mut lambda_memory = None;
        let mut lambda_timeout = None;

        while !input.is_empty() && !input.peek(kw::bucket) {    ◀── 람다의 입력이 있는 동안
            if input.peek(kw::mem) {                                반복해서 파싱을 수행합니다.
                let _ = input.parse::<kw::mem>()
                    .expect("we just checked for this token");
                lambda_memory = Some(
                    input.parse()
```

```
                        ▶.map(|v: LitInt| v.to_string()
                            .parse()
                            .map_err(|_| {
                                syn::Error::new(
                                    v.span(),
                                    "memory needs positive value <= 10240"
                                )
                            })
                        )??
                    );
                } else if input.peek(kw::time) {
                    let _ = input.parse::<kw::time>()
                        .expect("we just checked for this token");
                    lambda_timeout = Some(
                        input.parse()
                        ▶.map(|v: LitInt| v.to_string()
                            .parse()
                            .map_err(|_| {
                                syn::Error::new(
                                    v.span(),
                                    "timeout needs positive value <= 900"
                                )
                            })
                        )??
                    );
                } else {
                    Err(syn::Error::new(
                        input.span(),
                        "unknown property passed to lambda"
                    ))?
                }
            }

            Ok(Lambda {
                name: lambda_name,
                memory: lambda_memory,
                time: lambda_timeout,
            })
        }
    }
```

- 선택적 속성들은 반드시 u16으로 변환 가능한 LitInt 값이어야 하며, 그렇지 않을 경우 오류를 반환합니다.

- time과 mem 외의 선택적 속성은 지원하지 않으므로, 다른 속성이 입력되면 오류를 반환합니다.

이제 `main`을 실행하면 모든 내용이 정상적으로 파싱된 것을 로그를 통해 확인할 수 있습니다.

```
IacInput {
    bucket: Some(Bucket { name: "uniquename", event: true }),
    lambda: Some(Lambda {
```

```
        name: "my_name",
        memory: Some(1024),
        time: Some(15)
    })
}
```

또한 컴파일 타임에 다양한 오류 상황을 감지하여 사용자에게 알려줍니다. 예를 들어 `lambda`에 이름을 지정하지 않았을 때는 다음과 같은 오류가 나옵니다.

```
error: lambda needs a name
 --> tests/fails/bucket_and_no_lambda_name.rs:5:23
  |
5 |         bucket unique lambda
  |                       ^^^^^^
```

메모리 프로퍼티에 문자열을 전달했을 때는 다음과 같은 오류가 나옵니다.

```
error: expected integer literal
 --> tests/fails/lambda_time_not_a_number.rs:5:25
  |
5 |         lambda name mem "yes"
  |                         ^^^^^
```

유효하지 않은 숫자를 전달했을 때는 다음과 같은 오류가 나옵니다.

```
error: memory needs positive value <= 10240
 --> tests/fails/lambda_negative_time.rs:5:25
  |
5 |         lambda name mem -10
  |                         ^
```

이렇게 해서 실용적이고 효과적인 파서를 구현하게 되었으며, 이제 곧 이를 실제로 활용해 볼 것입니다.

> **NOTE** 현재 구현된 파서가 완벽하지는 않습니다. 예를 들어, 여러 개의 버킷을 입력으로 전달할 수 있지만 실제로는 하나만 저장된다는 문제가 있습니다. 이러한 문제점들을 모두 해결하지는 않을 것이지만, 연습문제에서 한 가지 개선사항을 다뤄볼 것입니다.

9.4 구문 분석의 대안적 접근법

DSL 문법에 변화를 주어 새로운 방식을 시도해 보겠습니다. 기존 문법이 다소 자유로운 형태였기 때문에, 리소스의 범위를 좀 더 명확하게 정의하고자 합니다. 람다와 관련 프로퍼티들을 괄호로 묶고, 프로퍼티 이름과 값은 등호로 구분하는 방식을 적용했습니다.

코드 9.9 새로운 호출 예제

```
fn main() {
    iac! {
        bucket uniquename => lambda (
            name = my_name, mem = 1024, time = 15
        )
    }
}
```

이러한 문법 변경에 따라 `Lambda` 구조체도 수정이 필요합니다.

9.4.1 사용자 정의 구조체와 함께 Punctuated 활용하기

첫 번째 `Parse` 구현의 대안에서는 괄호 안의 내용을 가져오는 작업이 필요합니다. 괄호를 직접 파싱하는 대신 `parenthesized` 매크로를 활용하여 이 작업을 수행할 수 있습니다. 이 매크로는 앞서 살펴본 `braced`와 유사한 방식으로 작동하며, 괄호로 둘러싸인 입력을 받아 지정된 변수에 내용을 저장합니다.

파싱된 내용은 쉼표로 구분된 프로퍼티들로 이루어져 있으며, 각 프로퍼티는 키와 값이 등호로 구분됩니다. 이러한 반복적인 패턴에는 `Punctuated`가 적합합니다. '이름 = 값' 형식을 다루기 위해 `KeyValue` 구조체를 정의했으며, 이는 뒤에서 자세히 설명하겠습니다. 모든 키-값 쌍을 파싱한 후에는 결과를 순회하면서 키 문자열과 비교하여 적절한 속성을 찾고, 알 수 없는 프로퍼티가 발견되면 오류를 발생시킵니다. 또한 필수 프로퍼티인 이름이 누락된 경우에도 오류가 발생합니다.

코드 9.10 Lambda와 새로운 Parse 구현

```
use proc_macro::TokenStream;
use quote::quote;
use syn::{Ident, LitInt, parenthesized, Token};
use syn::parse::{Parse, ParseStream};
use syn::parse_macro_input;
use syn::punctuated::Punctuated;
use syn::spanned::Spanned;
```

```
impl Parse for Lambda {
    fn parse(input: ParseStream) -> Result<Self, syn::Error> {
        let _ = input.parse::<kw::lambda>()
            .expect("we just checked for this token");
        let mut lambda_name = None;
        let mut lambda_memory = None;
        let mut lambda_timeout = None;

        let content;
        parenthesized!(content in input);    // parenthesized는 braced와 유사하게 작동하여,
                                             // 괄호 안의 모든 내용을 content에 저장합니다.

        let kvs = Punctuated::<KeyValue, Token![,]>::parse_terminated(&content)?;    // Punctuated와 사용자 정의 구조체를 사용하여
                                                                                     // 내용을 파싱하며, 문제가 발생하면 ?를 통해 즉시 반환합니다.

        kvs.into_iter().for_each(|kv| {
            if kv.key == "name" {
     키들은 ─────→ lambda_name = Some(kv.value);
  프로퍼티들의    } else if kv.key == "mem" {
   문자열 값과        lambda_memory = Some(kv.value.parse().unwrap());    // 실제로는 오류를 반환해야 하지만,
    비교됩니다.  } else if kv.key == "time" {                              // 간단한 설명을 위해
                    lambda_timeout = Some(kv.value.parse().unwrap());    // 이 부분은 생략했습니다.
            }
        });

        Ok(Lambda {
            name: lambda_name.ok_or(syn::Error::new(    // name은 필수 요소이므로,
                input.span(),                            // lambda_name이 없으면 오류가 발생합니다.
                "lambda needs a name"
            ))?,
            memory: lambda_memory,
            time: lambda_timeout,
        })
    }
}
```

이번에는 문자열 비교를 하므로 `mem`과 `time`에 대한 키워드가 필요하지 않아 제거할 수 있습니다.

`KeyValue`의 정의는 크게 특별할 것이 없습니다. 모든 속성에서 사용할 수 있도록 키와 값을 문자열로 저장합니다. `Parse`에서는 입력의 첫 부분이어야 하는 키를 가져옵니다. 그다음에는 필요 없는 `=` 토큰을 제거합니다. 하지만 이는 구문의 일부이므로 `=` 기호가 없으면 오류를 발생시킵니다. 등호 기호를 확인하는 곳은 이곳이 유일하므로, 콜론 같은 구분자를 사용하고 싶다면 한 줄만 수정하면 됩니다.

속성값의 경우 이름으로는 `Ident`를 기대합니다. `name = "some_name"`처럼 작성했다면 `LitStr`이 됩

니다. 나머지 두 속성에는 `LitInt`를 사용하여 잘못된 입력을 방지합니다. 그 외의 경우에는 인식할 수 없는 프로퍼티이므로 오류를 발생시킵니다.

코드 9.11 lib.rs와 새로운 `KeyValue` 구조체

```rust
#[derive(Debug)]
struct KeyValue {
    key: String,
    value: String,
}

impl Parse for KeyValue {
    fn parse(input: ParseStream) -> Result<Self, syn::Error> {
        let key = input.parse()    ◀── 키를 가져옵니다.
            .map(|v: Ident| v.to_string())
            .map_err(|_| syn::Error::new(
                input.span(),
                "should have property keys within parentheses"
            ))?;

        let _: Token![=] = input.parse()
            .map_err(|_| syn::Error::new(
                input.span(),
                "prop name and value should be separated by ="
            ))?;
        // 등호 기호를 제거하기 위해 파싱합니다.

        let value = if key == "name" {
            input.parse()
                .map(|v: Ident| v.to_string())
                .map_err(|_| syn::Error::new(
                    input.span(),
                    "Name property needs a value"
                ))
        } else if key == "mem" || key == "time" {
            input.parse()
                .map(|v: LitInt| v.to_string())
                .map_err(|_| {
                    syn::Error::new(
                        input.span(),
                        "memory and time needs a positive value"
                    )
                })
        } else {
            Err(syn::Error::new(
                input.span(),
                format!("unknown property for lambda: {}", key)
            ))
        }?;
```

이제 프로퍼티에 따라 파싱하며, 알 수 없는 프로퍼티인 경우 오류를 반환합니다 (마지막의 ? 연산자를 주목하세요).

```
            Ok(KeyValue { key, value, })
        }
    }
}
```

이 대안적인 접근 방식은 정상적인 상황에서 이전 구현과 동일한 결과를 생성합니다. 오류 처리도 약간 단순화되었을 뿐 기본적으로 같은 방식을 따릅니다. 다만 괄호와 등호를 사용하면서 다음과 같은 새로운 오류 메시지가 추가되었습니다.

```
error: prop name and value should be separated by =
 --> tests/fails/lambda_colon_instead_of_equals.rs:5:22
  |
5 |         lambda (name :)
  |                      ^
```

이것으로 첫 번째 변형에 대한 설명을 마무리하겠습니다. 이 방식의 주목할 만한 장점은 `Punctuated`를 활용하여 프로퍼티를 가져오는 작업의 일부를 처리함으로써 (`while`) 루프 사용을 피할 수 있다는 점입니다. 내용을 괄호로 감싸는 방식도 코드의 가독성을 해치지 않습니다. 또한 이 구현을 통해 키워드는 편의성을 제공하지만 반드시 필요한 것은 아니라는 점을 확인할 수 있습니다.

9.4.2 사용자 정의 열거형과 빌더를 활용한 Punctuated 사용하기

이제 다음 접근법을 살펴보겠습니다. 표면적으로는 이전 방식과 비슷해 보입니다. 토큰을 제거하고 내용을 가져오는 것은 같지만, 이번에는 `Punctuated`에 `LambdaProperty`를 사용하고 빌더 패턴을 통해 결괏값을 출력으로 변환합니다.

코드 9.12 Lambda 구조체(lib.rs)

```
impl Parse for Lambda {
    fn parse(input: ParseStream) -> Result<Self, syn::Error> {
        let _ = input.parse::<kw::lambda>()
            .expect("we just checked for this token");

        let content;
        parenthesized!(content in input);

        let kvs = Punctuated::<LambdaProperty, Token!(,)>::parse_terminated(    ◀── LambdaProperty로
            &content                                                                구성된 Punctuated로
        )?;                                                                         파싱
        let builder = kvs
```

```
            .into_iter()
            .fold(Lambda::builder(content.span()), |acc, curr| {    ◀── LambdaBuilder를 사용하여
                match curr {                                             결과를 폴딩
                    LambdaProperty::Name(val) => acc.name(val),
                    LambdaProperty::Memory(val) => acc.memory(val),
                    LambdaProperty::Time(val) => acc.time(val),
                }
            });

        Ok(builder.build()?)    ◀── 빌드 과정에서 오류가 발생하면 즉시 반환
    }
}
```

코드 9.13은 빌더 정의의 일부를 보여줍니다. 이전 장들에서 다룬 내용 덕분에 이 개념과 구현이 매우 친숙할 것입니다. 필수 `name` 매개변수가 누락될 경우 오류를 생성할 수 있도록 구조체에 `span`을 저장합니다. `name`이 없는 경우 실패할 수 있으므로 `build`는 `Result`를 반환합니다.

코드 9.13 LambdaBuilder 구조체와 Lambda의 인스턴스화 메서드

```
struct LambdaBuilder {
    input_span: Span,
    name: Option<String>,
    memory: Option<u16>,
    time: Option<u16>,
}

impl LambdaBuilder {
    fn name(mut self, name: String) -> Self {
        self.name = Some(name);
        self
    }

    // memory와 time에 대한 유사한 설정자들

    fn build(self) -> Result<Lambda, syn::Error> {
        let name = self.name.ok_or(
            syn::Error::new(
                self.input_span,
                "name is required for lambda"
            )
        )?;    ◀── name은 필수이므로, 누락된 경우 원본 코드를 가리키는 span과 함께 오류를 반환해야 합니다.
        Ok(Lambda {
            name,
            memory: self.memory,
            time: self.time,
        })
```

```
        }
    }

    impl Lambda {
        fn builder(input_span: Span) -> LambdaBuilder {
            LambdaBuilder {
                input_span,
                name: None,
                memory: None,
                time: None,
            }
        }
    }
```

LambdaBuilder 내부의 스팬은 `proc_macro2`에서 가져옵니다. `syn::Error`가 이 타입의 스팬을 요구하기 때문입니다. 따라서 의존성에 `proc-macro2 = "1.0.69"`를 추가해야 합니다.

`LambdaProperty`는 세 가지 람다 프로퍼티를 표현하는 열거형으로, 알맞은 값 타입(문자열 또는 숫자)을 바로 전달할 수 있게 합니다. `parse` 내부 코드는 첫 번째 접근법과 유사한데, 프로퍼티가 키워드와 일치하는지 확인하고 일치하면 불필요한 부분을 제거한 후 적절한 열거 값을 반환합니다.

코드 9.14 LambdaProperty 열거형

```
pub(crate) mod kw {
    // 이전 키워드들
    syn::custom_keyword!(name);
}

#[derive(Debug)]
enum LambdaProperty {
    Name(String),
    Memory(u16),
    Time(u16),
}

impl Parse for LambdaProperty {
    fn parse(input: ParseStream) -> Result<Self, syn::Error> {
        let lookahead = input.lookahead1();

        if lookahead.peek(kw::name) {
            let _ = input.parse::<kw::name>()
                .expect("we just checked for this token");
            let _: Token!(=) = input.parse()
                .map_err(|_| syn::Error::new(
                    input.span(),
```

```
                    "prop name and value should be separated by ="
            ))?;
        let value = input.parse()    ← 키워드와 등호 기호를 제거한 후,
            .map(|v: Ident| v.to_string())   이름 값을 파싱하여 적절한 열거 값을 생성합니다.
            .map_err(|_| syn::Error::new(
                input.span(),
                "name property needs a value"
            ))?;
        Ok(LambdaProperty::Name(value))
    } else if lookahead.peek(kw::mem) {
        let value = parse_number::<kw::mem>(
            input,
            "memory needs a positive value <= 10240"
        )?;                                             숫자 프로퍼티에 대해서는
        Ok(LambdaProperty::Memory(value))               헬퍼를 사용합니다.
    } else if lookahead.peek(kw::time) {
        let value = parse_number::<kw::time>(
            input,
            "time needs a positive value <= 900"
        )?;
        Ok(LambdaProperty::Time(value))
    } else {
        Err(syn::Error::new(    ← 알 수 없는 프로퍼티인 경우 오류를 반환합니다.
            input.span(),
            format!("unknown property for lambda")
        ))
    }
  }
}
```

이번에는 `memory`와 `time`의 거의 동일한 파싱 로직에 헬퍼 함수를 활용합니다. 두 경우 모두 오류를 방지하기 위해 `LitInt`를 파싱 타입으로 사용하고 결과를 `u16`으로 변환하는 추가 단계가 필요하므로, `name`을 파싱하는 함수를 그대로 사용할 수 없기 때문입니다.

`parse_number` 함수의 가장 주목할 만한 특징은 제네릭 타입 매개변수 `T`에 `Parse` 트레이트 제약을 걸었다는 점입니다. 이렇게 한 이유는 `memory`와 `time`이라는 두 사용자 정의 키워드를 모두 파싱할 수 있게 하기 위해서입니다. 여기서 `Parse` 트레이트는 `syn` 크레이트에서 제공하는 것으로, **사용자 정의 키워드들이 기본적으로 구현하고 있는 트레이트**입니다. 이 설계 덕분에 타임아웃 값을 파싱할 때는 `parse_number::<kw::time>`과 같이 타입 매개변수만 지정해서 간단히 호출할 수 있습니다.[1]

---

1 [옮긴이] 다시 말해, `Parse` 트레이트를 제네릭 제약으로 사용함으로써 하나의 함수로 서로 다른 타입의 키워드들을 모두 처리할 수 있게 되었습니다. 이는 코드 중복을 줄이면서도 타입 안전성을 유지하는 우아한 해결책이라고 할 수 있습니다.

코드 9.15 제네릭 `parse_number` 헬퍼

```
fn parse_number<T>(input: ParseStream, error_message: &str)
                -> Result<u16, syn::Error>
                where T: Parse {      ◀── Parse를 구현하는 제네릭 T를 가지며, 이는 키워드에 적합합니다.
    let _ = input.parse::<T>()        ◀── 이 제네릭은 mem과 time 키워드를 파싱하는 데 사용됩니다.
        .expect("we just checked for this token");
    let _: Token!(=) = input.parse()
        .map_err(|_| syn::Error::new(
            input.span(),
            "prop name and value should be separated by ="
        ))?;
    let value = input.parse()
        .map(|v: LitInt| v.to_string()
            .parse()
            .map_err(|_| {
                syn::Error::new(
                    v.span(),
                    error_message,
                )
            })
        )??;
    Ok(value)
}
```

지금까지 세 가지 구현 방식을 살펴봤지만, 더 많은 접근법을 고려할 수 있습니다. 일반적으로 최적의 선택은 개발자의 선호도와 프로젝트의 특성에 따라 달라집니다. 첫 번째 접근법이 가장 간단했는데, 이는 대부분의 복잡한 작업을 하나의 구조체(Lambda)에 위임했기 때문입니다. 이 정도 규모의 매크로에서는 충분히 적절한 해결책입니다. 두 번째 방식은 더 길지만, 파싱을 위한 별도의 구조체를 추가하는 추상화가 장기적으로는 유리할 수 있습니다. 세 번째 방식은 가장 길어서 이 정도 매크로에는 과도한 면이 있습니다. 다만 애플리케이션이 계속 성장한다면 유연하고 특화된 열거형이 가치를 발휘할 수 있습니다.

9.5 실제 서비스 생성하기

다음 단계는 러스트용 AWS SDK를 사용하여 요청된 서비스를 생성하는 것입니다.

> **주의사항**
>
> 이 프로젝트의 이 부분에서 주의해야 할 사항이 몇 가지 있습니다.
>
> 버킷과 람다를 연결할 때 간혹 실패할 수 있습니다. AWS가 1초도 안 된 상태에서 생성된 버킷이나 람다가 존재

하지 않는다고 잘못 판단할 수 있기 때문입니다. 실제 프로덕션 환경에서는 이런 실패를 감지하고 재시도하는 로직이 필요합니다.

이 코드는 리소스를 생성하기만 합니다. 두 번째로 실행하면 리소스가 이미 존재한다는 오류가 발생합니다. 프로덕션 코드에서는 테라폼(Terraform)처럼 이름으로 리소스 존재 여부를 확인하거나 상태를 유지해야 합니다. 예제는 연습문제를 참고하면 됩니다.

또한 특정 IDE에서 이 코드를 실행할 때는 주의가 필요합니다. 예를 들어 IntelliJ는 더 나은 피드백을 제공하기 위해 매크로를 확장할 수 있는데, 이 경우에는 리소스가 실제로 생성되는 부작용이 있습니다. 버킷과 람다는 무료이므로 비용 문제는 없지만, IDE가 이미 선점한 이름 때문에 코드가 실패할 수 있습니다.

IntelliJ의 경우, IDE가 매크로를 확장할 때 리소스 생성을 건너뛰는 방식으로 이 문제를 피할 수 있습니다.

```
impl IacInput {
    pub fn has_resources(&self) -> bool {
        !is_ide_completion() && (self.bucket.is_some() || self.lambda.is_some())
    }
}

fn is_ide_completion() -> bool {
    match std::env::var_os(
        "RUST_IDE_PROC_MACRO_COMPLETION_DUMMY_IDENTIFIER"
    ) {
        None => false,
        Some(dummy_identifier) => !dummy_identifier.is_empty(),
    }
}
```

또는 값이 1로 설정되는 `RUST_IDE_PROC_MACRO_COMPLETION` 환경 변수를 사용할 수 있습니다. 물론 이 방법이 IntelliJ 설정이나 향후 버전에서도 작동한다는 보장은 없습니다.

마지막으로, 입력 파싱을 위해 앞서 설명한 첫 번째 접근 방식을 사용할 것입니다.

이제 프로젝트는 두 가지 작업을 수행해야 합니다. 이전 절에서처럼 입력을 파싱하는 작업과 AWS와 통신하는 작업입니다. 이러한 작업들을 더 효율적으로 관리하기 위해 프로젝트를 다음과 같이 여러 모듈과 파일로 구성하는 것이 바람직합니다.

- lib.rs는 프로그램의 진입점이자 전체 흐름을 제어하는 핵심 파일입니다.
- input.rs는 파싱 관련 모든 코드를 포함합니다.
- lambda.rs는 람다 함수를 생성하는 코드를 담당합니다.
- s3.rs는 S3 버킷을 생성하는 코드를 담당합니다.
- errors.rs는 AWS SDK에서 발생하는 오류를 `syn` 오류로 변환하는 사용자 정의 오류를 관리합니다. input.rs에서 처리되는 오류는 이미 `syn` 타입이므로 그대로 사용합니다.

- example 디렉터리는 AWS 람다에서 실행할 기본 자바스크립트 함수인 handler.js를 포함합니다.

여기서 살펴보진 않았지만, lambda.rs와 s3.rs가 리소스 생성 시 필요한 데이터에 접근할 수 있도록 파싱 구조체의 많은 필드가 `public`으로 변경되었습니다.

오류 처리를 위한 별도의 파일을 만드는 것이 항상 좋은 방법은 아닙니다. 오류 처리를 포함해 특정 기능과 관련된 모든 코드를 한곳에 모아두는 것이 더 효과적일 수 있습니다. 특히 대규모 프로젝트에서는 오류 처리를 위한 별도의 파일이 오히려 복잡성을 증가시킬 수 있습니다. 다만 이번 경우에는 `lambda`와 `s3`에서 발생하는 오류를 하나로 통합하고 전체 오류 처리 방식을 한 번에 설명할 수 있다는 장점이 있습니다.

먼저 lib.rs 파일부터 살펴보겠습니다. 첫 번째 단계는 여전히 입력을 파싱하는 것입니다. 파싱이 완료되면 생성이 필요한 리소스가 있는지 확인하는 헬퍼 함수를 사용합니다. 이는 불필요한 작업을 피하기 위한 최적화입니다.

어떤 작업을 피하는 것일까요? AWS SDK 클라이언트 초기화(`new` 메서드 사용)는 비동기로 작동합니다. 또한 이 클라이언트들이 제공하는 대부분의 메서드도 `async`입니다. 이러한 비동기 작동을 위해 SDK는 Tokio를 비동기 런타임으로 사용하여 러스트 비동기 코드를 실행합니다.

> **NOTE** `tokio::main` 매크로를 다룰 때 이미 Tokio를 접한 적이 있습니다.

결과적으로 AWS SDK의 비동기 특성과 Tokio 런타임이 매크로에 영향을 미치게 됩니다. 즉, 리소스가 있고 SDK를 사용해야 하는 경우에는 런타임을 시작하고 `block_on`을 호출하여 인프라 생성이 완료될 때까지 기다려야 합니다.

코드 9.16 **lib.rs 진입점**

```
// 모듈과 가져오기 구문

#[proc_macro]
pub fn iac(item: TokenStream) -> TokenStream {
    let ii: IacInput = parse_macro_input!(item);

    if ii.has_resources() {
        let rt = tokio::runtime::Runtime::new()
            .unwrap();                              // Tokio 런타임을 생성하고
                                                    // create_infra 함수에서 블록
        match rt.block_on(create_infra(ii)) {
```

```
            Ok(_) => quote!().into(),
            Err(e) => e.into_compile_error()    ◀── 인프라 생성 중
        }                                          오류가 발생하면          매크로가 오류 없이
    } else {                                       적절한 토큰으로 변환      종료되면
        quote!().into()  ◀                                                빈 TokenStream 반환
    }
}
```

이제 `tokio`를 사용하므로 프로젝트에 의존성으로 추가해야 합니다. 흥미로운 점은 런타임(rt) 기능만으로는 코드가 작동하지 않는다는 것입니다. `new` 메서드가 `rt-multi-thread` 플래그에 숨겨져 있기 때문입니다. 또한 필요한 AWS SDK 의존성인 `s3`와 `lambda`, 그리고 이들의 클라이언트 설정을 위한 의존성도 추가해야 합니다.

```
aws-config = "1.1.1"
aws-sdk-s3 = "1.11.0"
aws-sdk-lambda = "1.9.0"
tokio = { version = "1.26.0", features = ["rt", "rt-multi-thread"] }
```

이렇게 간단한 사용 사례에 `tokio`가 너무 무거운 의존성이라고 생각된다면, `pollster` 크레이트를 대안으로 고려해 볼 수 있습니다. `pollster`는 의존성이 없고 Tokio보다 훨씬 가벼운 크레이트입니다. 사용 방법도 매우 비슷합니다.

```
use pollster::FutureExt as _;

pub fn iac(item: TokenStream) -> TokenStream {
    // ...
    match create_infra(ii).block_on() {
        Ok(_) => quote!().into(),
        Err(e) => e.into_compile_error()
    }
}
```

하지만 이 특정 사례에서는 `pollster`를 사용할 수 없습니다. 앞서 언급했듯이 AWS SDK가 Tokio 런타임에 의존하기 때문입니다. 다른 런타임을 사용하면 `there is no reactor running, must be called from the context of a Tokio 1.x runtime`(리액터가 실행되고 있지 않음. Tokio 1.x 런타임 컨텍스트에서 호출되어야 함)이라는 오류가 발생합니다.

코드 9.17에서는 `async create_infra` 함수를 보여줍니다. 이 함수는 아마존 S3와 AWS 람다 SDK

호출을 위한 클라이언트를 생성합니다. 보시다시피 이들은 비동기식이므로 `await`를 사용해야 하며, 따라서 비동기 함수가 필요합니다. 클라이언트가 준비되면 람다를 생성하고 결과를 `output`에 저장합니다. 이는 다음 단계에서 버킷을 생성할 때, 해당 버킷에 이벤트가 있다면 이벤트를 어디로 보낼지 알기 위해 람다의 ARN(Amazon Resource Name, 고유 식별자)이 필요하기 때문입니다. 또한 버킷이 이벤트를 전송할 수 있도록 람다에 AWS IAM(Identity Access Management) 권한도 추가해야 합니다. 함수 내에서 발생하는 오류는 `IacError`라는 사용자 정의 오류 타입으로 변환되며, 이는 다시 진입점에 의해 `into_compile_error`로 변환됩니다.

> **NOTE** 파싱 단계에서 '연결된 버킷과 람다'를 표현하는 방법을 생각해 볼 수 있습니다. `BucketLinkedToLambda(Bucket, Lambda)`와 같은 열거형 변형을 사용하면 인프라 생성 단계가 더 쉽고 안전해질 것입니다. 자세한 내용은 연습문제를 참고하세요.

코드 9.17 인프라 설정을 조정하는 비동기 `create_infra` 함수

```rust
async fn create_infra(iac_input: IacInput) -> Result<(), IacError> {
    let s3_client = S3Client::new()
        .await;                                          // AWS SDK 클라이언트 생성
    let lambda_client = LambdaClient::new()
        .await;
    let mut output = None;

    if let Some(lambda) = &iac_input.lambda {
        eprintln!("creating lambda...");
        output = Some(lambda_client.create_lambda(lambda).await?);   // 람다가 있다면 생성
    }

    if let Some(bucket) = &iac_input.bucket {
        eprintln!("creating bucket...");
        s3_client.create_bucket(bucket).await?;          // 버킷 생성

        if bucket.has_event {
            eprintln!("linking bucket and lambda by an event...");
            let lambda_arn_output = output
                .expect("when we have an event, we should have a lambda");
            let lambda = iac_input.lambda
                .expect("when we have an event, we should have a lambda");
            let lambda_arn = lambda_arn_output.function_arn()
                .expect("creating a lambda should return its ARN");

            lambda_client.add_bucket_permission(        // has_event가 true라면
                &lambda,                                 // 람다가 있어야 하며,
                &bucket.name                             // 권한을 설정하고
            ).await?;                                    // 버킷이 이벤트를 보내도록 구성
```

```
            s3_client.link_bucket_with_lambda(    has_event가 true라면
                bucket,                            람다가 있어야 하며,
                lambda_arn                         권한을 설정하고
            ).await?;                              버킷이 이벤트를 보내도록 구성
        }
    }
    Ok(())
}
```

요약하자면, 먼저 입력이 파싱되면 생성이 필요한 리소스가 있는지 확인합니다. 버킷이나 람다가 있다면 런타임을 시작하고, 비동기 함수에서 블록하며, 두 SDK 클라이언트를 사용하여 리소스가 생성될 때까지 기다립니다.

9.6 2개의 AWS 클라이언트

이제 2개의 클라이언트 코드를 상세히 살펴보겠습니다. `aws_config` 크레이트를 사용하여 적절한 설정을 구성하는데, 이는 로컬에 있는 자격 증명과 지정된 AWS 리전(eu-west-1, 즉 아일랜드(유럽 외 지역이라면 다른 리전 선택 가능))을 기반으로 합니다. 이 코드를 로컬에서 실행하기 위해서는 반드시 활성화된 AWS 관리자 자격 증명이 필요합니다.

코드 9.18 LambdaClient의 new 메서드

```
// 가져오기 구문

pub struct LambdaClient {
    client: Client,
}

impl LambdaClient {
    pub async fn new() -> Self {
        let config = aws_config::defaults(BehaviorVersion::latest())    ← aws_config는 로컬 자격
            .region(Region::new("eu-west-1"))                              증명을 사용해 설정을 로드
            .load()                                                        하며, 리전은 아일랜드로
            .await;                                                        설정됩니다.
        LambdaClient {    ← 이 설정이 준비되면 AWS 클라이언트와 LambdaClient를 생성합니다.
            client: Client::new(&config),
        }
    }
}
```

실제 프로젝트에서는 `Default` 트레이트를 사용하여 기본 설정을 구성하고, 사용자가 `new`를 호출

할 때 리전을 선택할 수 있도록 구현할 수 있습니다.

앞서 살펴본 함수들을 자세히 보겠습니다. `create_lambda`는 빌더 패턴을 사용하여 AWS에 람다 설정 정보를 전송합니다. 이름을 설정하고 선택적으로 실행 시간과 메모리 크기를 추가할 수 있습니다. 또한 계정에 이미 존재하는 역할과 버킷(`"my-lambda-bucket"`)에 업로드된 코드가 포함된 zip 파일과 같은 필수 속성들도 설정해야 합니다.

코드 9.19 `create_lambda` 함수(LambdaClient 내에 구현)

```rust
pub async fn create_lambda(&self, lambda: &Lambda)
        -> Result<CreateFunctionOutput, SdkError<CreateFunctionError>> {
    let mut builder = self.client
        .create_function()
        .function_name(&lambda.name)         // 이름을 설정합니다.
        .role("arn:aws:iam::11111111111:role/change")  // 역할을 설정합니다(람다가 이 역할의 권한을 사용('assume')할 수 있어야 합니다).
        .code(
            FunctionCode::builder()
                .s3_bucket("my-lambda-bucket")
                .s3_key("example.zip")       // AWS에게 이 함수의 코드가 'example.zip'이라는 버킷 객체에 있음을 알립니다.
                .build(),
        )
        .runtime(Runtime::Nodejs18x)         // zip 파일 내의 코드가 자바스크립트이므로 런타임은 Node.js여야 합니다.
        .handler("handler.handler");         // zip 파일에는 'handler'라는 파일이 있으며, 이 파일 안에는 같은 이름인 'handler'라는 함수가 있습니다.

    if let Some(time) = lambda.time {
        builder = builder.timeout(time.into());
    }
    //  메모리와 타임아웃이 지정된 경우 이를 설정합니다.
    if let Some(mem) = lambda.memory {
        builder = builder.memory_size(mem.into());
    }

    builder.send().await   // AWS가 리소스를 생성할 때까지 대기합니다.
}
```

다음은 example.zip 내부의 handler.js 파일 코드입니다. 매크로만 실행하고 람다는 실제로 사용하지 않을 경우에는 빈 파일을 업로드해도 무방합니다.

```javascript
exports.handler = async () => {
    return {
        hello: 'world'
    };
};
```

이 메서드를 더 효과적으로 단위 테스트하려면 순수 함수인 빌더를 별도의 함수로 분리할 수 있습니다. 이렇게 하면 코드의 대부분이 포함된 함수는 모킹(mocking)이 필요 없게 됩니다. 반면 비순수 함수인 `send`는 별도의 함수로 분리됩니다.

```
pub async fn create_lambda(
    &self,
    lambda: &Lambda,
) -> Result<CreateFunctionOutput, SdkError<CreateFunctionError>> {
    self.create_lambda_builder(&lambda)  ◀── 헬퍼 함수에는 대부분의 코드가 포함되며 순수 함수로 구현됩니다.
        .send()
        .await
}
```

두 번째 함수인 `add_bucket_permission`은 버킷이 람다를 호출할 수 있도록 권한을 부여합니다. 이 함수 역시 빌더와 `send`를 사용하여 AWS와 통신합니다. 내부적으로는 기본적인 AWS IAM 작업을 수행하는데, **호출의 출처가 해당 버킷인 경우에 한해** 모든 대상("*")이 람다를 호출할 수 있도록 설정합니다. 이를 통해 버킷에 이벤트가 발생했을 때 함수를 호출할 수 있게 됩니다.

코드 9.20 add_bucket_permission 함수(LambdaClient 내에 구현)

```
pub async fn add_bucket_permission(&self, lambda: &Lambda, bucket: &str)
    -> Result<AddPermissionOutput, SdkError<AddPermissionError>> {
    self.client
        .add_permission()
        .function_name(&lambda.name)
        .principal("*")  ◀── 모든 대상에게...
        .statement_id("StatementId")
        .action("lambda:InvokeFunction")  ◀── ...이 람다를 호출할 수 있는 권한을 부여함
        .source_arn(format!("arn:aws:s3:::{}", bucket))  ◀── 단, 호출 출처가 지정된 버킷인 경우에만 허용됩니다.
        .send()
        .await
}
```

이제 S3Client를 살펴보겠습니다. 필드와 `new` 메서드는 `LambdaClient`와 매우 유사한 구조를 가집니다. 설정을 로드하고 클라이언트와 리전을 구조체에 추가합니다.

코드 9.21 S3 클라이언트 구조체

```
pub struct S3Client {
    client: Client,
    region: String,
```

```rust
}
impl S3Client {
    pub async fn new() -> Self {
        let config = aws_config::defaults(BehaviorVersion::latest())
            .load()
            .await;

        S3Client {
            client: Client::new(&config),
            region: "eu-west-1".to_string(),
        }
    }
}
```

S3 버킷은 AWS의 다른 대부분의 서비스와 달리 리전에 종속적이지 않은 글로벌 리소스입니다. 따라서 설정 시에는 리전을 전달하지 않습니다. 그러나 버킷을 생성할 때는 리소스가 올바른 리전에 위치하도록 `location_constraint`를 반드시 지정해야 합니다.

코드 9.22 `create_bucket` 함수(S3Client 내에 구현)

```rust
pub async fn create_bucket(&self, bucket: &Bucket)
        -> Result<CreateBucketOutput, SdkError<CreateBucketError>> {
    let constraint = BucketLocationConstraint::from(self.region.as_str());

    let cfg = CreateBucketConfiguration::builder()
        .location_constraint(constraint)
        .build();

    self.client
        .create_bucket()
        .bucket(&bucket.name)
        .create_bucket_configuration(cfg)  // ← 지정된 리전에 버킷을 생성합니다.
        .send()
        .await  // ← 비동기 send 호출을 통해 AWS에 리소스 생성을 요청합니다.
}
```

이제 버킷과 람다가 준비되었고, 버킷이 람다를 호출할 수 있는 권한도 설정되었습니다. 하지만 아직 이벤트 처리는 구현되지 않았습니다. 마지막 메서드는 객체가 생성될 때("s3:ObjectCreated:*") 이벤트를 전송하도록 구성합니다.

코드 9.23 `link_bucket_with_lambda` 함수(S3Client 내에 구현)

```rust
pub async fn link_bucket_with_lambda(
    &self,
    bucket: &Bucket,
    lambda_arn: &str,
) -> Result<
    PutBucketNotificationConfigurationOutput,
    SdkError<PutBucketNotificationConfigurationError>,
> {
    self.client
        .put_bucket_notification_configuration()
        .bucket(&bucket.name)
        .notification_configuration(
            NotificationConfiguration::builder()
                .lambda_function_configurations(
                    LambdaFunctionConfiguration::builder()
                        .lambda_function_arn(lambda_arn)  // 이 ARN(고유 식별자)을 가진 람다로 이벤트를 전송합니다.
                        .events(Event::from("s3:ObjectCreated:*"))  // 버킷에 객체가 생성될 때마다 이벤트가 발생합니다.
                        .build()
                        .expect("to create valid lambda function config"),
                )
                .build(),
        )
        .send()
        .await
}
```

정리하자면, 이 코드는 AWS와 통신하여 필요한 리소스를 설정합니다. 이벤트를 전송하기 위해서는 추가적인 작업이 필요한데, 이는 AWS가 버킷과 람다 양측 모두의 명시적인 권한 설정을 요구하기 때문입니다.

9.7 오류와 선언적 매크로

errors.rs 파일에 대한 설명을 빠뜨렸는데, 오류 관련 코드를 별도 파일로 분리한 것에는 장단점이 있습니다. 대부분의 코드가 비슷한 패턴을 따르고 있어서 핵심적인 부분만 살펴보겠습니다. 사용자 정의 `IacError`는 발생 가능한 각 오류 유형을 나타내는 열거형입니다. 여기에는 버킷이나 람다 생성 실패, 이벤트 설정 문제 등이 포함됩니다. `IacError`는 `Error` 트레이트와 필수적인 `Display` 구현을 포함하고 있으며, `TokenStream`으로 변환하는 사용자 정의 메서드도 갖추고 있어 필요한 출력을 생성할 수 있습니다.

s3와 `lambda`에서 AWS를 호출하는 4개의 함수는 각각 고유한 오류를 발생시키므로, `From` 트레이트를 네 번 구현했습니다. 각 구현은 AWS 오류를 내부 오류로 변환하면서 오류 메시지를 추출합니다.

코드 9.24 사용자 정의 `IacError`

```rust
#[derive(Debug)]
pub enum IacError {    // ← IacError는 세 가지 주요 오류 유형을 통합한 것입니다.
    BucketError(String),
    LambdaError(String),
    EventError(String),
}

impl IacError {
    pub fn into_compile_error(self) -> TokenStream {    // ← 이 사용자 정의 메서드는 각 변형에 대해
        match self {                                    //    적절한 syn::Error를 생성합니다.
            IacError::BucketError(message) => {
                syn::Error::new(
                    Span::call_site(),
                    format!("bucket could not be created: {}", message),
                ).into_compile_error().into()
            }
            // 다른 두 오류 타입(LambdaError, EventError)도 위와 동일한 패턴으로 구현
        }
    }
}

impl From<SdkError<CreateBucketError>> for IacError {    // ← AWS가 발생시키는 다양한 오류에 대해
    fn from(value: SdkError<CreateBucketError>) -> Self {  //    From을 구현했으며, 원본 오류에
        let message = value                                //    유용한 메시지가 있으면 그대로 활용합니다.
            .message()
            .map(|v| v.to_string())
            .unwrap_or_else(|| "no message".to_string());
        IacError::BucketError(message)
    }
}

// LambdaError와 EventError에 대해서도 위와 유사한 From 구현이 필요
// 추가로 std::error::Error와 std::fmt::Display 트레이트의 기본적인 구현도 필요
```

보일러플레이트 코드 제거를 위한 매크로를 설명하는 책에서 이렇게 보일러플레이트 코드를 작성하는 것은 모순적으로 보입니다. 매크로 **안에서** 선언적 매크로나 절차적 매크로를 추가적으로 사용하는 것이 가능합니다. 다만 절차적 매크로는 별도의 프로젝트 설정이 필요합니다. 이 경우에는 선언적 매크로로도 충분합니다. 오류 열거형의 변형(`expr`이나 `path`가 적합)과 AWS 오류 타입(`ty`)만 전달하면 됩니다.

> **NOTE** 9장과 코드 9.24는 러스트 AWS SDK가 아직 개발자 프리뷰 상태일 때 작성되었습니다. 0.24 버전에서는 오류를 매칭할 때 항상 동일한 전역 타입(예: `ServiceError`)을 반환받을 수 있었습니다. SDK가 정식 출시된 이후에는 매칭된 오류가 매우 구체적인 오류 타입(예: `BucketAlreadyExists`)을 반환하도록 변경되었습니다. 더 구체적인 오류 타입은 분명 장점이 있지만, 지금 시도하고 있는 중복 제거 작업에는 적합하지 않습니다. 따라서 절차적 매크로와 선언적 매크로를 조합하는 예제를 보여주기 위해, 단순히 오류 메시지만 추출하는 방식을 선택했습니다. 이 방식이 반드시 최선의 선택은 아니지만, 이 예제에서는 작동합니다.

코드 9.25 `From` 구현을 위한 선언적 매크로

```
macro_rules! generate_from_error {
    ($mine:expr, $aws:ty) => {
        impl From<SdkError<$aws>> for IacError {
            fn from(value: SdkError<$aws>) -> Self {
                // 이전과 동일하게 메시지를 가져옴
                $mine(message)
            }
        }
    };
}

generate_from_error!(IacError::BucketError, CreateBucketError);
generate_from_error!(IacError::LambdaError, CreateFunctionError);
generate_from_error!(
    IacError::EventError,
    PutBucketNotificationConfigurationError
);
generate_from_error!(IacError::EventError, AddPermissionError);
```

이제 코드를 실행하면, 인증 정보가 없거나 지정된 이름의 버킷 또는 람다가 이미 존재한다는 등의 이유로 오류가 발생하거나, 요청한 리소스가 생성될 것입니다. 이것으로 러스트 매크로를 활용하여 실제 클라우드 인프라를 생성하는 데 성공한 것입니다.

> **NOTE** thiserror 크레이트(https://docs.rs/thiserror/latest/thiserror/)는 직접 오류를 작성하고 싶지 않을 때 보일러플레이트를 줄이는 또 다른 좋은 방법입니다. 이는 파생 매크로인데, 지금쯤이면 이 코드의 대부분을 이해할 수 있을 것입니다.

현재 상태의 매크로는 그다지 유용하지 않습니다. 하지만 많은 가능성을 제공합니다. 예를 들어 단순히 버킷을 생성하는 대신, 버킷의 세부 정보를 구조체에 저장하고 S3에 데이터를 저장하는 메서드를 추가할 수 있습니다. 매크로를 통해 버킷을 생성하기 때문에 안전성도 확보됩니다. 컴파일 타임에 애플리케이션이 실패하지 않았다면, 런타임에는 지정된 이름의 버킷이 반드시 데이터 저장에 사용 가능한 상태여야 하기 때문입니다.

9.8 올바른 테스트 방법

이 책의 앞부분에서 테스트를 다룰 때는 단위 테스트만을 중점적으로 살펴봤습니다. 당시에는 단위 테스트가 최선의 선택이었는데, 속도가 빠르고 단순하며 유지보수가 용이했기 때문입니다. 함수나 구조체, 열거형을 생성하거나 변환하는 작업만을 다룰 때는 이 이상의 테스트가 불필요했습니다.

그러나 이번 장에서 소개한 DSL은 성격이 다릅니다. 현재 형태로는 실용적인 출력을 생성하지 못합니다. 설령 이전 절에서 제안한 것처럼 어떤 결과물을 만들어 낸다고 해도, 이것이 실제로 클라우드에 리소스를 생성한다는 목표 달성을 증명할 수 있을까요? 그렇지 않습니다. 이런 매크로를 제대로 검증하려면 더 정교한 테스트가 필요합니다. 종단 간 테스트가 그 대안이 될 수 있습니다. 지금까지 매크로 테스트 프로젝트를 여러 번 구성해 봤기에, AWS SDK로 리소스 생성을 확인하는 것은 어렵지 않습니다. 가능하면 테스트 후 정리 과정도 포함하는 것이 바람직합니다. 개인적으로는 CI/CD 파이프라인과 AWS 람다를 함께 활용하여 테스트하는 방식을 선호합니다. 람다는 매크로가 실제로 람다 환경에서 사용될 가능성이 있어 현실적인 테스트 환경을 제공하고, 비용 효율적이며 구성도 간단합니다. 다만 이 장의 분량이 이미 충분히 많으므로, 선호하는 CI/CD 도구에서 이러한 테스트를 구현하는 방법은 독자의 몫으로 남겨두겠습니다.

9.9 실제 사례

지금까지 여러 크레이트에서 DSL을 사용하여 생성 작업을 간편하게 하는 것을 살펴봤습니다. 다시 한번 정리해 보면, SQLx로는 SQL 쿼리를 작성하고, Yew로는 HTML을 작성하며, Leptos에서는 러스트와 HTML을 매크로 안에서 함께 사용합니다. IaC의 예시로 여러 번 언급된 Shuttle은 이 개념을 한 단계 더 발전시켰습니다. Shuttle을 사용하면 코드만 작성하면 되고, 필요한 인프라는 명시적으로 정의하지 않아도 Shuttle이 알아서 처리합니다.

다음의 코드를 작성하고 `cargo shuttle deploy`를 실행하면 "Hello, World"를 반환하는 엔드포인트가 생성됩니다.

```
async fn hello_world() -> &'static str {
    "Hello, world!"
}
```

```
#[shuttle_runtime::main]
async fn axum() -> shuttle_axum::ShuttleAxum {
    let router = Router::new().route("/hello", get(hello_world));
    Ok(router.into())
}
```

추가로 언급할 점은 많은 프로젝트에서 선언적 매크로와 절차적 매크로의 기능을 여기서 보여준 것처럼 함께 사용한다는 점입니다. Shuttle도 예상대로 중복을 피하기 위해 이 방식을 사용합니다.

```
macro_rules! aws_engine {
    ($feature:expr, $pool_path:path, $option_path:path, $struct_ident:ident)
    => {
        paste! {
            #[cfg(feature = $feature)]
            pub struct $struct_ident {
                local_uri: Option<String>,
            }

            // 구조체 구현체
        }
    };
}
```

절차적 매크로가 포함된 크레이트에서 선언적 매크로 내에 paste! 매크로가 사용된 것을 볼 수 있습니다. 반대의 경우도 존재합니다. Rocket은 절차적 매크로를 생성하는 선언적 매크로를 여러 개 가지고 있습니다(다중 매크로라는 점은 다음 장에서 자세히 다룰 예정입니다).

```
macro_rules! route_attribute {
    // ...
    ($name:ident => $method:expr) => (
        #[proc_macro_attribute]   ◄── 속성형 매크로를 생성
        pub fn $name(args: TokenStream, input: TokenStream) -> TokenStream {
            emit!(attribute::route::route_attribute($method, args, input))
        }
    )
}
```

SQLx의 유명한 query 매크로도 절차적 매크로를 생성하는 선언적 매크로입니다. 해당 절차적 매크로의 진입점도 우연히도 앞서 설명한 매크로와 매우 유사하게 세 가지 작업만을 수행합니다.

- 구조체에 구문 분석을 위임
- 다른 함수가 구문 분석 결과를 처리하게 함
- 결과나 오류를 사용자에게 반환

```rust
#[macro_export]
#[cfg_attr(docsrs, doc(cfg(feature = "macros")))]
macro_rules! query {
    // ...
    ($query:expr) => ({
        $crate::sqlx_macros::expand_query!(source = $query)  // ← 함수형 매크로 생성
    });
};

// 다른 파일
#[proc_macro]
pub fn expand_query(input: TokenStream) -> TokenStream {
    let input = syn::parse_macro_input!(
        input as query::QueryMacroInput
    );

    match query::expand_input(input, FOSS_DRIVERS) {
        Ok(ts) => ts.into(),
        Err(e) => {
            if let Some(parse_err) = e.downcast_ref::<syn::Error>() {
                parse_err.to_compile_error().into()
            } else {
                let msg = e.to_string();
                quote!(::std::compile_error!(#msg)).into()
            }
        }
    }
}
```

이 절의 마지막으로, 이번 장에서 다룬 매크로들은 파싱된 내용을 보여주거나 리소스가 생성되고 있음을 알리는 등 사용자에게 정보를 제공하기 위해 다수의 출력문을 사용했습니다. 실제 러스트 매크로 크레이트들은 로깅을 어떻게 처리할까요? Leptos는 자체 로깅용 매크로를 가지고 있습니다. 주석에 명시된 것처럼, 브라우저 환경이 아닐 때는 내부적으로 일반적인 `println`이 사용됩니다.

```rust
/// Uses `println!()`-style formatting to log something to the console
/// (in the browser)
/// or via `println!()` (if not in the browser).
```

9.9 실제 사례

```
#[macro_export]
macro_rules! log {
    ($($t:tt)*) => {
        $crate::console_log(&format_args!($($t)*).to_string())  ← 그 외 warn, error를 위한
    };                                                              유사한 매크로들도 있습니다.
}
```

Rocket은 로깅을 돕는 매크로가 있지만, `write_out` 주석에서 언급된 것처럼 `print`를 내부적으로 사용하지 않습니다.

```
macro_rules! define_log_macro {
    ($name:ident: $kind:ident, $target:expr, $d:tt) => {
        #[doc(hidden)]
        #[macro_export]
        macro_rules! $name {
            ($d ($t:tt)*) => {
                $crate::log::private::$kind!(target: $target, $d ($t)*)
            }
        }
    };

    // 추가 구현체
}

define_log_macro!(error, error_);  ← 그 외 warn, info 등을 위한 유사한 매크로들도 있습니다.

// `print!`는 stdout을 사용할 수 없을 때 패닉이 발생하지만, 이 매크로는 그렇지 않음

#[cfg(not(any(debug_assertions, test, doctest)))]
macro_rules! write_out {
    ($($arg:tt)*) => {{
        use std::io::{Write, stdout, stderr};
        let _ = write!(stdout(), $($arg)*)
            .or_else(|e| write!(stderr(), "{}", e));
    }}
}
```

그리고 일부 프로젝트에서는 그냥 기본적인 `println`과 `eprintln` 구문을 사용하기도 합니다.

9.10 연습문제

해답은 부록을 참고하세요.

1. 입력 모델링을 개선해 보시기 바랍니다. 앞서 논의한 바와 같이, `IacInput` 사용자가 버킷 이벤트의 존재를 더 쉽게 파악할 수 있어야 합니다. 선택적으로, 개선된 `IacInput`을 사용하여 인프라스트럭처 생성 부분도 재구현할 수 있습니다.
2. 리소스나 프로퍼티를 찾을 수 없을 때 적절한 대안을 제시하는 기능을 구현해 보세요. 예를 들어 'buck'이라고 입력했을 때 'bucket'을 제안하는 것과 같은 기능입니다. 이를 구현하는 한 가지 방법으로 레벤슈타인(Levenshtein) 거리 알고리즘을 활용할 수 있습니다.
3. 현재 구현에서는 이미 존재하는 리소스를 추가하려고 할 때 오류가 발생합니다. 리소스가 이미 존재하는 것으로 확인되는 경우 생성 과정을 건너뛰도록 수정하시기 바랍니다.
4. `iac!` 매크로에 다른 종류의 리소스(AWS나 다른 클라우드 제공자의 리소스)를 추가할 수 있도록 확장해 보세요(참고: 이 연습문제에는 해답이 제공되지 않습니다).

9.11 요약

- 코드형 인프라스트럭처(IaC)를 통해 애플리케이션의 전체 인프라를 텍스트나 코드로 기술할 수 있으며, 이는 인프라의 상태가 문서화되고 버전 관리되며 생성, 삭제, 업데이트가 용이함을 의미합니다.
- 함수형 매크로를 사용하여 자체 IaC 문법을 만들 수 있으며, 매크로가 내부적으로 명세된 내용을 생성하도록 할 수 있습니다.
- 구조체 기반 구문 분석에서는 코드 작성을 위한 다양한 방식이 있습니다.
- `syn`에서 사용자 정의 키워드를 생성하는 기능은 매크로 내에서 언어를 만들 때 매우 유용합니다.
- 매크로 내에서 비동기 호출을 사용하여 러스트 SDK로 AWS 인프라를 생성하는 등의 작업을 수행할 수 있습니다.
- 선언적 매크로와 절차적 매크로를 원하는 방식으로 혼합하여 그 기능을 결합할 수 있습니다.

CHAPTER 10

매크로의 실전 활용

이번 장에서 다루는 내용
- 단일 라이브러리로 다중 매크로 노출하기
- Feature 플래그 시스템을 통한 기능 추가/비활성화
- 생성될 코드를 제어하기 위한 속성 사용
- 매크로 라이브러리 문서화와 배포
- 이 책을 넘어선 흥미로운 매크로 주제 탐구

이전 장들에서는 프로덕션 환경에서 더 나은 방식으로 구현했을 기능들을 간단하게 구현해 왔습니다. 이번 마지막 장에서는 YAML 설정을 처리하는 매크로를 만들면서 모든 것을 제대로 구현해 보고자 합니다. 기능은 제한적이지만 테스트, 오류 처리, 문서화 등을 완벽하게 갖추어 실제 환경에서 사용할 수 있는 수준으로 만들어 볼 것입니다.

라이브러리를 공개하면 다른 개발자들이 매크로를 활용할 수 있게 되어 언어 생태계가 더욱 풍부해집니다. 회사 내부용으로 개발된 라이브러리라도 오픈소스로 공개하면 큰 이점이 있습니다. 다른 개발자들이 버그를 발견하거나 개선사항을 제안할 수 있어 코드의 품질을 높일 수 있기 때문입니다. 또한 이 장에서는 매크로를 최대한 가볍게 만드는 데 도움이 되는 Feature 플래그 시스템과 같은 추가적인 주제들도 다룹니다.

10.1 함수형 설정 매크로

첫 번째로 `config`라는 함수형 매크로를 구현해 보겠습니다. 이 매크로는 `HashMap<String, String>`을 포함하는 `Config` 구조체를 생성하며, 설정값들로 맵을 초기화하는 `new` 메서드도 함께 생성합니다.

예를 들어 다음과 같은 YAML 설정이 있을 때, `new`를 호출하면 `user`와 `password`를 키로 하고 각각 `"admin"`과 `"pass"`를 값으로 가지는 맵이 생성됩니다.

```
user: "admin"
password: "admin"
```

단순한 예시를 위해 중첩된 YAML 구조는 허용하지 않고 문자열 값을 가진 일반 키만 허용하도록 하겠습니다.

> 옮긴이 10장의 코드는 지면상 생략된 부분이 많아서 처음부터 프로젝트를 생성한 후에 실습하시기에는 적절하지 않을 수 있습니다. 따라서 실습 시에는 원서의 깃허브 리포지터리를 기준으로 진행하시는 것을 권장드립니다.
>
> 깃허브 리포지터리를 클론한 뒤 프로젝트 루트를 IDE에서 열면 여러 프로젝트 내에 존재하는 workspace 설정으로 인해 rust-analyzer가 정상적으로 작동하지 않습니다. 따라서 현재 진행 중인 프로젝트의 하위 디렉터리로 가서 해당 디렉터리를 IDE로 열어주시기 바랍니다. 10.1절에서는 실습 진행 시 ch10/ch10-start 하위 디렉터리를 IDE로 열어주세요.
>
> 원서 깃허브 레포지토리 주소: https://github.com/VanOvermeire/rust-macros-book

10.1.1 매크로 프로젝트 구조

이전과 같이 2개의 디렉터리(config-macro와 config-macro-usage)와 선택적인 Cargo 워크스페이스로 구성된 프로젝트를 만들겠습니다. 또한 이 두 디렉터리와 같은 레벨에 예제 config.yaml 파일을 포함하는 configuration 디렉터리도 있습니다.

코드 10.1 예제 설정

```
user: "admin"
password: "admin"
```

usage 디렉터리에는 컴파일 테스트를 위해 `trybuild` 의존성이 추가되었습니다.

코드 10.2 **ch10-start/config-macro-usage 디렉터리의 Cargo.toml 의존성 섹션**

```toml
[dependencies]
config-macro = { path = "../config-macro" }

[dev-dependencies]
trybuild = "1.0.85"
```

매크로 자체는 YAML을 읽기 위한 `serde`와 `serde_yaml`을 사용합니다.

코드 10.3 **ch10-start/config-macro 디렉터리의 Cargo.toml**

```toml
[package]
name = "config-macro"
version = "0.1.0"
edition = "2021"

[dependencies]
quote = "1.0.33"
syn = { version = "2.0.39", features = ["extra-traits"]}
serde = "1.0.192"
serde_yaml = "0.9.27"
proc-macro2 = "1.0.69"

[lib]
proc-macro = true
```

워크스페이스는 다음과 같습니다.

코드 10.4 **ch10-start 디렉터리의 Cargo.toml**

```toml
[workspace]
resolver = "2"

members = [
    "config-macro",
    "config-macro-usage"
]
```

config-macro-usage의 main.rs에는 매크로 사용 예제와 일부 정상 경로 테스트가 포함되어 있습니다. 또한 컴파일 실패 테스트가 있는 tests 디렉터리도 있지만, 지면상 간단하게 개념을 설명하기 위해 생략했습니다. 이는 이 책의 코드 저장소(https://github.com/VanOvermeire/rust-macros-book)에서 찾을 수 있습니다.

코드 10.5 main.rs의 사용 예제와 테스트

```
fn main() {
    config!();
    let cfg = Config::new();
    let user = cfg.0.get("user").unwrap();
    println!("{user}");
}

// 일부 정상 경로 테스트
```

이제 구현체를 살펴보겠습니다.

10.1.2 코드 개요

이 매크로 코드는 이전에 본 내용들로 구성되어 있으니 간단하게 살펴봅시다. lib.rs 외에도 input.rs와 output.rs 파일을 추가로 만드는 모듈식 접근 방식을 택했습니다.

lib.rs를 살펴보겠습니다. 이 파일은 input.rs에 정의된 구조체를 사용해 토큰 스트림 입력을 읽고, 헬퍼 함수를 통해 출력을 생성합니다. 또한 YAML을 찾고 읽는 매크로의 핵심 로직도 포함하고 있습니다. 기본 경로나 재정의된 경로에서 파일을 찾아 `serde_yaml`을 사용해 HashMap<String, String>으로 변환합니다. 오류는 적절히 처리되며 패닉이 발생하지 않도록 구현되어 있습니다.

코드 10.6 헬퍼 함수들을 정의하는 lib.rs

```
// 모듈 가져오기 구문

mod output;
mod input;

fn find_yaml_values(input: ConfigInput)
    -> Result<HashMap<String, String>, syn::Error> {
    let file_name = input.path    ◀── 설정 위치를 재정의하거나 기본값을 사용
        .unwrap_or_else(|| {
            "./configuration/config.yaml".to_string()
        });

    let file = fs::File::open(&file_name)
        .map_err(|err| {
            syn::Error::new(
                Span::call_site(),
                format!(
                    "could not read config with path {}: {}",
                    &file_name,
```

```
                err
            )
        )
    })?;    ◀── 파일을 열고 실패 시 유용한 오류 반환

    serde_yaml::from_reader(file)    ◀── serde_yaml을 사용해 내용을 HashMap으로 읽음
        .map_err(|e| {
            syn::Error::new(Span::call_site(), e.to_string())
        })
}

#[proc_macro]
pub fn config(item: TokenStream) -> TokenStream {
    let input: ConfigInput = parse_macro_input!(item);    ◀── 사용자 정의 구조체로 입력을 파싱
    match find_yaml_values(input) {
        Ok(values) => generate_config_struct(values).into(),    ◀── find_yaml_values를 사용해 설정을 읽고
        Err(e) => e.into_compile_error().into()                     출력 생성 함수로 전달
    }
}
```

input.rs는 들어오는 `TokenStream`을 파싱합니다. 현재는 설정 파일 위치를 재정의하기 위한 선택적 인자 하나를 받으며, 이를 위해 사용자 정의 키워드를 만들었습니다. 향후 다른 인자가 추가될 가능성을 고려하여 키-값 스타일의 접근 방식(path = "./path.yaml")을 채택했고, 이는 나중에 키를 추가하기 쉽게 만듭니다. 또한 적절한 오류 처리도 구현했습니다.

코드 10.7 TokenStream을 파싱하는 input.rs

```
use syn::parse::{Parse, ParseStream};
use syn::{LitStr, Token};

pub(crate) mod kw {
    syn::custom_keyword!(path);
}

#[derive(Debug)]
pub struct ConfigInput {
    pub path: Option<String>,
}

impl Parse for ConfigInput {
    fn parse(input: ParseStream) -> syn::Result<Self> {
        if input.is_empty() {
            return Ok(ConfigInput { path: None });
        }

        if !input.peek(kw::path) {
```

```
            return Err(syn::Error::new(
                input.span(),
                "config macro only allows for 'path' input",
            ));
        }

        let _: kw::path = input
            .parse()
            .expect("checked that this exists");

        let _: Token![=] = input
            .parse()
            .map_err(|_| syn::Error::new(
                input.span(),
                "expected equals sign after path",
            ))?;

        let value: LitStr = input
            .parse()
            .map_err(|_| syn::Error::new(
                input.span(),
                "expected value after the equals sign",
            ))?;

        Ok(ConfigInput {
            path: Some(value.value()),
        })
    }
}
```

output.rs도 매우 친숙한 느낌입니다. 이전 장들을 모두 다루고 난 후라 그렇게 느끼길 바랍니다. 설정 파일의 값을 가져와서 구조체와 `new` 메서드를 생성합니다.

코드 10.8 적절한 출력을 생성하는 output.rs

```
use quote::quote;
use std::collections::HashMap;
use proc_macro2::{TokenStream};

fn generate_inserts(yaml_values: HashMap<String, String>)    ◀── 이 함수는 맵에 삽입해야 하는
    -> Vec<TokenStream> {                                         모든 개별 항목을 생성합니다.
    yaml_values
        .iter()
        .map(|(key, value)| {
            quote!(map.insert(#key.to_string(), #value.to_string());)
        })
        .collect()
```

```
}
pub fn generate_config_struct(yaml_values: HashMap<String, String>) -> TokenStream {
    let inserts = generate_inserts(yaml_values);

    quote! {
        pub struct Config(
            pub std::collections::HashMap<String, String>
        );

        impl Config {
            pub fn new() -> Self {                              여기서 구조체와 구현을 생성합니다.
                let mut map = std::collections::HashMap::new();
                #(#inserts)*
                Config(map)
            }
        }
    }
}
```

이것으로 설정으로부터 구조체를 생성할 수 있게 되었습니다.

10.1.3 전체 경로 사용하기

이 코드에서 주목할 만한 새로운 점은 `HashMap`에 **전체 경로**(full path)를 사용한다는 것입니다. 예를 들면 다음과 같습니다. `struct Config(pub std::collections::HashMap<String, String>);` 이렇게 한 데는 두 가지 이유가 있습니다.

첫째, `HashMap`은 러스트 프렐류드에 포함되어 있지 않아서 사용자 코드에서 기본적으로 사용할 수 없습니다. 전체 경로가 없으면 러스트는 이 타입의 출처를 알 수 없어 다음과 같은 오류가 발생하고 컴파일러가 표준 `HashMap`을 가져오라는 메시지를 표시합니다.

```
error[E0412]: cannot find type `HashMap` in this scope
 --> config-macro-usage/src/main.rs:5:5
  |
5 |     config!();
  |     ^^^^^^^^^ not found in this scope
```

여기서 실제로 일어나는 일을 살펴보면, 애플리케이션의 러스트 파일에 코드를 추가할 때 경로 없이 `struct Config(HashMap<String, String>);`을 추가하면 **사용자 코드** 입장에서는 낯선 타입을 참조하게 됩니다. 사용자는 `std::collections::HashMap`을 가져와서 이 문제를 해결해야 하며, 운이 좋아서 프로젝트상에 HashMap이 이미 포함되어 있다면 매크로 컴파일 문제를 전혀 알아채지 못할 수도 있습니다.

그러나 사용자가 직접 이런 조치를 취해야 하는 것은 바람직하지 않습니다. 사용자 친화적이지 않을 뿐만 아니라, HashMap 사용이라는 구현 세부 사항이 직접적으로 노출되기 때문입니다. HashMap을 숨기면 필요할 때 다른 타입으로 변경하기가 쉬워지고 기존 코드를 수정할 필요도 없어집니다. 전체 경로를 사용함으로써 클라이언트의 편의성을 높이고 구현 세부 사항을 적절히 은닉할 수 있습니다.

둘째, 사용자가 이미 HashMap을 사용하고 있는데 우리가 예상한 것과 다를 수 있습니다. 예를 들어 다음과 같이 같은 이름의 구조체를 정의했을 수 있습니다.

```
struct HashMap {}
```

매크로가 전체 경로를 사용하지 않으면, `std::collections::HashMap`이 제네릭 인자를 필요로 하는데 로컬 버전은 그렇지 않아서 다음과 같은 혼란스러운 오류가 발생합니다.

```
error[E0107]: this struct takes 0 generic arguments but 2 generic arguments were supplied
```

프로젝트와 매크로의 규모가 커질수록 애플리케이션 코드와 라이브러리 코드 간의 이름 충돌 가능성도 커지므로 이를 방지해야 합니다. 따라서 **생성된 코드에서는 항상 전체 경로를 사용**하는 것이 좋은 방법입니다. 이는 러스트 프렐류드에 포함된 `std::vec::Vec` 같은 타입에 대해서도 마찬가지입니다. 특정 환경에서는 사용할 수 없거나 애플리케이션 코드에서 재정의될 수 있기 때문입니다.

> **String과 str 사용**
>
> 이 책에서는 String 타입을 주로 사용하고 문자열 슬라이스(str)는 거의 다루지 않았습니다. String이 친숙하고 다루기 쉬운 타입이기도 하고, 때로는 유일하게 올바른 선택이었기 때문입니다. 또한 논의와 직접적인 관련이 없는 복잡성을 피하기 위해서이기도 했습니다.
>
> 하지만 이번에는 문자열 슬라이스를 살펴보겠습니다. 이 예제에서는 적절한 대안이 될 수 있고 사용하기도 어렵지 않기 때문입니다. 하드코딩된 값이 포함된 새로운 메서드를 생성하고 있는데, 이러한 리터럴은 정적이므로 정적 라이프타임을 가진 슬라이스를 사용할 수 있습니다. `struct Config(pub std::collections::HashMap<&'static str,&'static str>);`이 시그니처만 바꾸면 generate_inserts에서 to_string 호출을 제거하는 것 외에는 변경할 것이 없습니다.

10.1 함수형 설정 매크로

```
fn generate_inserts(yaml_values: HashMap<String, String>)
    -> Vec<TokenStream> {
    yaml_values.iter().map(|v| {
        let key = v.0;
        let value = v.1;
        quote!(map.insert(#key, #value);)
    })
    .collect()
}

pub fn generate_config_struct(yaml_values: HashMap<String, String>) -> TokenStream {
    let inserts = generate_inserts(yaml_values);

    quote! {
        pub struct Config(
            pub std::collections::HashMap<&'static str, &'static str>
        );

        impl Config {
            pub fn new() -> Self {
                let mut map = std::collections::HashMap::new();
                #(#inserts)*
                Config(map)
            }
        }
    }
}
```

> [옮긴이] 10.2절에서는 실습 진행 시 ch10/ch10-second-macro 하위 디렉터리를 IDE로 열어서 진행해 주세요.
> 원서 깃허브 리포지터리 주소: https://github.com/VanOvermeire/rust-macros-book

10.2 매크로 추가하기

현재는 함수처럼 작동하는 매크로를 제공하고 있지만, 사용자에 따라서는 새로운 구조체를 만들기보다 속성형 매크로로 기존 구조체를 수정하는 것을 선호할 수 있습니다. 그렇다면 이런 방식도 지원하는 것이 좋겠습니다. 절차적 매크로 라이브러리는 절차적 매크로만 제공할 수 있고 일반적인 함수나 구조체는 제공할 수 없지만, 9.9절에서 설명한 것처럼 한 라이브러리가 제공할 수 있는 매크로의 수에는 제한이 없습니다.

이제 직접 구현을 시작하겠습니다. 여기서는 새로운 사용 예시나 테스트 코드는 생략하고 매크로 디렉터리의 변경사항만 살펴보겠습니다. 속성의 `TokenStream`을 파싱할 때는 기존의 `ConfigInput` 구조체를 재활용합니다. 이를 통해 사용자가 정의한 경로(`path = ...`)도 자동으로 처리할 수 있습니다. 그리고 속성이 적용된 구조체의 상세 정보를 얻기 위해서는 이전과 마찬가지로 `DeriveInput`을 사용합니다. `DeriveInput`은 기본으로 제공되며 현재 필요한 기능을 모두 갖추고 있기 때문입니다. 이렇게 얻은 정보는 출력 생성기로 전달됩니다.

코드 10.9 lib.rs

```rust
#[proc_macro_attribute]
pub fn config_struct(attr: TokenStream, item: TokenStream)
    -> TokenStream {
    let input: ConfigInput = parse_macro_input!(     // ConfigInput 재사용
        attr
    );
    let ast: DeriveInput = parse_macro_input!(       // 속성형 매크로를 DeriveInput으로 파싱
        item
    );

    match find_yaml_values(input) {
        Ok(values) => generate_annotation_struct(ast, values)  // 출력 함수에 전달
            .into(),
        Err(e) => e.into_compile_error()
            .into()
    }
}
```

input.rs는 전혀 변경되지 않았으며 그대로 사용할 수 있습니다. 하지만 output.rs는 다른 형태의 출력을 생성해야 합니다. 구조체를 재구성하고, `new` 메서드와 필드 선언도 다시 만들어야 합니다.

코드 10.10 구조체 재구성하기 - output.rs 함수 분리 및 모듈화

```rust
// 이전 코드와 가져오기 구문

fn generate_fields(yaml_values: &HashMap<String, String>)
    -> Vec<TokenStream> {
    yaml_values.iter().map(|v| {
        let key = Ident::new(v.0, Span::call_site());
        quote! {
            pub #key: String
        }
    }).collect()
}
```

```rust
fn generate_inits(yaml_values: &HashMap<String, String>)
    -> Vec<TokenStream> {
    yaml_values.iter().map(|v| {
        let key = Ident::new(v.0, Span::call_site());
        let value = v.1;
        quote! {
            #key: #value.to_string()
        }
    }).collect()
}

pub fn generate_annotation_struct(
    input: DeriveInput,
    yaml_values: HashMap<String, String>,
) -> TokenStream {
    let attributes = &input.attrs;
    let name = &input.ident;
    let fields = generate_fields(&yaml_values);
    let inits = generate_inits(&yaml_values);

    quote! {
        #(#attributes)*    ◀―― 기존 속성들을 유지하도록 함
        pub struct #name {
            #(#fields,)*
        }

        impl #name {
            pub fn new() -> Self {
                #name {
                    #(#inits,)*
                }
            }
        }
    }
}
```

이런 작업들은 이제 식은 죽 먹기입니다. 다만 하나 실수했던 게 있는데, 키를 식별자로 변환하는 과정을 깜빡했다가 `expected identifier` 컴파일 오류를 만났습니다. 그리고 여기서 반드시 `proc_macro2` 크레이트의 `Ident`를 사용해야 한다는 점도 중요합니다. IDE가 자동으로 `proc_macro`의 `Ident`를 선택하면 `the trait bound proc_macro::Ident: ToTokens is not satisfied`(ToTokens 트레이트가 구현되지 않았습니다)라는 경고를 보게 되는데, 이는 `quote`가 코드를 `TokenStream`으로 변환할 때 필요한 `ToTokens` 구현체가 `proc_macro`의 `Ident`에는 없기 때문입니다.

이 기능을 완성하고 나면 `config!` 매크로와 `#[config_struct]` 속성 중 편한 방식을 골라 쓸 수 있습니다. 둘 다 동시에 사용하는 것도 물론 가능하지만, 굳이 그럴 필요는 없겠죠.

> [옮긴이] 10.3절에서는 실습 진행 시 ch10/ch10-features 하위 디렉터리를 IDE로 열어서 진행해 주세요.
> 원서 깃허브 리포지터리 주소: https://github.com/VanOvermeire/rust-macros-book

10.3 Feature 플래그 시스템[1]

동일한 기능을 하는 매크로 여러 개를 사용하면 사용자에게 불필요한 코드까지 프로젝트에 포함해야 한다는 단점이 있습니다. 이 문제를 해결하기 위해 러스트에서는 **Feature 플래그**(feature flag)라는 기능을 지원합니다. Feature 플래그 시스템은 코드의 특정 부분만을 선택적으로 활성화할 수 있는 기능입니다. 사용자는 필요한 기능만 선택하여 활성화할 수 있으며, 그 기능에 해당하는 코드만 프로젝트에 포함됩니다.

Feature 플래그 시스템을 통해 속성형 매크로를 선택적으로 제공할 수 있도록 해보겠습니다. `struct`라는 이름의 Feature 플래그로 이를 구현할 텐데, 이는 이 매크로가 구조체와 함께 사용되기 때문입니다. 먼저 매크로의 Cargo.toml에 Feature 플래그를 추가합니다.

코드 10.11 config-macro 디렉터리 내 Cargo.toml의 Feature 플래그 설정

```
[features]
struct = []
```

코드 구성을 단순화하기 위해 속성형 매크로와 관련된 모든 코드 생성 함수(`generate_fields`, `generate_inits`, `generate_annotation_struct`)를 output.rs에서 별도의 파일로 분리합니다. 이 새로운 파일을 struct_output.rs라고 명명합니다.

다음으로 라이브러리에 Feature 플래그 설정을 추가합니다. 속성형 매크로의 진입점에 `#[cfg(feature = "struct")]`를 추가하여 `struct` Feature 플래그가 활성화된 경우에만 해당 코

---

[1] [옮긴이] 원문에서는 'features' 또는 'feature flag'라고 표현하고 있습니다. 여기서는 좀 더 명확한 의미 전달을 위해 'Feature 플래그' 혹은 'Feature 플래그 시스템'이라는 용어로 번역했습니다. 러스트의 Feature 시스템은 Cargo의 핵심 기능 중 하나로, 조건부 컴파일과 모듈식 코드 구성을 가능하게 합니다. npm의 선택적 의존성(`optionalDependencies`)이나 파이썬의 `extras`와 비슷한 개념이지만, 더 세밀한 제어가 가능합니다.

드가 포함되도록 합니다. DeriveInput을 불러오는 부분도 마찬가지로 조건부로 변경합니다. 특히 주목할 점은 새로 만든 struct_output 모듈도 이 Feature 플래그가 활성화된 경우에만 불러온다는 것입니다. 이것이 바로 관련 함수들을 별도 파일로 분리한 이유입니다. 이렇게 하면 세 함수를 한 번에 선택적으로 포함시킬 수 있습니다. 불필요한 불러오기를 줄이기 위해 struct_output::generate_annotation_struct는 전체 경로를 직접 명시했습니다.

코드 10.12 Feature 플래그가 구현된 lib.rs 예시(세부 구현 생략)

```rust
// 가져오기 구문

mod input;
mod output;

#[cfg(feature = "struct")]
use syn::DeriveInput;        // "struct" 플래그가 설정된 경우에만 불러오기
                             // 가 활성화됩니다.
#[cfg(feature = "struct")]
mod struct_output;

fn find_yaml_values²(input: &ConfigInput) -> Result<HashMap<String, String>, syn::Error> {
    // 함수 구현체
}

// 함수형 매크로
#[proc_macro]
pub fn config(item: TokenStream) -> TokenStream {
    // 함수 구현체
}

#[cfg(feature = "struct")]    // ← 매크로 진입점도 마찬가지입니다.
#[proc_macro_attribute]
pub fn config_struct(attr: TokenStream, item: TokenStream)
    -> TokenStream {
    let input: ConfigInput = parse_macro_input!(attr);
    let ast: DeriveInput = parse_macro_input!(item);

    match find_yaml_values(&input) {
        Ok(values) => struct_output::generate_annotation_struct(   // ← 전체 경로를 사용해야 합니다.
            ast, values, &input.exclude_from                       //   그렇지 않으면 Feature 관련
        ).into(),                                                  //   의존성을 위한 추가 가져오기
                                                                   //   구문이 필요합니다.
```

---

2 [옮긴이] 10.2절에서는 함수 시그니처가 `fn find_yaml_values(input: ConfigInput)`이었는데 여기서는 `fn find_yaml_values(input: &ConfigInput)`으로 값을 넘기는 것에서 불변 참조를 넘기도록 바뀌었습니다. 이는 원저자가 코드를 확장해 나가면서 리팩터링을 한 것으로 보입니다. 기존 함수 코드처럼 값을 넘기는 경우 러스트의 소유권 모델로 인해 값이 이동(move)하게 되고 향후 재사용이 불가능해집니다. 따라서 이를 방지하기 위해 함수를 호출하는 시점에 값을 복제하거나 지금처럼 읽기 전용으로 불변 참조를 넘기는 방법이 있는데, 원저자는 후자를 택한 것으로 보입니다.

```
            Err(e) => e.into_compile_error().into(),
        }
    }
```

config-macro-usage에서 코드를 실행해 보면 코드가 제대로 작동하는지 확인할 수 있습니다.

코드 10.13 사용 예시

```
use config_macro::config_struct;

#[config_struct]
#[derive(Debug)]            ◁ 출력을 위해 Debug 파생을 추가합니다
struct ConfigStruct;

fn main() {
    let config = ConfigStruct::new();
    println!("{config:?}");
}
```

이 코드는 속성형 매크로가 비활성화되어 있어서 실행되지 않을 것입니다. 반면 함수형 매크로는 계속 작동합니다. 매크로 라이브러리 의존성을 `config-macro = { path = "../config-macro", features = ["struct"] }`로 변경하면 모든 기능이 정상적으로 작동합니다.

이는 속성형 매크로를 선호하는 사용자도 함수형 매크로를 제외할 수 없음을 의미합니다. 이 문제를 해결하기 위해 함수형 매크로도 `functional`이라는 Feature 플래그로 감싸볼 수 있습니다. 그런데 이렇게 하면 기본적으로 어떤 매크로도 노출되지 않는 상황이 발생할 수 있습니다. 이는 기술적으로는 가능하지만 바람직하지 않습니다. 따라서 기본 Feature 플래그를 추가하는 것이 좋은 해결책이 될 수 있습니다. 이렇게 하면 사용자는 `config-macro = { path = "../config-macro", features = ["struct"], default-features = false }`와 같이 설정하여 원하지 않는 매크로를 제외할 수 있으면서도, 기본적으로는 최소한 하나의 매크로가 활성화됩니다.

config-macro/Cargo.toml

```
[features]
default = ["functional"]
struct = []
functional = []
```

지금까지는 불필요한 라이브러리 코드를 제외하는 방법을 살펴봤습니다. 그렇다면 매크로가 생성하는 코드는 어떨까요? 예를 들어, 속성형 매크로가 구조체에 대한 `From` 구현도 자동으로 생성하여 `HashMap`으로 변환할 수 있게 한다고 가정해 봅시다.

```
let cfg = MyConfigStruct::new();
let as_map: HashMap<String, String> = cfg.into();
```

모든 사용자가 이 메서드를 필요로 하는 것은 아니지만, 현재는 무조건 생성됩니다.

> **NOTE** 러스트 컴파일러는 사용하지 않는 함수 등을 제거하여 코드를 최적화할 수 있습니다. 하지만 이러한 최적화가 항상 이루어진다는 보장은 없습니다. 또한 사용하지 않는 코드를 제거하는 데도 시간이 소요됩니다. 따라서 처음부터 불필요한 코드를 포함하지 않는 것이 더 효율적일 수 있습니다.

이 문제를 해결하기 위한 한 가지 방법은 매크로에 특정 코드 생성을 제외할 수 있는 속성을 추가하는 것입니다. 이를 `exclude`라고 부르겠습니다. 현재는 `from`이라는 값만 허용하며, 이를 사용하면 `From` 구현이 생성되지 않습니다.

```
#[config_struct(exclude = "from")]
struct ConfigStruct {}
```

이 속성을 지원하려면 input.rs의 파싱 로직을 수정해야 합니다. `exclude` 키워드와 `exclude_from` 불리언 프로퍼티를 추가하고, `exclude` 값을 파싱하는 코드도 구현합니다. 문자열 값이 `from`이면 프로퍼티를 `true`로 설정하고, 그 외의 경우에는 `false`로 설정합니다. 다만 현재 구현은 `path`나 `exclude` 중 하나의 프로퍼티만 허용한다는 제한이 있습니다. 이 제한을 해결하고 싶다면 연습문제를 참고하세요.

코드 10.14 `ConfigInput`에 프로퍼티 추가하기(input.rs)

```
use syn::{LitStr, Token};
use syn::parse::{Parse, ParseStream};

pub(crate) mod kw {
    syn::custom_keyword!(path);
    syn::custom_keyword!(exclude);  // ← exclude 키워드를 추가
}

#[derive(Debug)]
pub struct ConfigInput {
    pub path: Option<String>,
    pub exclude_from: bool,  // ← 제외 정보를 저장하기 위한 추가 프로퍼티가 필요
}
```

```rust
impl Parse for ConfigInput {
    fn parse(input: ParseStream) -> syn::Result<Self> {
        if input.is_empty() {
            // 이전 코드와 유사함. exclude는 false
            Ok(ConfigInput {
                path: None,
                exclude_from: false,
            })
        } else if input.peek(kw::path) {
            // 이전 코드와 유사함. exclude는 false
            let _: kw::path = input.parse()
                .expect("checked that this exists");
            let _: Token!(=) = input.parse()
                .map_err(|_| syn::Error::new(
                    input.span(),
                    "expected equals sign after path"
                ))?;
            let value: LitStr = input.parse()
                .map_err(|_| syn::Error::new(
                    input.span(),
                    "expected value after the equals sign"
                ))?;

            Ok(ConfigInput {
                path: Some(value.value()),
                exclude_from: false,
            })
        } else if input.peek(kw::exclude) {
            let _: kw::exclude = input.parse()
                .expect("checked that this exists");
            let _: Token!(=) = input.parse()
                .map_err(|_| syn::Error::new(
                    input.span(),
                    "expected equals sign after path",
                ))?;
            let value: LitStr = input.parse()
                .map_err(|_| syn::Error::new(
                    input.span(),
                    "expected value after the equals sign",
                ))?;
            let exclude_from = value.value() == "from";

            Ok(ConfigInput {
                path: None,
                exclude_from,   // ◀── 키워드가 있고 값이 "from"과 일치하면 프로퍼티를 true로 설정
            })
        } else {
            // 오류 사례
```

```
            Err(
                syn::Error::new(
                    input.span(),
                    "config macro only allows for 'path' input",
                )
            )
        }
    }
}
```

구조체 관련 변경사항은 struct_output.rs 파일에 있습니다. `generate_inserts_for_from`과 `generate_from_method`라는 두 함수를 통해 적절한 `From` 구현을 생성합니다. 한편 `generate_annotation_struct` 함수는 lib.rs로부터 `ConfigInput`에서 추출한 불리언 값을 전달받습니다. 이 값을 기준으로 새로운 함수들을 호출하여 코드를 생성하거나 빈 토큰 스트림을 생성하며, 생성된 결과는 최종 `quote`에 전달됩니다.

코드 10.15 **struct_output.rs의 추가 메서드와 변경사항**

```
// 가져오기 구문, generate_fields 함수, generate_inits 함수

fn generate_inserts_for_from(yaml_values: &HashMap<String, String>)    ◀── From 생성을 돕는 추가 함수
    -> Vec<TokenStream> {
    yaml_values.iter().map(|v| {
        let key = v.0;
        let key_as_ident = Ident::new(key, Span::call_site());
        quote!(map.insert(#key.to_string(), value.#key_as_ident);)
    }).collect()
}

fn generate_from_method(    ◀── From 생성을 돕는 추가 함수
    name: &Ident,
    yaml_values: &HashMap<String, String>,
) -> TokenStream {
    let inserts = generate_inserts_for_from(yaml_values);
    quote! {
        impl From<#name> for std::collections::HashMap<String, String> {
            fn from(value: #name) -> Self {
                let mut map = std::collections::HashMap::new();
                #(#inserts)*
                map
            }
        }
    }
}
```

```
}
pub fn generate_annotation_struct(
    input: DeriveInput,
    yaml_values: HashMap<String, String>,
    exclude_from_method: &bool,
) -> TokenStream {
    // 다른 모든 토큰 스트림
    let from = if !exclude_from_method {         ← 불리언 값이 false이면 From을 생성하고,
        generate_from_method(&input.ident, &yaml_values)   그렇지 않으면 빈 스트림을 반환
    } else {
        quote!()
    };

    quote! {
        // 구조체와 메서드 생성
        #from
    }
}
```

이런 대안적인 방식의 가장 큰 장점은 매우 유연하다는 점입니다. 결국 수작업으로 작성된 코드이기 때문에 어떤 작업이든 가능합니다. 예를 들어 환경 변수를 가져와서 로컬 파일과 비교한 뒤, 그 결과에 따라 무엇을 생성할지 결정할 수도 있습니다. 하지만 이번 경우를 포함한 대부분의 상황에서는 Feature 플래그로도 원하는 목표를 달성할 수 있습니다(연습문제 참고). 따라서 특별한 이유가 없다면 사용자 정의 솔루션보다는 내장된 도구를 사용하는 것이 좋습니다.

> **NOTE** 러스트에서 Feature 플래그는 가산적(additive)이어야 합니다. 즉, 기능을 추가할 수는 있지만 크레이트에 이미 존재하는 기능을 비활성화해서는 안 됩니다. Cargo는 의존성을 해결할 때 이 원칙에 따라 작동합니다. 본문에서 작성한 매크로는 `struct`와 `functional`이라는 두 Feature 플래그를 통해 매크로를 추가하므로 이 규칙을 잘 따르고 있습니다. 하지만 만약 Feature 플래그를 사용해서 기본적으로 제공되는 `From` 구현을 제외하려 한다면, 이는 이 규칙을 위반하는 것이 됩니다.

> [옮긴이] 10.4절에서는 실습 진행 시 ch10/ch10-documentation 하위 디렉터리를 IDE로 열어서 진행해 주세요.
> 원서 깃허브 리포지터리 주소: https://github.com/VanOvermeire/rust-macros-book

10.4 매크로 문서화하기

다른 사람이 사용할 매크로를 작성할 때는 문서화가 필수적입니다. 사용법이 불분명한 크레이트나 프로젝트는 개발자들에게 불편함을 줄 수 있기 때문입니다. 상황에 따라 어떤 내용을 문서화할지는 개발자의 몫이지만, 사용 가능한 문서화 옵션들을 소개해드리고자 합니다.

내부 사용을 위한 일반 코드 주석(//) 외에도, 단일 항목을 문서화하는 데 사용되는 외부 문서화(///) 기능이 있습니다.[3] 이를 통해 매크로에 항목별 문서를 추가할 수 있습니다. 코드 10.16은 `config` 매크로의 간단한 예시입니다.

코드 10.16 `config`의 외부 문서화

```rust
/// 이 함수형 매크로는 Config라는 구조체를 생성합니다.
/// 생성된 구조체는 YAML 설정 속성들을 포함하는
/// HashMap<String, String> 타입의 필드를 가집니다.
#[proc_macro]
pub fn config(item: TokenStream) -> TokenStream {
    // 구현체
}
```

`cargo doc --open`을 실행하면 생성된 `config` 관련 문서를 확인할 수 있습니다.

6장에서 살펴봤던 문서 테스트를 다른 매크로에도 추가할 수 있습니다. 이러한 테스트는 `cargo test`를 실행할 때 수행되므로 실제로 작동하는지 확인해야 합니다. lib.rs가 사용 예제와는 다른 위치에 있으므로 `import`와 구체적인 설정 경로가 필요합니다. `cfg`에 대한 변경사항도 주목할 만합니다. 이 변경이 없다면 러스트는 Feature 플래그 뒤에 숨겨져 있는 이 구조체에 대한 문서를 생성하지 않았을 것입니다. `doc` 프로필을 추가하는 것이 이를 표시하는 한 가지 방법입니다.

코드 10.17 `config_struct`의 외부 문서화

```rust
/// 이 매크로는 기존 구조체를 'config' 구조체로
/// 변환하는 기능을 제공합니다.
/// 기존에 정의된 필드들을 설정 파일에 있는
/// 필드들로 대체합니다.
///
/// # 예시
/// ```rust
/// use config_macro::config_struct;
///
/// #[config_struct(path = "./configuration/config.yaml")]
/// struct Example {}
///
/// // Example 구조체에 새로운 메서드가 추가됨
/// let e = Example::new();
///
/// // e는 이제 접근 가능한 'user' 필드를 포함함
```

---

[3] 〔옮긴이〕 외부 문서화(///)는 특정 항목(함수, 구조체, 매크로 등)에 대한 문서를 작성할 때 사용되며, 내부 문서화(//!)는 모듈이나 크레이트 전체에 대한 문서를 작성할 때 사용됩니다. 주로 lib.rs나 mod.rs 파일의 시작 부분에서 볼 수 있습니다.

```
/// println!("{}", e.user);
/// ```
#[cfg(any(feature = "struct", doc))]   ◀── 이 속성은 struct 기능이 활성화되어 있거나
#[proc_macro_attribute]                     doc 프로필이 활성화되어 있을 때 작동합니다.
pub fn config_struct(attr: TokenStream, item: TokenStream) -> TokenStream {
    // 구현체
}
```

이제 그림 10.1과 같이 문서가 표시되며, 하이퍼링크를 통해 이전 테스트와 같은 더 자세한 정보를 확인할 수 있습니다.

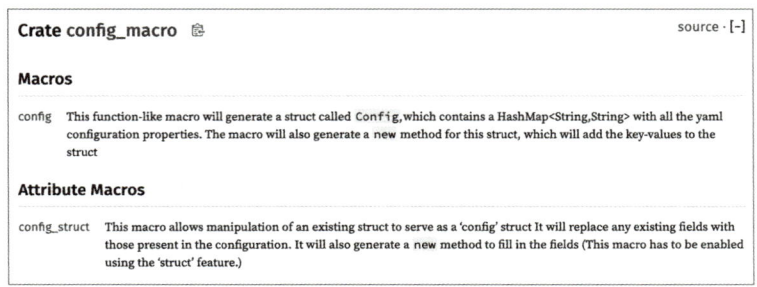

그림 10.1 하이퍼링크를 통해 자세한 정보로 연결되는 외부 문서화

한편 내부 문서화(//!)는 파일이나 크레이트 전체를 문서화하는 데 사용됩니다. lib.rs에 다음과 같이 추가할 수 있습니다.

```
//! ## lib.rs 문서
//! lib.rs 파일에 직접 작성된 문서입니다.

// 가져오기 구문
// 세부 구현 코드
```

외부 마크다운 문서에서 문서를 가져올 수 있다는 것도 유용한 기능입니다. 이를 통해 러스트 파일을 더 깔끔하게 유지하고, 정보 중복을 피하며, 문서 작성을 더 쉽게 할 수 있습니다. 다음은 config-macro 디렉터리에 있는 README.md 파일의 예시입니다.

```
# Config Macro

## Overview

This crate contains macros that allow you to transform yaml config into a struct that you
can use in your application.
```

```
## Usage

Left out for brevity's sake.
```

이제 lib.rs 파일의 맨 위에 다음 명령을 추가합니다.

```
#![doc = include_str!("../README.md")]

//! ## lib.rs 문서
//! lib.rs 파일에 직접 작성된 문서입니다.

// 가져오기 구문, 코드
```

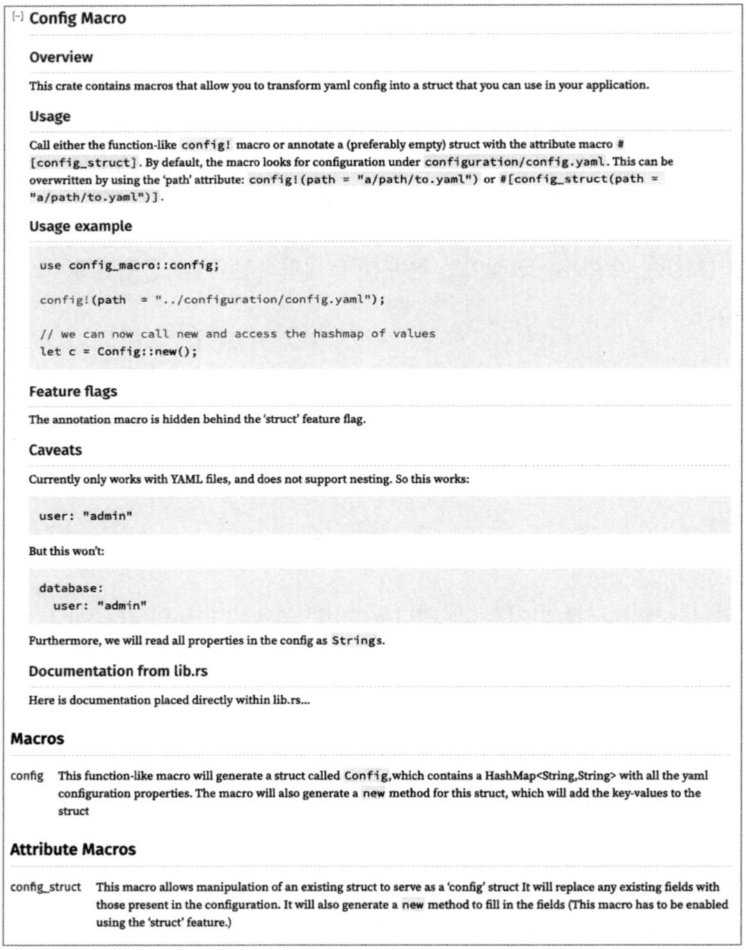

그림 10.2 외부 문서화

가져온 텍스트는 인라인 내부 문서보다 위쪽에 표시됩니다. 이를 통해 크레이트에 대한 일반적인 문서가 이전에 작성한 개별 항목의 외부 문서 위에 추가됩니다(그림 10.2 참고).

10.5 매크로 배포하기

이제 매크로에 대한 테스트를 마치고, 오류 처리도 적절히 구현했으며, 문서화도 완료했고, 무엇보다 사람들에게 유용한 기능을 제공합니다. 이제 `cargo publish` 명령을 사용해 crates.io에 배포할 시점이 된 것 같습니다.

> **NOTE** 배포할 시점이 됐다고 했지만, 이 예제를 배포하지는 말아주세요. 이 책을 읽으실 많은 분들이 동일한 예제를 배포할 경우, 기능도 온전하지 않은 수많은 설정 매크로가 배포되는 것을 러스트 커뮤니티에서 반기지 않을 겁니다.

배포하기 전에 config-macro 디렉터리의 Cargo.toml 파일에 몇 가지 정보를 추가해야 합니다. 코드 10.18은 유용한 필드들을 보여줍니다.

코드 10.18 config-macro Cargo.toml의 추가 사항

```
[package]
name = "config-macro"
version = "0.1.0"
edition = "2021"

description = "Macros for using config as a struct within your app"
license = "MIT"
homepage = "https://github.com/some-page"
repository = "https://github.com/some-page"
readme = "README.md"     ◀── 기본값이므로 명시적으로 추가할 필요는 없습니다.
keywords = ["configuration", "yaml", "macro"]

# dependencies, lib, features
```

일반적으로 러스트는 라이브러리를 작성할 때 Cargo.lock을 커밋하지 않도록 권장하므로, 이 파일을 .gitignore에 추가하는 것이 좋습니다. 이미 파일을 커밋했다면 깃(Git)에서 제거한 후 .gitignore를 업데이트하면 됩니다.

문서화와 배포 정보를 config-macro 디렉터리에 위치시킨 점에 대해 설명드리겠습니다. usage나 configuration 디렉터리를 배포하는 것은 실용적이지 않기 때문입니다. 이러한 디렉터리들은 라이브러리 테스트용으로만 사용되고 실제 기능은 제공하지 않으므로, 전체 프로젝트가 아닌 config-macro 디렉터리만 배포하는 것이 바람직할 수 있습니다.

마지막으로 두 가지 조언을 드리자면, crates.io에 배포하기 위해서는 인증 정보가 필요하며, `cargo publish` 명령에는 `--dry-run` 옵션이 있어서 실제로 배포하기 전에 시험해 보는 것이 좋습니다.

> **NOTE** 이 장에서 2개의 디렉터리로 구성된 설정을 선택한 이유 중 하나는 배포와 관련이 있습니다. 현재 경로 의존성을 가진 크레이트는 배포가 불가능하기 때문입니다. 이전 장에서 소개했던 '3개의 디렉터리' 설정의 경우, 매크로의 진입점이 한 라이브러리에 있고 구현부는 경로 의존성을 통해 가져오는 구조였습니다. 이러한 구조에서도 배포가 완전히 불가능한 것은 아니지만, 경로 의존성을 가진 크레이트의 배포가 허용되기 전까지는 복잡한 문제가 발생할 수 있습니다.[4]

크레이트가 배포되어 버전 1에 도달하면 안정화 단계에 접어들게 되는데, 이때부터는 시맨틱 버저닝(semver)을 따르는 것이 관례입니다. 시맨틱 버저닝에서는 버그를 수정할 때는 패치 버전을 올리고(예: 1.1.0 → 1.1.1), 기존 기능과 호환되는 새로운 기능을 추가할 때는 마이너 버전을 올리며(예: 1.1.0 → 1.2.0), 기존 코드와 호환되지 않는 변경사항이 있을 때는 메이저 버전을 올립니다(예: 1.0.0 → 2.0.0).

이는 러스트 생태계에서 특히 중요한데, Cargo에서 `trybuild = "1"`처럼 메이저 버전만으로 의존성을 지정하는 것이 가능하기 때문입니다.[5] 만약 호환성이 깨지는 변경사항을 추가하면서 메이저 버전을 올리지 않으면, 해당 라이브러리를 사용하는 프로젝트들이 아무런 경고 없이 갑자기 작동하지 않을 수 있습니다.

10.6 실제 사례

대다수의 러스트 크레이트는 상세한 문서화가 잘되어 있습니다. 이 책에서 다룬 라이브러리들의 lib.rs 파일을 살펴보면 크레이트의 내부 문서화와 핵심 기능에 대한 외부 문서화가 모두 잘 정리되어 있습니다. 이러한 문서들은 여러분이 직접 살펴보시기 바랍니다.

대신 여기서는 Feature 플래그 시스템과 다중 매크로에 대해 간단히 살펴보겠습니다. 프로젝트

---

4 [옮긴이] 러스트에서 크레이트 배포 시 디렉터리 구조가 중요한 이유를 설명하고자 합니다. 크레이트 배포 관점에서 디렉터리 구조는 크게 두 가지 방식이 있습니다.
  1. 2개의 디렉터리 구조: 매크로의 정의와 구현이 동일한 크레이트 내에 있어 배포가 단순합니다.
  2. 3개의 디렉터리 구조: 매크로의 정의와 구현이 서로 다른 크레이트에 있고, 경로 의존성으로 연결됩니다.

  여기서 '경로 의존성(path dependency)'이란 로컬 파일 시스템의 경로를 통해 다른 크레이트를 참조하는 방식을 의미합니다. 현재 crates.io는 이러한 경로 의존성을 가진 크레이트의 배포를 허용하지 않기 때문에, 2개의 디렉터리 구조를 선택하는 것이 배포 측면에서 더 실용적입니다.

5 [옮긴이] Cargo에서 `trybuild = "1"`과 같이 메이저 버전만 지정하면 1.x.y 버전 중 가장 최신 버전을 자동으로 가져옵니다. 이는 편리하긴 하지만, 라이브러리 작성자가 시맨틱 버저닝 규칙을 제대로 지키지 않으면 문제가 될 수도 있어 가능하다면 정확한 버전을 지정하는 것이 좋습니다.

에 `serde`를 추가하고 구조체에 `derive(Deserialize)`를 적용했는데 러스트가 이를 인식하지 못하는 상황을 겪어본 적이 있을 것입니다. 이는 보통 해당 매크로가 Feature 플래그 설정에 숨겨져 있다는 점을 간과했기 때문에 발생합니다. serde/Cargo.toml 파일을 살펴보면 예상대로 `serde`의 Feature 플래그 목록이 있으며, 그중에는 `derive`라는 Feature 플래그가 포함되어 있습니다. 이 Feature 플래그를 활성화하면 자동으로 `serde_derive` 의존성도 함께 활성화됩니다.

```
[features]
default = ["std"]

# derive(Serialize, Deserialize) 매크로 제공

derive = ["serde_derive"]

# 그 외
```

serde/lib.rs에서는 해당 Feature 플래그 뒤로 감춰진 2개의 파생 매크로를 다시 내보내는 것을 볼 수 있습니다.

```
#[cfg(feature = "serde_derive")]
#[macro_use]
extern crate serde_derive;

#[cfg(feature = "serde_derive")]
pub use serde_derive::{Deserialize, Serialize};
```

다른 예시로 Leptos를 들어보겠습니다. Leptos의 leptos_macro 디렉터리의 lib.rs는 파생 매크로(`Params`), 2개의 속성형 매크로(`server`와 `component`), 그리고 2개의 함수형 매크로(`template`과 `view`)를 내보냅니다. 서버 사이드 렌더링이나 트레이싱 같은 기능에 대한 Feature 플래그도 있습니다.

이 마지막 장을 마무리하기 위해 `#[tokio::main]`이 어떻게 작동하는지 처음부터 끝까지 자세히 살펴보겠습니다. Tokio 저장소의 tokio 디렉터리에서 매크로 기능을 포함한 기능 목록을 찾을 수 있습니다. 이는 `tokio-macros` 의존성을 가리킵니다.

코드 10.19 Tokio의 루트 Cargo.toml

```
[features]
macros = ["tokio-macros"]
```

```
# ...
[dependencies]
tokio-macros = { version = "1.7.0", path = "../tokio-macros", optional = true }
```

tokio-macros 디렉터리로 이동해 보면 Cargo.toml에서 이것이 절차적 매크로 라이브러리(proc-macro = true)이며 일반적인 의존성(syn, quote, proc-macro2)을 가지고 있음을 알 수 있습니다. lib.rs로 넘어가면 `#[tokio::test]`와 `#[tokio::main]`을 포함한 여러 속성형 매크로가 공개되어 있습니다. 각 매크로는 광범위한 외부 문서를 가지고 있는데, main의 경우 약 170줄에 달합니다. 이 속성형 매크로의 속성과 장식된 항목 모두 `entry::main` 함수에서 사용되는 것을 볼 수 있습니다. 코드 10.20에서 언급된 해결방안은 이 함수가 main이라고 불리는 것으로 인한 모호성 때문입니다. 러스트에서 이 이름은 진입점으로서 특별한 목적을 가집니다.

코드 10.20 tokio-macros 디렉터리의 lib.rs

```rust
/// 선택된 런타임에 의해 실행될 비동기 함수를 표시합니다.
/// ...
#[proc_macro_attribute]
#[cfg(not(test))] // rust-lang/rust#62127 이슈를 위한 해결방안
pub fn main(args: TokenStream, item: TokenStream) -> TokenStream {
    entry::main(args, item, true)
}
```

`entry::main` 내부에서 item은 먼저 ItemFn으로 파싱됩니다. 다시 말해, Tokio는 함수를 기대하고 있으며, 그렇지 않은 경우 syn 오류를 컴파일 오류로 변환합니다. 다음으로, 몇 가지 검사를 수행한 후에만 AttributeArgs로 파싱된 속성을 기반으로 구성이 생성됩니다(앞서 언급했듯이 이는 syn 버전 2에서는 더 이상 사용할 수 없습니다).

입력과 구성이 모두 유효한 경우, `parse_knobs`가 출력 스트림을 생성합니다.

코드 10.21 entry.rs의 매크로 진입점

```rust
pub(crate) fn main(args: TokenStream, item: TokenStream, multi_thread: bool)
    -> TokenStream {
    let input: syn::ItemFn = match syn::parse(item.clone()) {   // 입력을 함수로 파싱하거나,
        Ok(it) => it,                                            // 오류를 반환합니다.
        Err(e) => return token_stream_with_error(item, e),
    };

    let config = if input.sig.ident == "main"
```

```
        && !input.sig.inputs.is_empty() {
            let msg = "the main function cannot accept arguments";
            Err(syn::Error::new_spanned(&input.sig.ident, msg))
        } else {
            AttributeArgs::parse_terminated   ◄──── 함수 시그니처가 유효하다면,
                .parse(args)                         속성을 파싱하고 설정을 구성합니다.
                .and_then(|args| build_config(
                    input.clone(),
                    args,
                    false,
                    multi_thread))
        };

        match config {
            Ok(config) => parse_knobs(input, false, config),   ◄──── 함수와 설정이 모두 유효한 경우,
            Err(e) => token_stream_with_error(                       최종 출력을 생성합니다.
                parse_knobs(input, false, DEFAULT_ERROR_CONFIG),
                e,
            ),
        }
    }
```

코드 10.22는 `build_config`를 보여주는데, 이를 두 부분으로 나누어 살펴봐야 합니다. 예상된 `async` 키워드가 있는지 확인한 후, 새로운 가변 구성이 생성됩니다. 그런 다음 코드는 사용 가능한 인자들을 순회하면서 키-값 쌍(`NameValue`)을 구성에 하나씩 추가합니다. 알 수 없는 식별자가 발견되면 오류가 반환됩니다.

코드 10.22 entry.rs의 `build_config`(1부)

```
fn build_config(
    input: syn::ItemFn,
    args: AttributeArgs,
    is_test: bool,
    rt_multi_thread: bool,
) -> Result<FinalConfig, syn::Error> {
    if input.sig.asyncness.is_none() {
        let msg = "the `async` keyword is missing ...";
        return Err(syn::Error::new_spanned(input.sig.fn_token, msg));
    }

    let mut config = Configuration::new(is_test, rt_multi_thread);
    let macro_name = config.macro_name();

    for arg in args {
        match arg {
            syn::NestedMeta::Meta(syn::Meta::NameValue(namevalue)) => {
```

```
            let ident = namevalue.path.get_ident()
                .ok_or_else(|| {
                    syn::Error::new_spanned(
                        &namevalue,
                        "Must have specified ident",
                    )
                })?
                .to_string()
                .to_lowercase();

            match ident.as_str() {
                "worker_threads" => {
                    config.set_worker_threads(
                        namevalue.lit.clone(),
                        syn::spanned::Spanned::span(&namevalue.lit),
                    )?;
                }
                // 더 많은 이름 매칭
                name => {
                    let msg = format!(
                        "Unknown attribute {} is specified ...", name
                    );
                    return Err(syn::Error::new_spanned(namevalue, msg));
                }
            }
        }
        // ...
    }
}
```

코드 10.23은 Tokio가 속성에 대해 키-값 쌍만을 허용함에도 불구하고 match가 경로 값이 있는지 확인하는 것을 보여줍니다. 왜 그럴까요? 도움이 되는 오류를 반환하기 위해서입니다. 주어진 경로 속성은 알려진 이름들과 대조됩니다. 이를 통해 오류는 특정 인자를 어떻게 설정해야 하는지 힌트를 제공할 수 있습니다. 예를 들어, 함수에 #[tokio::main(multi_thread)]를 추가하면 error: Set the runtime flavor with #[tokio::main(flavor = "multi_thread")](런타임 flavor를 #[tokio::main(flavor = "multi_thread")]로 설정하세요)와 같은 오류가 발생합니다. 알 수 없는 경로 인자나 기타 인식할 수 없는 인자에 대해서는 올바른 토큰을 가리키는 일반적인 '알 수 없는 속성' 오류가 발생합니다.

코드 10.23 entry.rs의 build_config(2부)

```rust
fn build_config(
    input: syn::ItemFn,
    args: AttributeArgs,
    is_test: bool,
    rt_multi_thread: bool,
) -> Result<FinalConfig, syn::Error> {
    // ...

    syn::NestedMeta::Meta(syn::Meta::Path(path)) => {
        let name = path
            .get_ident()
            .ok_or_else(|| syn::Error::new_spanned(&path, "Must have specified ident"))?
            .to_string()
            .to_lowercase();

        let msg = match name.as_str() {
            "threaded_scheduler" | "multi_thread" => {
                format!(
                    "Set the runtime flavor with ...",   // Tokio는 경로 인자를 받지 않습니다.
                    macro_name                            // 하지만 경로 인자가 있으면 도움이 되는
                )                                         // 오류를 반환하려고 시도합니다.
            }
            // 다른 가능한 속성들과 알 수 없는 것들에 대해서도 동일
        };

        return Err(syn::Error::new_spanned(path, msg));
    }
    other => {
        return Err(syn::Error::new_spanned(   // 알 수 없는 인자에 대해서는 잘못된 토큰을
            other,                             // 가리키는 일반적인 오류를 반환합니다.
            "Unknown attribute inside the macro",
        ));
    }

    config.build()
}
```

`parse_knobs` 함수 구현체도 전체를 보여주기에는 너무 길어서, 테스트 매크로에만 관련된 일부와 `tokio` 패키지의 이름 변경을 처리하는 코드는 생략했습니다. 먼저 입력의 시그니처가 수정되어 `async`가 제거됩니다. 이는 러스트가 `main` 함수가 비동기일 수 없도록 제한하기 때문입니다. 따라서 `async`를 제거한 후, Tokio는 `Runtime`을 구축하고 `body` 내에 포함된 기존 코드를 블록하여 비동기성이 필요하지 않게 됩니다. 추가로 두 가지 주목할 점이 있습니다.

- `header`는 이 장에서 `exclude`로 했던 것처럼 들어오는 불리언 값에 따라 선택적으로 생성됩니다.
- `Runtime`을 구축할 때 `expect` 사용에 대한 경고와 같은 일부 Clippy[6] 린팅은 비활성화됩니다. 사용자가 해결할 수 없는 경고를 보여주고 싶지 않기 때문입니다.

코드 10.24 `entry.rs`의 `parse_knobs`

```
fn parse_knobs(mut input: syn::ItemFn, is_test: bool, config: FinalConfig) -> TokenStream {
    input.sig.asyncness = None;

    let mut rt = // ...   ◀── 기본 런타임 구성을 생성합니다.

    if let Some(v) = config.worker_threads {
        rt = quote! {
            #rt.worker_threads(#v)   ◀── 추가 정보가 있다면 이를 포함시킵니다.
        };
    }

    // 추가 구성
    let header = if is_test {   ◀── 생성된 코드에 헤더를 조건부로 추가합니다.
        quote! {
            #[::core::prelude::v1::test]
        }
    } else {
        quote! {}
    };

    let body = &input.block;
    let brace_token = input.block.brace_token;
    let body_ident = quote! { body };

    let block_expr = quote_spanned! { last_stmt_end_span=>
        #[allow(clippy::expect_used, clippy::diverging_sub_expression)]
        {
            return #rt
                .enable_all()
                .build()
                .expect("Failed building the Runtime")
                .block_on(#body_ident);   ◀── Runtime을 구축하고 함수의 기존 내용을 블록합니다.
        }
    };

    input.block = syn::parse2(quote! {
        {
            #body
            #block_expr
```

---

6 [옮긴이] Clippy는 러스트의 공식 린터(linter)입니다.

```
        }
    })
    .expect("Parsing failure");

    input.block.brace_token = brace_token;

    let result = quote! {
        #header
        #input
    };

    result.into()    ◀── 모든 것을 result에 추가한 후 반환합니다.
}
```

이렇게 유명한 매크로들이 어떻게 작동하는지 전반적으로 살펴봤습니다.

10.7 다음 단계로의 여정

책을 끝까지 읽어주셔서 감사합니다! 선언적 매크로와 절차적 매크로를 다양한 사용 사례를 통해 살펴봤습니다. 구조체와 열거형에 메서드를 추가하는 방법, 필드 변경, 함수 시그니처와 반환값 수정 등을 배웠습니다. 또한 테스트, 오류 처리, 문서화에 대해서도 알아보고 실제 사례들도 함께 살펴봤습니다.

다만 이 책에서 다루지 못한 흥미로운 도구들도 있습니다. 파생 매크로 구현을 도와주는 `syn-structure`(https://docs.rs/synstructure/latest/synstructure)나, 사용자 애플리케이션에서 이름이 변경되었더라도 매크로가 선언된 크레이트의 이름을 찾아주는 `proc-macro-crate`(https://crates.io/crates/proc-macro-crate) 등이 있습니다. `syn` 기능 플래그 뒤에는 표현식과 같은 노드를 순회하는 강력한 도구인 `visit`(https://docs.rs/syn/latest/syn/visit/index.html)와 `fold`(https://docs.rs/syn/latest/syn/fold/index.html)가 숨겨져 있습니다. 이 도구들의 사용법은 문서에서 자세히 확인할 수 있으며, `fold`에 대해 작성한 블로그 글(https://mng.bz/DdjR)에서도 도움이 될 만한 내용을 찾을 수 있습니다. 이 외에도 매크로를 독특하고 창의적인 방식으로 활용하는 수많은 라이브러리들이 탐험을 기다리고 있습니다. 문제가 생기면 스택 오버플로(Stack Overflow)나 레딧(Reddit)에서 매크로 관련 질문에 답변해 줄 전문가들을 쉽게 만날 수 있습니다.

이 책이 여러분에게 도움이 되었기를 바랍니다. 이제 마지막으로 AWS 베르너 포헐스(Werner Vogels)의 말을 인용하겠습니다.

"이제 여러분의 차례입니다!"

10.8 연습문제

해답은 부록을 참고하세요.

1. 매크로 속성으로 `path`와 `exclude`를 모두 허용할 수 있도록 구현해 보세요.
2. 속성형 매크로에 `exclude`를 추가하는 대신 Feature 플래그 시스템을 활용해 보세요.

10.9 요약

- 매크로 라이브러리는 절차적 매크로만 내보낼 수 있지만, 개수나 종류에는 제한이 없습니다.
- Feature 플래그로 선택적 기능을 숨겨 사용자가 필요한 코드만 가져올 수 있습니다.
- 불필요한 코드 생성을 막기 위해 Feature 플래그나 사용자 정의 속성을 활용할 수 있습니다.
- 프로덕션급 매크로는 충분한 테스트 커버리지와 오류 처리가 필수적입니다.
- 프로덕션급 매크로는 반드시 적절하게 문서화가 되어야 하며, 가능하다면 함께 문서 테스트도 포함해야 합니다.

APPENDIX

연습문제 해답

2장 연습문제 해답

1. **다음의 선언적 매크로가 컴파일되도록 물음표(???)를 채워보세요.** 아래는 가능한 해결책 중 하나입니다. `ty`가 가장 적절하지만, `ident` 같은 옵션도 사용할 수 있습니다.

```
macro_rules! hello_world {
    ($something:ty) => {
        impl $something {
            fn hello_world(&self) {
                println!("Hello world!");
            }
        }
    };
}

struct Example {}

hello_world!(Example);

fn main() {
    let e = Example {};
    e.hello_world();
}
```

2. 첫 번째 선언적 매크로 예제에서는 일부 매칭에 `expr`을 사용했습니다. 하지만 이것만이 유일한 선택지는 아닙니다. `literal`, `tt`, `ident`, `ty`로 바꿔보면서 어떤 것이 작동하고 어떤 것이 작동하지 않는지, 그리고 그 이유를 살펴보세요.

313

`literal`은 리터럴 값(예: `my_vec!(1, 2, 3)`)을 전달하므로 작동합니다. `tt`도 거의 모든 종류의 토큰을 받아들이기 때문에 작동합니다. `ident`는 식별자를 전달하는 것이 아니므로 작동하지 않습니다. 식별자의 예시로는 `NameOfThisStructIDeclaredInMyCode`와 같은 것이 있습니다. `ty` 역시 `String`, `i32`와 같은 타입을 전달하는 것이 아니므로 작동하지 않습니다.

3. `my_vec` 매크로에서 후행 쉼표를 허용하도록 수정해 보세요. 새로운 매처를 작성하여 해결할 수도 있지만, 더 적은 코드로 해결할 수 있는 간단한 방법이 있습니다. 도움이 필요하다면 표준 라이브러리의 `vec` 매크로를 참고하세요.

다음은 표준 라이브러리 코드를 참고한 해결책입니다.

```
macro_rules! my_vec {
    () => {
        Vec::new()
    };
    ($($x:expr),+ $(,)?) => {
        {
            let mut v = Vec::new();
            $(
                v.push($x);
            )+
            v
        }
    };
}
```

또는 후행 쉼표를 위한 별도의 규칙을 추가할 수도 있습니다. 이 경우에는 전사기 본문을 한 번만 정의하고, 여러 요소를 처리하는 규칙 중 하나가 내부적으로 다른 규칙을 사용하도록 하는 것이 좋습니다.

4. 뉴타입에서 유용한 또 다른 기능은 편리한 `From` 트레이트 구현입니다. 4개의 뉴타입에 대해 `From`을 생성하는 매크로를 작성해 보세요. 또는 입력값 검증이 필요한 경우라면 `TryFrom`이 더 적절할 수 있습니다.

간단히 하기 위해 `From` 구현만 보여드리겠습니다. 이는 앞서 작성했던 값을 가져오는 코드와 매우 유사합니다.

```
macro_rules! generate_from {
    ($struct_type:ident) => {
        generate_from!($struct_type, String);
    };
    ($struct_type:ident, $return_type:ty) => {
        impl From<$struct_type> for $return_type {
            fn from(f: $struct_type) -> Self {
```

```
            f.value
        }
    }
};
}
```

5. 이제 2개의 매크로가 있으니, 기존의 두 매크로를 내부적으로 호출하는 세 번째 매크로인 generate_newtypes_methods를 만들어 작업을 더욱 간단하게 만들 수 있습니다.

```
macro_rules! generate_newtypes_methods {
    ($struct_type:ident) => {
        generate_get_value_string!($struct_type, String);
        generate_from!($struct_type, String);
    };
    ($struct_type:ident, $return_type:ty) => {
        generate_get_value_string!($struct_type, $return_type);
        generate_from!($struct_type, $return_type);
    };
}

generate_newtypes_methods!(FirstName);
generate_newtypes_methods!(Age, i32);
```

6. 코드 2.12와 2.13의 Account 예제를 달러와 유로 통화로 확장해 보세요. 1유로당 2달러의 고정 환율을 사용할 수 있습니다. 기존의 모든 명령에는 통화 타입이 필요합니다.

다음은 가능한 해결책 중 하나입니다. 계좌의 돈이 유로로 되어 있다고 가정합니다.

```
// DSL 챕터에서의 계좌 코드

enum Currency {
    Euro,
    Dollar,
}

impl From<&str> for Currency {
    fn from(value: &str) -> Self {
        if value.contains("euro") {
            Currency::Euro
        } else {
            // 그 외 모든 경우 달러화
            Currency::Dollar
        }
    }
}
```

```rust
impl Currency {
    fn calculate(&self, amount: u32) -> u32 {
        match self {
            Currency::Euro => amount,
            Currency::Dollar => amount * 2,
        }
    }
}

macro_rules! exchange {
    (Give $amount:literal $currency:literal to $name:ident) => {
        let curr: Currency = $currency.into();
        $name.add(curr.calculate($amount))
    };
    // 나머지도 위와 유사함
}

fn main() {
    let mut the_poor = Account { money: 0 };

    exchange!(Give 10 "euros" to the_poor);
    exchange!(Give 10 "dollars" to the_poor);
    exchange!(Give 1 "euro" to the_poor);
}
```

문자열 슬라이스를 통화로 변환하기 위해서는 "euros"와 "dollars" 주변에 인용 부호가 필요합니다. tt와 ty를 사용한 다른 해결책을 시도해 볼 수도 있고, 두 통화를 직접 매칭하는 매치 분기를 추가할 수도 있습니다(예: Give $amount:literal euros to..., Give $amount:literal dollars to... 등).

3장 연습문제 해답

1. 다음의 파생 매크로가 컴파일되도록 물음표(???)를 채워보세요.

```rust
// 가져오기 구문

#[proc_macro_derive(UpperCaseName)]
pub fn uppercase(item: TokenStream) -> TokenStream {
    let ast = parse_macro_input!(item as DeriveInput);
    let name = ast.ident;
    let uppercase_name = name.to_string().to_uppercase();

    let add_uppercase = quote! {
        impl #name {
            fn uppercase(&self) {
```

```
            println!("{}", #uppercase_name);
        }
    }
};

add_uppercase.into()
}
```

매크로의 이름은 사용 예시를 통해 유추할 수 있습니다. 이전에 배운 바와 같이 매크로는 `TokenStream`을 반환하며, `DeriveInput`을 사용하여 입력을 파싱할 수 있고, 해시태그(#)를 사용하여 변수를 참조할 수 있습니다.

2. **lib.rs 파일에서 매크로의 이름을 변경하고 애플리케이션을 실행해 보세요. 어떤 오류가 발생하나요? 이를 해결하려면 어떻게 해야 할까요?**

    매크로의 이름을 'Helloz'로 변경하면 다음과 같은 유용한 오류가 발생합니다.

    ```
    error: cannot find derive macro `Hello` in this scope
     --> src/main.rs:4:10
      |
    4 | #[derive(Hello)]
      |          ^^^^^ help: a derive macro with a similar name...
      |
    6 | pub fn hello(item: TokenStream) -> TokenStream {
      | -------------------------------------------- similarly named...
    ```

    하지만 이는 원래의 이름과 유사한 경우에만 그렇습니다. 만약 'AnotherName'처럼 완전히 다른 이름으로 변경하면 다음과 같은 오류가 발생합니다.

    ```
    error: cannot find derive macro `Hello` in this scope
     --> src/main.rs:4:10
      |
    4 | #[derive(Hello)]
      |          ^^^^^
    ```

    해결 방법은 간단합니다. 모든 파생 애너테이션을 새로운 이름을 가리키도록 변경하면 됩니다. 예시는 다음과 같습니다.

    ```
    #[derive(AnotherName)]
    struct Example;
    ```

3. **매크로의 출력에 `testing_testing`이라는 함수를 추가해 보세요. 이는 &self 매개변수를 받지 않는 연관 함수입니다. 이 함수는 "One two three"를 콘솔에 출력해야 합니다.**

```
use quote::quote;
use proc_macro::TokenStream;
use syn::{parse_macro_input, DeriveInput};

#[proc_macro_derive(Hello)]
pub fn hello(item: TokenStream) -> TokenStream {
    let ast = parse_macro_input!(item as DeriveInput);
    let name = ast.ident;

    let add_hello_world = quote! {
        impl #name {
            pub fn hello_world(&self) {
                println!("Hello world");
            }

            pub fn testing_testing() {
                println!("One two three");
            }
        }
    };

    add_hello_world.into()
}
```

4. **입력의 이름 앞에 인사말을 붙여 출력해 보세요(예: "Hello, Example"). 주의할 점이 있습니다. `#name`을 `print`에 직접 전달하는 것만으로는 충분하지 않습니다. 이는 식별자이기 때문에 문자열이 필요합니다. 따라서 식별자에 `to_string`을 호출하여 결과를 변수에 저장하거나, `stringify` 매크로를 사용하여 `#name`을 문자열로 변환해야 합니다.**

이는 약간 더 어려운 과제이지만, 걱정하지 마세요. 앞으로의 장에서도 이러한 복잡한 상황을 다루게 될 것입니다.

```
use quote::quote;
use proc_macro::TokenStream;
use syn::{parse_macro_input, DeriveInput};

#[proc_macro_derive(Hello)]
pub fn hello(item: TokenStream) -> TokenStream {
    let ast = parse_macro_input!(item as DeriveInput);
    let name = ast.ident;

    let add_hello_world = quote! {
        impl #name {
            pub fn hello_world(&self) {
                println!("Hello {}", stringify!(#name));
            }
```

```
        }
    };

    add_hello_world.into()
}
```

stringify를 추가하지 않으면 Example doesn't implement std::fmt::Display(Example이 std::fmt::Display를 구현하지 않았습니다)라는 오류가 발생합니다.

4장 연습문제 해답

1. 다음 매크로가 컴파일되도록 물음표(???)를 채워보세요.

```
#[proc_macro_attribute]
pub fn delete(_attr: TokenStream, _item: TokenStream) -> TokenStream {
    let public_version = quote! {};
    public_version.into()
}
```

2. 이름 없는 필드를 가진 구조체를 처리해 보세요. 매칭을 사용한다면, 새로운 매치 분기는 다음과 비슷한 형태가 될 것입니다.

```
Struct(DataStruct { fields: Unnamed(FieldsUnnamed { ref unnamed, .. }), .. })...
```

일반 구조체나 이름 없는 구조체 중 어떤 것을 출력할지 결정해야 합니다.

가능한 해결책 중 하나의 주요 부분은 다음과 같습니다(전체 해결책은 깃허브에서 확인할 수 있습니다).

```
use quote::{__private, quote};

// 그 외 가져오기 구문과 몇몇 함수들

fn unnamed_fields_public(
    fields: &Punctuated<Field, Comma>,
) -> Map<Iter<Field>, fn(&Field) -> __private::TokenStream> {
    fields.iter().map(|f| {
        let ty = &f.ty;
        quote! { pub #ty }
    })
}

fn generate_unnamed_output<'a>(
    struct_name: Ident,
    builder_fields: Map<Iter<'a, Field>, fn(&'a Field) -> __private::TokenStream>,
```

```
) -> quote::__private::TokenStream {
    quote!(
        pub struct #struct_name(
            #(#builder_fields,)*
        );
    )
}

#[proc_macro_attribute]
pub fn public(_attr: TokenStream, item: TokenStream) -> TokenStream {
    let ast = parse_macro_input!(item as DeriveInput);
    let name = ast.ident;

    let basic_output = match ast.data {
        // 명명된 필드가 있는 구조체를 위한 코드
        Struct(DataStruct {
            fields: Unnamed(FieldsUnnamed { ref unnamed, .. }),
            ..
        }) => {
            let f = unnamed_fields_public(unnamed);
            generate_unnamed_output(name, f)
        }
        _ => unimplemented!("only works for structs"),
    };

    quote!(
        #basic_output
    ).into()
}
```

이제 매치에서 필드를 출력하는 대신 모든 코드를 생성하도록 변경했습니다. 매치 내부에서는 어떤 종류의 구조체(명명된 것인지 이름 없는 것인지)를 다루고 있는지 정확히 알 수 있기 때문에, 적절한 구조를 생성하기가 더 쉽습니다. 구체적인 검색과 변환 로직은 별도의 함수로 분리되었습니다. 이번에는 추가 의존성을 피하기 위해 `quote`의 `private TokenStream`을 사용했습니다. `collect`를 사용하면 더 나은 시그니처를 얻을 수 있다고 했던 이유를 이제 알 수 있습니다. `Map<Iter<'a, Field>, fn(&'a Field) => quote::__private::TokenStream>`은 좋은 형태가 아닙니다. 대안으로 4장 이후의 장에서 종종 사용하게 될 `impl Iterator`를 사용할 수 있습니다.

3. 매크로가 열거형을 처리하도록 수정해 보세요. 두 가지 주의할 점이 있습니다. 첫째, 필드에는 `pub`을 추가할 필요가 없지만(열거형에만 필요), 필드를 검색하고 다시 추가해야 합니다(열거형의 `DataEnum`에서는 `variants`라고 불립니다). 둘째, 이제 코드는 열거형을 반환할지 구조체를 반환할지도 결정해야 합니다.

가능한 해결책 중 하나의 주요 부분은 다음과 같습니다(전체 해결책은 깃허브에서 확인할 수 있습니다).

```rust
// 그 외 가져오기 구문과 함수들

fn generate_enum_output(
    enum_name: Ident,
    variants: &Punctuated<Variant, Comma>,
) -> __private::TokenStream {
    let as_iter = variants.into_iter();

    quote!(
        pub enum #enum_name {
            #(#as_iter,)*
        }
    )
}

#[proc_macro_attribute]
pub fn public(_: TokenStream, item: TokenStream) -> TokenStream {
    let ast = parse_macro_input!(item as DeriveInput);
    let name = ast.ident;

    let basic_output = match ast.data {
        // 구조체 코드
        syn::Data::Enum(syn::DataEnum { ref variants, .. }) => {
            generate_enum_output(name, variants)
        }
        _ => unimplemented!("only works for structs and enums"),
    };

    quote!(
        #basic_output
    ).into()
}
```

여기서 다른 점은 필드나 `variants`를 가져오는 위치와, `variants`에 가시성 지정자를 추가할 필요가 없다는 점뿐입니다. `quote`는 `Punctuated`를 반복 가능한 타입으로 처리하지 못하기 때문에 `variants`에 대해 `into_iter`를 사용한다는 점에 주목해야 합니다.

4. **구조체의 기존 속성이 사라지지 않도록 유지해 보세요.** `item`의 `attrs`(속성)를 가져와서 구조체 위에 추가하는 것만으로 충분합니다. `quote` 문법을 약간 조정해야 할 수 있습니다. 이전과 달리 속성의 끝을 표시하기 위한 쉼표가 필요하지 않다는 점만 기억하세요.

가능한 해결책 중 하나의 주요 부분은 다음과 같습니다(전체 해결책은 깃허브에서 확인할 수 있습니다).

```rust
// 가져오기 구문과 함수들

#[proc_macro_attribute]
pub fn public(_: TokenStream, item: TokenStream) -> TokenStream {
    let ast = parse_macro_input!(item as DeriveInput);
    let name = ast.ident;
    let attributes = &ast.attrs;

    let basic_output = // 이전과 같은 방식으로 출력을 생성

    quote!(
        #(#attributes)*
        #basic_output
    ).into()
}
```

보시다시피 이는 매우 간단합니다. AST에서 attributes 프로퍼티를 가져와서 쉼표 없이 반복 가능한 형태로 출력에 추가하면 됩니다. 만약 부주의하게 속성을 구분하기 위해 쉼표를 추가하면(예: #(#attributes,)*) expected item after attributes(속성 뒤에 항목이 필요합니다)라는 컴파일 오류가 발생합니다.

5. 지금까지 진행한 모든 연습문제를 하나의 해결책으로 통합해 보세요.

전체 해결책은 깃허브에서 확인할 수 있습니다. 이는 앞서 다룬 모든 내용을 하나의 큰 매크로로 통합한 것입니다.

```rust
// 가져오기 구문과 함수들

#[proc_macro_attribute]
pub fn public(_: TokenStream, item: TokenStream) -> TokenStream {
    let ast = parse_macro_input!(item as DeriveInput);
    let name = ast.ident;
    let attributes = &ast.attrs;

    let basic_output = match ast.data {
        Struct(DataStruct {
            fields: Named(FieldsNamed { ref named, .. }),
            ..
        }) => {
            let f = named_fields_public(named);
            generate_named_output(name, f)
        }
        Struct(DataStruct {
            fields: Unnamed(FieldsUnnamed { ref unnamed, .. }),
            ..
        }) => {
```

```
            let f = unnamed_fields_public(unnamed);
            generate_unnamed_output(name, f)
        }
        Enum(DataEnum { ref variants, .. }) => {
            generate_enum_output(name, variants)
        }
        _ => unimplemented!("only works for structs and enums"),
    };

    quote!(
        #(#attributes)*
        #basic_output
    ).into()
}
```

6. Punctuated::<Ident, Colon>을 사용하여 필드를 파싱하는 것이 한 가지 방법이지만, 공개 필드 매크로의 경우에는 더 간단한 해결책이 있습니다. Visibility에서 했던 것처럼 모든 것을 변수에 넣고 유용한 것들만 StructField에 전달하면 됩니다. Parse 구현을 이 더 간단한 파싱 방식을 사용하도록 변경해 보세요.

Punctuated 부분을 제거하고 단순히 필드를 하나씩 파싱합니다. 콜론은 실제로 필요하지 않으므로 언래핑하지 않습니다. 콜론은 항상 존재해야 하므로, 언래핑하고 무시하는 것도 완벽히 유효한 해결책입니다.

```
impl Parse for StructField {
    fn parse(input: ParseStream) -> Result<Self, syn::Error> {
        let _vis: Result<Visibility, _> = input.parse();
        let name: Ident = input.parse().unwrap();
        let _colon: Result<Colon, _> = input.parse();
        let ty: Ident = input.parse().unwrap();

        Ok(StructField {
            name,
            ty,
        })
    }
}
```

5장 연습문제 해답

1. 주어진 구조체 이름만을 입력으로 받아 "Hello, world"를 출력하는 메서드를 생성하는 함수형 매크로를 작성해 보세요. 애플리케이션 코드에서 해당 이름의 구조체를 반드시 선언해야 합니다.

매크로 코드는 구조체 이름인 식별자를 기대하므로, `syn`을 사용하여 이를 파싱합니다. 식별자가 있으면 이를 출력에 전달할 수 있습니다.

```
// 가져오기 구문

#[proc_macro]
pub fn hello(item: TokenStream) -> TokenStream {
    let ast = parse_macro_input!(item as Ident);

    quote! {
        impl #ast {
            pub fn hello_world(&self) {
                println!("Hello world");
            }
        }
    }.into()
}
```

애플리케이션(`main.rs`)에서 구조체를 직접 생성해야 합니다. 이제 전체 구조체를 전달하지 않고도 메서드를 생성했습니다.

```
use hello_world_only_name_exercise_macro::hello;

struct Example {
    another_value: String,
}

hello!(Example);

fn main() {
    let e = Example {
        another_value: "does not disappear".to_string(),
    };
    e.hello_world();
}
```

2. `private` 매크로는 편의성을 위한 메서드(convenience method)를 생성하지만, 필드는 여전히 `public`일 수 있고 직접 접근이 가능하며 새로 생성된 메서드는 `public`이 아닙니다. 모든 필드를 `private`으로 설정하고 `public` 메서드를 생성하도록 매크로를 수정해 보세요. 구조체 속성을 다시 추가하는 복잡성은 무시하고 예시 구조체에 대한 `new` 메서드를 하드코딩해도 됩니다.

필드 정보를 여러 곳에서 사용해야 하므로, 필드 이름과 타입을 가져오는 별도의 메서드를 작성해야 합니다.

```
fn get_field_info(ast: &DeriveInput) -> Vec<(&Ident, &Type)> {
    match ast.data {
        Struct(
            DataStruct {
                fields: Named(
                    FieldsNamed {
                        ref named, ..
                    }), ..
                }
        ) => named,
        _ => unimplemented!("only works for structs with named fields"),
    }
    .iter()
    .map(|f| {
        let field_name = f.ident.as_ref().take().unwrap();
        let type_name = &f.ty;

        (field_name, type_name)
    })
    .collect()
}
```

이제 이 정보를 사용하여 메서드를 생성합니다. 로직은 이전과 거의 동일하지만, 입력이 이제 `&Vec<(&Ident, &Type)>`입니다(벡터에 대한 참조를 사용하면 필드 정보를 여러 메서드에 전달하기가 더 쉽습니다). 그리고 `map` 내부에서는 받은 튜플에서 필드 이름과 타입을 가져옵니다.

```
fn generated_methods(fields: &Vec<(&Ident, &Type)>) -> Vec<TokenStream2> {
    fields
        .iter()
        .map(|f| {
            let (field_name, type_name) = f;
            let method_name = Ident::new(&format!("get_{}", field_name),
                                         Span::call_site());
            quote!(
                pub fn #method_name(&self) -> &#type_name {
                    &self.#field_name
                }
            )
        })
        .collect()
}
```

필드를 `private`으로 만드는 것은 `public`으로 만드는 것보다 더 쉽습니다.

```
fn generate_private_fields(
    fields: &Vec<(&Ident, &Type)>
) -> Vec<TokenStream2> {
```

```
    fields
        .iter()
        .map(|f| {
            let (field_name, type_name) = f;

            quote!(
                #field_name: #type_name
            )
        })
        .collect()
}
```

lib.rs 파일에서는 생성한 필드 정보를 사용하여 출력에서 구조체를 새로 만듭니다. 또한 `Example` 구조체를 생성하기 위한 하드코딩된 `new` 메서드도 있습니다. 다음 장에서는 실제 생성자 메서드를 생성하는 방법을 살펴볼 것입니다.

```
// 가져오기 구문

#[proc_macro]
pub fn private(item: TokenStream) -> TokenStream {
    // ast와 name을 가져옴
    let fields = get_field_info(&ast);
    let output_fields = generate_private_fields(&fields);
    let methods = generated_methods(&fields);

    quote! (
        pub struct #name {
            #(#output_fields,)*
        }

        impl #name {
            pub fn new() -> Self {
                #name {
                    string_value: "value".to_string(),
                    number_value: 2,
                }
            }

            #(#methods)*
        }
    ).into()
}
```

3. `Token!` 소스 코드를 살펴보고 사용 가능한 다른 토큰들을 확인해 보세요. 합성 매크로에 다른 토큰을 시도해 보고 애플리케이션 코드를 수정하세요.

사용 가능한 토큰 예시는 다음과 같습니다.

```
"&"     pub struct And/1        // 비트 및 논리 AND...
"&&"    pub struct AndAnd/2     // 지연 AND, 빌림, 참조...
// ...
"!="    pub struct Ne/2         // 같지 않음
"!"     pub struct Not/1        // 비트 및 논리 NOT...
"|"     pub struct Or/1         // 비트 및 논리 OR...
"|="    pub struct OrEq/2       // 비트 OR 할당
// ...
```

느낌표를 사용해 보면 재미있을 것 같습니다. lib.rs에서 다음과 같이 변경됩니다. 재미있게도 구조체 정의에서 `Token` 매크로가 해석할 타입(`Not`)을 사용하고 있습니다. `parse`에서는 `Not` 타입을 얻기 위해 `Token!(!)`을 사용합니다.

```
use proc_macro::TokenStream;
use proc_macro2::Ident;
use quote::{quote, ToTokens};
use syn::{parse_macro_input, Token};
use syn::parse::{Parse, ParseStream};
use syn::punctuated::Punctuated;
use syn::token::Not;

struct ComposeInput {
    expressions: Punctuated<Ident, Not>,
}

impl Parse for ComposeInput {
    fn parse(input: ParseStream) -> Result<Self, syn::Error> {
        Ok(
            ComposeInput {
                expressions: Punctuated::<Ident, Token!(!)>
                    ::parse_terminated(input).unwrap(),
            })
    }
}
```

애플리케이션의 코드는 약간 수정됩니다.

```
// 가져오기 구문과 예제 함수들

fn main() {
    let compose = compose!(add_one ! add_one ! stringify);
    println!("{:?}", compose(5));
}
```

6장 연습문제 해답

1. 실제 필드를 가진 구조체에 대한 화이트박스 테스트를 작성하지 않았으므로, 최종 코드에 대한 테스트를 추가해 보세요.

다음은 하나의 필드를 가진 구조체에 대한 테스트입니다.

```
#[test]
fn builder_struct_for_one_field_struct_should_be_present_in_out() {
    let input = quote! {
        struct StructWithOneField {
            string_value: String,
        }
    };

    let expected = quote! {
        struct StructWithOneFieldBuilder {
            string_value: Option<String>,
        }

        impl StructWithOneFieldBuilder {
            pub fn string_value(mut self, input: String) -> Self {
                self.string_value = Some(input);
                self
            }

            pub fn build(self) -> StructWithOneField {
                StructWithOneField {
                    string_value: self.string_value
                        .expect(
                            concat!("field not set: ", "string_value")
                        ),
                }
            }
        }

        impl StructWithOneField {
            pub fn builder() -> StructWithOneFieldBuilder {
                StructWithOneFieldBuilder {
                    string_value: None,
                }
            }
        }
    };

    let actual = create_builder(input);
```

```
        assert_eq!(actual.to_string(), expected.to_string());
    }
```

2. **이름이 지정된 필드를 가진 구조체만 처리하는 코드를 작성했고 이름이 없는 필드는 다루지 않았으므로, 이 예외 상황을 다루는 `trybuild` 컴파일 테스트를 추가해야 합니다.**

    build_enum.rs 옆의 tests/fails 디렉터리에 다음 코드를 추가하면 됩니다. 파일 이름은 자유롭게 지정할 수 있습니다.

    ```
    use builder_macro::Builder;

    #[derive(Builder)]
    pub struct Ano(String,i32);

    fn main() {}
    ```

    첫 실행 후에는 반환된 오류를 확인해야 합니다. 오류는 다음과 같은 형태일 것입니다.

    ```
    ----------------------------------------
    error: proc-macro derive panicked
     --> tests/fails/build_anyonymous_struct.rs:4:10
      |
    4 | #[derive(Builder)]
      |          ^^^^^^^
      |
      = help: message: not implemented: Only implemented for structs
    ----------------------------------------
    ```

    만약 예상한 오류와 일치한다면 이 파일을 fails 디렉터리에 추가하면 됩니다. 이제 테스트가 통과할 것입니다.

3. **Rocket에서는 함수에 헤더를 추가하여 엔드포인트로 만들 수 있습니다. world라는 함수에 `#[get("/world")]`와 `#[catch(404)]`를 추가하면 다음과 같은 오류가 발생합니다.**

    ```
    error[E0428]: the name `world` is defined multiple times
     --> hello/src/main.rs:23:1
      |
    22 | #[get("/world")]
      | ---------------- previous definition of the type `world` here
    23 | #[catch(404)]
      | ^^^^^^^^^^^^^ `world` redefined here
      |
      = note: `world` must be defined only once in the type namespace of this module
    ```

    이런 문제가 발생하는 이유는 무엇일까요? 이 문제를 어떻게 피할 수 있을까요?

2개의 속성형 매크로를 사용할 때 중복 정의에 관한 오류가 발생한다면, 먼저 두 매크로가 너무 넓은 범위에서 사용자 정의 요소(함수, 구조체, 트레이트)를 생성하여 서로 충돌하는 것은 아닌지 의심해 볼 수 있습니다. 코드를 확장해 보면 이 경우 `world`라는 이름의 구조체가 2개 생성되는 것을 확인할 수 있습니다. 한 매크로를 제거하면 하나의 정의가 사라집니다. 코드를 자세히 살펴보면, 현재 버전에서는 core/codegen/src/attribute/route/mod.rs의 `codegen_route` 함수에서 이 코드가 생성됩니다.

```
/// Rocket code generated proxy structure.
#vis struct #handler_fn_name { }
```

`handler_fn_name`을 보면 이 구조체가 주석이 달린 함수(즉, `world`)와 동일한 이름을 가진다는 것을 알 수 있습니다.

상황에 따라 이 문제를 피하는 여러 방법이 있으며, 대부분 이미 앞에서 다룬 바 있습니다. 구조체와 다른 요소들을 생성할 때 더 제한된 범위(즉, {} 내부)에 두는 것이 간단하고 유용한 해결책이지만, 요구사항에 따라 적용하기 어려울 수 있습니다(구조체를 어디서 사용할 것인지에 따라).

또 다른 방법은 이름을 더 고유하게 만들어 다른 이름과 충돌할 가능성을 줄이는 것입니다. Rocket 개발자들은 구조체 이름을 대문자로 시작하지 않고(`World` 대신 `world` 사용) 표준 명명 규칙을 따르지 않음으로써, 최소한 사용자의 코드베이스에 있는 구조체와 충돌할 가능성을 크게 줄였습니다. 하지만 이 경우에는 이름을 접두사나 접미사로 사용해도 두 매크로가 동일한 이름을 생성하므로 해결되지 않습니다. 무작위 접미사를 사용하면 해결될 수 있지만, 드물게 고유성과 운이 나쁜 경우 매우 이상한 오류가 발생할 수 있습니다(극히 드물게 고유해야 할 접미사가 동일한 경우).

가장 명확한 해결책은 더 나은 오류 메시지를 제공하는 것입니다. 매크로가 함수에 다른 Rocket 매크로가 있는지 확인할 수 있습니다. 한 함수에 2개의 Rocket 매크로가 적절하지 않다면, 사용자에게 사용자 정의 오류를 보고해야 합니다. 예를 들어 `#[tokio::test]`는 함수에 두 번째 테스트(`#[test]`) 속성이 추가되었는지 확인하고, 그런 경우 `second test attribute is supplied`(두 번째 테스트 속성이 제공됨) 오류를 발생시킵니다. 하지만 사용자 정의 오류 생성은 다음 장에서 다룰 주제입니다.

7장 연습문제 해답

1. 새로운 `TokenStream`을 생성하는 대신 입력된 `TokenStream`을 변경하도록 `public fields` 매크로를 다시 작성해 보세요.

여러 가지 해결책이 있는데, `Data`를 포함한 일부 타입이 `Parse`를 구현하지 않아서 상황이 약간 복잡해집니다. 하지만 `FieldsNamed`는 `Parse`를 구현하므로 공개 필드들을 중괄호로 감싸서 `FieldsNamed`로 구문 분석할 수 있습니다. 그리고 출력을 적절한 `Data` 구조체로 감싸서 AST의 기존 `data` 필드를 대체합니다(이를 위해 가변으로 변경). 또한 가시성을 `public`으로 설정합니다. 두 경우 모두 `Default` 트레이트를 활용합니다. 이 작업이 완료되면 `TokenStream`으로 변환할 수 있습니다.

```rust
// 가져오기 구문

#[proc_macro_attribute]
pub fn public(_attr: TokenStream, item: TokenStream) -> TokenStream {
    let mut ast = parse_macro_input!(item as DeriveInput);

    let fields = // 명명된 필드가 있다면 가져오고, 없다면 패닉 발생

    let builder_fields = fields.iter().map(|f| {
        let name = &f.ident;
        let ty = &f.ty;
        quote! { pub #name: #ty }
    });

    let builder_fields_with_braces = quote!(
        {
            #(#builder_fields,)*
        }
    );

    ast.data = Data::Struct(DataStruct {
        struct_token: Default::default(),
        fields: Fields::Named(
            parse2(builder_fields_with_braces).unwrap()
        ),
        semi_token: None,
    });
    ast.vis = Visibility::Public(Default::default());

    ast.to_token_stream().into()
}
```

결과 코드는 원본보다 길어지지만 기존 속성들을 더 잘 보존할 수 있다는 장점이 있습니다.

2. **메서드를 생성하는 함수형 매크로가 구조체가 아닌 입력에 대해 `unimplemented`를 발생시키는 문제를 `syn::Error`를 사용하여 해결하세요. 이름의 스팬을 지정할 수 있습니다.**

가능한 해결책 중 하나는 다음과 같습니다. `enum`의 경우 사용자를 위해 추가적인 작업을 수행

하여 'enum 토큰'을 구체적으로 지정합니다. 그 밖의 경우에는 유효하지 않은 구조체나 공용체의 이름을 지정합니다.

```rust
// 가져오기 구문과 변경되지 않은 함수들

fn get_field_info(ast: &DeriveInput)
    -> Result<Vec<(&Ident, &Type)>, syn::Error> {
    Ok(match ast.data {
        Struct(
            DataStruct {
                fields: Named(
                    FieldsNamed {
                        ref named, ..
                    }), ..
            }
        ) => named,
        Enum(ref d) => return Err(
            syn::Error::new(
                d.enum_token.span(),
                "does not work for enums"
            )
        ),
        _ => return Err(syn::Error::new(
                ast.ident.span(),
                "only works for structs with named fields",
            )
        ),
    }
    .iter()
    .map(|f| {
        let field_name = f.ident.as_ref().take().unwrap();
        let type_name = &f.ty;

        (field_name, type_name)
    })
    .collect())
}

#[proc_macro]
pub fn private(item: TokenStream) -> TokenStream {
    let ast = parse_macro_input!(item as DeriveInput);
    let name = &ast.ident;

    let fields = match get_field_info(&ast) {
        Ok(fields) => fields,
        Err(err) => return err.to_compile_error()
            .to_token_stream().into(),
```

```
        };

        // 이후 변경되지 않은 코드
    }
```

3. **이제 `proc_macro_error`를 사용하여 `unimplemented`를 피해보세요.**

   코드에서 오류가 발생하는 부분이 한 곳뿐이므로 `abort`만으로도 충분합니다.

   ```
   // 가져오기 구문과 변경되지 않은 함수들

   fn get_field_info(ast: &DeriveInput) -> Vec<(&Ident, &Type)> {
       match ast.data {
           Struct(
               DataStruct {
                   fields: Named(
                       FieldsNamed {
                           ref named, ..
                       }), ..
               }
           ) => named,
           Enum(ref d) => abort!(
                   d.enum_token, "Does not work for enums!".to_string();
                   help = "This macro can only be used on structs"
           ),
           _ => abort!(
               ast.ident,
               "Only works for structs with named fields".to_string()
           ),
       }
       .iter()
       .map(|f| {
           let field_name = f.ident.as_ref().take().unwrap();
           let type_name = &f.ty;

           (field_name, type_name)
       })
       .collect()
   }

   #[proc_macro_error]
   #[proc_macro]
   pub fn private(item: TokenStream) -> TokenStream {
       // 변경되지 않은 코드
   }
   ```

4. **'패닉 검사'를 확장하여 `while` 표현식의 패닉도 변환해 보세요.**

이는 비교적 간단한 작업입니다. `Expr::While`에 대한 검사를 추가하고 `body`에서 문장들을 가져오면 됩니다. 이때 `Expr::If`와 동일한 `map` 로직 부분을 추출하는 것이 바람직합니다(IDE 도구를 사용하면 이런 리팩터링을 수행할 수 있습니다).

```
fn handle_expression(expression: Expr, token: Option<Semi>) -> Stmt {
    match expression {
        Expr::If(mut ex_if) => {
            // 이전과 동일한 코드
        },
        Expr::While(mut ex_while) => {
            let new_statements: Vec<Stmt> = ex_while.body.stmts
                .into_iter()
                .map(|s| match s {
                    Stmt::Macro(ref expr_macro) => {
                        let output = extract_panic_content(expr_macro);

                        if output.map(|v| v.is_empty()).unwrap_or(false) {
                            emit_error!(
                                expr_macro, "panic needs a message!"
                                    .to_string();
                                help = "try to add a message: panic!(...)";
                                note = "we will add the message to Result's Err"
                            );

                            s
                        } else {
                            extract_panic_content(expr_macro)
                                .map(|t| quote! {
                                    return Err(#t.to_string());
                                })
                                .map(parse2)
                                .map(Result::unwrap)
                                .unwrap_or(s)
                        }
                    },
                    _ => s,
                })
                .collect();

            ex_while.body.stmts = new_statements;
            Stmt::Expr(Expr::While(ex_while), token)
        },
        _ => Stmt::Expr(expression, token),
    }
}
```

변경사항을 테스트하는 코드가 있습니다. 여기서 주목할 점은 `while`이 세미콜론으로 끝나지 않아야 한다는 것입니다. 세미콜론이 있으면 여전히 패닉이 발생하는데, 이는 `while` 문장이 아닌 `while` **표현식**만 검사하고 있기 때문입니다.

```rust
use panic_to_result_macro::panic_to_result;

#[derive(Debug)]
pub struct Person {
    name: String,
    age: u32,
}

#[panic_to_result]
fn create_person_while_loop(name: String, age: u32) -> Person {
    while true {
        panic!("strange failure");
    }

    Person {
        name,
        age,
    }
}

fn main() {}

#[cfg(test)]
mod tests {
    use super::*;

    #[test]
    fn should_err_on_while_loop() {
        let actual = create_person_while_loop("S".to_string(), 32);

        assert_eq!(
            actual.expect_err("This should be an err"),
            "strange failure".to_string()
        );
    }
}
```

하지만 이런 종류의 재귀적 코드 조작에는 `syn`의 `Visit`와 `Fold` 트레이트를 활용하는 것이 가장 이상적입니다. 이와 관련된 간단한 설명은 10장 말미를 참고하시기 바랍니다.

8장 연습문제 해답

1. 이전의 이름 변경 관련 논의에서는 단순한 이름의 속성을 사용했습니다. 하지만 일부 라이브러리에서는 속성 내에 크레이트 이름을 명시하고 구체적인 명령을 괄호로 감싸서 사용합니다. 예를 들어 `#[serde(rename = "name")]` 형식을 사용합니다. 기존의 `#[rename("...")]` 형식을 `#[builder(rename = "...")]` 형식으로 변경해 보세요.

   `#[builder(rename = "...")]` 형식을 사용하면 이 속성이 builder 매크로에 특화된 것임을 더 명확하게 알 수 있습니다. 먼저 매크로에 `attributes(builder)`를 추가합니다.

   ```
   #[proc_macro_derive(Builder, attributes(builder))]
   pub fn builder(item: TokenStream) -> TokenStream {
       create_builder(item.into()).into()
   }
   ```

   `builder_methods`에서 기존 매핑을 변경하는 것이 유일한 변경점입니다. `parse_nested_meta`를 사용하여 rename 속성이 있는지 확인하고, 등호 기호는 무시한 채 문자열을 추출합니다.

   ```
   // 가져오기 구문과 그 외 코드

   pub fn builder_methods(fields: &Punctuated<Field, Comma>)
       -> Vec<TokenStream> {
       fields.iter()
           .map(|f| {
               let (field_name, field_type) = get_name_and_type(f);

               let attr = extract_attribute_from_field(f, "builder")
                   .map(|a| {
                       let mut content = None;

                       a.parse_nested_meta(|m| {
                           if m.path.is_ident("rename") {
                               let _: Token![=] = m.input.parse().unwrap();
                               let name: LitStr = m.input.parse().unwrap();
                               content = Some(
                                   Ident::new(&name.value(),
                                   name.span()));
                           }
                           Ok(())
                       }).unwrap();
                       content.unwrap()
                   });

               // if let... 이하 변경되지 않음
           })
   ```

```
        .collect()
}
```

이는 `serde`와 매우 유사하지만, `serde`의 코드는 더 길고 `lookahead`와 같은 저수준 기능을 사용합니다. `from_ast`는 이번 장의 8.9절에서 다루었습니다. `get_multiple_renames`의 구현을 살펴보면 다음과 같습니다.

```
fn get_ser_and_de<'c, T, F, R>(
    cx: &'c Ctxt,
    attr: Symbol,
    meta: &ParseNestedMeta,
    f: F,
) -> syn::Result<(VecAttr<'c, T>, VecAttr<'c, T>)>
// where 구문
{
    let mut ser_meta = VecAttr::none(cx, attr);
    let mut de_meta = VecAttr::none(cx, attr);

    let lookahead = meta.input.lookahead1();

    if lookahead.peek(Token![=]) {
        if let Some(both) = f(cx, attr, attr, meta)?.into() {
            ser_meta.insert(&meta.path, both.clone());
            de_meta.insert(&meta.path, both);
        }
    } else if lookahead.peek(token::Paren) {
        meta.parse_nested_meta(|meta| {
            if meta.path == SERIALIZE {
                if let Some(v) = f(cx, attr, SERIALIZE, &meta)?.into() {
                    ser_meta.insert(&meta.path, v);
                }
            }
            // 추가 조건문
            Ok(())
        })?;
    } else {
        return Err(lookahead.error());
    }

    Ok((ser_meta, de_meta))
}
```

실제로 첫 번째 `if` 분기와 매우 유사한 작업을 수행했지만, 등호 기호가 있는지 미리 확인하지는 않았습니다. 대신 형식이 기대한 것과 일치하지 않으면 오류를 발생시켰습니다.

2. **현재의 기본 검증 과정에서 타입 명명 규칙과 관련된 경고가 발생했습니다.** `type __notDefault`

Assertion should have an upper camel case name(타입 __notDefaultAssertion의 이름이 일반적인 규칙을 따르지 않고 있습니다.) 이 경고가 나오지 않도록 코드를 수정하세요.

이는 작은 변경으로 해결할 수 있습니다. `optional_default_asserts`에서 이름을 문자열로 변환하고, 대문자로 바꾼 뒤 `format_ident`에 전달합니다. 이 변경으로 또 다른 작은 버그도 해결됩니다. 기존에는 `format_ident`에 식별자(스팬 포함)를 전달했기 때문에 경고가 해당 필드를 가리켰습니다. 이는 추가 구조체의 존재를 알 필요가 없는 사용자에게 혼란을 줄 수 있었습니다.

```
pub fn optional_default_asserts(fields: &Punctuated<Field, Comma>)
    -> Vec<TokenStream> {
    fields.iter()
        .map(|f| {
            let name = &f.ident.as_ref().unwrap().to_string();
            let mut c = name.chars();
            let uppercased_name = c.next()
                .unwrap()
                .to_uppercase().collect::<String>() + c.as_str();

            let ty = &f.ty;
            let assertion_ident = format_ident!(
                "__{}DefaultAssertion",
                uppercased_name);

            quote_spanned! {ty.span()=>
                struct #assertion_ident where #ty: core::default::Default;
            }
        })
        .collect()
}
```

3. 빌더 프로젝트에 `String` 타입의 필드를 대문자로 변환하는 필드 레벨 속성을 추가하시기 바랍니다. 한 걸음 더 나아가, `String` 타입이 아닌 필드에 이 속성이 사용된 경우 의미 있는 오류 메시지를 반환하도록 구현할 수 있습니다. `syn` 라이브러리를 활용하여 이러한 오류 처리를 구현하는 것을 고려해 보시기 바랍니다.

기본값을 추가한 프로젝트를 기반으로, 정상 작동하는 경우의 테스트는 다음과 같습니다.

```
#[test]
fn should_uppercase_the_attribute() {
    #[derive(Builder)]
    struct Gleipnir {
        #[uppercase]
        roots_of: String,
    }
```

```rust
    let gleipnir = Gleipnir::builder()
        .roots_of("upper".to_string())
        .build();

    assert_eq!(gleipnir.roots_of, "UPPER".to_string());
}
```

매크로 진입점에 속성을 추가해야 합니다.

```rust
#[proc_macro_derive(Builder, attributes(
    builder_defaults, rename, uppercase))]
pub fn builder(item: TokenStream) -> TokenStream {
    create_builder(item.into()).into()
}
```

최종 출력을 변경하기 위해 `original_struct_setters`를 확장해야 합니다. `uppercase` 속성이 있는지 확인하고, 필드가 `String`인 경우(이전 장의 헬퍼 함수를 사용하여 확인) 옵셔널 값에 대해 `to_uppercase`를 수행합니다. 속성은 있지만 타입이 문자열이 아닌 경우 `syn::Error`를 반환합니다. 그 외의 경우에는 변경할 것이 없으므로 빈 스트림을 반환합니다. 마지막으로 오류 처리 전에 `uppercase` 매핑을 출력에 추가해야 합니다. 이전 장에서 언급했듯이 `Vec<Result>`가 자동으로 `Result<Vec>`로 변환되어 편리합니다.

```rust
pub fn original_struct_setters(
    fields: &Punctuated<Field, Comma>,
    use_defaults: bool,
) -> Result<Vec<TokenStream>, syn::Error> {
    fields
        .iter()
        .map(|f| {
            let (field_name, field_type) = get_name_and_type(f);
            let field_name_as_string = field_name.as_ref().unwrap().to_string();

            // "uppercase" 속성이 존재하는 경우에 추출
            let uppercase_attr = extract_attribute_from_field(f, "uppercase");

            // 필드를 대문자 변환해야 하는지 결정
            let to_add = if uppercase_attr.is_some() && matches_type(field_type,
                    "String") {
                quote! { .map(|v| v.to_uppercase()) }
            } else if uppercase_attr.is_some() {
                return Err(syn::Error::new(
                    field_name.span(),
                    "can only use uppercase for String type",
                ));
            } else {
```

```
            quote!()
        };

        // 기본값 처리 또는 패닉 폴백 처리
        let handle_type = if use_defaults {
            default_fallback()
        } else {
            panic_fallback(field_name_as_string)
        };

        Ok(quote! {
            #field_name: self.#field_name #to_add.#handle_type
        })
    })
    .collect()
}
```

이제 lib.rs에서 잠재적으로 `Err`를 처리하기만 하면 됩니다.

```
let set_fields = match original_struct_setters(fields, use_defaults) {
    Ok(setters) => setters,
    Err(err) => return err.to_compile_error().to_token_stream(),
};
```

이제 테스트가 통과할 것입니다. 다른 방법으로는 빌더에서 필드가 설정될 때 대문자로 변환하는 방법이 있습니다. `builder_methods`에서 `uppercase` 속성을 확인하고, 속성이 있을 때 문자열을 대문자로 변환하면 됩니다. `self.#field_name = Some(input.to_uppercase());`

9장 연습문제 해답

1. **입력 모델링을 개선해 보시기 바랍니다. 앞서 논의한 바와 같이, `IacInput` 사용자가 버킷 이벤트의 존재를 더 쉽게 파악할 수 있어야 합니다. 선택적으로, 개선된 `IacInput`을 사용하여 인프라스트럭처 생성 부분도 재구현할 수 있습니다.**

   관련된 모든 변경사항은 input.rs와 lib.rs에 있습니다. 먼저 input.rs를 살펴보겠습니다. `Bucket`과 `Lambda` 구조체는 `has_event`를 비공개로 변경한 것 외에는 변함이 없습니다. 이 프로퍼티는 내부적으로는 여전히 필요하지만, 다른 코드에서는 더 이상 접근할 수 없게 되었습니다.

   `IacInput`은 두 가지 변형을 가진 열거형이 되었습니다. `Normal`은 버킷, 람다, 둘 다, 또는 아무것도 없는 경우이고, `EventBucket`은 람다와 연결된 버킷이 있는 경우입니다. 후자의 경우 버킷과 람다가 반드시 존재하므로 옵션 래퍼가 필요하지 않습니다.

```rust
#[derive(Debug)]
pub enum IacInput {
    Normal(Option<Bucket>, Option<Lambda>),
    EventBucket(Bucket, Lambda),
}
```

`has_resources`는 이제 패턴 매칭을 사용하도록 변경되었고, 로직도 약간 단순화되었습니다. `EventBucket` 변형이 있다면 리소스가 있다는 것을 알 수 있습니다. 속성이 없는 `Normal`이 있다면 리소스가 없는 것입니다. 다른 모든 경우에는 `true`를 반환합니다. 와일드카드는 편리하지만 위험이 없지는 않습니다. 리소스가 없을 수 있는 다른 변형을 추가하더라도 여전히 `true`를 반환하며 컴파일러는 경고하지 않습니다.

```rust
impl IacInput {
    pub fn has_resources(&self) -> bool {
        match self {
            IacInput::EventBucket(_, _) => true,
            IacInput::Normal(None, None) => false,
            _ => true,
        }
    }
}
```

`Parse`에서는 이미 `has_event` 필드를 확인하여 람다의 존재 여부를 확인하고 있었습니다. 이제 오류가 발생하지 않으면 `EventBucket` 변형을 반환하고 버킷과 람다를 언래핑합니다. 이미 존재 여부를 확인했으므로 `expect`를 사용할 수 있습니다.

```rust
impl Parse for IacInput {
    fn parse(input: ParseStream) -> Result<Self, syn::Error> {
        // 버킷과 람다 변수
        // 버킷과 람다를 찾는 기존 로직은 변경되지 않음

        if bucket.as_ref().map(|v| v.has_event).unwrap_or(false) {
            return if lambda.is_none() {
                Err(syn::Error::new(
                    input.span(),
                    "a lambda is required for an event ('=>')",
                ))
            } else {
                Ok(IacInput::EventBucket(
                    bucket.expect("only here when bucket exists"),
                    lambda.expect("just checked that this exists"),
                ))
            };
```

```
        }
        Ok(IacInput::Normal(bucket, lambda))
    }
}
```

다음은 lib.rs와 변경된 `create_infra` 메서드입니다. 코드의 줄 수는 크게 변하지 않았지만, EventBucket 상황에서는 버킷, 람다, 이벤트가 있다는 것을 **알기** 때문에 훨씬 단순해졌습니다. Normal 변형이 있는 경우에도 고려해야 할 상황이 줄어들었습니다. `if let`을 유지했지만 추가 패턴 매칭으로 대체할 수도 있습니다. 또한 선택적 람다 출력을 저장하는 데 사용되던 가변 `output` 변수도 제거할 수 있었습니다.

```
async fn create_infra(iac_input: IacInput) -> Result<(), IacError> {
    let s3_client = S3Client::new().await;
    let lambda_client = LambdaClient::new().await;

    match iac_input {
        IacInput::Normal(bucket, lambda) => {
            if let Some(lambda) = lambda {
                lambda_client.create_lambda(&lambda).await?;
            }

            if let Some(bucket) = bucket {
                s3_client.create_bucket(&bucket).await?;
            }
        },
        IacInput::EventBucket(bucket, lambda) => {
            let output = lambda_client.create_lambda(&lambda).await?;
            s3_client.create_bucket(&bucket).await?;

            let lambda_arn = output.function_arn()
                .expect("creating a lambda should return its ARN");

            lambda_client.add_bucket_permission(&lambda, &bucket.name)
                .await?;

            s3_client.link_bucket_with_lambda(&bucket, &lambda_arn)
                .await?;
        },
    }

    Ok(())
}
```

Normal 변형을 None, Lambda, Bucket, LambdaAndBucket으로 분리하는 것을 고려해 볼 수 있습

니다. 이렇게 하면 인프라 생성이 훨씬 단순해질 것입니다. 다만 리소스를 많이 추가하면 가능한 변형의 수가 폭발적으로 증가할 수 있으므로 확장성이 떨어질 수 있습니다.

2. **리소스나 프로퍼티를 찾을 수 없을 때 적절한 대안을 제시하는 기능을 구현해 보세요. 예를 들어 'buck'이라고 입력했을 때 'bucket'을 제안하는 것과 같은 기능입니다. 이를 구현하는 한 가지 방법으로 레벤슈타인(Levenshtein) 거리 알고리즘을 활용할 수 있습니다.**

AWS SDK를 추가하기 전 코드를 사용할 것입니다. 파싱 기능만 필요하기 때문입니다. 먼저 매크로에 다음 의존성을 추가합니다.

```
edit-distance = "2.1.0"
```

모든 변경사항은 `IacInput Parse` 구현, 특히 버킷이나 람다가 아닌 무언가가 있는 `else if !input.is_empty()` 부분으로 한정됩니다.

먼저 입력을 `Ident`로 파싱하고, 문제가 발생하면 기존 오류로 돌아갑니다. 파싱이 성공하면 식별자의 문자열 표현을 가져와서 키워드와의 거리를 비교할 수 있습니다. 거리가 매우 큰 경우에는 메시지를 반환하지 않습니다. 입력이 두 키워드와 전혀 공통점이 없는 경우에는 제안하는 것이 의미가 없기 때문입니다.

유효한 제안이 하나 이상 있으면 입력과의 거리가 가장 작은 것을 선택하여 제안으로 오류 메시지에 추가합니다. `Ok` 분기 내에서 식별자의 `span`을 사용합니다. 매크로가 문제를 겪고 있는 정확한 위치이기 때문입니다.

```
match input.parse::<Ident>() {
    Ok(remainder) => {
        let remainder_as_string = remainder.to_string();
        let distance_to_bucket = edit_distance("bucket", &remainder_as_string);
        let distance_to_lambda = edit_distance("lambda", &remainder_as_string);

        if distance_to_bucket > 10 && distance_to_lambda > 10 {
            return Err(syn::Error::new(
                remainder.span(),
                "only 'bucket' and 'lambda' resources are supported",
            ));
        }

        let suggestion = if distance_to_bucket > distance_to_lambda {
            "lambda"
        } else {
            "bucket"
        };
```

```
        return Err(syn::Error::new(
            remainder.span(),
            format!(
                "only 'bucket' and 'lambda' resources are supported. \
                Is this a typo for {}?", suggestion
            ),
        ));
    }
    Err(_) => {
        // 원래의 오류
    }
}
```

이 코드의 개선 가능한 점은 오류를 생성하는 헬퍼를 추출하는 것입니다. 현재 매우 비슷한 세 군데에서 사용되고 있기 때문입니다.

3. **현재 구현에서는 이미 존재하는 리소스를 추가하려고 할 때 오류가 발생합니다. 리소스가 이미 존재하는 것으로 확인되는 경우 생성 과정을 건너뛰도록 수정하시기 바랍니다.**

   s3.rs와 lambda.rs에서 리소스 존재 여부를 확인하도록 변경해야 합니다. 람다 SDK에는 `get_function` 호출이 있으므로 이를 추가하고 오류가 반환될 때만 람다를 생성합니다.

   현재는 함수가 존재하지 않는 경우 외에도 다양한 원인으로 오류가 발생할 수 있다는 점을 고려하지 않고 있습니다. 대부분의 경우에는 이렇게 해도 문제가 없는데, 리소스를 생성하려고 할 때 오류가 있다면 그 시점에서 드러날 것이기 때문입니다. 하지만 실제로 버그를 유발할 수 있는 한 가지 오류 사례가 있습니다. 사용자가 함수를 생성할 권한은 있지만, 함수를 나열하거나 읽을 권한이 없는 경우입니다. 이런 드문 경우에는 코드가 항상 리소스를 생성하려고 시도하게 됩니다.

   함수가 이미 존재하는 경우, `update_function_configuration()`을 사용해서 메모리와 시간 설정을 확인하고 필요하다면 업데이트할 수 있습니다. 현재는 이 작업을 수행하지 않고 있지만, 아마도 사용자가 기대하는 작동 방식은 이것일 것입니다.

   마지막으로, 이제 `CreateFunctionOutput` 대신 문자열을 반환하고 있습니다. 리소스가 이미 존재하는 경우에는 이 출력값을 가질 수 없기 때문입니다. 대신 실제로 필요한 ARN을 반환합니다.

```
pub async fn create_lambda(&self, lambda: &Lambda)
    -> Result<String, SdkError<CreateFunctionError>> {
    match self.client.get_function()
        .function_name(&lambda.name)
        .send()
```

```
            .await {
                Err(_) => {
                    let builder = self.create_lambda_builder(&lambda);
                    let output = builder.send().await?;
                    Ok(output.function_arn()
                        .expect("a new function to have an ARN")
                        .to_string())
                }
                Ok(output) => {
                    eprintln!("function exists, skipping creation");
                    Ok(output.configuration()
                        .expect("function output to have a configuration")
                        .function_arn()
                        .expect("an existing function to have an ARN")
                        .to_string())
                }
            }
    }
}
```

버킷의 경우 SDK에 `GET` 호출이 없습니다. 따라서 대신 버킷의 목록을 나열하고 원하는 이름이 있는지 확인합니다.

여기서도 '버킷 나열' 권한이 없는 경우나 한 번의 호출로 모든 버킷을 검색할 수 없을 만큼 버킷이 많은 계정과 같은 몇 가지 실패 사례를 무시하고 있습니다. 후자는 AWS의 기본 버킷 수 제한(기본적으로 100개) 때문에 가능성이 낮습니다. 또한 반환 타입도 출력을 사용하지 않으므로 단위 타입으로 다시 변경되었습니다.

```rust
pub async fn create_bucket(&self, bucket: &Bucket)
    -> Result<(), SdkError<CreateBucketError>> {
    let bucket_output = self.client.list_buckets().send().await
        .expect("listing buckets to work");
    let buckets = bucket_output.buckets();
    let bucket_names: Vec<String> = buckets.iter()
        .map(|b| b.name().expect("bucket to have a name").to_string())
        .collect();

    if bucket_names.contains(&bucket.name) {
        eprintln!("bucket exists, skipping creation");
    } else {
        let constraint = BucketLocationConstraint::from(
            self.region.as_str()
        );
        let cfg = CreateBucketConfiguration::builder()
            .location_constraint(constraint)
```

```
            .build();

        self.client.create_bucket()
            .bucket(&bucket.name)
            .create_bucket_configuration(cfg)
            .send()
            .await?;
    }

    Ok(())
}
```

클라이언트가 준비되었으므로 create_infra는 create_lambda 반환 타입이 변경되었기 때문에 약간의 수정이 필요합니다. 출력을 언래핑하고 함수 ARN을 검색하는 대신 선택사항만 언래핑할 수 있습니다.

```
async fn create_infra(iac_input: IacInput) -> Result<(), IacError> {
    let s3_client = S3Client::new().await;
    let lambda_client = LambdaClient::new().await;
    let mut output = None;

    if let Some(lambda) = &iac_input.lambda {
        output = Some(lambda_client.create_lambda(lambda).await?);
    }

    if let Some(bucket) = &iac_input.bucket {
        s3_client.create_bucket(bucket).await?;

        if bucket.has_event {
            let lambda_arn = output
                .expect("when we have an event, we should have a lambda");
            let lambda = iac_input
                .lambda
                .expect("when we have an event, we should have a lambda");

            lambda_client.add_bucket_permission(&lambda, &bucket.name)
                .await?;
            s3_client.link_bucket_with_lambda(bucket, &lambda_arn)
                .await?;
        }
    }

    Ok(())
}
```

동일한 매크로 입력으로 cargo run 명령을 두 번 실행하면 이제 람다가 생성된 것이 표시되고,

이미 존재하기 때문에 생성을 건너뛰는 것을 볼 수 있습니다. 버킷과 람다가 이미 존재하더라도 이벤트는 여전히 생성될 수 있다는 점이 좋습니다. 하지만 추가로 실행하면 명령문 ID가 이미 존재한다는 불만이 발생합니다(이 ID를 하드코딩했다는 것을 기억할 것입니다). 이를 해결하려면 버킷 구성(`get_bucket_notification_configuration()`)을 확인하여 람다 ARN에 대한 구성이 이미 존재하는지 확인해야 합니다.

4. `iac!` 매크로에 다른 종류의 리소스(AWS나 다른 클라우드 제공자의 리소스)를 추가할 수 있도록 확장해 보세요(참고: 이 연습문제에는 해답이 제공되지 않습니다).

이 문제는 직접 해결해 봐야 하는 연습문제입니다. 간단한 접근 방법으로는 SQS처럼 필수 속성이 거의 없는 AWS 리소스를 추가해 볼 수 있습니다. 원하는 선택적 속성을 추가할 수 있으며, 예를 들어 FIFO를 불리언 값으로 설정할 수 있습니다. 이 경우 FIFO 큐의 이름이 반드시 .fifo로 끝나는지 검증해야 한다는 점에 주의해야 합니다.

10장 연습문제 해답

1. **매크로 속성으로 `path`와 `exclude`를 모두 허용할 수 있도록 구현해 보세요.**

    프로젝트에 문서화를 추가하기 이전 상태부터 시작합니다. input.rs에서 변경이 필요한 부분이 있습니다. `if-else` 구문 대신 스트림이 비어 있지 않은 동안 반복하는 `while` 문을 사용합니다. `path`와 `exclude_from`을 가변 값으로 저장하고, 반복이 끝나면 반환값에 추가합니다.

    구분자 없이 트레이트를 지원하도록 구현했습니다(`#[config_struct(path = "./a/config.yaml" exclude = "from")]`). 구분자가 필요한 경우에는 `Punctuated`를 사용할 수 있습니다.

    ```
    impl Parse for ConfigInput {
        fn parse(input: ParseStream) -> syn::Result<Self> {
            let mut path = None;
            let mut exclude_from = None;

            while !input.is_empty() {
                if input.peek(kw::path) {
                    // path와 등호 기호, 문자열을 파싱합니다.
                    path = Some(value.value());
                } else if input.peek(kw::exclude) {
                    // path와 등호 기호, 문자열을 파싱합니다.
                    exclude_from = Some(value.value() == "from");
                } else {
                    // 오류 발생
                }
            }
    ```

```
        Ok(ConfigInput {
            path,
            exclude_from: exclude_from.unwrap_or(false),
        })
    }
}
```

2. **속성형 매크로에 exclude를 추가하는 대신 Feature 플래그 시스템을 활용해 보세요.**

   이 경우에도 문서화를 추가하기 이전 상태부터 시작합니다. exclude를 제거하려면 lib.rs, input.rs, struct_output.rs에 변경이 필요합니다. 또한 매크로의 Cargo.toml에 새로운 기능을 추가해야 합니다.

   ```
   [features]
   struct = []
   from = []
   ```

   struct_output.rs에서는 기능이 활성화되었을 때 컴파일되는 generate_from_method와 비활성화되었을 때 빈 토큰 스트림을 반환하는 #[cfg(not(feature = "from"))]을 추가합니다. generate_annotation_struct에서 generate 함수를 호출하면 상황에 따라 From 구현체나 빈 스트림이 출력에 추가됩니다.

   ```
   // 가져오기 구문과 그 외 생성 함수들

   #[cfg(feature = "from")]
   fn generate_from_method(
       name: &Ident,
       yaml_values: &HashMap<String, String>,
   ) -> TokenStream {
       let inserts = generate_inserts_for_from(yaml_values);

       quote! {
           impl From<#name> for std::collections::HashMap<String, String> {
               fn from(value: #name) -> Self {
                   let mut map = std::collections::HashMap::new();
                   #(#inserts)*
                   map
               }
           }
       }
   }

   #[cfg(not(feature = "from"))]
   fn generate_from_method(
   ```

```rust
        _name: &Ident,
        _yaml_values: &HashMap<String, String>,
    ) -> TokenStream {
        quote!()
    }

    pub fn generate_annotation_struct(
        input: DeriveInput,
        yaml_values: HashMap<String, String>,
    ) -> TokenStream {
        let attributes = &input.attrs;
        let name = &input.ident;
        let fields = generate_fields(&yaml_values);
        let inits = generate_inits(&yaml_values);
        let from = generate_from_method(name, &yaml_values);

        quote! {
            #(#attributes)*
            pub struct #name {
                #(#fields,)*
            }

            impl #name {
                pub fn new() -> Self {
                    #name {
                        #(#inits,)*
                    }
                }
            }

            #from
        }
    }
```

이전의 exclude 구현과는 다소 다른 접근 방식이지만, Feature 플래그 시스템 지원 덕분에 구현이 간단하고 우아합니다.

- **진솔한 서평을 올려주세요!**

이 책 또는 이미 읽은 제이펍의 책이 있다면, 장단점을 잘 보여주는 솔직한 서평을 올려주세요.
매월 최대 5건의 우수 서평을 선별하여 원하는 제이펍 도서를 1권씩 드립니다!

- **서평 이벤트 참여 방법**
  - ❶ 제이펍 책을 읽고 자신의 블로그나 SNS, 각 인터넷 서점 리뷰란에 서평을 올린다.
  - ❷ 서평이 작성된 URL과 함께 review@jpub.kr로 메일을 보내 응모한다.

- **서평 당선자 발표**
  - 매월 첫째 주 제이펍 홈페이지(www.jpub.kr)에 공지하고, 해당 당선자에게는 메일로 연락을 드립니다.
  - 단, 서평단에 선정되어 작성한 서평은 응모 대상에서 제외합니다.

독자 여러분의 응원과 채찍질을 받아 더 나은 책을 만들 수 있도록 도와주시기를 바랍니다.

찾아보기

기호

__NoPanic	93

A

abstract syntax tree	56, 71
ADT	162
algebraic data type	162
arm	19
assignments	227
AST	56, 71
attribute macro	7, 70
attrs	75
AWS	246

B

blanket implementation	9
block	20

C

cargo expand	62
catchall	39
checked exception	161
Clippy	310
Clojure	3
closure	214
composition	39
contract test	152
convenience method	34
Criterion.rs	151
currying	43
cyclomatic complexity	158

D

data	75
DataStruct	75
Data Transfer Object	69
dead code	91
declarative macro	5
decorator	3
derive	52
derive macro	7
disappearing act	72
doctest	152
Domain-Driven Design	30, 36
Domain-Specific Language	11
DSL	11
DTO	69

E

eager evaluation	209
end-to-end test	151
expr	20
expression	175

F

Feature	28, 293
feature flag	293
FFI	61
foreign function interface	61
fragment specifier	20
full path	288
function-like macro	8, 96
fuzz test	152

G

generics	75

H

hexagonal architecture	161
hygiene	5

I

IaC	246
Ident	21, 75
identifier	59, 103, 111
immutable	170
impure function	159
Infrastructure as Code	246
integration test	150, 151
internal mutation	171
invariant	166
item	21

L

lazy evaluation	209
Leptos	116
lifetime	21
lifetime annotation	138
lifetime elision rule	138
lifetime placeholder	138
literal	21
literal value	19
load test	152
log_syntax!	27
loom	152

M

macro	1
macro variable	20
marker trait	219
matcher	15
match ergonomics	143
memcpy	148
memorization	160
meta	21
metaprogramming	3
metavariable	20
miri 인터프리터	152
miri interpreter	152
monad	186
monomorphization	110
mutability	170
mutation test	152

N

newtype	29, 34
noise	10
no-panic	90

O

orphan rule	34
ownership	101

P

panic	156
panic!	165
parse2	86
partial application	44
partially applied	40
partial move	101
pat	21
path	21

path dependency	304
pat_param	21
performance test	151
PoC	166
point-free style	82, 178
prelude	18
primitives type	141
procedural macro	1
product type	162
Proof of Concept	166
property-based test	152
pub(crate)	25
public visibility	46
pure function	150, 158

Q

quote	64, 74, 80, 134

R

referential transparency	160
Result	64, 156, 165
Rocket	153
Rocket 프레임워크	66

S

separation of concerns	83
serde	153
side effect	158
single responsibility principle	83
smoke test	151
span	56
spooky action	6
spread	159, 170
SQLx	115
stack unwinding	91
static assertion	11
stmt	21
strategy pattern	231
sum type	162

syn	64
syntactic sugar	5

T

TDD	120
terminal condition	36
test-driven development	120
TokenStream	64
TokenTree	20, 64
trace macro	26
transcriber	15
traverse	186
trybuild	148
tt	20, 21
tuple struct	80
ty	21
type state pattern	218

U

unhygienic	6
union	74
unnamed field	80
unwrap	64

V

variadic argument	24
venial	65
vis	21, 75
visibility	44

W

wrapper	29

Y

Yew	115

ㄱ

가변성	170
가변 인자	24

ㄱ	
가산적	299
가시성	44, 75
개념 증명	166
검사 예외	161
경로 의존성	304
계약 테스트	152
고아 규칙	34
곱 타입	162
공개 가시성	46
공용체	74
관심사의 분리	83
구성	39
기본 타입	141

ㄴ	
내부 문서화	300
내부 변이	171
뉴타입	29, 34

ㄷ	
단위 테스트	150
단일 책임 원칙	83
단형화	110
대수적 데이터 타입	162
데코레이터	3
도메인 주도 설계	30, 36
도메인 특화 언어	11, 12, 51
독테스트	152

ㄹ	
라이브러리	53
라이프타임 애너테이션	138
라이프타임 자동 추론 규칙	138
라이프타임 플레이스홀더	138
래퍼	29
리터럴 값	19
리팩터링	137
링킹 오류	92

ㅁ	
마커 트레이트	219
매처	15
매치 인체공학	143
매크로	1
매크로 변수	20
매크로 확장	26
메모이제이션	160
메타변수	20
메타프로그래밍	3
모나드	186
문법적 설탕	5, 86
문서 테스트	152
밑줄	71
밑줄 접두사(_)	123

ㅂ	
벡터 매크로	24
변이 테스트	152
부분 이동	101
부분 적용	40, 44
부수 효과	158, 160
부하 테스트	152
분기	19
불변	170
불변 조건	166
블랙박스 테스트	127, 150
비순수 함수	159
비위생적	6
빌더 패턴	118
빌더 프로젝트 구성도	121

ㅅ	
선언적 매크로	5
섬뜩한 작용	6
성능 테스트	151
소유권	101
속성형 매크로	7, 70
순수 함수	150, 158

순환복잡도 158
스모크 테스트 151
스택 언와인딩 91
스팬 56, 104
스프레드 170
식별자 59, 111

ㅇ

예외 처리 158
오류 처리 163
외부 문서화 300
외부 함수 인터페이스 61
원시 타입 141
위생 5
육각형 아키텍처 161
이름 없는 필드 80

ㅈ

잡음 10
전략 패턴 231
전사기 15
전체 경로 288
전파 159
절차적 매크로 1, 51
절차적 매크로 설정 55
절차적 매크로 워크숍 119
절차적 매크로 프로젝트 52
정보 은닉 69
정상 경로 테스트 128
정적 단언 11
제어 흐름 157
존재하지 않는 C 함수 92
종단 간 테스트 151
종료 조건 36
즉시 평가 209
지연 평가 209

ㅊ

참조 투명성 160
추상 구문 트리 56, 71

ㅋ

캐치올 39
커링 43
컴파일 테스트 130
코드형 인프라스트럭처 246
클로저 214

ㅌ

타입 상태 패턴 218
테스트 주도 개발 120, 131
통합 테스트 150, 151
튜플형 구조체 80
트래버스 186
트레이스 매크로 26

ㅍ

파생 52
파생 매크로 7, 52, 55
패닉 156, 165
패턴 매칭 164
퍼즈 테스트 152
편의성 메서드 34
포괄 구현 9
포인트 프리 스타일 82, 178
표현식 175
프래그먼트 지정자 20
프렐류드 18
프로덕션급 8
프로퍼티 기반 테스트 152

ㅎ

할당 구문 227
함수형 매크로 8, 96
함수형 매크로의 시그니처 99
합 타입 162
화이트박스 단위 테스트 150